KB063054

경영을 씹어먹다

UNKNOWN MANAGEMENT

"깊은 가르침을 주신
회사에 머리 숙여
감사함을 올립니다."

목회자로서 경영에 관한 전문서적에 대해서 추천사를 남긴다는 것이 어색했던 것이 사실이다. 그러나 이 책을 읽으면서 교회와 회사는 전혀 다른 곳이지만, 사람을 길러내는 것을 중요하게 여긴다는 점에서는 공통된 점이 있다는 생각을 하게 되었다. '경영'이란 말을 들으면 숫자가 머리에 먼저 떠올랐는데, 인재 경영이야말로 경영의 핵심이라는 저자의 통찰로부터 경영에 대한 새로운 시각을 얻을 수 있었다. 저자가 기업 현장뿐만 아니라 풍성한 삶의 경험으로부터 얻은 지식들이 필요한 곳에 귀하게 쓰임 받을 것을 기대해 본다.

삼일교회 담임목사 **송태근**

이 책은 인재 경영을 제일 첫 번째로 다루고 있다. 빵집을 경영하면서 사람의 마음을 얻는다는 것이 얼마나 힘든 것인지. 오늘날의 성심당은 우리와 함께한 사람들의 지식을 통해 이루어진 결과다. 저자는 회사에서의 다양한 경험과 프로젝트를 통해 얻은 지식들을 살아 있는 언어로 전달해주고 있다. 돈으로 살 수 없는 경영의 노하우들이 곳곳에서 쉽지 않게 발견된다. 이런 책이 시중에 진작에 나왔더라면 경영의 실수를 덜했을 것 같은 생각이 든다. 경영에 관심 있는 모든 분이 이 책을 옆에 두고 기본서로 두고두고 보기를 추천한다.

로쏘(주) 성심당 대표이사 **임영진**

뜨거운 학구열과 오랜 실무 경험이 만나서 이뤄낸 놀라운 결과물! 경영자를 꿈꾸는 사람들에게 교과서에서 배울 수 없는, 저자가 현장에서 고민하고 직접 체득한 생생한 노하우를 알기 쉽게 전달하고 있는 책이다.

성균관대 경영학과 교수, 경영학박사 **김도현**

어느 조직이든 경영의 핵심 키워드는 인간 중심의 리더십과 건강한 조직 관리라 할 수 있다. 그 속에는 인재를 어떻게 양성해서 지식을 담아내는 큰 그릇으로 키우며, 주어진 상황에서 최적의 의사결정을 통해 효율적인 재원을 사용하는 결과를 만들어 내는가 하는 것이 관건이다. 이런 관점에서 저자가 제시한 3대 원칙인 인재 경영, 지식 경영, 낭비 제거라는 가치는 모두 쉽게 공감하게 되는 중요한 요소임에는 틀림이 없다. 특히 수많은 성공과 실패의 현장 사례를 통해 얻은 값진 교훈은 어디에서도 찾을 수 없는 경영의 지혜와 교훈을 터득하게 하는 귀한 자료가 될 것이기 때문이다.

현대 문명이 아무리 발달하였다고 해도 모든 조직은 결국 사람을 중심으로 작동한다. 사회 조직, 기업이나 우리 군(軍)도 이젠 고도의 전사적인 경영 기술(Skill)과 현 시대정신에 부합한 리더십(Leadership)을 전문적인 인성(人性)으로 학습하고 키워야만 한다. 즉 개인과 조직이 함께 성장할 수 있는 가치를 추구하며, 조직 운영의 효율성과 최고의 생산성을 일궈 내는 전문적인 경영 패턴(Pattern)과 사고방식(Mind Set)이 필요한 이때, '시대적 요구와 감각을 잘 담아낸 이 책을 통해 많은 독자가 경영의 힘과 자신감을 얻는 계기'가 되길 기대한다.

해병대전우회총재, 전 해병대사령관 이상훈

피터 드러커는 기업 경영의 목적은 고객 가치 창조라고 말한다. 경영자는 이 목적을 위해 조직을 이끌고 가치 창조의 성과를 이루어 나가는 경영의 한 주체이다. '경영자는 어떻게 성과를 낼 것인가?'라는 질문에 대해 본 저자는 '자신의 오랜 실무 경험과 많은 경영 도서 탐구를 통한 지식의 현장 적용 경험, 여러 경영 현장의 문제와 씨름하면서 배운 경영의 노하우를 토대로 성과를 내는 경영의 핵심'을 우리에게 펼쳐 보이고 있다. '인재, 지식, 낭비 제거의 각 주제들에 대해 궁금한 영역들을 핸드북처럼 언제든지 찾아서 참고할 수 있게 일목요연하게 기술'되어 있다. 또한, 조직 내에서 '혁신에 대한 프로젝트나 문제 해결을 원할 때 참고할 만한 경영의 지식'들이 제시되어 있다. 제시된 경영 방법들을 조직원들과 함께 토의하면서 성과를 창출하는 귀한 마중물이 될 것이다.

선교사, 전 이랜드그룹 부회장 이응복

『경영을 씹어먹다』라는 책 제목이 예사롭지 않다 '잘 씹어야 소화를 잘할 수 있는 것처럼, 나도 경영을 완전히 소화하지 못한 데서 오는 진통을 최근에 많이 겪고 있다. 사업을 더 키울 수 있는데 그러지 못하는 것이 사람, 제목, 시스템의 부족에 기인한다는 것을 사업한 지 20년이 넘어서야 절실히 깨닫고 있다.' 나 같은 고민을 하는 기업인들이 이 책에서 제시한 방법들을 터득한다면, 진정한 경영에 한 발짝 다가갈 수 있으리라 확신한다. 저자의 베스트 프랙티스들을 이뤄낸 집요함과 통찰력에 찬사와 경의를 표한다.

한경기획(주) 청년다방 대표이사 **한경민**

저자의 오랜 조직 생활 경험을 바탕으로 믿음, 긍지와 확신을 가지고 인재 경영, 지식 경영, 낭비 제거의 경영의 관점을 중심으로 집필한 회사 경영 전반에 관한 매우 현실적이고 유익한 내용을 담은 경영서로 일반인과 전문 경영인 모든 사람에게 배움을 줄 수 있는 절묘한 책이다.

세무법인 상우 대표세무사, 경영학박사 **홍인수**

나도 경영자를 하면서 항상 경영에 대해 고민을 하고 있고, 아직도 풀리지 않은 숙제들이 많다. 저자의 경영 관점과 사례들은 막혀 있는 경영의 문제들을 푸는 데 실질적인 도움이 될 것 같다. 특히 우선순위 제목을 찾는 장(章)은 다른 이론서나 경영 서적에서는 볼 수 없는 베스트 프랙티스를 제공하고 있다. 또한, 낭비 제거를 구조적인 관점에서 접근한 내용도 의미하는 바가 크다. 경영의 바이블로 적극 추천한다.

코오롱건설 상근고문, 전 코오롱건설부문 대표 **장동권**

프로젝트를 할 때 우선순위 제목을 가지고 집중하여야 하지만, 리비히 법칙에 걸리지 않으려면 다른 경영 콘셉트들도 같이 다루면서 경영의 균형을 갖는 것이 정말 중요한 것 같다. 전략이 아무리 좋아도 실행이 안 되면 성과를 낼 수 없고, 잘 나가는 회사도 몇 개의 경영 리스크로 문을 닫을 수 있다. 이 책은 '경영하는데 필요한 지식을 균형 있게 실제적으로 다룬 책'이다. 소장할 가치가 충분한 책이다.

에이치엘비(HLB)주식회사 대표이사 **김동건**

'정치도 경영을 배워야 한다.' 이 책에서 다루고 있는 3개의 경영 콘셉트는 시장에서 혁신과 생산성을 이루자는 것인데, 정치가 국민의 답답하고 필요한 것을 해결해주는 것이 곧 혁신이고 카이젠일 것이다. 특히 소비자 조사를 통해 소비자들이 원하는 것을 찾는 사례를 국민으로 바꾸어 적용해 본다면 나에게도 큰 도움이 될 수 있을 것 같다. 쉽게 쓰여져 적용하기도 쉬우면서도 내용에 깊이가 있다.

국회위원 최춘식

　'인사(人事)가 만사(萬事)다.' 4차 산업혁명 시대를 살고 있는 오늘날에도 기업뿐만 아니라 모든 조직에서 가장 중요한 자산은 사람이다. 이 책은 인재 경영과 지식 경영에 대한 이론적 기초 위에 저자의 오랜 실무 경험과 사례 등을 생생하게 공유함으로써 기업의 실무 담당자들에게는 핵심 원칙과 적용에 대한 유용한 가이드북으로, 미래 리더들에게는 인재 경영의 방향을 제시하는 훌륭한 지침서가 될 것으로 기대한다.

연세대 연구교수, 회계학박사 전경민

　이 책은 저자가 오랫동안 경영 일선에서 집요한 노력으로 이루어 낸 성공 사례들을 저자만의 특유한 경험과 통찰력으로 풀어내고 있다. 여타 경영 관련 이론 서적에서는 쉽게 찾아볼 수 없는 성공 경영에 필요한 구체적이고도 살아 있는 대안들이 곳곳에 녹아 있는 이 책은 크건 작건 사업체를 운영하는 현직 경영자나 관리자, 또는 미래 경영자로서 성공을 꿈꾸는 모든 이에게 살아 있는 훌륭한 지침서가 될 것이다.

하나UBS 자산운용 본부장 황재홍

이 책은 경영 전반에 관한 책이다.

경영자가 경영을 하는 데는 수백 개의 경영 패턴(pattern, 유형)이 필요하다. 이 패턴들은 전략에 따른 자원 배분과 관련된 의사결정과 실행과정에 쓰이게 되는데, 잘 쓰이게 되면 큰 성과를 얻을 수 있다. 반대로 모를 경우는 사업에 치명적인 데미지를 받을 수도 있다. 핵심 인재 선발, 경영자 발탁, 브랜드 론칭, 새로운 사업에 대한 투자, 프로젝트 관리, 새로운 제도나 시스템 도입 등 사업을 하는 과정마다 필요한 패턴을 아는 여부에 따라 성과의 크기가 달라질 것이다. 그 관점에서 경영에 도움이 될 만한 경영 패턴과 사례들을 이 책에 담았다.

근 30년간의 직장생활을 하면서 나는 감사하게도 회사에서 중요하다고 하는 웬만한 보직은 다 경험해 보았다. 가진 역량에 비해 일찍 임원이 되었고, 직장생활 대부분을 경영자로 보냈다. 이 책은 내가 직장생활 중에 전수받고 학습하고 발견한 지식을 3개의 콘셉트로 서술한 책이다.

도전할 프로젝트를 맞닥뜨리면서 필사적으로 극복한 사례들과 집요하게 학습하고 찾아낸 지식은 독자들의 공감을 끌어낼 힘이 있다고 믿는다.

그런 확신이 없었다면 이 책을 쓰는 것은 생각조차 하지 않았을 것이다.

이 책은 세 개의 영역으로 구성되어 있다.

첫 번째 장은 인재 경영에 관한 것이다.

인재 경영은 가장 파급력이 크면서도 미지의 영역이다. 인재 경영은 사람을 뽑는 데서 시작하는데, 뽑는 도구를 어떻게 만들 것이며 부족한 핵심 인재들을 어떻게 발굴하고 채워나갈 것인가를 비중 있게 다루었다. 또한, 회사 직원들의 몰입을 유발하기 위해 회사 제도와 조직을 어떻게 구성하여야 하는지의 관점들도 다루었다.

두 번째 장은 지식 경영에 관한 것이다.

목표 관리 및 역기획이 무엇인지, 그리고 역기획에 포함되는 제목들은 어떻게 찾는지를 나의 사례를 예로 들어 중요하게 다루었다. 프로젝트 계획을 세우고 측정, 모니터링하며, 피드백하는 것에 관한 것들도 다루었다. 물론 최종 숫자와 KPI(Key Performance Indicator, 핵심 성과 지표), 실행에 관한 내용도 빼놓지 않았다.

세 번째 장은 낭비 제거에 관한 것이다.

낭비 제거의 구조를 5개의 콘셉트를 중심으로 설명하였다. 5개의 구조 이외에 낭비 제거를 할 수 있는 사례들과 How(방법)들도 다루었다.

이 책에서는 인재, 지식, 낭비 영역을 각각 다루고 있지만, 결국은 서로 연결될 수밖에 없다. 그것을 연결하는 핵심 콘셉트는 인재 경영이다. 인재 경영을 통해 사람도 남지만, 그 사람을 통해 지식과 시스템도 남기 때문이다. 그러니 최종 종착역은 사람이다. 그걸 깨달았다면 경영을 깨달은 것이다.

이 책은 몇 가지 특징을 제공하고 있다.

① 저자가 3개의 경영 영역에서 경영자(관리자)를 거치면서 경험한 사례와 프로젝트를 통해 발견한 베스트 프랙티스(Best Practice)를 정리하였다.

② 경영은 좋은 질문으로 시작한다. 3개의 경영 영역의 근본적인 질문과 도식을 통해 이해를 도왔다.

③ 3개의 경영 영역을 이해할 수 있는 가이드맵을 각 파트의 마지막에 추가하였다.

이책이 중소기업을 포함한 회사의 경영자, 관리자와 직원, 경영자를 꿈꾸는 사람들, 그리고 경영을 공부하는 모든 사람에게 도움이 되기를 간절히 바란다. 이 책 곳곳에는 인사이트(insignt, 통찰력)를 주는 내용이 숨겨져 있다. 그것을 발견하고 활용하여 성과로 연결하는 것은 독자의 몫이다.

고객과 시장은 변화더라도 가치를 제공하는 경영의 원리는 시대가 지나더라도 여전히 유효하다. 책 제목처럼 책의 내용을 잘 씹어먹고, 내 것으로 완전히 소화하여 경영의 퍼즐을 맞추는 데 도움이 되었으면 한다.

뒤늦은 나이에 성균관대 EMBA를 진학해 배운 지식이 이 책의 오류와 체계를 잡는 데 도움을 준 것은 감사한 일이다. 보직을 수행하면서 경험한 사례들이 곳곳에 기술되어 있는데, 이것은 각 장의 이해를 돕기 위한 순수한 목적임을 밝혀 둔다.

장 석 면

목 차

Ⅱ 지식 경영 ◇ 151

III 낭비 제거　　　　　　　　　　◇ 305

I 인재
경영

인재 경영은 농부가 농사를 짓는 것에 비유할 수 있다. 좋은 씨앗과 묘목을 고르는 것은 사람을 잘 고르는 것이고, 땅의 질을 좋게 하기 위해 객토를 하고 물과 거름을 주는 것은 직원들을 개발시키는 것이고, 비료를 주고 농약을 주는 것은 좋은 열매를 맺기 위해 여러 제도나 보상을 시행하는 것이며, 소출된 열매를 질에 따라 분류하고 다음에 농사를 준비하는 것은 평가와 피드백을 하는 것일 것이다.

인재 경영을 열며

    인재 경영을 농부가 농사를 짓는 것으로 비유할 수 있을 것 같다. 좋은 씨앗과 묘목을 고르는 것은 사람을 잘 고르는 것이고, 땅의 질을 좋게 하기위해 객토를 하고 물과 거름을 주는 것은 직원들을 개발시키는 것이고, 좋은 열매를 맺기 위해 비료와 농약을 뿌리는 것은 여러 제도나 보상을 시행하는 것이며, 소출된 열매를 질에 따라 분류하고 다음에 농사를 준비하는 것은 평가와 피드백을 하는 것일 것이다.

    이러한 조건들을 충족하려면 농부는 기본적으로 농사에 관심을 가져야 하는 것은 물론이고, 농사짓는 지식이 있어야 한다. 거기다 부지런함이 수반돼야 하는 것은 두말하면 잔소리다. 그런데 농부가 아무리 농사에 관심이 있고 지식이 있으며 부지런하다 해도 한해 농사를 망칠 수도 있다. 예기치 못한 천재지변을 포함해 이유도 알 수 없는 요인들로 말이다.

    그렇지만 사업을 하면서 일어나는 이러한 리스크를 극복할 수 있는 것이 사람이다. 경영자가 얼마나 사람에 관심을 가지고, 얼마나 사람에 대한 지식을 갖추며, 얼마나 사람에 시간을 쓰느냐에 따라 원하는 인재들을 얻을 수 있고, 그들을 통해 경영을 할 수 있다. 그러면 경영의 반은 성공한 것이다.

　우리가 인재에 대한 지식을 갖추어야 하는 이유는 사람을 통해 혁신이 일어나며 사람만이 재생산을 할 수 있기 때문이다. 사람을 직접 만나고 동기 부여를 하는 것과 사람과 관련된 제도를 만들고 인재 경영을 위한 시스템을 구축하는 것은, 서로 성격은 다르지만 모두 인재 경영을 완성하는 데 필요한 영역이다.

　부지런히 사람을 만나고 동기 부여를 하는 것은 사람에 관한 관심이 없이는 불가능한 것이지만, 관심과 아울러 지식(시스템)이 같이 따라가야 한다. 자식을 키울 때 자식을 사랑하는 마음도 있어야 하지만, 시간을 내야 하고 잘 양육할 수 있는 지식이 필요한 것처럼 말이다.

　인재 경영의 영역은 크게는 핵심 인재의 선발과 배치, 그리고 학습 성장으로 분류할 수 있다. 좀 더 세분화한다면 잘 뽑고, 잘 발탁하고 잘 배치하며, 잘 성장시키고, 동기 부여를 잘하며, 좋은 인재를 잘 유지하고 떠날 때 잘 내보내는 것으로 설명할 수 있다.

인재 경영 체크리스트

당신이 속한 조직의 인재 경영의 점수를 평가해 보자.

그렇지 않다									그렇다
1	2	3	4	5	6	7	8	9	10

1 당신의 회사는 (현재 및 미래 사업에 필요한) 성과를 내는 인재 유형이 정의되어
있습니까?

2 당신의 회사는 (현재 및 미래 사업에 필요한) 우수한 인재를 뽑는 시스템이
있습니까?

3 당신의 회사는 사람을 뽑는 것 못지않게 사람 배치에도 신경을 쓰며,
정기적으로 전략적인 배치를 하는 시스템이 있습니까?

4 당신의 회사는 부족한 인재를 어떻게 해결하고 있습니까?
그 방식으로 인해 필요한 인재들이 부족하지 않게 채워지고 있습니까?

5 당신의 회사는 개인 및 조직의 역량이 최대로 발휘되고 있으며,
고객의 가치를 제공할 수 있는 최적화된 형태로 조직이 설계되어 있습니까?

6 당신의 회사는 인재를 선발 및 양성하는 프로세스가 있으며,
실제로 핵심 인재가 부족함이 없이 성장하고 있습니까?

7 당신의 회사는 사업의 방향과 경영 콘셉트에 맞게 인사제도가 설계되어 있고,
일관성 있게 운영되고 있습니까?

8 당신의 회사는 평가와 보상제도가 성과관리의 큰 틀에서 공정하게 운영되고 있고,
직원들의 몰입을 유도하고 있습니까?

9 당신의 회사에서 직원들의 몰입을 저해하는 요소는 무엇이고,
그 문제들은 어떻게 해결하고 있습니까?

10 당신의 회사는 핵심인재들이 잘 유지되고 있습니까? 또한 직원들과 잘 헤어지는
시스템이 있습니까?

1. 인재 경영에서 제일 중요한 것은 사람을 잘 뽑는 것이다

> 기업의 가장 중요한 자산은 '적합한 사람'이다.
> 기업의 가장 중요한 자산은 사람이 아니다.
> 적합한 사람(Right People)이다.
> – 짐 콜린스

누군가 "인재 경영에서 가장 중요한 것이 무엇이냐?"라고 묻는다면 고민할 것 없이 "잘 뽑는 것이다"라고 말할 것이다.

사람을 잘 뽑는 것은 인재 경영의 많은 영역 중에서 파레토 법칙 (Pareto's Law, 20:80의 원칙)에 해당한다. 사람을 잘 뽑으면 "인재 경영은 끝난 것이다"라는 말들을 한다. 아니 "경영은 끝난 것이다"라고 확대해서 이야기할 수 있다. 그만큼 잘 뽑는 게 중요하다.

인재 경영의 파레토 법칙이 선발이라면, 선발의 파레토 법칙은 핵심 인재의 선발이다.

채용은 인재 경영의 선순환 고리를 잘 보여 준다

처음에 잘 뽑은 한 사람 한 사람이 역할 모델이 되어 우수한 인재들을 끌어들인다. 그러므로 사람을 잘 뽑으려면 선발에 상당 시간을 사용하여야 한다. 상당한 시간을 쓴다는 것은 '뽑는 절차를 여러 번 가져야 하고, 그 절차마다 검증할 수 있는 충분한 시간을 써야 한다'는 것을 의미한다.

회사가 인지도나 위상이 없을 때는 우수한 인재를 뽑기가 쉽지 않다. 특히 우수한 전략기획 자원이나 미래의 경영자 자원을 뽑기는 더더욱 어렵다. 이때는 기존에 입사한 선배 중에 멘토(Mento, 조언자, 스승)가 될만한 직원을 중심으로 리쿠르팅(Recruiting, 구인 활동)을 하고 별도 케어(Care, 관리)를 하여 몇 명이라도 회사에서 성장하는 모델을 만들 필요가 있다. 그렇게 성장한 인원들이 다시 리쿠르터(Recruiter, 구인 활동 담당자)가 되고 멘토가 되면서 인원들을 한두 명씩 계속 확보하다 보면 어느새 조직의 필요한 핵심 인력들이 채워지고, 회사도 같이 성장할 것이다.

잘 뽑은 사람이 그다음 좋은 인재를 선발하는 데 연결고리가 되지만, 반대로 잘못 뽑은 사람이 그다음 좋은 인재를 선발하는 데 나쁜 영향을 미칠 수 있다. 사람을 잘못 뽑으면 다시 뽑아야 하는 번거로움도 있고, 다시 시작함에 따라 허비하는 시간도 많아진다.

사람을 다시 알아보게 되는 일이 발생하는 이유 중 하나는 <u>사람을 뽑는 기준이 정리가 안 된 상태에서 급하게 사람을 뽑거나, 기준이 정리되었지만 리쿠르팅 하는 지식이 없기 때문이다.</u> 또는 어떤 사람의 특징이 두드러져 그 특징에 매료되어 기준을 벗어나 선발을 하게 되는 경우다. 급한 마음에 성과 중심으로만 사람을 뽑는 데 치우치는 경우 당장 현업에는 도움이 될지는 모르지만, 나중에 회사의 문화에 좋지 않은 영향을 미친다. 인재를 잘 뽑는다는 것은 회사의 인재상과도 맞고 인성도 바르며 성과를 낼 수 있는 사람을 뽑는다는 것일 것이다.

회사에서 직원들을 접하다 보면 사람을 뽑는 기준이 중요하다고 생각하는 사례들을 경험하곤 한다.

지금 내가 생각나는 사례는, 미래에 경영자가 될 만한 후보들을 발굴하는 업무를 했었는데, 그 과정에 당장 경영자로 발탁해도 될 정도로 여겨지는 우수한 직원을 발견하고 기쁜 마음에 후보 풀에 포함을 시킨 적이 있었다. 그런데 나중에 그 직원이 윤리적으로 문제가 있다는 사실을 듣게 되었다.

또 다른 예는, 외부의 품질평가 회의에 참석한 때 일이다. 사업부마다 만든 상품의 불량률과 불량 사례에 대해 발표하는데, 유독 한 사업부가 불량률이 높은데도 불구하고 피드백하는 태도가 진지하지 않고, 책임을 지려는 모습을 보이지 않았다. 나중에 물어보니 이 사업부는 사업의 특성상 외부에서 경력직을 많이 뽑았는데, 회사의 인재상보다는 해당 영역의 전문성과 경험이 있는 사람을 뽑는 데 집중했던 것 같다. 이런 조직에 가보면 같은 회사 다른 문화를 느낀다.

이런 사례를 접할 때마다 사람을 뽑는 데 있어서 규칙(Rule)이 있어야 한다고 생각하게 된다. 신입과 경력의 비율이라든지, 사람을 뽑는 인재상 같은 것 말이다. 과거에는 '외부 경력 직원의 비율이 15%를 넘으면 안 된다'라는 기준이 있기도 하였다. 그런데 요즈음의 채용 트렌드가 신입 사원은 적게 뽑고 외부에서 검증된 경력직을 채용해 업무의 전문성 확보는 물론, 회사의 부족한 부분을 바로 도움받는 형태로 가고 있는데, 이런 채용 방식의 변화가 인력 구조와 정서 관리에 어떤 변수로 작용할지 궁금하기만 하다.

채용의 트렌드에 따라 인재를 뽑는 기준이 조금씩 바뀌기는 하지만 회사는 기본적인 기준들을 잘 지켜나가야 한다. 어떤 때는 성과 중심으로 어떤 때는 인재상 중심으로 치우치는 실수를 하지 말고, 균형된 관점을 가지고 사람을 뽑아야 할 것이다.

채용 프로세스를 바꾸라

직원의 적재적소 배치를 지나칠 정도로 강조하는 메리어트 호텔 (Marriott Hotel)은 새로 문을 여는 호텔의 직원을 뽑기 위해 4만 명을 면접하여 그중에 1,200명을 채용했다고 한다. 게다가 적어도 2번 이상의 면접을 한 다음에 채용했다고 한다. 사람을 뽑는 것을 중요하게 여기는 메리어트의 철학을 엿볼 수 있는 내용이다.

이런 방법을 쓰면 모집단(Population, 통계적인 관찰의 대상이 되는 집단)이 많아 적합한 인원들을 선발할 가능성이 높아지기는 하나 너무 많은 인원을 필터링하는 데 있어 정교함이 떨어지면 오히려 우수한 인력을 놓칠 수도 있다.

대체로 회사에서 사람을 뽑는 프로세스는 다음과 같다. 입사 원서를 체크리스트를 통해 1차로 걸러낸다. 다음에는 자체에서 개발한 인·적성검사를 통해 2차로 걸러낸다. 개인 역량은 이 프로세스를 통해 어느 정도 파악된다. 추가해서 개인적인 관심 사항이나 경험들도 다 조사가 이루어져 어느 직무에 맞는지도 파악이 된다.

마지막 관문인 면접은 이전 프로세스에서 걸러내지 못한 것들을 찾아낸다. 그런데 서류 전형과 인·적성 프로세스의 수준이 올라섰다고는 하지만 아직도 면접이 합격과 불합격의 당락을 결정짓고 있는 것이 사실이다.(그러다 보니 면접을 전문으로 컨설팅하는 회사들도 있다.)

나는 CHO(그룹 인사 총괄 임원)일 때 회사의 요구로 면접 전에 전형 과정의 완성도를 높여 면접에서는 심각한 하자가 있는 경우만 아니라면 합격의 가능성이 높이는 방향으로 프로세스를 정리하였다. 이렇게 되려면 면접 전에 지원자에 대해 완전히 파악을 마쳐야 만이 가능하다.

뒤에서 설명하겠지만 조직에서 성과를 내는 인자와 직무적합도를 파악할 수 있는 도구를 통해 면접 전에 지원자의 역량을 파악하도록 했다. 그 외에 잘못 뽑는 실수를 하지 않기 위해 추가한 프로세스 중에 강력한 방법이 평판을 조사하는 것이었다. 지원자와 함께 일했던 사람들에게 추천 점수를 받고, 만점에 근접한 사람들을 유심히 들여다본다. 또한, 점수와 별도로 평판을 조사하는 과정에 추가 질문을 통해 응답한 내용을 가지고 지원자의 능력이나 인성을 객관적으로 평가하는 방법도 쓴다.

가령 '명예를 걸고 추천하는가? 책임질 수 있는가?' 같은 질문들을 하는 것들이다. 평판을 하는 사람이 지원자와 친한 사이라면 실제보다 더 우호적인 답변을 해줄 수는 있긴 하지만, 추천 점수와 질문의 답변 내용들을 토대로 객관적으로 판단할 수 있다. 사람을 뽑는 데 추천만큼 좋은 방법은 없는 것 같다. 사람을 뽑는 도구나 시스템이 제대로 갖추어져 있지 않다면 적합한 인재를 뽑기는 쉽지 않다. 인성+강점+역량을 모두 볼 수 있는 시스템을 준비해야 한다. 당연한 데도 많은 회사가 이것을 놓치고 있다.

적합한 사람이 적합한 사람을 뽑을 수 있다

사람을 잘 뽑는데는 채용 전략과 채용 프로세스가 중요하지만, 그보다 더 중요한 것이 뽑는 사람들이다. 사실 내가 인사 관련된 직무를 할 수 있었던 것은 사람 보는 재능이 있었기 때문이다. 다른 분들에 의해 내가 사람 보는 재능이 있다는 것을 피드백 받으면서 비로소 알게 되었다.

사람 보는 재능과 관련되어 나와 관련된 두 개의 사례가 생각이 난다.

특전사에서 중대장 보직을 수행할 때다. 내가 속한 대대가 문제가 있어 감사팀에서 조사를 나온 적이 있었다. 그런데 우리 중대에 와서 내가 중대원들의 강점과 신상 관련 사항, 그리고 면담한 사항들을 체계적으로 정리한 것을 보고 감동하여 사령관 표창을 올린 적이 있었다. 부대에 조사를 위해 감사를 나왔으나 우리 중대로 인해 표창받는 상황이 일어난 것이다.

또 하나의 예는 리테일 점장을 할 때 본부 인사팀에서 사람 발탁과 관련되어 조사를 나온 적이 있었는데, 나는 그때 근무하는 관리자들의 특성(강점, 역량, 인성, 로열티)등을 종합해 리포트로 정리해 인사팀에게 보여 주었다. 당시 인사팀은 그것을 보고 많이 놀랐던 것 같다.

무슨 말을 하려고 하는가 하면 사람을 잘 보는 직원은 따로 있기에, 인사팀이 아니더라도 사람을 보는 재능이 있는 사람을 잘 찾아 사람을 뽑거나 발탁하는 데 활용해야 한다는 것이다. 더 나아가 채용 시스템 수준을 올리는 데도, 사람을 보는 재능을 가진 사람들의 시각이 들어가야 완성도를 올릴 수 있다. 채용하는 과정에는 서류 전형부터 면접까지 채용 인력들이 투입되는데, 단계마다 적합한 사람이 들어가도록 해야 한다. 서류를 점검하는 사람, 인·적성을 주관하는 사람, 평판을 확인하는 사람, 면접을 보는 사람들이 그 프로세스에 맞게 적합한 사람을 뽑는 데 필요한 자질과 역량을 갖추었는지 확인하려면, 합격한 사람들이 입사 후 과업을 수행한 결과(근무 성적)나 이탈률 등의 데이터를 가지고 사람을 뽑는 사람들을 인 앤 아웃(In&Out) 할 수 있다. 면접관별로 자기가 선호하는 사람이 있을 수 있다. 그 선호도가 인재를 뽑는 데 방해가 될 수 있기 때문에 반드시 면접 전에 질문지나 체크리스트 등의 면접 도구에 의해서만 면접이 이루어지도록 면접관들에 대한 사전 학습이 들어가야 한다. 그런데도 사람의 보는 견해가 주관적이면 면접관에서 제외해야 한다.

정리하면, 사람을 뽑는 직원들에 대한 평가가 이루어져 채용 인력들도 정예화가 되어야 한다.

사업 초기에 사람 뽑는 것에 더욱 신경을 써야 한다

최근에 회사를 새로 창업해 경영하는 대표를 만났다. "사람들을 급하게 뽑다 보니, 이탈하는 직원들이 생겨 업무가 쉽지 않습니다. 사람을 뽑고 관리하는 것이 이렇게 힘든지 모르겠어요."라고 하소연한다. 몇몇 대표들을 만났을 때, "대표님, 비즈니스를 하면서 가장 어려운 것이 무엇입니까?"라고 질문을 하면 거의 모든 경영자가 "사람이 제일 힘들어요."라고 답을 하는 것을 듣게 된다.

사업 초기 충분한 자본이 없는 경우에 원하는 인재를 뽑기는 쉽지 않다. 사실 나도 여러 브랜드를 론칭할 때 이익틀에 인건비율을 맞추다 보니 시장에서 역량 있는 인재를 뽑기가 쉽지 않았고, 거기에 더해 빨리 사업을 해야 한다는 부담감으로 선발하는 과정에 사람을 보는 기준을 약간 낮추는 경우가 있었다. 특히 사업을 하려는 역량이 내부에 없을 때는 외부 경력자의 이력만 보고 놓쳐서 안 될 것 같아 급하게 뽑은 일도 있었다. 결국은 뒤늦게 후회한 적이 있었다. 회사의 비전과 이념, 인재상 관련 작업을 사업 모델과 사업 구조를 작업하는 것에 못지않게 비중 있게 다루고, 이런 준비가 안 되었다면 사람을 뽑는 것을 좀 늦추는 것이 바람직하다. 그리고 여러 형태로 검증하는 과정을 추가하는 것이 좋겠다.

몇 년 전에 어떤 회사에서 제안이 온 적이 있었는데, 상당히 높은 직급인데도 불구하고 현장에서 3개월을 근무한 후에 개선안을 리포트로 제출하게 하고, 통과한 후에 1년 계약직으로 검증한 후 정직원이 되는 프로세스를 거치게 하였다. 좀 자존심이 상해 포기를 했는데, 지금 생각해 보니 그 회사는 아주 인재 경영을 잘하는 회사라는 생각이 든다.

뽑은 이후에 피드백이 필요하다

사람을 뽑는 시스템이 정교하다고 하더라도 완벽할 수는 없다.

정교하게 사람을 뽑았지만, 성과가 안 나오는 직원이 있을 수밖에 없다. 잘못 뽑았을 수 있고, 잘못 배치해서 그럴 수도 있고, 케어 (Care, 관리)를 안 해서 그럴 수도 있다.

개인이 뛰어나다고 해서 모두 성과를 내는 것은 아니다. 우선 사업부 상황과 조직의 역량들이 개인이 성과를 내는 데 있어 그 크기를 더 크게, 혹은 더 낮게 할 수 있다. 현재 가진 조건이 A가 아니더라도 잠재 역량이 있다면 학습을 통해 한 단계 레벨업할 수 있다. 반면에 A급 직원이라고 하더라도 학습이 안 되고 케어가 안 되면 레벨이 그 자리에 머물 수밖에 없다.

어떤 직원은 개인적으로 크게 기대하지 않았는데 놀랄 정도로 성장을 많이 한 경우가 있는가 하면, 들어올 때 아주 우수한 직원으로 평가된 자원들이 거의 성장을 못 한 경우가 있다. 이런 직원들의 케이스가 있을 때마다 '왜 그런가?' 하고 들여다보면, 배치가 잘 안된 상태에서 거의 학습이 안 되고 방치가 된 경우였다. 그러니 '왜 직원이 성장을 못 하고 그대로인가?'라는 질문이 나오는 것은 참 어리석은 일일 것이다. 누구를 만나고 어떤 보직을 수행하며 어떻게 케어 받았느냐에 따라 개인별로 역량의 차이가 크게 난다. 그런 일이 발생하지 않도록 사전에 시스템적으로 관리되어야 한다. 그중 하나가 그 직원의 상사나 경영자가 직원들의 성장에 시간을 쓰도록 하는 것이다.

사람을 뽑는 방식에 대해 사전에 정리가 안 되어 있으면 피드백이 쉽지 않다. 직무에 의해 사람을 뽑을 것인가? 조직에 적합한 사람을 뽑을 것인가? 직무의 변화에 따라 필요한 스킬은 학습을 시키면 되지만, 개인의 성과를 내는 데 필요한 핵심 역량과 회사의 문화의 적합도는 학습으로도 안 되는 것이 있기 때문이다. 직무에 대한 전문성을 확보하려면 '1만 시간의 법칙'이 작용하므로 사전에 해당 영역에 관심이 있거나 학습했거나 재능이 있는지 보고, 직무와 관련된 역량이 있다면 가능성을 가지고 지켜봐야 한다.

그러니 두 개의 관점을 다 봐야 한다. 우선 성과 적합도(조직에서 성과를 내는 데 적합한 인자를 가졌는지 아닌지를 봄)가 좋게 나오더라도 직무적합도(개인의 강점이나 재능이 직무와 일치하는 정도)에서 잘 맞지 않을 경우는 학습 성장이 더디고 시간이 걸린다.

그러므로 피드백 시에는 여러 가지 관점을 가지고 피드백하여야 한다. 최초에 뽑을 때의 적합한 업종, 직무, 용도 등이 잘 맞는지, 성과 적합도가 문제인지, 학습이 안 되어 있는지, 배치가 잘못되어 있는지 등등을 볼 필요가 있다.

인재경영 영역

TIP

사람을 뽑는 직원은 사람을 보는 재능이 있어야 한다.
회사에 적합한 채용 프로세스를 개발하라.
급하게 뽑지 마라. 선발 기준과 뽑는 방식을 최우선으로 고민하라.

2. MRI처럼 사람을 판단할 수 있을까?

> 이곳저곳을 돌아다녀도 자기 자신으로부터 도망칠 수 없다.
> – 어니스트 헤밍웨이

나는 CHO일 때 사람을 'MRI처럼 파악할 수 있는가?'라는 회사의 요구에 답을 하기 위해 고민을 많이 했다. 물론 사람을 도구로 완벽하게 파악한다는 것에는 한계가 있기는 하다. 그러나 시장에 나와 있는 사람을 파악하는 검증된 도구들을 잘 엮고 거기에 부족한 것을 더한다면 상당히 높은 수준으로 사람을 파악할 수 있을 것이라는 생각이 들었다.

그렇게 해서 MRI처럼 우리가 원하는 사람을 서치(Search) 할 수 있는 도구(시스템)만 있다면 회사는 엄청난 생산성을 가져올 수 있을 것이라는 생각으로 '사람을 잘 뽑는 도구 만들기' 프로젝트를 시작하였다.

그리고 무수히 많은 신입 사원과 경력 직원들을 뽑고 핵심 인재 면담을 반복하는 과정에 나온 베스트 프랙티스(Best Practice)와 기존 성과를 내는 직원들의 성과 인자를 분석하는 등 아주 체계적인 방법을 결과물로 만들었고 회사의 검증을 통해 도구를 완성할 수 있었다.

사람을 알려면 사람을 알 수 있는 요소가 무엇인지부터 알아야 한다

우선 사람을 이해하기 위해서는 강점과 적성이 무엇인지부터 파악해야 한다. 강점이란 재능, 지식, 기술의 합으로 재능은 지식과 기술 습득을 가속화하고 지식과 기술은 재능을 강화하는 기능을 하여 개인의 고유한 강점을 형성한다. 그러니 강점은 선천적인 요소와 후천적인 요소가 결합한 것이다. 재능은 한 명 한 명을 특별히 뛰어나게 만드는 타고난 성질이다. 가르칠 수 없는 영역이다. 갤럽에서는 150가지가 넘는 역할에 대한 재능을 연구하였다. 각 역할에서 요구되는 재능은 엄청나게 다양하지만, 세 가지로 분류하였다. 분발하는 재능, 사고하는 재능, 그리고 연관 짓는 재능이 그것이다. 이 세 가지 재능은 아무리 개인이 달라지려고 하더라도, 개인의 재능과 그에 따른 반복적인 행동은 변하기 어렵고, 결국 평생을 따라다닌다고 한다. 지식은 알고 있는 것으로 학습을 통해 아는 것과 경험을 통해 이해하는 것으로 구성된다. 지식은 가르치고 배울 수 있는 것이다. 기술은 업무의 기본 도구이자 일은 하는 방법(How-To)이다. 기술은 반복적인 연습으로 습득할 수 있다.

적성은 어떤 특정 분야에서 성공할 수 있는 잠재 능력 혹은 소질을 말한다. 청소년까지 형성되고 이후에는 비교적 변동이 적다.

태도는 경험을 통하여 형성되고 감정적, 평가적 속성을 지닌 정신적, 신경적 준비 상태이다. 경험에 따라 후천적으로 학습이 된다.

성격은 개인마다 독특하게 가지는 감정이나 생각, 행동하는 방식이다. 성격은 태도를 형성하는 가장 큰 요소이다.

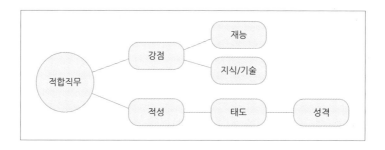

사람을 잘 뽑으려면 시장에 나와 있는 조사 도구를 모두 활용하여야 한다

사람을 잘 뽑으려면 사람을 잘 뽑는 도구가 있어야 한다.

지금까지 시장에 나와 있는 조사 도구들이 어떤 영역을 찾는 데 쓰이는지를 알아야 사람에 제대로 파악을 할 수 있다. 사람을 파악하기 위해 쓸 수 있는 도구들은 되도록 많이 활용하는 것이 좋을 것이다. 물론 그러면 인풋(Input, 자원의 투입)이 많이 들 수밖에 없다. 사람을 파악하는 방법에는 조사＋검사＋질문＋관찰 등이 있다.

이것들은 간단하면서도 쉽게 할 수 있는 방법들을 찾고, 결과들은 잘 정렬해 통합된 형태로 사용하여야 한다.

앞에서 설명하였지만, 시장에 나와 있는 검사 도구인 MBTI, SHL, DISC, 애니어그램, 다중지능, 강점 조사 등의 방법을 통해 알 수 있고, 감성지능이나 사회지능, 영적 지능, 두뇌 우열 평가 같은 조사로 더욱 정교하게 사람을 파악할 수 있다. 그리고 사람의 인지 방식의 차이를 구분하는 '좌뇌적 사고'와 '우뇌적 사고'도 쓸 수 있다. 좌뇌적 사고는 분석적·논리적·순차적인 접근 방식인 반면, 우뇌적 사고는 직관적·가치 지향적·비선형적인 접근 방식이다. 이것을 경영에 적용하면 우뇌는 창조적인 부분에, 좌뇌는 창조적인 것들이 실제 비즈니스에 효과가 있는지를 살피는 쪽에 도움을 줄 수 있다.

사람을 뽑을 때는 크게는 강점과 적성, 작게는 재능, 지식, 기술, 태도, 성격을 다 본다. 강점과 재능은 강점 조사를 통해 지식과 기술은 필기나 실습으로, 적성은 Strong과 직무 적성검사를 통해, 태도는 관찰이나 면담을 통해, 성격은 MBTI/DISC 등을 통해 파악할 수 있다.

밀턴 로키치(Milton Rokeach) 교수나 홉스테드(Hofstede) 교수의 가치관 모델 같은 것에도 조직의 인재를 뽑는데 필요한 인재상과 관련된 항목이 있고, 가드너(Howard Gardner) 교수의 다중지능이나 스텐버그(Robert J. Sternberg) 교수의 지능 이론들도 반영할 수 있을 것이다. 또한, 자기 자신에 대한 전반적인 평가에 근거해 자신의 가치에 대해 갖는 믿음인 자기 존중감이나, 자기 자신이 어떤 특정한 직무를 성공적으로 수행할 수 있다는 믿음과 관련된 자기 효능감 같은 것도 조사에 포함되면 좋을 것이다.

인생의 결과에 대해 자신이 얼마나 영향을 미칠 수 있는지 스스로 믿는 정도와 통제의 위치와 관련된 질리안 B. 로터(Jilian B. Rotter) 교수에 이론에 의하면 자신의 운명을 스스로 결정하고 관리 통제할 수 있다고 믿는 내재론자와 자신의 일어나는 일들이 운이나 타인 또는 외부의 영향력에 의해 결정된다고 믿는 사람들이 있다고 한다. 내재론자가 회사로서는 더 적합하게 보인다.

뽑는 도구를 만들 때는 모집단 선정이 중요하다

사람을 뽑는 도구를 만들 때 필요한 데이터를 모집단(Population, 통계적인 관찰이 되는 집단)을 통해 모은다. 통상 모집단은 성과를 내는 사람들을 대상으로 한다. 그런데 고(高)성과자는 과거에 성과를 낸 사람들이고, 반드시 미래에도 성과를 내는 것이 보장된 사람들이 아니라는 것에 유의해야 한다. 과거부터 현재까지 비즈니스가 시장에서 경쟁력을 계속 유지하고 있으며, 미래에도 그럴 것이라는 판단이 서면 고성과자 중심의 모집단을 통해 나온 데이터를 활용하는데는 전혀 문제가 없다. 그런데 비즈니스가 점점 경쟁력을 잃거나,

사업 기회를 보고 사업 모델을 새로 만들고 있다면 전혀 다른 역량이 필요할 것이다. 그 역량을 데이터로 확보하려면 때로는 외부(시장)에서 가져올 수밖에 없다. 예를 들면 오프라인에 강했던 사업을 디지털로 전환하는 경우 역량의 정의는 물론이고 필요한 데이터가 무엇인지를 정리하고, 확보할 수 있는 루트를 개발해야 한다.

이런 조사 방법들을 통해 사람을 해석하는 시스템을 만드는 것은 쉽지 않은 일이다. 나는 이 작업을 팀들과 함께 모집단의 데이터를 돌려보면서 분석 오차를 줄이는 작업을 수십 번을 거듭하였다. 이 작업을 통해 몇 가지 원리를 도출할 수 있었다. 그것은 조사를 많이 하면 할수록 사람을 파악하는 데 실수를 줄일 수 있고 직무뿐만 아니라 조직에 적합한 사람도 알 수 있다는 것이었다. 물론 사람을 파악하기 위해 조사를 많이 하면 할수록 비용(시간, 돈)이 들어가는 것을 고려해야 한다.

제대로 된 모집단 확보에 주력하고 필요한 인자들을 사업 모델에 맞게 추출하며 계속 버전 업하는 작업을 하여야 한다. 이런 작업을 거쳐야 비로소 AI 수준의 사람 뽑는 도구가 만들어질 수 있다.

조사 도구를 통해 나온 결과들을 종합화하고 구조화하여야 한다

사람을 판단하는 데 실수하기 쉬운 것이 조사 결과의 한두 가지를 가지고 사람을 판단하려고 한다는 것이다. 되도록 많은 조사 방법을 활용하고 나온 결과들을 종합하여 해석하여야 사람을 정확히 알 수 있다.

쉽게 설명하면 각 조사 도구에서 나온 항목 중에서 연관성이 있는 항목들을 모아 강점들이 맞는지를 검증해야 한다. 즉, 유사 유형을 그룹화해서 판단해야 한다.

예를 들면 전략기획자원을 뽑는다고 할 때 MBTI의 NT나 강점 조사의 전략, 네드 허만(Ned Herrmann) 두뇌 평가의 A나 D, SHL에서 개발한 직무적성검사에서 언어나 수리 영역이 일정 수준 이상 정도가 되는 등 전략 관련 항목이 연관성 있게 나와야 한다.

이러한 조사 방법들이 정교해지면 정교해질수록 다양한 방법으로 사람을 찾는 데 사용될 수 있다

가령 사람을 뽑을 때나 경영자를 발탁할 때, 조직에 맞는 사람을 (재)배치할 때, 어떤 사업을 할 때, 조직의 특정 과업을 수행할 때마다 적합한 사람이 누구인지를 찾을 수 있게 해준다. 직무에 맞는 사람을 찾는 것보다 필요 때문에 특정 과업의 사람을 찾거나 사업에 필요한 사람을 찾는 것이 훨씬 어렵다. 시장에 나와 있는 조사 도구를 모두 활용하더라도 회사에 맞는 형태로 사용할 수 있으려면, 도구들을 잘 조합해서 최적으로 사용할 수 있도록 발전시켜야 한다. 이런 작업은 사람을 볼 줄 아는 재능과 시스템적인 사고가 있는 사람이 주도되어 프로젝트로 완성할 수 있다. 이 작업은 난도(難度, 어려움 정도)가 있지만 불가능한 것은 아니다.

어디에 발탁하고 배치하느냐에 따라 프로파일이 달라질 수밖에 없다

회사에서 사람이 쓰이는 범위는 넓게는 직무, 관리자나 경영자, 새로운 사업, 특별한 과업으로 분류할 수 있다. 경영자도 크게는 '경영자'라는 직무로 볼 수 있으나, 회사에서 가장 중요한 포스트(Post, 직무)이므로 따로 구분하는 것이 좋을 것 같다.

이 4가지에 범위에 공통으로 적용되는 것은 대략 3가지 요소이다. 비즈니스 인자, 강점, 특기가 그것이다.

먼저 비즈니스 인자는 조직에 돈을 벌어다 주는 DNA(인자)가 있는 유형을 찾는 것이다. 그다음 공통으로 봐야 하는 것이 강점이다. 그다음이 특기이다. 경영자도 특기에 따라 사업부 성격에 맞게 발탁이 될 수 있다.

직무의 경우에는 직무를 찾을 수 있는 조사 도구를 활용하면 되고, 경영자일 때 리더십을 확인하기 위해 리더십을 조사하는 도구를 쓸 수 있다. 리더십 이론에 따라 조직이 처한 상황이나 사업 모델에 따라 적합한 리더십을 채택하고 그 리더십에 적합한 사람을 찾을 수 있다.

사람을 쓸 때는 조사 도구만을 의존하지는 않는다. 근무했던 이력이나 경험, 평판 등이 같이 쓰일 것이다. 그렇지만 여기서는 사람을 찾아내는 도구의 관점으로 설명하고 있기에 그 방향에 맞추어 정리하고 있을 뿐이다.

그 외 특기도 중요한데, 특기 같은 것은 조사 도구를 통해 찾아내기가 어려우므로 특기를 알 수 있는 경험, 습관, 취미 등을 중심으로 설문 형태로 파악해 볼 수 있겠다. 대학의 전공도 직무나 특별한 용도가 필요시 반영될 수 있다.

TIP

시장에 있는 사람 관련한 각종 조사 도구를 이용해 회사에 맞는 인재 판별기를 개발하라. 조사 도구의 결과를 관련 항목끼리 묶어서 연결해 봐야 사람에 대해 제대로 검증할 수 있다.

3. 성과를 낼 수밖에 없는 사람들의 특징

성공은 능력보다 열정에 의해서 좌우된다.
승리자는 자기 일에 몸과 영혼을 다 바친 사람이다.
– 찰스 북스톤

탁월한 성취 뒤에는 언제나 끈덕지게 버티는 힘이 숨어 있는 법.
버텨라. 끝내 버티면 이긴다.
– 앤드루 매튜스

누가 높은 성과를 내는 직원인가? 높은 성과를 내는 직원이란 감정적으로 헌신함으로써 회사를 위해 지속적인 경쟁우위를 이루는 제품 또는 서비스를 만들거나 만들도록 지원하는 사람이다. 많은 회사는 성과를 내는 직원들이 누구인가에 대해 고민을 해왔고, 그 기준들에 대해 지금도 정교하게 정리하고 있다. 조직에서 성과를 내는 인자를 가진 사람은 설사 직무가 적성에 잘 맞지 않더라도 일하는 과정의 한계를 극복할 가능성이 있다. 물론 직무까지 적성에도 맞는다면 더할 나위가 없을 것이다.

직원들의 성과를 내는 인자는 무엇일까?

조직의 성과를 내는 인자를 가진 사람 하면 떠오르는 것이 '머리가 좋음'이다. 머리가 좋은 사람들은 대체로 명문대학을 나왔을 것이다. 그렇다면 좋은 대학을 나온 사람이 성과를 내는 것과 연관성이 있는가? 반은 맞고 반은 틀리다. 명문대 출신들은 '머리가 좋고 전략적인 사고가 강해 성과를 낼 수 있다'는 가능성을 열어 두고 대체로 명문대를 나온 사람들의 특징들을 리뷰해 본적이 있었다. 확실히 고성과자 중에 명문대 출신이 많았다. 일반적으로 명문대를 나온 사람들은 일반적으로 IQ(Intelligence Quotient, 지능 발달 정도를 나타내는 검사 결과로 나타내는 수치)가 좋다.

2004년 평가 방법론 분야로 유명한, 프랭크 슈미트(Frank Schmidt) 교수와 존 헌터(John Hunter) 교수가 IQ 검사의 예측력을 다른 평가 방법론들의 예측력과 비교한 연구 결과가 있는데, IQ 검사가 능력, 자질, 성향 업무 경험보다 작업 수행 성과를 더 잘 예측했다고 주장했다. 회사에서 피드백해 본 결과 머리가 좋은 사람들은 컨셉추얼 스킬(Conceptual Skill, 전략적 사고)에서 차별성을 보였다. 그것이 왜 중요한가 하면 성과를 내는 두 개의 큰 축 중의 하나에 해당하기 때문이다.

우리는 경영자가 머리로 회사를 이끈다는 사실을 간과해서는 안 된다. 경영 현장에서 요구되는 인지 능력을 보유하지 않은 리더는 성공할 가능성이 작다. 머리가 좋은 사람은 상사와의 소통 시 말귀를 잘 알아듣고 그 정보나 지시를 바탕으로 전략을 내놓을 수 있다. 머리가 좋은 사람들이 컨셉추얼 스킬이 뛰어난 이유 중의 하나는 머리가 좋은 사람들만 모여 있는 환경에서 오랫동안 시간을 보내면서 양질의 정보를 습득하고 공유하면서 사고의 능력이 레벨 업(Level-Up) 되었을 수도 있다.

그런데 머리 좋은 사람 말고도 성과를 내는 다른 유형의 사람도 있다. 그것은 실행력과 관련된 역량이다. 정확히 성과는 전략과 실행의 결과이다. 전략이 있다고 하더라도 실행이 따라가야 한다. 실행을 잘할 수 있는 능력은 머리와는 좀 다른 능력이다. 그래서 통찰력이 있는 머리 좋은 리더와 달리, 집요하게 실행하는 리더도 성과를 내는 데 꼭 필요한 것이다.

> 직장에서 내가 부실 사업장을 전환 경영하거나 회사가 필요로 하는 시스템을 만들 때 다른 사람들이 '그 비결이 무엇이냐?'라고 물어보면 '시스템을 설계하고 구조화하는 능력이 있기 때문이다'라고 말한다. 거기에 '나의 집요함 때문이다'라고 덧붙인다. 이런 것들은 크게 실행과 관련이 있다.

성과를 내는 사람들의 공통적인 인자: 성과적합도

나는 사람을 잘 뽑는 도구의 하나로 조직에서 성과를 내는 사람들은 어떤 인자가 있는지를 파악했고 그것을 시스템화하였다. 여기서 그 로직을 다룰 수는 없고 대표적인 인자들을 간략하게 설명하려고 한다.

조사의 방향은 모든 직무에서 성과를 내는 직원들이 공통으로 어떤 인자들이 있는지를 찾는 작업이었다.

이 작업은 어떤 의미가 있는가 하면 직무적합도가 나오더라도 성과를 내는 인자가 없다면 발탁이나 배치에 고려할 필요가 있다는 것이다. 반대로 직무적합도가 떨어지더라도 성과적합도가 있다면 훈련과 학습을 통해 직무에서의 성과를 끌어올릴 수 있다는 말도 된다. 물론 이런 조사를 하면 회사마다 아주 다른 형태로 결과가 나올 것이다.

직원들의 인·적성검사를 포함해 여러 조사 결과들이 있기에 이것을 데이터로 조직에서 성과를 내는 인자들을 도출하는 데는 어려움이 없다. 아마 창의력을 필요한 회사에서는 여기서 다루고 있는 요소와 다른 항목들이 고성과자 사이에서 나올 수도 있을 것이다.

회사에서 성과 내는 사람들은 어떤 인자가 나왔는지를 조사해 보니 크게 4개의 항목이 나왔다. 이것을 조사하는 방식은 조직에서 성과를 내는 사람들을 조사한 결과 중복에서 나오는 요소들을 중심으로 분류하고 구조화하다 보니 4개의 요소로 압축 정리된 것이다. 일반적으로 책에서 성과를 내는 사람들의 특징을 정리한 내용들이 많이 나오는 데 열정이나 끈질김 같은 요소는 공통점이 있고, 다른 요소도 표현은 다르지만 비슷한 특징을 가지고 있다. 물론 업종이나 사업에 따라 요소는 달라질 것이다.

첫 번째로 열정이다.

열정은 목표로서 어떤 일에 열중하는 감정 중 하나이다. 강한 의지가 있는 사람은 열정이 있는 사람이다. 성과를 내는 사람들은 자기 주도성 강한 경향이 있는데, 열정과 주도성은 일정 부분 연동이 될 수도 있다. 그러다 보니 몰입도가 높다.

열정이 그 사람이 가지고 있는 재능이나 역량과 결합하면 엄청난 시너지가 난다. 재능이나 역량이 부족해도 열정이 있다면 그 부족함을 상당 부분 메꿀 수 있다. 열정은 승부욕이나 성취와 관련된 것이다.

두 번째로 끈질김이다.

한번 시작하면 놓지 않는 것이다. 끈질긴 사람은 구체적인 결과를 찾아내고자 노력하며, 해답을 얻기 전까지 절대로 포기하지 않는다. 그런데 이러한 끈기는 실현 불가능하거나 잘못된 가정 등에도 집착할 수 있으므로 실행과정에 반드시 피드백을 병행하면서 버그(Bug)를 잡으면서 나아가도록 해야 한다.

실행을 잘하는 사람들을 관찰해 보면 어떤 결과물을 내기 위해 결과물의 완성도를 높이면서 프로세스적으로 포기하지 않고 진행하는 특성이 있다. 프로젝트들이 결과물을 내지 못하는 이유 중의 하나는 끝까지 해내지 않고 중간에서 더 이상 진도가 못 나가거나 포기를 하는 경우이다.

세 번째로 숫자 감각이다.

기업은 마지막에 숫자로 평가받는다. 그래서 숫자에 강해야 한다. 숫자 감각은 비즈니스에서 관리되고 있는 숫자를 이해하고, 숫자에 나타나는 문제점이나 관리 포인트를 찾을 수 있는 능력이다.

성과를 잘 내는 사람들은 숫자에 대한 분석과 직관이 아주 뛰어나다. 이러한 숫자에 대한 감각에 전략적이고 창의적인 사고가 포함된다면 날개를 단 것과 마찬가지다.

네 번째로 시스템 마인드이다.

시스템 마인드는 표준화된 관점으로 일을 할 수 있도록 자료를 분석하고 해석하며 구조화는 능력이다. 시스템적인 생각을 하는 사람은 무조건 액션을 하지 않는다. 분석과 데이터를 기반으로 계획에 의해 일을 진행한다. 시스템적인 마인드를 가진 사람은 일의 결과로 시스템을 남긴다.

프로세스형의 계획적인 성향이 시스템을 구축하는 데 도움이 될 수는 있지만, 프로세스형이 시스템적인 마인드를 가졌다고 단정할 수 없다. 왜냐하면 실행 성향이 강하다고 자료를 분석하고 해석하지 못하는 것은 아니기 때문이다. 다만 표준화된 관점으로 구조화하는 능력은 프로세스형이 도움이 될 수 있다고 보는 것뿐이다. 시스템이 강한 사람은 일하는 데 있어 시스템으로 얻게 될 결과물을 정의하고, 그 정의에 맞게 목표의 달성 가능 범위를 정한다.

지금까지 설명한 성과적합도는 내부적인 요인에 가깝고 재능과 관련된 것이 아니다. 오히려 개인이 가지고 있는 특성에 가깝다고 할 수 있다. 노력과 학습으로 어느 정도 커버가 될 수 있는 것들이다. 내가 성과를 내 조직에 공헌하겠다는 결심과 의지를 가질 때, 필요한 특성들은 보완되고 더욱 발전시킬 수 있다.

같은 직무라도 사업 특성별(크기, 지역, 업종)로 요구되는 재능이 다를 수 있다. 하지만 사업의 크기에 따라 그 사업을 맡을 수 있냐 없냐는 재능보다는 역량이 더 영향을 미친다. 성과를 낼 수밖에 없는 특징들이 있다고 하더라도 그들이 성과를 내는 데는 경영 시스템이나 각종 프로그램, 그리고 동기 부여 등의 시스템이 따라가지 않으면 개인들이 성과를 내는 데는 제한적일 수밖에 없다.

전략 인자와 실행 인자의 만남

실행가는 실행을 잘하는 인자가 있다. 실행 인자는 실행을 할 수 있는 역량을 가지고 있다는 것인데, 가령 무엇인가를 성취하게 하는 것, 그리고 성과를 내기 위해 포기하지 않고 집중하는 것, 그리고 실행이 되게끔 시스템적인 사고를 갖추는 것들은 실행을 보장하는 강력한 힘이다.

리더는 조직에서 필요한 직무의 전문가를 빠짐없이 세우는 것은 물론 그들이 성과 적합도가 있는지를 검증해야 하고, 이후에 그러한 사람들이 성과를 낼 수 있도록 관리하여야 한다. 그러니 실행은 전략을 이룰 수 있는 성과 적합도가 높은 각 기능의 전문가와 그들을 MBO(Management By Obejective, 목표에 의한 관리)에 의해 관리할 수 있는 리더(경영자)의 관리 역량에 의해 가능해진다고 할 수 있다.

전략적인 사고와 실행력을 모두 갖춘 경우는 CEO급 경영자들에게 자주 발견된다. 그들은 속도감 있게 일을 진행한다. 그런데 실행이 너무 강한 리더는 시스템이 남지 않을 수도 있다. 아이디어도 있고 실행력을 갖추었지만, 프로세스적인 사고까지 같이 가진 리더는 거의 없는데 실행과 프로세스는 대조되는 성향이기 때문이다. 진정한 의미의 실행은 시스템을 남기면서 숫자가 바뀌는 것이다. 따라서 이 시스템을 남기지 않는 경영자는 스태핑(Staffing, 채용과 배치) 차원에서 이 영역에 강점이 있는 사람을 붙혀주어야 한다. 전략이 나왔을 때 그것을 실행으로 전환하여 단절 없이 집요하게 실행하면서 시스템을 남기는 것이 기본이기 때문이다.

(이 부분은 '조직은 어떻게 구성해야 하는가'에서 추가로 설명하였다.)

또 하나의 성과 인자: 휴먼 스킬

성과 적합도와 또 다른 축이 있다. 그것은 외부와 관련 있는 요인으로 '관계'와 관련된 것이다. 사회지능 같은 것이다. 사회지능은 인간관계를 풍요롭게 만드는 능력이 있다. 1920년 직후에 심리학자인 에드워드 손다이크(Edward Lee Thorndike)는 '사회지능'이라는 것을 처음으로 공식화하였다. 조직에서 사람이 직급이 높아지면 높아질수록 사람의 마음을 얻는 휴먼 스킬(Human Skill, 사람과 관련된 지식)이 필요한데, 사회지능이 이런 것에 가깝다.

일전에 지하철에서 한 여학생이 아주 거동이 불편한 할머니를 위해 자기의 목적지가 아닌데도 그 할머니가 목적지에 가는 데 불편함이 없도록 시간을 쓰는 것을 본 적이 있었다. 이 여학생은 사회지능이 있는 것이다. 사회지능은 사회적인 자각과 사회적인 능력으로 구분할 수 있다. 사회적인 자각이란 다른 사람의 내적 상태를 느끼거나 감정과 생각을 이해하는 것들로 가장 감정 이입이나 상대에 맞추어 귀를 기울이는 것 등이다. 사회적 능력은 사회적 자각을 행동으로 옮기는 것으로, 언어나 행동 면에서 자기를 잘 드러내고 사람과의 상호작용을 통한 결과들을 도출한다. 리더들의 수명은 성과에 따라 유한하지만, 그 조직의 구성원들은 리더와 달리 수명은 법적인 정년의 범위 내에서 어느 정도 보장이 된다. 그런데 리더들이 자기가 관리하던 조직을 떠나더라도 휴먼 스킬이 있는 리더는, 함께 했던 구성원들과의 관계가 오랫동안 유지가 된다.

직원들이 업무 몰입도가 떨어지거나 성과를 내지 못할 때, 휴먼 스킬이 있는 리더는 이타적인 유전자를 가지고 있고, 동정을 수반하는 따뜻한 배려심, 관계를 중요시하는 리더십이 있어 직원들의 성과가 나지 않는 것들은 헤아리고 감정적으로 터치하는 경향이 있다. 그런데 휴먼 스킬도 어느 정도는 학습으로 해결할 수 있다. 휴먼 스킬이 뛰어난 사람들을 옆에서 지켜보면서 간접적으로 경험하는 방법이 있고, 휴먼 스킬과 관련된 책을 보고 개인이 학습하는 방법이 있다.

자신이 휴먼 스킬이 어느 정도 인지를 가늠해 보고 휴먼 스킬과 관련된 지식이나 스킬들을 실행(경험)해 보완하는 방법도 있겠다.

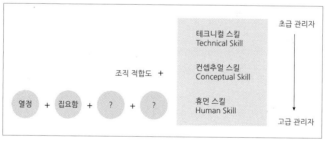

TIP

머리 좋은 전략가와 실행을 잘하는 사람의 조합을 항상 생각해야 한다.
조직에서 직무를 뛰어넘는 성과를 내는 공통 인자가 무엇인지를 밝혀내라.

4. 핵심 인재가 가장 중요하다

경영자는 무슨 일이 있어도 핵심 인재를 지켜야 한다.

조직의 핵심 인재는 사랑받아야 하고, 육성되어야 하며, 영혼과 지갑에 보상받아야 한다.

왜냐하면 이들이 기적을 일으키는 사람들이기 때문이다.

이런 사람들을 잃는 것이야말로 리더의 가장 큰 잘못이며 실패이다.

– 잭 웰치

핵심 인재를 어떻게 정의하고 어떻게 선발하며 어떻게 관리할 것인지는 기업의 사명과 같다. 이것의 중요성을 얼마나 크게 받아들이느냐에 따라 조직의 승패가 갈린다고 할 수도 있다. 왜냐하면 잘 발탁한 한 사람에 의해 조직이 흥할 수도 망할 수도 있기 때문이다.

그런데 포스트(post, 자리)가 비거나 새로운 경영자를 발탁할 때면 사람을 세우기가 쉽지 않다. CEO급부터 중간관리자까지 후보 풀이 너무 많아 누구를 발탁해야 할 것인지를 고민하는 회사들이 과연 얼마나 될까? 콜게이트(Colgate, 구강용품 전문 브랜드)는 인재 발굴 프로세스를 통해 핵심 인재에 대한 발탁에 대해 어려움이 없다곤 한다. 그렇지만 대부분 회사는 사람을 세울 때 고민이 많다.

핵심 인재와 관련해서는 크게 3개의 카테고리-핵심 인재를 잘 정의하는 것과 잘 발굴하는 것, 그리고 잘 학습 성장시키는 것-를 놓쳐서는 안 된다. 이중에서 하나라도 빠져서는 안 된다. 여기에는 여러 지식이 필요하다.

먼저 핵심 인재를 정의하라

지금은 고인이 된 삼성그룹의 이건희 회장이 2003년 6월에 한 사람의 천재가 수만 명을 먹여 살린다는 '천재경영론'을 주장했다. 이후에 이 말은 회사를 경영하는 사람들에게 핵심 인재에 대한 큰 관심을 불러일으켰다.

핵심 인재를 정의하는 것이 핵심 인재 관리에서 제일 먼저 해야 할 일이다. 인재 관리와 관련된 여러 책을 보면, 핵심 인재를 관리하는 노하우는 많이 나와 있으나, 핵심 인재를 정의하는 것에 대해서는 빠져 있는 것을 본다. 그런데 회사마다 추구하는 사업이나 전략에 따라서 핵심 인재의 정의가 각각 다를 것이다. 한 사람의 전략가나, 경영자가 중요할 수 있고, 아니면 한 사람의 전문가가 중요할 수 있다. CEO급은 아니더라도 사업의 현장 리더를 핵심 인재의 범위에 넣을 수도 있겠다. 미래의 CEO감을 핵심 인재로 정의한 곳은 다시 세분화하여 현재 CEO가 가능한 사람, 차세대 후보, 경영자 싹을 분류하기도 한다. 중앙 정책 부서에서 컨트롤타워(Control Tower, 정책이나 전략을 조정, 관리, 통제하는 부서)가 잘 세워져 현장에 필요한 전략과 시스템을 제공하는 곳은 본부 스텝이 핵심 인력일 수도 있다. 연구인력이 50% 이상이 되는 바이오나 소프트웨어 회사는 핵심 인력이 우수한 연구원일 것이다. 사업의 내용이 표준화가 중요하고 제품 하나에 사업의 실적이 좌우되는 곳은 개발자가 핵심 인력일 것이다.

내가 외식사업부 본부장일 때 우수한 개발자 한 명이 구성한 포트폴리오가 사업부의 전환 경영은 물론 성장에 결정적인 이바지를 한 기억이 난다. 이런 상황에서는 개발 책임자가 CEO보다 더 좋은 대우를 받을 수도 있다. 만약 당시에 그 직원을 선발하는 과정에 판단을 잘못하여 뽑지 않았다면 어떤 일이 벌어졌을까? 생각만 해도 아찔하다.

핵심 인재가 정의되었다면 핵심 인재에게 필요한 강점과 역량이 무엇인지를 정의해야 할 것이다. 앞에서 설명한 성과를 낼 수밖에 없는 사람들의 특징에 그 직무에 필요한 전문성과 필요에 따라서는 리더십이나 기타 등등의 요소가 추가되어 정리되어야 할 것이다.

인재에 대한 정확한 정의가 되어야, 보여지는 스펙이나 고과 평가에 의해 사람을 뽑는 오류를 범하지 않는다.

어떻게 핵심 인재를 선발할까?

핵심 인재를 선발하여 리스트에 올려놔야 한다.

핵심 인재를 선발하는 방법은

첫째, 데이터(Data)를 봐야 한다.

개인의 강점이나 특기, 근무이력, 근무 평가 이외에 인사 기록상에 나와 있는 모든 자료를 다 들여다봐야 한다.

(개인의 데이터가 잘 정리되면 일정 양식에 맞게 프로파일(profile) 형태로 정보화할 수 있다)

둘째, 만나보고 관찰하여야 한다.

직접 만나봐야 하고 현장에서 충분한 관찰이 이루어져야 한다. 만나보거나 관찰할 때도 무엇을 물어보고 무엇을 체크해야 할지를 정리되어 있어야 한다. 그렇지 않으면 만나거나 관찰하고도 평가를 제대로 할 수가 없다. 현재 회사에서 중요하게 다루고 있는 경영 콘셉트나 전략을 중심으로 본인이 이바지한 것들을 반드시 물어봐야 하고, 그 사람의 역량을 평가할 수 있는 질문들을 고민해서 만들어야 한다.

셋째, 평판을 들어봐야 한다.

대상자의 성과를 정확히 평가해 줄 수 있는 스텝이나 책임자가 있다면, 그 부분의 의견을 피드백 받을 수도 있다. 같이 근무했거나 근무하고 있는 직원들(상사, 동료, 부하)의 평판을 통해 인성이나 역량에 대한 검증도 반드시 거쳐야 한다.

넷째, 객관적인 평가 장치가 필요하다.

경영자가 직원들을 자주 본다고 하더라도 경영자마다 직원을 보는 관점이나 선호도가 다르므로 객관성을 높힐 수 있는 장치가 필요하다. 가령 사람을 파악한 결과를 놓고 경영자, 인사 책임자, 인력 관리 위원회가 함께 모여 피드백을 통해 검증하는 방법 등이 그것이다. 다양한 정보를 토대로 종합적으로 분석하고, 여러 사람이 함께 논의할 때 핵심 인재를 놓치는 실수를 최소화할 수 있다.

다섯째, 선발·학습·발탁 전·발탁 후에도 위 단계를 반복하면서 계속 검증해야 한다.

사람에 대해 논의하다 보면 긍정의 오류에 빠질 수 있다. 대상자의 긍정적인 면이 드러나 핵심 인재의 절대적인 기준이 묻힐 수도 있기에 지속적인 검증이 필요하다.

경영자로 최종적으로 발탁되기 전에 확신을 못 하는 이유 중의 하나는 경영자 후보가 이러한 절대적인 기준을 완벽하게 넘지 못했기 때문이다. 절대적인 기준을 넘기고 다른 긍정적인 부분까지 덤으로 가지고 있다면, 경영자로서 성공할 가능성이 다른 후보자들보다 더 높다. 따라서 핵심 인재에 필요로 하는 요건들을 하나씩 하나씩 드러내면서 그 요건에 맞는지 여러 사람이 그 사람에 대한 정보와 사례를 생각해보면서 검토하는 방식은 아주 효과적인 방법이다.

핵심 인재를 선발하는 방식을 개발하라

핵심 인재는 일을 잘하는 것뿐만 아니라 변화되는 시대에 맞는 비즈니스를 주도할 수 있는 리더십을 갖추어야 하고, 고객의 요구에 맞추어 조직의 역량을 끌어올릴 수 있는 사람이어야 한다. 만약 그렇지 못하면 현재의 업무의 탁월성이 발목을 잡을 수 있다. 대체로 미래에 CEO감을 선발할 때 현 직책을 가진 자 중에서 성과를 낸 사람을 중심으로 리스트 업 가능성이 있다. 이들은 일을 통해 1차로 검증이 된 직원들이다. 그렇지만 미래에도 성과를 낼 것인지는 확답을 할 수가 없다.

예를 들어 플랫폼 기반으로 비즈니스 구조가 바뀌는 데 오프라인에서 일을 잘하던 사람들을 대상으로 선정하는 경우이다. 사업모델이나 시장이 바뀌면 핵심 인재 선발기준을 완전히 달리해야 할 상황이 생길 수 있다.

핵심 인재를 발굴하는 업무를 하면서 무수히 많은 직원을 면담하다 보면, 미래에 회사에 크게 이바지할 것 같다는 생각이 드는 직원들이 있다. 그 당시에 어떤 특성이 있어 이런 생각이 드는지 직원들의 자료를 모두 모아 피드백을 해본 적이 있었는데 크게 '리더십, 통찰력, 컨셉추얼 스킬(Conceptual Skill, 전략적 사고), 시장과 변화를 읽는 능력'에서 차이가 나는 것으로 정리되었다.

그런데 이런 역량을 가진 직원 중에는 회사의 경험이나 직책과 상관없는 어린 직원들이 의외로 많이 있다. 그러므로 '드러나지 않은 숨어 있는 보석을 어떻게 찾을 것인가?'를 항상 고민해야 한다. 이를 위해서는 발굴 방법을 고민해야 한다. 정답은 없다. 단 잘못된 발굴방식으로 인해 발굴되지 못하고 묻힐 인재들이 없도록 발굴방식을 회사의 특성에 맞게 개발할 필요가 있다.

과거 미국 프로야구에서 구단 중에서 가장 적은 예산으로 자기들만의 선수 선발 방식으로 몸값은 낮지만, 가능성 있는 선수들을 발굴하여 4년 연속 포스트시즌에 진출했던 오클랜드 애슬레틱스(Oakland Athletics)는 우리에게 사람을 발굴하는 관점을 다시 생각하게 한다.

사람을 뽑는 데 있어 사람만을 주시하는 것이 아니고 그 회사의 사업과 사업을 하는 데의 운영 철학과 운영을 통한 수익에 대한 방향들이 정리되면서, 정확히 어떤 사람을 어떻게 뽑을 것인지의 구체적인 방법들이 고민하고, 그러다 보면 발굴에 대한 지식이 정리될 것이다.

발굴에 대한 지식 중에 중요하게 본 것은 3가지 태도였다.

일을 대하는 태도, 자기 일에 대해 피드백하는 자세, 자원을 요구하는 정도 등이다.

첫 번째는 일을 대하는 태도이다.

어느 날 사무실로 한 직원 찾아왔다. 그리고는 나에게 물었다. "제가 저의 과업에서 잘하는 것과 못하는 것이 무엇입니까? 저에게 어떤 기대를 하고 있고, 제가 어떤 공헌을 하여야 할까요?" 우선 자기 성과에 민감하고 공헌에 관해 관심이 있는 직원은 핵심 인재일 가능성이 크다. 이런 직원은 높은 목표에 대한 열정이 있고, 못했을 때 스스로 피드백하며 힘들어한다. 반면에 공헌보다 자기 평가에 민감한 직원은 핵심 인재가 아닐 수 있다.

두 번째는 다른 사람이 일에 대해 피드백해 주었을 때의 태도이다.

리더의 지도와 피드백의 수준에 따라 후계자의 역량이 훨씬 더 많이 키워질 수 있지만, 반대로 리더의 지도와 피드백을 적절하게 받아들이지 못하면 성장이 제한되고, 오히려 후계자에서 탈락을 할 수 있다.

세 번째는 자원의 요구에 대한 태도이다.

우수한 인재일수록 자원의 지원 요구가 적은 편이다. 이들은 전략과 아이디어로 자원의 한계를 극복한다. 따라서 자원의 지원 요구 정도에 따라 발탁된 인재가 A급인지 아닌지를 분별할 수 있다.

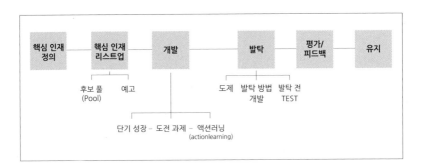

TIP

핵심 인재를 뽑으려면 핵심 인재의 정의부터 제대로 해야 한다.
핵심 인재를 선발하는 방법은 데이터, 관찰 및 면담, 평판 확인, 선발 도구가 필요하다.

5. 부족한 인재를 어떻게 해결할까?

리더를 찾고 양성하는 완전히 새로운 접근 방식이 필요한 때다.
– 램 차란

최근에 다니던 회사를 퇴직해 다른 회사에서 대표직을 수행하고 있는 지인을 만났다. 인재와 관련된 이야기를 하던 중 '다른 회사를 가보니 먼저 직장의 인재들이 너무 좋았다'고 말한다. 아마 그 경영자는 다른 회사로 직장을 옮기면 이 말을 또다시 반복할 가능성이 크다. 경영하면서 우리는 '항상 인재가 부족하다'라는 말을 한다. 그러나 사실은 인재가 부족한 것이 아니라, 인재를 제대로 발견하지 못한 것일 수도 있다.

인재의 부족은 둘 중의 하나일 것이다. 정말 인재가 없거나 아니면 있는데 못 찾는 것일 수도 있다. 어떠한 경우이든 '미리 인재를 대비하지 않은 무능'에 대해 반성해야 할 것이다. 내부의 인재를 들여다보는 관점을 달리하면, 의외로 우수한 직원이 숨겨져 있음을 깨닫게 될 것이다.

사람을 잘 찾지 못하는 이유

사람을 잘 찾지 못하는 이유는 크게 세 가지이다. 사람을 보는 지식이 부족한 것, 사람을 발굴하는 데 시간을 쓰지 않은 것. 그리고 자신만의 사람 보는 기준으로 인해 사람에 대한 편견이 있는 것이다.

나도 사업부 경영자일 때 사람을 쓰는 데 실수를 많이 했다. 외식사업부에서 본부장을 맡고 있을 때의 일이다. 어떤 부서에 보직된 관리자 한 사람 중에서 내가 크게 기대하지 않아 그다음 레벨로 올리지 않고 항상 그 자리였던 직원이 있었는데, 내가 사업부를 떠난 이후에 그 직원이 아주 중요한 브랜드에 책임자로 발탁되어 탁월하게 과업을 수행하고 있는 것을 보았다. 그 순간 내가 사람을 보는 눈에 오류가 있음을 발견하였고, 사람을 보는 관점을 바꿔야겠다고 생각하게 되었다. 더 나아가 '개인의 주관이 아닌 객관적이고 검증된 방식에 의해 사람을 판단하는 것이 필요하다'는 생각을 하게 되었다.

사람을 관찰하고 사람을 많이 만나면 만날수록 인재가 없다는 생각이 바뀔 가능성이 있다. 핵심 인재들을 발굴하기 위해 직원들을 만나는 업무를 한 적이 있었는데, 만나면 만날수록 가능성 있는 직원들이 뜻밖에 많이 있다는 것을 느끼곤 한다. 조직의 인재 풀이 두터운지 판단하는 방법은 '사람이 이직하거나, 새로운 경영자를 세울 때, 즉시 대체가 가능한 수준인가?'를 보면 된다. 만약 그렇지 않다면 인재 풀을 쌓기 위한 행동을 바로 해야 할 것이다.

직원들을 파악하고 외워야 한다

'직원들의 강점을 파악하고 외우는 이유는 회사에서 필요한 용도를 찾을 때 정확한 사람을 찾기 위한 것'이다. 우리가 시험을 칠 때 오픈 북이라면 어떤 내용들이 어디에 있는지를 알아야 찾아서 답을 할 수 있는 원리와 비슷하다. 사람의 강점과 역량을 알고 있으면 어떤 직무나 사업장에 사람이 필요할 때 바로 적합한 사람을 생각해 낼 수 있다. 물론 필요한 조건들을 입력하여 서치하여 인재들을 발굴하는 시스템을 개발할 수도 있다. 그렇지만 어떤 때는 사람의 머릿속에 있는 정보가 더 정확할 수가 있다. 사람을 파악하고 외우려면 사람을 파악할 수 있는 형태로 개인의 정보가 바인더화되어 정리되어 있어야 한다.

'직원의 강점을 파악하고 외우는 것은 이미 분석된 데이터를 외우는 것'이다. 이것이 사람을 파악하는 데 있어서 선행해야 한다. 이것이 빠진 상태에서는 사람을 판단하는 실수를 할 가능성이 크다.

어떤 상황이나 인식한 사건을 토대로 사람을 판단하게 되면 주관적인 생각이 개입될 가능성이 크다. 개인에 대한 검증된 데이터만큼 정확한 것은 없다. 개인의 데이터를 많이 기억할수록 개인을 판단하는 데 따른 오류를 줄일 수 있고, 적합한 인재를 찾을 가능성이 커진다.

이런 사람 파악의 도구들도 정기적으로 버전 업 해야 한다.

사람 파악의 도구들을 버전 업 해야 하는 경우는 크게 두 가지인데, 하나는 개인의 경험과 학습 정도에 따라 개인의 역량이 변했을 때이다. 또 하나는 개인 역량의 변화와 별도로 시장의 사업 모델이 바뀌었을 때이다. 이때는 사업 모델에 맞는 역량들을 정의하고, 거기에 맞는 사람들이 기록을 채어 넣어야 한다.

새로운 직무를 찾을 때 기존의 사람 찾는 도구의 항목에서 70%는 공통으로 적용이 될 수 있으나, 나머지 요소는 이러한 변화에 맞추어 보완해야 한다. 이것이 핵심이다. 공통부분을 뺀 나머지 요소를 제대로 찾지 못하면 원하는 사람을 찾을 수 없다.

후계자감은 미리 찾고 양성하라

후계지감은 완진한 사람을 찾는 것이 아니다. 가능성 있는 사람을 찾는 것이다. 후계자의 검증 작업은 체크리스트처럼 합계를 내고 점수가 높은 사람을 뽑는 것이 아니다. 또는 학교에서 학점을 내는 것처럼 평균 이상을 해야 하는 것도 아니다. 앞에서 이야기한 사람을 찾는 도구들을 통해 정의된 기준들에 부합하는지를 보는 것에 가까울 것이다.

오히려 사업을 이끌고 이해할 수 있는 역량이 있는지를 보는 것과 관련이 있다. 사업을 잘할 수 있는 역량이 있는지, 경영자로서 필요한 통찰력과 리더십과 같은 본질적인 부분을 봐야 최종 발탁할 때 실수하지 않는다.

후보 풀을 찾았다면 바로 양성 계획을 세워 하루라도 빨리 양성에 들어가야 한다. 양성 계획을 세우고 양성하면서, 기대에 맞게 성장을 하고 있다면 그 후보는 발탁의 가능성이 점점 커지게 된다.

일반적으로 전반적인 업무의 이해를 높이기 위해 CDP(Career Development Program, 개인 경력 관리 프로그램) 상의 여러 업무를 경험하게 하는 것이 도움은 되겠지만, 경험 중심의 양성은 과다한 시간의 소요와 명확한 성과 관리의 결여로 인재의 성장 속도를 더디게 할 것이다. 만약 경험을 양성 과정에 포함하려면 꼭 필요한 직무에 대한 경험이 없으면 학습으로는 한계가 있을 경우이다.

양성하는 과정에 리더의 역할이 중요하다. 물론 교육부서에서 양성 프로그램을 돌릴 수도 있겠으나, 최종적으로 인재의 양성에 책임을 지는 사람은 리더이다. 상사는 직원이 성장하는 과정의 적절한 지도와 피드백을 통해, 제도적으로 진행되고 있는 성장 프로그램의 부족한 부분을 완성해 나가야 한다.

단기 성장 프로그램을 가동할 수 있다

인재가 부족한 것을 메꾸는 방법의 하나는 단기간 내에 사람을 성장시키는 것이다. 다른 말로 속성반 같은 것이다. 프로젝트성으로 사람을 키우는 방식이다. 전문가들과 도사들을 통해 양질의 콘텐츠를 잘 정리하고, 탄탄하고 체계적인 교육과 학습을 통해 인재들을 빠르게 성장시키는 방법이다.

콘텐츠는 크게 사람, 전략, 상품, 이익으로 구성된다. 사람과 전략, 상품, 이익과 관련하여 '항상 고민이 되는 것 중에서 해결이 되면 성과에 도움이 될 수 있는 제목'들을 먼저 찾아야 한다.

이 제목 찾기가 정말 어렵다. 제목을 잘 찾았다면 경영자와 교육을 담당하는 사람들이 각종 회사는 물론 해외를 포함한 외부 시장에서 베스트 프랙티스를 찾고, 현재 막혀 있는 것을 뚫을 수 있는 수준의 콘텐츠로 발전시켜 바로 현업에 도움을 줄 수 있는 정도가 되어야 한다.

때로는 교육 대상자들이 학습 과정에 솔루션을 가져올 수도 있다. 핵심 인재로 분류된 사람들은 기본적인 자질과 역량들이 되는 사람들이다. 그들에게 아주 높은 수준의 과제를 던져주고 스스로 학습을 통해 베스트 프랙티스들을 가져오게 한다. 이것을 돕기위해 학습 도구인 필독서와 성공 실패 사례, 베스트 프랙티스들을 선별하여 제공한다.

이 과정을 통해 발탁의 가능성이 커지면 발탁 전에 과업과 직무를 조금씩 승계해보면서 발탁 시점을 조율하게 된다. 그렇게 해서 기대한 것보다 훨씬 잘 수행하면 발탁을 할 수 있다. 대상자들이 같은 조건, 또는 전혀 다른 조건에서 어떤 식으로 문제를 해결하는지를 보면 개인차를 알 수 있다.

단기 성장 프로그램을 하는 이유는 발탁된 인재들의 성과를 내기 위한 역량을 빠르게 학습시키기 위한 것인데, 현재 조직이 성과를 못 내고 있다면 가르치는 것이 제한될 것이다.

성과를 내지 못하는 이유는 두 가지다. 조직이 성과를 낼 수 있는 지식을 제대로 갖추지 못하였거나 성과 내는 방법론은 잘 정리되었지만, 그 방법론을 활용하는 기존 구성원들이 자기들이 일하는 방식으로 인해 잘 정리된 방법론을 사용하지 않기 때문이다. 조직이 막혀 있을 때(조직이 성과 내는 지식을 제대로 갖추지 못했을 때), 새로운 세대들을 발탁하고 단기 성장 프로그램으로 성장시켜 그들이 가지고 있는 통찰력과 창의력으로 막혀 있는 곳을 뚫을 수 있을지 모른다. 그래서 조직이 막혀 있을 때는 빠른 인풋을 통한 빠른 세대교체가 답일 수도 있다.

TIP

'사람을 보는 지식 + 사람에 대해 쓰는 시간' 이 핵심 인재 풀을 확보하는 데에 비례한다. 미래의 경영자는 어리더라도 가능성이 있는 사람을 먼저 후보 리스트에 넣고 관리하면서 발탁해야 한다. 후보자들에게 막힌 부분을 해결할 솔루션을 가져오게 함으로써, 학습 성장의 레벨을 올릴 수 있다. 단기 성장 프로그램은 발탁의 시간을 당길 수 있다.

6. 핵심 인재를 어떻게 관리하여야 하나

무능한 자들이 관리로 출세하면 유능한 인재들의 길이 막힌다.
– 신당서

핵심인재로 선발된 인력들은 관리가 들어가야 한다. '관리가 들어간다는 것은 어느 수준까지 성장할 수 있도록 캐어한다'는 것을 의미한다. 훌륭한 인재, 특히 경영자감을 많이 확보할 수 있으려면 조직에서 그들을 키워낼 수 있는 관리 능력이 있어야 한다. 성과관리라는 큰 틀내에서 운영되는 시스템이나 활동 등이 그것인데, 무엇보다도 중요한 것이 경영자의 관심이다.

핵심인재의 성과관리

미래의 CEO감이나 중간경영자로 성장할 수 있는 핵심인재들은 방치하지 말고 성과관리가 들어가야 한다(모든 직원도 마찬가지이지만 핵심인재는 특히 성과관리에 관심을 가져야 한다). 성과관리의 핵심원리는 목적을 가지고 집중해서 캐어한다는 것이다.

성과관리를 크게 보면 프로젝트 제목의 부여, 평가 및 피드백, 보직 및 배치, CDP관리, 교육 및 학습을 포함하고 있다.

① 프로젝트 제목의 부여: 도전이 될 만한 제목을 찾는 과정을 통해 전략적 안목을 키운다.

② 평가 및 피드백: 프로섹트 제목을 수행하는 과정에 나온 결과물 평가와 피드백을 통해 개인의 일하는 방식의 변화와 프로젝트를 해결할 수 있는 역량을 키운다.

③ 보직 및 배치: 어려운 사업장에서 펼쳐 보이지도 못하고 좌절하지 않도록 잘나가는 사업부에서 배울 수 있는 부서에 배울 수 있는 상사를 매치한다. 특히, 대상자의 잠재력을 끌어 올릴 수 있는 곳에 배치를 한다.

④ CDP관리: 배치의 큰 개념이다. 경영자로 성장하는 과정에 필요한 이력관리와 학습을 통해 필요한 역량의 획득을 위해 연역적으로 사전에 설계하고 그대로 될 수 있도록 관리한다.

⑤ 교육 및 학습: 핵심인재 성장을 돕는 모든 교육과 학습 프로그램이 따라가야 한다. 영역은 전문지식, 인간관계, 전략적사고, 자기관리등 모든 영역을 총 망라할 수 있다.

핵심인재의 성과관리는 각 항목들이 따로 따로 관리되는 것이 아니고, 통합된 관점으로 진행되어야 한다. 잘나가는 사업부나 부서에 배치하고 CDP의 한 이력으로 직무를 부여받으면, 그 부서의 가장 명장인 스승이 매칭되어 프로젝트관리와 도제학습, 평가와 피드백이 함께 이루어 지도록 한다.

그런데 핵심인재를 관리할 때 조직구성원들의 정서관리 관점에서의 리스크관리가 필요하다. 전략적으로는 핵심인재를 집중 관리하는 것이 맞지만, 핵심인재 교육에 참여하지 못하는 직원이 있을 수 밖에 없다. 어떤 직원이 미래의 CEO감이라는 것을 같이 일하는 직원이나 동료들이 안다면 정서적인 것은 물론이고 팀웍을 해칠 수 있다. 거기다 이런 후보들을 대상으로 공식적인 교육을 진행을 하면서 이 범주에 들어가지 않은 직원들의 소외감을 유발 할수 있다. 그러므로 문을 열어놓고 이 풀에 들어갈 수 있다는 것을 알려주어야 하고, 실제로도 자격이 충족되면 인 앤 아웃(in-&-out)되어야 한다. 아울러 여러 CDP를 통해 경영자가 아니더라도 스페셜리스트나 중간 직책자로서도 전문성을 평가받을 수 있는 제도가 병행되어야 한다.

핵심인재 양성의 핵심은 교육과 학습이다

교육과 학습은 커리큘럼에 의한 집체교육이나 도제등이 해당된다. 집체교육은 경영자가 되는 데 필요한 컨텐츠들을 내부 및 외부의 최고의 전문가를 통해 가르키되 특히 혁신을 할 수 있는 역량을 키우는 데 비중을 두어 교육한다. 특히 고객, 경쟁사, 산업조사를 통해 소비자의 니즈(Needs, 소비자들의 기본적인 욕구)와 원츠(Wants, 소비자들의 기본 욕망에 의해 원하는 것을 갖고 싶은 것)를 찾고, 현재와 미래에 그것을 제품이나 서비스에 실현할 수 있는 인사이트(insight, 통찰)를 갖출 수 있는 컨텐츠를 반드시 포함해야 한다. 이 과정에 일정 양의 책을 읽게 한다든지, 일정 강의를 이수하고 이해를 했는지 시험을 보는 것은 당연한 것이고, 더 나아가 액션러닝(Action Learning, 팀이 서로 도움을 주고 받으면서 실제 업무를 해결하면서 학습을 하는 훈련방법)이나 과제별 수행에 따른 토론과 발표로 진행되는 형태를 취할 수 있다. 또한 현보직에서 성과를 증명하는 프로그램이 포함될 수 있다. 가령 프로젝트 제목을 찾고 얼마나 잘 수행을 하는지를 평가, 피드백하는 것이 그것이다.

도제는 성과관리의 핵심이면서도 부하육성의 강력한 방법이다. 집체교육과 다른 것은 확실히 배울 수 있는 스승과 1:1로 맺어져, 스승이 중추적인 역할을 한다는 것이 다르다. 도제는 인재성장의 관점에서 필요한 영역들을 균형있게 관리한다는 것이 핵심이다. 상사는 부하직원의 강점이 잘 쓰여질 수 있도록 실전경험의 전수를 통해 빠른 시간내에 전문역량이 학습하도록 돕고, 경영에 필요한 여러 베스트 프렉티스들을 공유함으로서 경영자로서의 균형감각을 갖출 수 있도록 한다. 도제식 리더양성모델은 예외적으로 빠른 성장이 가능한 리더를 발굴하고, 그들에게 낯설고 많은 변수를 고려해야 하는 일을 제공한다. 그렇게 모호한 것을 다루는 방법을 이해한 인재들은 지식의 진화가 이루어져 더 복잡한 일을 처리할 수 있는 자신감을 얻게 된다. 도제식 리더양성모델을 통해 확장하고자 하는 종류의 경험들을 정확히 수행하게 되면 리더풀이 확보될 것이다.

도제를 위해 매칭된 상사는 가르치는 데, 부하는 배우는 과정의 중압감이 있다. 상사도 도제를 위해 준비하여야 할 것이 많다. 때로는 모르는 것은 배워서 가르쳐야 한다. 후계자를 어떻게 육성할 것인지의 계획서와 후계자를 양성하는 데 필요한 컨텐츠(Contents)를 만들어야 하고 학습과정을 기록으로 남겨놓아야 한다. 도제를 통해 배우는 사람도 전수받은 지식을 업무에 적용하면서 성과를 내야 하는 부담감이 따른다. 이러한 부담감은 성장을 하는 데 있어서 아주 좋은 요소로 작용을 한다.

조직내에서 여러가지 형태의 교육과 학습프로그램이 있지만, 인재경영의 원리를 토대로 개인 맞춤형으로 설계하고, 도제를 기본축으로 하되 교육, 학습프로그램 등이 뒤따라가야 할 것 같다. 이 과정은 가능성있는 인재를 캐어하여 핵심인재로 거듭나게 하는 과정인 동시에 확실한 검증을 거치는 과정이다. 잠재력이 있는 자원들에게 올바른 경험과 학습이 주어진다면 우리가 생각하는 것 이상으로 빠르게 성장할 수 있다.

자신의 자리를 물려줄 후계자가 있는가? 있다면 지금 바로 시간을 내 그와 함께 시간을 보내라. 그것이 양성의 원리이다.

TIP

핵심인재는 성과관리의 관점에서 균형있게 관리되어야 한다.
핵심인재의 관리는 제도나 특정부서에 의한 것이 아니라, 상사나 경영자가 주도해야 한다.

7. 경영자 발탁에 고려할 사항

리더를 발굴하는 법을 배워라.

– 램 차란

핵심 인재 중에 중요하게 다룰 자원이 경영자 자원이다. 경영자의 발탁이 성공하기 위해서는 여러 가지 조건이 충족되어야 한다. 발탁 전에는 여러 방식으로 검증 테스트를 거쳐야 한다. 대체로 발탁했을 때 초기에 평가가 좋은 사람이 성공할 확률이 높다. 초기에 평가가 좋다는 것은 그가 가진 강점과 역량, 그리고 리더십이 그 사업부와 잘 맞고 있다는 증거이다.

사업부의 상황이나 시장 상황에 따라서도 인재의 발탁이 달라질 수 있다. 사업이나 업종이 발탁하는 인재와 잘 맞아야 한다.

경영자 발탁은 지식 없이 불가능하다

경영자를 발탁하는 데 필요한 조건들을 알아보자. 도덕성이나 인성은 당연한 것이라 여기서는 논외로 한다.

첫째, 우선 작더라도 뚜렷한 성공 경험과 큰 실패 경험을 한 사람을 눈여겨봐야 한다.

성공 경험은 비즈니스의 판도를 바꿀만한 베스트 프랙티스(Best Practice)를 찾았는지를 확인해야 한다. 실패 경험은 성공 경험 못지않게 중요하다. 그런데 실패를 경험한 사람이 실패 과정의 교훈을 얻지 못했다면 고려하여야 한다. 실패를 통해 교훈을 얻었다면, 객관적으로 되돌아보며 학습하는 태도가 있다고 볼 수 있다. 그들이 사무실이 아닌 밑바닥 현장에서 충분히 근무한 이력과 그곳에서 처절한 경험을 통한 성공과 실패 사례가 있어야 한다. 현장에서 몸으로 체득하면, 그가 책임자가 되었을 때 세운 전략이 현장에서 어떤 제목으로 실행되어야 하는지를 알 수 있게 된다.

둘째, 리더십은 반드시 점검해야 할 항목이다.

리더십은 동료나 부하들에게 지지를 얻었느냐가 중요하다. 결국 경영자가 되었을 때 사람을 통해 일할 텐데 평상시에 사람과의 관계가 안 좋거나 신뢰를 얻지 못하다면, 경영자가 되었을 때도 그럴 가능성이 크다. 그래서 반드시 여러 사람의 평판을 통해 그가 지지를 얻는지를 들어봐야 한다.

셋째, 고집 여부와 로열티이다.

회사의 정책이나 추진하는 사업에 대해서 자기 생각을 가질 수는 있으나 고집이 세다면 고려해 봐야 한다. 본인이 생각하는 것이 맞을 수도 있지만, 틀릴 수도 있다. 이때 자기의 생각을 접고 남의 말을 들을 수 있는 자세가 필요하다. 그리고 회사가 어렵거나 불리한 상황에 있더라도 (도덕적으로 문제가 있는 상황이 아니라면) 회사를 지지할 수 있는 자질이 필요하다.

넷째, 경영자에게 필요한 역량은 강점(재능)과 지식, 그리고 업무에 대한 준비 상태다.

경영자가 균형된 시각을 가지고 있어 한쪽으로 치우치지 않으면 좋겠지만, 결국은 자신의 강점과 생각하는 사고대로 갈 수밖에 없다. 해당 업종에 관심이 많고 실제 관련된 업종의 경험이나 자기 준비가 되어 있는 사람이어야 한다. 내가 아는 직원은 평상시 어떤 영역에 관심을 가지고 준비하고 있었는데, 회사가 그 사람이 준비하던 영역과 일치한 사업을 하게 되면서 경영자로 발탁이 된 경우가 있다. 그러므로 어떤 새로운 사업에 자기 준비를 한 사람을 쓰면 사업의 정상화 시간을 당길 수 있다.

발탁할 때 강점 인사를 하여야 한다고 하는데, 강점 인사란 정확히 표현하면 재능과 가장 연관성이 있다. 넓은 의미의 역량에 포함할 수 있다.

다섯째, 전도자가 되는 사람이다.

회사가 경영 콘셉트를 정리하기까지는 오랜 검증과 고민 끝에 이루어진 것이다. 그 콘셉트를 자기 것으로 소화하고 주도적으로 정리하는 사람들이 있다. 자기 과업의 성공과 실패를 뛰어넘어 조직의 모델이 되어 다른 사업장에 적용이 될 수 있도록 도움이 되는 사람이 있는데, 이런 사람들이 경영자 후보이다.

여섯째, 치명적인 약점이 있으면 안 된다.

지금까지 경영자가 되기 위한 조건을 살펴보았는데, 반드시 추가해서 봐야 할 것이 있다. 그것은 약점이다. 사람들은 다 약점을 가지고 있고 완벽한 사람이 없다. 그래서 강점 인사를 하는 것이지만, 치명적인 약점은 경영하는 데 걸림돌이 될 수 있다.

스펙과 머리가 좋은 직원이 있었다. 그는 회사에서 실시하는 인·적성검사에서도 성과를 내는 데 필요한 요소들을 완벽히 갖추고 있었다. 그런데 경영자에 발탁하지 못하는 이유는 그가 가진 치명적인 약점 때문이었다.

당사자에게 회사의 기대를 미리 알려주라

경영자로서의 잠재 역량이 있는 사람들이 방치되어 경영자가 되지 못하는 경우가 있어도, 잘 선별된 후보자들은 목적을 가지고 케어하였다면 경영자가 되었을 때의 실패 가능성을 점점 줄어들 것이다.

경영자를 발탁하기 위해서는 발탁 전에 예고하여, 본인도 자각하고 자부심을 느끼면서 준비하게 하는 것이 좋을 것 같다. 경영자 풀이 부족한 경우에는 가능한 자원들을 후보 풀로 선별해 미리 관리할 수 있다.

우수한 직원을 동기 부여를 하고 유지하는 방법이면서도 자극을 주어 후보자가 잘 준비하게 하기 위함이다.

> 직장 초기에 리테일 지점을 오픈하면서 많이 힘든 시기를 거쳤다. 상사를 모시는 것도 쉽지 않았고, 열악한 환경에서 성과를 내는 것도 만만치 않았다. 퇴직까지 생각할 정도로 갈등하고 있었다. 직장생활이 힘들어지면 표정이나 행동에서 드러나게 되어 있다. 어느 날 모시던 상사분이 내가 담당하고 있는 층으로 내려왔다. 내가 퇴사를 생각하고 있다는 소문이 상사분의 귀에 들어간 모양이다. 상사는 "당신을 내 보직의 0순위로 생각하네"라고 말을 해주었다. 나에 대한 기대가 있다는 것을 알았을 때 갈등하던 것이 점차 사라지고, 마음을 다시 잡게 되었다.

후보풀을 만드는 데 주의하여야 할 점은 검증된 사람만 쓰려고 한다는 것이다. 검증받은 것은 과거이지 미래가 아니다. 검증을 받은 사람만을 쓰려고 하니 풀이 적어지는 것이다. 미래에는 더 다른 고객의 니즈와 그에 따른 비즈니스가 달라져야 한다. 그래서 검증된 사람이 아니라 새로운 것을 창출할 가능성이 있는 사람을 써야 한다. 실력이 있는데 평가를 못 받은 사람들을 찾아야 하고, 이런 직원들을 발탁해야 한다.

경영자 발탁 전 최종 테스트

경영자를 발탁하면 모든 가능성을 열어 놓아야 한다. 크게 성공할 수도 있지만 실패할 수 있다는 것도 예상하여야 한다. 그래서 발탁된 경영자의 실패를 최소화하기 위해 여러 검증 절차를 거치는 이유가 있다.

경영자 발탁 전 테스트 경영자로 발탁을 앞둔 후보는 경영자 기준에 적합하고, 경영자를 검증하는 사람들을 통해 관찰이나 평판을 통해 검증도 마쳤을 것이다. 정규 교육을 포함하여 도제나 회사 특성에 맞는 여러 학습 프로그램을 통해 역량이 성장했을 것이다. 제도상에 평가(역량 평가를 포함)도 일정 기준을 통과했을 것이다.

최종적으로 무엇을 더 봐야 하나?

경영자로 발탁된다는 것은 포스트의 레벨이 한 단계 올라가는 것을 말한다. 때에 따라서는 2~3단계를 건너뛰어 발탁될 수도 있다. 그런데 현재 아무리 탁월하더라도 레벨이 올라간 상황에서 성과를 낼 수 있는지를 볼 수 있으려면 최종적인 테스트가 추가되어야 한다. 이것이 해당 후보자가 경영자 인자가 있는지를 마지막으로 검증하는 단계이다.

최종 테스트는 실제 그 사람이 경영자가 되었을 때 퍼포먼스 할 상황을 그대로 현재로 가지고 와 그 상황에 대한 해법을 들어보는 것이다. 이런 테스트를 거치는 이유는 미래의 포스트로서 그 자리에 발탁되었을 때의 퍼포먼스가 고객과 시장환경에 따라 완전히 달라지기 때문이다. 아주 종합적이고 전략적인 의사결정을 내리는지, 그 의사결정을 내리면 리더십과 함께 조직 구성원의 동기 부여를 함께 끌어낼 수 있는지를 종합적으로 본다. 이 테스트는 통찰력이 있고 가장 적합한 질문을 던질 수 있으며, 그 대답의 질을 판정할 수 있는 사람이 하는 것이 맞을 것이다. 누구나 실력을 인정할 수 있는 고위급 임원만이 그 테스트를 수행할 수 있다.

테스트는 질문에 대한 단답형과 경영 상황에 따른 솔루션을 서술식을 말하거나 기술하는 방식을 병행할 수도 있다. 이 테스트에 통과하면 차세대 리더로 분류할 수 있고, 지켜볼 자원이면 일정 시점에 다시 테스트를 할 수도 있다.

발탁을 위해 인재를 정교히 분류하다 보면, 시점별로 투입하는 시기에 맞는 인재를 정리할 수 있을 것이다. 당장 투입이 가능하거나 시간을 두고 투입해야 하고, 관리해주어야 할 요소들이 정리될 수 있다.

TIP

리더를 발탁하는 조건은 '성공과 실패 경험, 리더십, 로열티, 강점과 역량, 사업의 준비 정도, 지식의 전도자가 되는 사람, 치명적인 약점이 없어야 함' 등이다.
핵심 인재에게 회사의 기대감을 이야기해 주어라.
최종 발탁 테스트는 경영자가 직접 검증하는 마지막 테스트이다.

8. 경영자의 역량이 비즈니스의 성과를 좌우한다

> 가장 우수한 사원이 훌륭한 경영자가 되는 경우는 드물다.
> – 피터 드러커

> 이익에 대해 너무 단순하게 생각했다고 여길 수도 있지만, 그 단순
> 함에 깊은 철학이 있다. 기업은 경영자의 경영 철학과 의도하는 방향
> 으로 성장한다. 경영자는 깜짝 놀랄만한 의지의 힘과 상상력으로 수
> 입을 최대한 늘리고 지출을 최소화하여야 한다. 다시 말해 경영자는
> 강력하고 확실한 의지에서 미래의 청사진을 명확히 제시할 수 있어
> 야 한다.
> – 이나모리 가즈오

기업에서는 한 사람이 중요하다. 그 한 사람은 경영자이고, 경영
자에 의해 기업이 살기도 하고 죽기도 한다. 한마디로 경영자는
'자기 조직의 비즈니스의 승패를 책임지는 사람'이다. '비즈니스의
승패에 책임을 진다는 것은 비즈니스에서 승리하면 성과를 보장받
고, 실패하면 물러나야 한다는 것'을 의미한다.

나의 경영자 재임 기간을 뒤돌아보면 너무 부족한 점이 많았다. 지금 생각하면
부끄러울 정도로 모르는 것이 많았고, 나 자신의 문제에 대해 깊이 들여다보지도
않았다. 지금 생각해 보면 경영자에 발탁이 되고 그 임무를 수행한 것이 신기할
정도다. 열정과 집요함으로는 경영을 할 수 없다. 전략이 필요하고 사람의 마음을
얻는 리더십과 동기 부여할 수 있는 지식이 있어야 한다. 부족한 것을 알고 다른
사람의 지식을 빌려 쓸 수 있는 열린 마음과 듣는 귀가 있어야 한다. 때로는 어떤

기준에 타협하지 않고 양보하지 않는 원칙도 필요하다. 돈을 벌기 위해 무엇을, 어떻게 하여야 하는지를 아는 통찰력과 돈에 대한 동물적인 감각이 있어야 한다.

경영자에게 꼭 필요한 역량

경영자가 비즈니스에 승리하려면 두 가지 역량이 필요하다. 하나는 장사하는(돈 버는) 역량이고, 다른 하나는 사람을 통해 일하는 역량이다. 그런데 이 두 개는 서로 융합하면서 결과물을 이루어 낸다.

예를 들면 사람들이 가지고 있는 지식과 생각들을 끌어내어 경영자의 시각으로 돈을 벌 수 있도록 전략화한다. 경영자는 대체로 전략과 아이디어가 뛰어난 리더와 프로세스적이고 실행이 뛰어난 리더로 구분될 수 있다.

웰치, 보시디, 차람 세 사람이 모두 이와 비슷한 이야기를 하였다. "우수한 경영자는 예리하고 도전적인 대화를 끌어내 확실한 전략을 찾아낸다." 돈을 버는 역량은 현재는 물론 미래의 먹거리를 내놓을 수 있어야 하는 것을 말한다. 남들보다 먼저 외부 환경의 변화와 그 패턴을 인지하고 거기에 맞는 사업의 방향을 제시할 수 있어야 한다. 또한 고객의 욕구를 만족시킬 수 있는 제품과 서비스의 아이디어를 통해 수익을 창출할 수 있는 능력이 있어야 한다.

이러한 것들은 결국 직원들이 역량과 그들의 열정을 최대한 끌어내어 거기서 나온 지식을 토대로 경영자가 판단하는 것이다.

유능한 경영자감은 완전하지 않은 전략들을 가지고도 성과를 내지만, 그렇지 않은 직원들은 좋은 전략으로도 성과를 내지 못한다.

이 두 영역의 역량을 가지려면 어떤 인자가 필요할까? 앞에서 기술한 사람을 찾는 도구에서 성과를 내는 성과 적합도는 기본이고,

기타 경영자에 관련된 인자들이 탁월하게 높은 경우에 경영자로서의 가능성이 있다. 경영자의 경계를 결정짓는 것은 라인이냐 스텝이냐이다. 이것은 성과 내는 위치가 어디에 있느냐를 보는 곳이다. 리더십이 있거나 라인형일 경우 실패할 가능성이 비교적 작다. 라인형이라 함은 스텝 같은 조력형이 아니라 행동지향적이고 현장에서 본인이 주도적으로 일하면서 성과를 내는 성향을 말한다. 직원들이 대부분 현장에 있고 그곳에서 성과가 나기 때문에 그곳을 관리하고 있는 성향을 가지고 있어야 한다. 또한, 리더십이 있다면 사람의 마음을 얻을 수 있고, 위에서 말한 것처럼 사람들의 생각을 끌어내 전략의 완성도와 실행을 탄탄하게 할 수 있기 때문이다.

스탭은 정보지향적이고 배후에서 남을 도우면서 성과를 내는 스타일이다.

사람을 통해 일하는 역량을 추가해서 설명한다면 사람을 보는 눈과 사람을 통해 일하는 능력이다. 객관적인 사실에 의해 인재를 판단하고, 어떤 직무나 어떤 포스트에 어떤 사람이 적합한지를 알고 발탁하고 배치할 수 있는 능력이 있어야 한다. 그리고 적절한 인재를 확보해 그들이 최상의 컨디션으로 일할 수 있는 조직과 시스템을 구축해 주어야 한다. 직원들의 역량을 최대한 끌어내어 목표에 집중하게 할 수 있는 것은 유능한 경영자만이 할 수 있는 일이다.

경영자의 통찰력이 중요하다

경영자의 통찰력은 무수히 많은 업무의 경험과 정보, 그리고 개인이 학습한 결과의 산물이다. 여기에 전략적인 능력이나 아이디어가 접목하면 시장을 읽고 고객을 읽고 산업을 읽을 수 있다. 그러니 이 통찰력의 결과가 전략적 의사결정과 투자로 이어질 수밖에 없다. 투자의 성공은 통찰력의 직관 지표일 수 있다.

사업 확장을 위한 투자를 했는데 시장이 갑자기 나빠지거나 예기치 못한 변수로 인해 투자한 것을 잃을 수 있다. 이와 반대로 투자 시점을 놓쳐 시장에서의 더 큰 기회를 놓치는 일도 있다. 이러한 결정들은 경영자의 통찰력에 의해 결정이 된다.

내가 아는 어떤 회사는 혁신적이지 않지만, 상품과 관련된 조직 강화와 물류 시스템의 과감한 투자로 해당 영역에서 시장 1위를 차지했을 뿐 아니라, 매출과 이익을 매년 성장시키고 있다. 남들이 보기에도 너무 많은 인원의 MD(Merchandiser, 고객들이 어떤 상품을 좋아하는지 파악하고, 트렌드를 예측해 아이템을 계획하고 가격과 마케팅, 상품 구성까지 총괄해 계획하는 사람) 조직이 있는데, 그 회사 경영자는 그 조직을 판관비의 부담을 뛰어넘어 회사의 구매를 강화해 이익을 가져다주는 핵심 기능으로 본 것 같다. 만약 경영자가 사람을 비용으로 보고 MD 조직을 슬림 하게 가져갔더라면 지금과 같은 회사로 성장을 시키지는 못했을 것이다.

경영자가 비즈니스의 흐름을 읽지 못하면 시대에 뒤떨어질 수밖에 없다. 대부분 경영자는 기본적으로 통찰력과 혁신적인 인자가 있다. 그래서 고객들이 무엇을 원하는지를 잘 포착한다. 그런데 시장이 구조가 갑자기 바뀌고 그것이 경영자가 관심이 없거나 역량이 부족한 영역이라면 통찰력을 발휘하는 데 한계가 있을 것이다. 예를 들어 고객의 구매가 온라인으로 무게 중심이 옮겨가면 IT의 이해나 온라인 사업 구조에 역량이 없는 경영자들이 혁신적인 시장을 주도하기가 어려워진다.

사업 모델이나 사업 구조가 잘못된 상태에서는 아무리 조직 간의 이익의 기준을 가지고 원가와 판관비를 줄이려고 해도 한계가 있다. 사업을 냉철하게 들여다보고 무엇을 할 것인지를 잘 정하는 것이 경영자의 몫이다. 지금 회사에서 직원들을 포함하여 전체적으

로 집중하는 우선순위가 무엇인가? 그것을 하면 숫자를 돌려놓을
수 있는가? 여기서 숫자란 성장을 동반한 이익을 말한다. 그것이
아니라면 성장을 동반한 이익으로 경영자를 포함한 직원들의 시간
과 관심을 돌려놔야 한다.

6개의 리더십

경영자 하면 생각나는 것이 리더십이다. 회사마다 경영자의 조건
이 다르다고 하더라도 공통적으로 빠지지 않고 포함되는 항목이
리더십이다. 물론 위에서 기술한 사업에 대한 두 개의 통찰력도 크
게 보면 리더십에 들어간다고 할 수 있다. 리더십과 관련된 이론들
은 많은 학자에 의해 연구에 연구를 거듭해 왔다. 리더십은 조직 문
화와 직원 개개인의 성과 몰입에 큰 영향을 미치고 있다. 리더가 갖
추어야 할 리더십을 정리해 놓은 내용이다.

첫 번째는 비전과 가치를 제공할 수 있는가?

리더십의 조건 중에 가장 중요한 것은 올바른 비전과 가치 제공
이다. 미래를 예견하고, 비전을 만들고 제시하는 것은 경영자에게
아주 중요한 일이다. 가치는 창업자의 비즈니스 철학과도 연결되
어 문화를 형성하는 요인이 될 수 있다. 회사가 가치 있는 일을 한
다고 느낄 때 직원들은 자부심을 느끼며 일하는 것의 보람을 얻을
수 있다.

두 번째는 올바른 방향 제시하는가?

고객과 시장 및 환경의 변화를 주시함으로써 미래의 먹거리를 찾
는 것과 아울러 환경 변화를 잘 읽어 비즈니스의 재무 리스크를 항
상 헷지할 수 있어야 한다. 또한 고객의 욕구를 만족시키고 수익을

창출할 수 있는 핵심 아이디어를 찾아냄으로써 사업을 포지셔닝 (Positioning, 소비자의 마음속에 자사 제품이나 기업을 표적시장·경쟁·기업 능력과 관련하여 가장 유리한 포지션에 있도록 노력하는 과정) 하거나 기존과 다른 방향으로 리포지셔닝(Repositioning, 소비자의 욕구 및 경쟁 환경 변화에 따라 기존 제품이 가지고 있던 포지션을 분석하여 새롭게 조정하는 활동) 할 수 있어야 한다. 또한 조직원에게 희망을 주는 것과 실망을 주지 않는 것이 같이 가야 한다. 목표 의식을 가질 수 있도록 목표를 효과적으로 설정하는 것은 전략이 있을 때만이 가능하다. 역량이 안 되는데 터무니없는 목표와 역량이 넘치는데 목표를 너무 낮게 잡는 것 모두 경계해야 한다.

세 번째는 직원들을 설득할 수 있는가?

조직에서 따라오지 않는 사람들도 있다. 경청과 설득을 통하여 다양한 사람들의 다양한 의견들이 목표와 정렬된 과업에 몰입하도록 유도해야 한다. 리더가 의미한 바를 종업원들이 알 수 있도록 다양한 방법을 동원해 공유해야 한다. 설득은 직원들에게 진정으로 중요한 것에 초점을 맞추도록 도와줄 뿐 아니라, 쉽게 이해할 수 있고 전달이 가능하게 하는 역량이다.

네 번째는 자원을 지원해 줄 수 있는가?

자원의 지원 요청을 터부시하고 전략만 강요하는 리더는 지지받지 못한다. 조직의 어려움이 무엇인지, 어떤 것을 도와줄 것인지를 항상 묻고, 지원이 필요한 상황이라면 적절히 지원해 줄 수 있어야 한다. 지원 중에는 가장 중요한 것이 사람과 조직을 구성하는 것이다.

사람을 제대로 알고 제대로 파악하는 것은 가장 중요한 역량이다. 적절한 인재를 확보해 그들이 더욱 훌륭하고 빠른 의사결정으로 성과를 달성할 수 있도록 해주는 노하우가 있어야 한다. 지원의 핵심 요소 중에 사람 못지않게 그다음으로 중요한 것이 시스템이다. 조직에 필요한 시스템들의 제목들을 알고 시스템들을 구축, 사용, 유지하는 데 관심을 가져야 한다.

아울러 목표가 제대로 이루어질 수 있는 경영 콘셉트를 결정하고 지원해야 한다.

다섯 번째는 직원을 성장시킬 수 있는가?

경영자는 인재를 객관적 사실에 근거해 판단하고 그가 지닌 최고의 재능을 찾아내 적절한 직무와 연결해줄 수 있어야 한다. 학습을 유발하는 환경을 만들어 능력을 개발하도록 도와주어야 한다.

학습 조직을 만드는 것은 혁신과 창의성을 중요하게 여기는 문화를 개발하는 만큼이나 중요하다. 아니 학습 문화가 없는 조직은 혁신을 기대하기가 어렵다고 하는 것이 맞을 것이다. 경영자가 과업을 잘 수행하는 것을 보는 것 중 하나가 그 경영자 밑에서 사람들이 성장하는가를 보면 된다.

여섯 번째는 그 리더 밑에서 직원들은 동기 부여되는가?

유형이든 무형이든 직원들에게 적절한 보상을 공정하게 제공할 수 있도록 평가와 동기부여 정책들을 잘 마련하여야 한다. 직원들에게 보상과 포상을 하는 것 이외에 '사람들을 칭찬하고 따뜻하게 토닥거리는 것'은 예외 없이 조직 구성원 모두에게 필요하다. 그러므로 개인을 인정하고 행동을 유발하게 하는 핵심적인 리더십의 자질이다.

우선 사람의 마음을 얻으려면 리더에게 필요한 것이 감성이다. 여러 제도를 통해 동기 부여를 하는 것 이외에 리더의 감성이 직원들을 움직이게 하는 가장 큰 힘이다. 감성이 부족한 리더는 그것을 보완해

줄 참모가 반드시 옆에 있어야 한다. 유능한 리더급 인재들이 자아를 억제하고 완벽한 협력 체계를 구축하게 함으로써 팀을 이뤄낼 수 있어야 한다.

이 여섯 가지의 리더십을 요약한다면 리더는 문화와 전략과 사람을 통해 일한다고 할 수 있다. 조직은 문화로 끌어가는 것이다. 그리고 전략을 통해 돈을 버는 것이다. 그리고 이것을 하는 것은 결국 사람의 힘이다.

리더가 어디에 관심이 있고 어떻게 행동하느냐, 그리고 자원을 어떻게 배분하고 제도를 어떻게 운용하느냐에 따라 조직 문화에 영향을 준다.

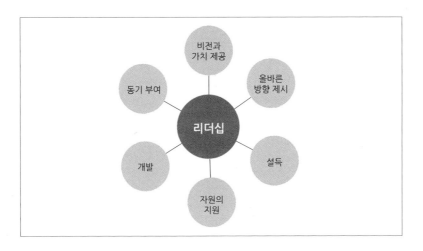

TIP

경영자는 돈 버는 역량(사업가적인 기질)과 경영 역량(사람을 통해 일하는 역량)이 있어야 한다. 경영자의 리더십은 문화를 만들고 전략을 내놓으며, 사람을 통해 일하는 능력이다.

9. 우수한 리더도 경영에 실패할 수 있는가?

완벽한 것보다 조금 모자란 것이 강하다.
– 낸시 F. 코엔

어느 단계에서의 성공이 반드시 그 위의 단계로 이어지는 것은 아니다.
– 마커스 버킹엄

경영자 발탁에는 성공과 실패 중 하나만 있을 뿐이다. 발탁하기 전에 발탁 대상자가 성공할 것이라는 확신이 있다면 얼마나 좋겠는가? 그러나 핵심 포스트의 발탁 성공률은 반도 안 된 것 같다. 그만큼 사람을 세우는 것이 쉽지 않다.

한때 잘나가던 리더가 다른 사업장에서는 실패를 맛보기도 한다. 성공과 실패가 나뉘는 이유는 경영자와 사업장의 코드(맞는 정도)가 다르고, 사업장을 맡았을 때 해당 사업장 직원들의 수준, 인프라 구축 정도와 시장 상황 등이 다르기 때문이다. 어린 나이에 발탁이 된 사람은 경험이나 경영에 필요한 지식들이 비어 있을 수도 있다. 이런 경우에는 그 윗선에서 성공할 수 있는 지원이 따라가 주어야 한다. 발탁을 해 놓고 손을 놓는 것은 아주 위험한 일이다.

경영자의 실패를 최소화해야 한다

경영자의 실패를 최소화하려면,

첫째는 강점과 역량에 맞는 업종(사업부)에 배치해야 한다.

경영자의 강점과 역량이 잘 발휘될 수 있는 포지션에 배치가 되어야 한다. 너무나 당연한 말이지만 쉽지가 않다.

주로 인재들을 분류해보면 전략형(마케팅형, 고객과 시장을 읽고 사업의 기회를 개치하는 데 탁월한 유형), 개척형(새로운 사업을 할 때 필요한 유형), 관리형(현재의 사업을 효율적으로 빈틈없이 운영하고 생산성을 올리는 유형), 구조조정형(전환경영형, 어려운 사업을 단기간에 전환시킬 수 있는 유형), 실행형(전략을 실행해 성과를 내는 유형), 돌파형(전환경영 정도는 아니나 막혀 있는 사업을 해결하여 도약시킬 수 있는 유형), 전문가형(프로세스가 강하거나 한 분야에 탁월하여 전문가집단에 조언이 가능한 유형), 인적자원형(사람관리에 뛰어난 유형)으로도 구분해 볼 수 있다.

사업 모델에 따라 성과가 좌우되는 조직이면 전략형이 맞을 것이고, 사람이 많고 사람과 관련된 조직 역량에 의해 사업을 하는 곳은 인적자원형 리더가 적합할 것이다. 전문성을 요하는 곳은 전문가형 리더가 맞을 것이다. 이런 곳에서는 전문가들에게 컨설팅을 할 정도의 실력이 있어야 리더십이 선다. 관리형은 관리가 안되는 곳에 배치를 하여야 할 것이다.

강점과 별도로 경영자 개인이 자신이 있거나 관심이 있는 영역이 있을 수 있다. 그 영역과 연결되는 업종에 배치하면 실패를 줄일 수 있다.

둘째는 경영자의 약점을 보완해 주어야 한다.

완벽한 경영자는 없다. 강점에 의해 일할 뿐이다. 피터 드러커 교수의 말대로 경영자의 강점이 잘 발휘되도록 도와주어야 하고, 약점을 물고 늘어지면 안 된다. 그렇다고 해서 경영자가 부족한 부분을 방치해도 된다는 것은 아니다. 경영자의 약점은 누군가에 의해 보완이 되기만 하면 된다. 부족한 점이 메꾸어지면 경영에 실패할 가능성이 작아진다. 약점을 메꾸려면 그 약점이 메꾸어질 수 있는 사람이나 팀, 시스템이 따라가야 한다. (이 부분은 다음의 '경영자의 약점을 보완해 주어야 한다'에서 추가적으로 설명하려고 한다.)

세 번째는 경영자가 경영을 잘하는지 모니터링하는 것이다.

컨트롤타워가 경영자를 모니터링해야 할 관점은 대략 3가지이다.

① 경영의 숫자에 관련된 것이다.

숫자의 결과에 대한 분석과 솔루션을 줄 수 있어야 한다.

② 경영의 질에 대한 것이다.

인재 경영을 포함한 경영 콘셉트들에 대한 계획 수준과 실행 과정의 미흡한 점들을 모니터링해야 한다.

③ 시장 상황을 포함한 대외 변수에 대한 것들이다.

경영을 하다 보면 고객이 달라지고 시장이 달라진다. 거기다 예기치 못한 성공과 실패 등이 일어난다. 기상이변이나 천재지변, 그리고 전염병이나 질병 전쟁 같은 위기가 올 수도 있다. 이러한 상황을 100% 예측할 수는 없지만, 모니터링하면서 미리 대비하거나 리스크를 줄일 수는 있다.

네 번째는 경영자의 리더십에 대한 피드백이다.

경영자의 부족한 점은 본인에 대한 자각에서 출발한다. 자각하려면 본인 자신에 대한 피드백과 주위 사람으로부터의 조언을 들을 줄 알아야 한다. 다른 사람들의 조언을 듣는다는 것은 엄청난 용기가 없이는 불가능하다. 잘 듣는다면 리더십의 문제는 해결될 가능성이 크다. 특히 직급이 높은 상태에서 부하직원들에게 조언을 받아들인다는 것은 매우 어려운 일이고, 들을 수 있는 시도조차 안 할 수 있다. 만약 리더가 들을 수 없다면 조직은 어려워진다.

다섯 번째 학습 프로그램이 지속해서 들어가야 한다.

리더가 되었다고 학습을 중단하는 것이 아니다. 경영의 양과 질을 올리기 위해서는 무수히 많은 경영 콘셉트와 패턴 중에 부족한 것들을 지속해서 획득할 수 있는 학습 프로그램이 따라가야 한다. 돈을 버는 것에만 집중하면 리스크가 발생했을 때 대응을 못 해 더 큰 손실을 볼 수 있다.

비즈니스 전략과 역량을 고려하여 때로는 공격적으로, 때로는 아주 보수적으로 경영을 하여야 할 때도 있다. 성장과 생존의 두 갈래에서 적절히 대응할 수 있는 역량을 가져야 한다. 그런 것을 할 수 있도록 지속적인 학습을 해야 한다.

경영자 약점을 보완해 주어야 한다

리더가 어떤 부분이 부족하다고 할 때는 크게 리더십과 비즈니스와 관련되어 비어 있는 경우이다. 경영자가 강점으로 일하는 것은 맞지만, 경영자의 강점은 반대로 이야기하면 어떤 영역의 부족한 점이 있다는 것이다.

여기서는 비즈니스와 관련하여 부족한 약점을 메꾸는 것과 관련하여 설명하려 한다.

첫째는 경영자의 약점을 보완할 수 있는 확실한 이인자를 참모로 세워 주어야 한다.

경영자의 강점이 약점이 될 수도 있다. 강점 이외에 조직적인 상황을 고려해 부족한 부분은 누군가에 의해 보완이 되어야 한다. 가령 리더십의 유형 중에 공격적 리더십은 성취 중심적이고 경쟁적이라 결과물은 내지만 그 과정에 사람들이 상처를 입힐 수 있다. 이런 리더 밑에는 사람을 케어해 주는 부드러운 2인자나 치밀한 관리형 참모가 있어야한다. 건설적인 리더십은 자아실현을 중요시하면서도 타인의 성장에 관심이 많다. 이 두 개에도 해당이 안 되는 수동적인 리더십이 있다. 이 리더십은 타인의 의견에 민감하고 갈등 상황을 대면하지 않고 회피한다. 이런 리더들에게는 전략적인 제언을 하여 의사결정을 유도할 수 있는 참모가 있어야 한다.

사업의 유형과 상황이 다르다고 해서 한두 가지의 특별한 특징들이 나타나는 것은 아니다. 관리가 필요한 곳이라고 해서 전략이 없어도 되는 것도 아니고, 전문가 중심의 사업을 하는 곳이라고 해서, 실행이 없어도 되는 것도 아니다. 목표 달성을 위해 자원을 어디에 더 비중 있게 두느냐의 문제일 뿐이다. 그러므로 사업의 필요한 강점들이 리더를 중심으로 보완되어야 한다.

물론 리더 그룹 중에서도 역량이 더 뛰어난 경영자들이 있다. 이런 경영자들은 사업의 영역을 넘나들며 성과를 낼 수는 있다. 이러한 경영자는 아주 특수한 소수에 불과하다.

둘째는 완전한 팀이 구성되어야 한다.

앞의 예는 경영자의 약점을 보완하기 위한 핵심 스텝에 관한 것이지만, 팀은 좀 더 넓은 개념이다. 역량 있는 리더는 내부의 인원들을 어떠한 형태로든 서치하여 완전한 팀을 구성한다. 독립 사업장이 아닌 경우에는 중앙의 컨트롤타워나 윗선의 경영자가 팀이 잘 구성되는지를 지켜봐야 하고, 만약 팀이 잘 구성되고 있지 않으면 팀이 잘 구성될 수 있도록 지원해 주어야 한다.

내가 아는 경영자는 다른 사업장의 사람들과 만나게 되는 경우 지나가는 말로 일과 관련된 질문을 하고는 대답하는 상태를 자신의 머릿속에 넣어놓고, 어떤 직무가 필요할 때 머릿속에 있는 인력 풀 중에서 신상의 변화가 있거나, 관심이 있는 직원을 스카우트한다. 그 조직은 완전한 팀을 유지할 수 있었다.

셋째는 해당 기능별, 부서별 허리급 인재가 배치되도록 더욱 신경을 써야 한다.

이렇게 해야 하는 이유는 리더가 각 부서를 모두 직접 할 수도 없을뿐더러, 그 부서의 모든 것을 다 알고 있지 않기 때문이다. 경영자는 사람을 통해 일하는 사람이다. 그런데 기능이나 부서의 핵심 인재가 세워지지 않는다면 사람을 통한 경영은 어려워진다. 이런 문제가 발생하지 않도록 각 회사는 필요한 영역의 인력 풀을 쌓아놓고 관리하는 프로그램을 일찍부터 시작하여야 한다.

경영자는 사업가이면서 경영자가 되어야 한다. 누군가의 힘을 빌릴 수 없으면 경영자는 그 자리에서 물러나야 한다. 만약 경영자가 자신의 약점을 메꿀 장치를 해놓지 않고 강점으로만 일하게 된다면 경영자가 강한 영역에서는 진도가 나가나 전체 관점으로 보면 리비히 법칙에 걸려 조직의 운영 환경을 더 망가트리게 될 것이다.

TIP

경영자가 성공할 수 있도록 그의 약점을 보완해 주는 사람과 팀이 반드시 있어야 한다. 경영자에 발탁된 이후에도 지속적인 학습 프로그램이 진행되어야 한다. 경영에 대한 모니터링이나 피드백을 통해, 실수를 최소화하고 성공하도록 돕는 장치가 필요하다.

10. 사람 뽑는 것만큼 배치도 중요하다

> "누가 성과를 올리고 있는가? 그들에게 지금 어떤 일을 할당하고 있
> 는가? 그들을 성과가 오르는 곳에 배치하고 있는가? 혹은 아무리
> 일을 잘해도 성과가 오르지 않은 곳에 배치하고 있지는 않은가?"를
> 수시로 질문해야 한다.
> – 피터 드러커

사람 뽑는 것 못지않게 인재를 적재적소에 배치하는 것이 회사
성장의 강력한 수단이다. 피터 드러커 교수는 '사람을 뽑고 발탁하
는 것 못지않게 배치의 중요성'을 강조하였다. 그런데 '사람을 뽑
는 것만큼 배치'가 쉽지 않다.

배치에는 고려하여야 할 요소가 몇 가지 있다. 가장 중요한 것은
사람의 강점이 배치에 우선하여 고려되어야 한다. 당연한 말이지
만 이 규정이 잘 안 지켜지는 경우가 많다. 또 하나는 그 강점이 고
객에게 가치를 주기 위해 설계된 회사의 직무나 프로젝트에 연결
이 잘 되느냐이다. 어떤 직원을 잘못 배치하여 성과를 내지 못했다
면, 경영자는 그 사람을 비난할 이유가 없다. 그것은 경영자가 책
임을 져야 하기 때문이다.

적재적소 배치가 안 되는 이유는?

직무를 부여할 때 개인의 강점만을 고려해서 직무를 만들어 줄
수도 없고, 개인이 원하는 직무에 다 맞추어 줄 수도 없다. 회사를
위한 일과 개인이 이바지할 수 있는 적합한 일 사이에서 균형을 맞

출 수밖에 없다. 그러나 핵심 인재들이 관심이 있고, 그들이 이바지할 수 있는 직무가 있는데도 불구하고 회사의 필요로 포스팅(Posting, 부서나 직무에 임명)할 경우, 업무 만족도나 몰입도가 떨어지고 본인의 직무를 찾아 회사를 떠날 가능성이 있다.

직원들을 만나다 보면 현 직무에 대해 갈등하는 직원들이 의외로 많다. 만나본 직원들의 30% 이상이 현 직무에 만족하고 있지 않으니, 배치가 얼마나 잘못되었는지를 알 수 있다.

조직 내에서 배치가 제대로 됐는지를 어떻게 알 수 있을까? 배치가 제대로 되었다면 직무몰입도가 아주 높을 것 같다.

적재적소의 배치가 안 되는 이유는 몇 가지가 있다.

첫 번째는 개인의 강점을 토대로 성과를 연결할 수 있는 직무 개발이 안 되어 있거나, 당연히 있어야 하는 직무가 없어 인재들을 담을 수 없을 경우이다.

두 번째는 직무나 직책에 맞는 사람을 배치하는 데 적합한 조건이 무엇인지를 알지 못하기 때문이다. 직무와 연결된 개인의 강점이나 역량 등이 잘 정리가 안 되었을 경우 배치에 어려움을 준다.

세 번째는 현재 배치된 인원이 일을 잘할 경우이다. 앞에서 설명한 조직 적합도가 높고 두뇌도 좋은 직원들은 어디서나 평균 이상의 성과를 낸다. 이런 직원은 다른 직무가 더 적합한 곳이 있지만, 경영자의 욕심으로 붙잡아 두는 경우가 있다.

네 번째는 용기의 부족이다. 사람을 바꿀 필요가 있을 때 결정을 못 하는 경우다.

다섯 번째는 심리적 위한 요인이다. 성과와 별개로 관리자가 정서적으로 편한 사람을 주변에 놓음으로써 인재 순환의 기회를 막는 일도 있다.

여섯 번째는 재배치를 정기적으로 하지 않아서이다. 배치만 하면 끝나는 것이 아니라, 적합한지를 관찰하고 재배치가 이루어질 수 있도록 해야 한다.

일곱 번째는 경영자나 인사 책임자가 사람을 잘못 보는 경우이다. 특히 사람을 볼 줄 모르는 경영자는 좋은 자원을 나쁘게 평가하거나 좋은 재능을 활용하지 못할 가능성이 크다.

여덟 번째는 다른 사람의 정보만을 듣고 배치하는 경우이다. 같이 근무했던 상사의 말만 믿고 쓰는 경우이다.

아홉 번째는 사업의 속도가 사람을 제대로 뽑고 배치하는 수준을 못 따라가는 경우이다. 이런 경우에는 사람을 급하게 뽑아 배치하여 사업은 되지만, 나중에 이탈이나 실수, 회사의 인재상과 맞지 않는 문제가 발생한다.

배치의 유형

배치는 사업의 방향과 운영상의 니즈에 따라 배치 유형이 다르다. 대표적인 배치 유형을 살펴보면 다음과 같다.

상호 교환 배치

비즈니스 단위 간 같은 포스트나 가치사슬을 교환 배치한다. 이것은 핵심 인재의 역량을 최대한 끌어올리고 사업부 간 상호 도움이 되는 형태의 배치이다. 핵심 포스트를 다른 포스트에 배치하면 다른 시각으로 비즈니스로 봄으로서 막힌 부분을 해결할 수도 있다.

직무 전환 배치

역량 있는 자원의 전략적 배치 또는 직무 부적합 자원의 최적 배치이다. 막혀 있거나 직무가 부적합한 인재에게 새로운 기회를 주기 위해 새로운 영역에 전략적으로 배치한다.

핵심 포스트 발탁 배치

핵심 포스트 승계를 전제로한 자원 재배치이다. 핵심 포스트를 채우거나 승계를 준비할 수 있도록 새로운 인재를 발탁하거나 영입하는 형태의 배치이다.

신규 배치

신규 사업 예비 인력을 확보하기 위한 목적이다. 회사의 새로운 기회의 영역에 투입할 예비 풀(pool, 그룹)을 준비하거나 신입직원의 배치이다.

적재적소 배치를 잘하려면?

적재적소 배치를 잘하려면 직원 개인 관점에서만 봐도 안되고, 반대로 회사 관점에서만 봐도 안된다. 개인과 회사 관점을 같이 봐야 하고, 적재적소 배치를 잘하기 위한 관리가 들어가야 한다.

먼저 직원 개인의 관점에서 보면
첫 번째는 개인을 완벽히 파악해야 한다.

배치는 그 사람이 가지고 있는 재능을 쓰는 것이다. 그러려면 직원들이 어떤 재능이 있느냐를 아는 것이 중요하다. 재능을 알 수 있는 방법의 하나는 직원들을 여러 보직이나 과업, 상황에 많이 경험케 하고 기록을 남김으로써 다음 배치에 활용할 수 있다. 배치할 때 강점을 중심으로 봐야 하지만, 그렇다고 해서 약점을 전혀 보지 않는 것은 아니다. 치명적인 약점이 있는 경우는 배치 시 고려하여야 한다. 가령 고집이 너무 세거나 부정적인 경우는 비교적 많은 사람과의 네트워킹이 필요한 곳보다 전문적으로 혼자서 하는 과업에 배치하는 것이 맞다.

두 번째는 우수한 인재를 성장이 가능한 곳에 배치해야 한다.

어려운 사업부에 우수한 인재를 보내 기사회생을 노리려는 결정 등을 하지만, 내가 경험한 바로는 그런 경우를 거의 본 적이 없는 것 같다. 회사에서 경영자를 하면서 느낀 것은 좋은 자원은 기회가 있는 곳에 배치하는 것이 옳다고 판단하였다.

> 외식사업부 본부장을 할 때 여러 브랜드가 있었지만, 전략적으로 미는 성장 브랜드에 우수한 자원들을 재배치하였다. 이렇게 하면 개인은 물론 브랜드도 같이 성장한다.

피터 드러커 교수는 자원을 신개념의 적절한 쪽으로 총체적으로 이동시켜야 한다고 하였다. 우수한 직원을 훈련 차원에서 어려운 환경에 배치하는 것은 아주 어리석은 짓이다. 최적의 곳에서 최적의 상사와 함께 출발시키도록 해야 한다.

아울러 CDP 차원에서 우수한 인재들을 일정 시점에 다른 직무나 사업장에 (재)배치하는 것을 고려하여야 한다.

세 번째는 관계성도 고려해야 한다.

배치를 하는 데 있어 강점 이외에 추가해서 고려하여야 하는 것이 '관계성'이다. 일하는 사람과의 코드라고 할 수 있다. 일을 하는 것은 시스템보다 사람과의 관계가 우선한다. 관계가 형성되지 못할 정도로 파트너십이 어려운 경우에는 아무리 강점과 흥미, 직무가 일치한다고 하더라도, 업무를 수행하기가 쉽지 않다. 이때는 재배치해야 한다. 상사와 잘 맞지 않는 경우나 조직에서 배치될 사람을 거부할 때는 배치를 수정할 수밖에 없다.

회사 차원에서 보면,

첫 번째는 회사의 전략에 따라 배치가 달라져야 한다.

사업의 방향과 전략에 따라 어떤 역량을 가진 사람이 얼마나 필요한지 정의되어야 하고, 거기에 맞게 자원 확보와 배치가 이루어져야 한다. 처음에 이렇게 최적화된 배치를 해 놓으면 수시로 사람을 바꾸어야 하는 시행착오를 최소화할 수 있다.

전략적인 배치의 예로 사업부의 라이프사이클에 따라서도 배치가 달라진다. 신규 시는 개척(혁신)이나 전략(마케팅)형의 리더가, 성장기에는 개척(확장)형의 리더가 성숙기에는 집요한 관리형이나 분석형의 리더가 쇠퇴기에는 전환(구조조정)형의 리더가 배치되어야 한다. 복종의 특성에 따라서도 배치가 달라질 수 있다.

두 번째는 정기적인 배치가 일어나야 한다.

정기적이고 전략적인 재배치를 통해 개인의 강점과 조직의 필요를 같이 해결할 수 있다. 정기적인 재배치 전에는 필요한 리더나 기능 중에 비어 있는 곳이 어디인지 확인을 하는 것과 현재 배치는 되어 있지만 적절하게 배치되지 않은 사람이 누구인지를 파악하는 것이 중요하다. 그러니까 조직의 운영 관점에서 비어 있는 곳과 개인 관점에서 최적의 배치가 되도록 하는 것이 배치의 목적이다.

배치가 중복되거나 배치된 사람의 무게가 해당 직무에 넘치거나 부족한지도 봐야 한다. 보직이 낮은 사람이 수행해도 되는 곳에 높은 직급의 사람을 배치해서는 안 된다는 말이다.

관리의 차원에서 보면,

첫 번째는 사람을 배치하기 전에는 반드시 만나 봐야 한다.

개인의 상황을 고려하고 정서적인 케어가 필요하기 때문이다. 만나는 것뿐 아니라 관찰, 평판의 과정이 반드시 들어가야 한다. 기준과 원칙을 정하고 수요와 공급에 의해 배치하되, 배치 대상에 대한 정보 공유를 통해 해당 직무에 맞을지의 판단한 후 배치하여야 한다. 드러커 교수는 '한 직무에서 잘하고 있는 사람이라 하더라도 다음 레벨에서 성과를 낼 수 있을 지는 써봐야 안다'고 했다. 그의 말대로라면 배치를 잘못했을 때는 회사적으로 손해가 클 수밖에 없다. 직원들의 특성과 능력을 세분화해서 파악해보고 이를 통해 최적화된 배치를 해야 한다. 드러커 교수의 의견과 달리 배치한 후에 파악하는 것이 아니라 먼저 잘 배치할 수 있는 지식이 필요하다.

두 번째는 배치가 성공했는지 정기적인 피드백이 필요하다.

배치된 사람이 새로운 보직에 만족하는지를 봐야 한다. 적정 배치가 되었다는 것을 확인하는 것은 본인의 만족도, 상사의 만족도, 그리고 해당 인원의 목표 수행 결과와 성장의 정도 등을 통해 판단해 볼 수 있을 것이다. 배치 자체가 실패할 수 있으므로 배치한 후 끝나는 것이 아니라, 적합한지를 관찰하고 재배치가 이루어질 수 있도록 해야 한다.

TIP

사업의 방향과 전략에 따라 어떤 과업에 어떤 역량을 가진 사람이 얼마나 필요한지 정의되어야 하고, 거기에 맞게 자원 확보와 배치가 이루어져야 한다. 조직 차원에서 정기적으로 직원들의 배치 상태를 모니터링해 보고, 전략적인 재배치를 하여야 한다.

11. 조직은 어떻게 구성해야 하는가?

> 미래형 조직으로 이행하기 위해서는 수평적 조직을 구축해야 한다.
> 여러분이 관여하든 하지 않든, 미래는 창조될 것이다. 하지만 새로운 미래
> 를 건설하려 한다면 기존의 신념 체계에서 벗어나 영구히 보편적 진리가
> 아닌 것은 무엇이든 부숴버려야 한다. 미래의 조직은 계층 구조가 아니라
> 웹이나 네트워크의 형태를 띨 것이다. 그러한 조직은 정보와 창의력, 자유
> 와 유연성, 혁명적 변화 및 상호 의존적 관계, 개인적 성장 및 고무적인 리
> 더십, 상향식 업무처리를 기반으로 번성할 것이다.
> – 게리 하멜

조직을 바꾸는 이유는 내부적인 요인과 외부적인 요인이 있다. 물론 이 두 개가 서로 독립적인 것은 아니고 서로 연관이 되어 있기는 하다. 조직의 성과가 안날 경우나 내부나 외부의 환경이 바뀌었을 때는 조직을 재설계할 수 있다. 내부의 환경이 바뀐 대표적인 경우는 경영자가 바뀌었을 때일 것이다. 이때 조직을 바꾸는 것은 구성원의 긴장감과 몰입도를 유발하기 위해 효과적일 수도 있다. 그렇다 하더라도 조직을 자주 바꾸는 것은 운영의 안정성 면에서 조직의 불확실성을 가중하므로 바람직하지는 않다.

그렇다면 조직은 어떤 기준으로 구성하여야 하는가? 고객을 중심으로, 제품을 중심으로, 지역을 중심으로 할 것인가? 조직을 살아있고 시너지 나는 생명체로 만들려면 어떤 관점을 가지고 조직화를 해야 할까? 지금까지 직장생활을 하면서 나름 정리한 조직의 설계 방향에 대해 정리해 보았다.

조직 구조의 방향을 잘 잡아야 한다

회사는 이상적인 조직 형태를 찾는 데 골몰하고 있다. 성과가 안 나면 조직을 바꾸는 것을 모든 경영자가 우선하여 생각할 것이다. 그렇지만 조직을 바꾼다고 성과로 직결되지는 않는다. 조직을 바꾸는 것은 구조를 바꾸는 것이다. 구조는 조직의 기본 요소 중 하나일 뿐이다. 드러커 교수는 '모든 상황을 담을 수 있는 한 가지 조직 형태란 존재할 수 없다'라고 생각했다. 또한 '가장 이상적인 조직 형태는 그 누구도 찾을 수 없다'고 하였다.

우리는 조직의 방향에 대해 자주 들어 왔다. '기능별 조직이 아닌 프로세스형 조직이 되어야 하고, 피라미드 조직이 아닌 수평형 조직이 되어야 하고, 권한이 현장으로 이양된 통합된 조직이 되어야 하며, 중앙 조직은 지원형 조직으로 바뀌어야 한다'라는 것들이 그런 것이다.

이러한 관점들은 고객 중심의 민첩한 조직과 관련이 있을 것이다. 코로나 시대에는 가상 조직 형태를 적용하여 현실적인 조직을 운영하는 예도 보았다. 지금까지 나온 조직 구조의 이론들을 조직에 반영하여 아주 이상적인 조직 구조를 만들기는 그렇게 쉽지 않다. 그러나 많은 이론의 이해를 기반으로 조직을 설계하여야 한다는 것은 분명한 사실인 것 같다. 조직 구조 이론은 조직 구조를 설계하거나 운영하는 데 기본이 되는 내용들이 있음을 간과해서는 안 된다.

전략과 사업 모델을 고려한 조직이 되어야 한다

조직을 구성하는 것은 전략에 따라 달라진다.

정기적으로 전략에 따른 조직의 신설, 통합, 변경, 폐기 등에 의해 조직의 구조가 바뀐다. 사업장 간의 통합을 통해 이루어지는 재조직화는 잘만하면 효과가 아주 크다. 사업장 간의 통합은 사업 모델이나 전략이 비슷한 다른 사업이나 프로세스와 통합하여 자원의 낭비를 줄이고 사업의 시너지를 올릴 수 있다. 조직 구조가 경영 전략에 영향을 미치기도 하고, 반대로 전략을 이루기 위해 조직 구조를 바꿀 수도 있다. 전략을 수행해 회사가 목표로 한 것들의 도달 수준에 따라, 조직 구조를 구성하는 단위별로 강화되거나 줄일 수도 있다.

> 예를 들어 세계적인 유통 기업인 월마트의 경우 월마트 랩은 디지털 전문가를 대폭 조직화하여 고객의 쇼핑 경험을 새롭게 제공하기 위한 전자상거래의 개선을 제안하고 있다. 월마트가 다시 살아나고 있는데, 이것은 고객 변화에 맞추어 시대에 맞는 조직과 시스템을 적용하고 있기 때문이다.

최적의 조직이 되어야 한다

먼저 조직과 관련되어 고려해야 하는 관점이 최적화이다.

최적화란 필요한 기능과 역할이 넘치지도 부족하지 않은 상태의 조직을 말한다. 인원을 줄여 아주 슬림하게 운영하더라도 기능과 역할을 수행하는 데 어려움이 없으면 그 조직은 최적화된 조직이다. 반대로 인원은 많더라도 빠져 있는 기능이 있고, 조직의 목표를 달성하지 못하면 그 조직은 최적화의 단계를 거쳐야 한다. 최적화의 수준은 돈을 직접 버는 조직과 돈을 버는 조직을 지원하는 조직을 어떻게 구성하느냐에 달려 있다. 지원하는 조직이야말로 필요한 기능이 최적화되어 있어야 한다. 스태프는 시간이 지나면 지날수록 자기 부서의 입지와 일의 증명을 위해 인원을 증가시키는 경향이 있기 때문이다.

조직의 목표를 이루기 위해 팀에 필요한 기능들을 맬반 박사는 《관리팀의 성공 혹은 실패 이유》라는 책을 통해 다루고 있다. 책에서 필요한 기능들을 예로 들고 있는데 가령 회장, 조직자, 아이디어맨, 정보수집자, 제동자, 조력가, 완성가 등이 있다. 현재 조직의 직무로 비교하면 생소해 보이기도 하나 각 직무의 역할의 관점에서 비슷한 형태를 가지고 있음을 알 수 있다. 맬반 박사는 조직이 성과를 내기 위해서는 필요한 역할이 빠짐없이 들어가야 한다는 것을 설명하려고 한 것으로 보인다. 조직에서 필요한 기능이나 역할이 빠질 때 리비히 법칙(Liebig's Law: 식물의 영양소 중 하나라도 결핍되면 성장이 안되거나 열매를 맺지 못함)이 적용될 수 있다.

> 외식사업부 본부장을 맡고 때 사업부를 전환 경영하고 새로운 지점들을 오픈해 나가는 데 가장 중요한 인력은 매장을 책임지는 지점장이었다. 지점장을 아무나 세울 수는 없었다. 결국 회사 성장의 제약은 역량 있는 지점장을 미리 준비하지 않음을 뼈저리게 후회한 적이 있었다.

파킨슨의 법칙(Parkinson's Law)에 의하면 고용되는 인원수는 그 업무가 증대하든 감소하든 또는 전혀 없든 간에 아무런 연관 없이 일정한 비율로 증가한다고 하고 있다. 각 조직이 돈을 버는 데 얼마나 이바지하느냐를 규명할 수만 있다면 최적을 유지하는 데 도움이 될 것이다.

그런데 최적화를 고려할 때 놓쳐서는 안 되는 것이 미래 사업에 대한 준비이다. 현재 사업을 운영하는 것 이외에 회사가 계속 성장하기 위해서는 새로운 사업이나 영역들과 관련된 인원들을 확보하거나 키우고, 사업이 본격화하면 조직화할 수 있는 정도가 되어야 한다. 예를 들면 오프라인에서 온라인으로 시장의 구조가 바뀔 때 미리 관련 인력들을 준비하고 있어야 한다. 준비된 인력들이 회사의 비전을 보고 그 조직에 남아 개인과 조직의 성장을 같이 꾀할 수 없다면 조직화가 쉽지 않다.

패커드 법칙(Packard's Law)이라는 말이 있다. '어떤 회사도 성장을 실현하고 나아가 위대한 회사를 만들어 갈 적임자를 충분히 확보하는 능력 이상으로 수입을 빠르게 늘려나갈 수 없다는 것'이다. '적합한 사람을 충분히 확보하고 붙들어 매는 능력이 위대한 회사가 되는 비결'이라는 것이다. 우선 조직을 구성하는 데 있어서 현재 사업에서 돈을 더 벌기 위한 자원의 배분을 하다 보면 혁신을 위한 영역에 자원 배분을 소홀히 할 수 있다. 프로세스와 관련되어 뒷장에서도 잠깐 적었지만, 기존 조직의 프로세스 내에서는 기존 구성원의 일하는 방식과 사용되고 있는 기존 인프라 내에서 일하는 방식을 벗어나기는 생각보다 쉽지 않다. 항상 혁신을 생각하고 별동부대를 통해 인큐베이팅하여 전도사의 역할을 할 수 있는 자원 배분이 필요하다. 조직은 조직의 목표와 전략을 수행하기에 최적의 상태로 구성하여야 한다. 그 형태가 무엇인지는 고민이 필요하다.

최적화가 되는 데 필요한 것은 단순화이다

최적화의 원리를 고려하면서 조직은 단순하게 구성해야 한다. 필요한 모든 기능을 다 담게 되면 복잡성이 증가할 수밖에 없다. 조직이 복잡하게 되는 이유는 업무 자체가 복잡하거나 가치사슬이 많을 때, 사업이 다차원일 때이다. 처음에 단순하던 조직도 조직의 필요로 기능이나 직무를 만들다 보면 어느새 조직이 복잡하게 될 수밖에 없다. 조직을 단순하게 하는 방법 중에는 기능을 통폐합하거나 분사시키는 방법도 있고, 일정 기능을 아웃소싱하는 방법도 있다. 아웃소싱은 내부 조직을 운영하는 것이 비용이 많이들 때 하는 것이 일반적이지만, 비용보다 더 많은 매출 총이익을 낼 수 있다면 오히려 아웃소싱을 하는 것이 회사 차원에서 손해이다. 항상 비용이 아닌 생산성의 관점으로 아웃소싱을 들여다봐야 한다.

조직을 단순화하려고 하더라도 단순화할 수 없는 요소들이 너무 많다. 오프라인을 중심으로 비즈니스를 하던 회사도 온라인은 필수가 되었고, 채널도 수익 관점에서 추가할 수밖에 없게 되었다. 조직의 핵심 역량이 부족한 상태에서 추가되는 새로운 채널, 새로운 거래 구조, 새로운 부문은 조직의 복잡성을 증가시킨다. 이러한 문제를 해결하는 방법은 명확하다.

고객에게 가치를 주기 위한 사업 방향에 따른 필요한 직능과 강점이 있는 인원을 파악하고, 직능끼리의 관계를 설정해야 한다. 업무 자체가 복잡하면 업무 프로세스를 단순화하면 되고, 사람들이 많으면 사람을 줄이면 된다. 5~6인 이하의 집단일 경우에는 별도의 커뮤니케이션이 필요가 없으나, 인원이 많아질수록 효율이 떨어지고 의사소통의 오해가 생기므로 되도록 소수화해서 복잡성의 문제를 해결해 주어야 한다. 단계가 복잡하면 고객에게 제공되는 가치도 문제가 생길 수밖에 없다. 계층의 수가 많아질수록 조직 전체의 목표와 방향을 공유(소통)하기도 어렵고 정보의 왜곡이 생기기 쉽다.

가장 이상적인 조직은 고객에게 전달되는 제품과 서비스가 고객이 원하는 속도에 맞추어 최단 거리로 연결될 수 있도록 하는 조직이다. 최단 거리로 조직이 구성되었다면 회의를 하거나 조직 내의 문제를 해결하는 데 많은 시간을 쓰지는 않을 것이다. 조직이 비대해질수록 고객에게 전달되는 가치는 떨어지므로, 최단 거리로 고객의 필요로 대응할 수 있는 조직이 되려면 프로세스를 줄이면서 조직을 원팀으로 통폐합하여야 한다.

팀 단위 조직으로 속도에 대응하라

팀이 생겨나는 이유는 간단하다. 개인이 가지고 있는 한계성 때문이다. 그러나 팀제를 유지하면서 소통방식은 수직형이 되면 무늬만 팀제이다. 팀제는 하나의 팀이 팀 내에서 결과를 만들어 낼 수 있고 의사결정을 할 수 있는 것을 말한다. 원팀이란 상호보완을 통합해 만들어진 최적화된 팀이다. 여기서 상호 보완이란 인재 유형(강점)과 기능에 따라 서로 시너지가 되는 것을 말한다. 상호 보완은 경영자와 스태프, 사수와 부사수의 강점과 약점이 서로 보완될 수 있어야 한다. 예를 들면 CEO와 가장 중요한 조합인 전략기획실장은 반드시 상호 보완적인 유형이어야 한다. CEO가 아이디어가 뛰어난데 분석 능력이 떨어지면 전략기획자는 분석 능력이 뛰어난 사람을 매칭해야 한다. 사수가 전략형이고 마케팅형이라면, 부사수는 분석형이거나 관리형이어야 한다. 기능 보완이란 기능 내에서도 더 긴밀히 연결된 기능 간의 구조화이다

관리를 잘할 수 있도록 만드는 것이 조직화의 핵심이 아니다. 그러

므로 책임자(경영자)들은 사업의 특성에 따른 배치가 우선되어야 한다. 관리를 최소화하고 원팀이 모두 고객의 니즈를 해결하도록 집중하는 조직이 되어야 한다. 본부장 체제로 조직화를 하든, 듀퐁사처럼 셀 조직 형태로 조직화하던 고객 관점으로 일하는 방식이 최적화될 수 있다면, 조직의 형태는 정답은 없다고 생각한다. 고객에게 빠른 서비스를 위해 분산된 사업부와 팀 조직은 강점이 많고 그나마 베스프 프랙티스들을 만들고는 있지만, 여러 단위가 함께 시너지를 내야 할 때 분산된 사업부 간의 상호 협조가 부족해 오히려 비즈니스에 방해가 되는 부분이 있기는 하다. 그러므로 분산된 독립 조직의 부족한 영역을 메꿀 수 있는 역량의 지원 시스템을 적절히 갖추고 있어야 하고, 독립 사업부의 경영자에 의한 일방적인 경영의 부작용도 방지할 수 있다. (지식 경영 파트의 '팀으로 일하라'에서 팀에 대해서는 추가로 설명하였다.)

지식 기반의 조직을 구축해야 한다

지식 기반 조직이란 계획과 실행 모두 지식에 기반해서 운용되는 조직을 말한다. 지식 기반 조직이 아닌 경우에는 실행은 그렇게 중요하게 여기지 않는 경향이 있다. 사실은 실행 과정에 더 다양한 인풋이 들어간다. 그만큼 실행이 어렵다는 말이다. 지식 기반 조직은 폐기, 진화, 혁신이 업무 과정에 동시에 일어나는 특징이 있다. 진화는 기존 지식에 지식을 버전 업하여 지식의 업그레이드가 일어나는 것을 말한다. 그런데 이러한 지식의 진화도 고객의 유익에 도움이 되지 않는다면 지식 기반 조직에서는 과감히 폐기가 이루어진다. 지식으로 성과를 냈던 조직들이 나중에 막히는 이유가 있는데, 그 이유는 기존 구축한 지식에 대한 과감한 포기를 하지 못하기 때문이다.

또한, 지식 기반 조직은 고객의 니즈를 파악할 수 있는 시스템이나 피드백 고리가 있고, 실제 일하는 방식을 고객에 맞추어 진화한다. 고객의 니즈를 맞춘다고 하면서 실제 고객에게 제공되는 제품이나 서비스는 제대로 못 맞추는 조직이 많은 데 이것은 3가지 영역에서 뭔가가 빠져 있는 것이다.

첫째는 고객의 니즈를 정확히 파악하는 시스템이 없기 때문이다.

둘째는 고객의 니즈에 맞게 일하는 방식이 정렬되어 있지 않기 때문이다.

셋째는 고객에게 자사가 제공하는 상품과 서비스에 대해 피드백을 받는 시스템이 없기 때문이다.

모든 사업을 막론하고 온라인(플랫폼) 중심 조직은 필수가 되었다

이제는 시대가 바뀌었다. 온라인은 선택이 아니라 필수가 되었다. 기존 오프라인 기반의 조직들이 고전하는 이유는 시대가 바뀌었는데도 온라인은 끼어들어 가는 형태의 조직화를 하면서 시장에 대응을 못해서이다. 오프라인만 잘되어 있으면 온라인을 연결하는 것은 쉬운 문제라고 하지만, 꼭 그렇지는 않다. 우선 오프라인의 강점을 온라인으로 연결할 때는, 온라인 담당자를 몇 명씩 조직에 배치해서는 안 되고 완전히 온라인을 중심에 두고 오프라인이 따라가는 형태로 조직화를 생각하여야 한다. 요즈음은 전통은행이라도 직원을 뽑는 데 있어 핀테크와 플랫폼 지식이 있는 사람을 우선 고려한다고 한다.

모든 조직원이 온라인상에서 비즈니스를 할 수 있는 관련된 지식을 획득해야 하고 조직의 지식의 수준이 떨어질 때는 전문가들을 중앙에 모아 현장이나 각 사업부에 지식이 이전되고 컨트롤할 수 있는 형태로 조직화를 해서라도 부족한 부분을 끌어 올려야 한다.

이것은 전문가를 중앙에 모으는 매트릭스 조직으로 힘이 중앙으로 집중하는 부작용이 있지만 상황에 따라서 이런 결정할 수밖에 없다. (매트릭스 구조는 회사가 커지고 전문가들도 양성이 되면 나중에 권력을 분배하여, 중앙 집권으로 오는 부작용을 최소화할 수 있다.)

이상적인 조직이 갖추어야 할 조건

앞에서도 말했지만, 조직을 바꾸는 것은 약간의 인풋으로도 눈에 보이고 쉽게 끝나 버린다. 그러나 진정한 조직화가 제대로 되기 위해서는 몇 가지의 경영 요소들이 맞물려야 한다. 조직은 전략을 수행한다. 그런데 전략은 경영 시스템을 통해 실행된다. 그러므로 조직의 성공을 위해서는 경영 시스템이 같이 따라가야 한다. 기업 문화, 인재, 기술, 가치관이라는 기반이 되는 경영 요소가 있는데 이들은 기업의 요체이다. 조직을 건드렸는데 변화가 없을 때 경영자들은 답답해한다. 그러나 조직과 경영 시스템이 한 몸이라는 것을 깨달아야 하고, 조직 구조와 일하는 방식을 어떻게 연결할지를 조직화 과정에서부터 함께 고민해야 할 것이다.

전략을 수행하는 데 최적화된 조직이어야 하고, 거기에 과업과 일하는 프로세스, 인프라가 정리된 운영 모델에 측정과 피드백이 되는 학습 문화가 있다면 성과 나는 이상적인 조직으로 변모할 것이다.

이것을 요약하면 다음과 같이 표현할 수 있을 것이다.

> 전략을 수행하는 데 최적화된 조직 & 확실한 책임자
> +
> 운영 모델(고객 중심 과업, 프로세스, 인프라)
> +
> 학습(측정/피드백)문화

조직의 필요한 기능은 빠짐없이 구성되어야 하되, 고객에게 빠르게 가치가 전달될 수 있도록 필요한 단계를 줄이고, 필요한 기능을 최적으로 단순화하게 구성하여야 한다. 필수조건은 각 조직이 사업의 완결 단위로 독립적으로 운영하되 스스로 서비스와 수익에 책임져야만 하는 형태이어야 한다. 아울러 고객 관점의 과업만 사용되도록 시스템적으로 시간 사용을 표준화하여야 한다. 최적화되고 단순한 조직만이 고객이 원하는 속도에 제품과 서비스를 맞출 수 있다.

그렇다면 이것을 완벽하게 구현할 수 있는 조직이 있는가? 요즈음 유행하는 애자일(Agile, '민첩하고 기민한' 조직이라는 뜻으로, 부서 간의 경계를 허물고 필요에 맞게 소규모 팀-cell-을 구성해 업무를 수행하는 조직) 같은 조직을 예로 들을 수 있을 것 같다.

TIP

사업의 방향과 전략에 따라 어떤 과업에 어떤 역량을 가진 사람이 얼마나 필요한지가 정의되어야 하고, 거기에 맞게 자원 확보와 배치가 이루어져야 한다. 조직 차원에서 정기적으로 직원들의 배치 상태를 모니터링해 보고, 전략적인 재배치를 하여야 한다.

12. X 이론인가, Y 이론인가?

> X 이론의 가정이나 Y 이론의 가정 모두가 어떤 특정한 상황에 따라
> 거기에 적절할 것이 될 수도 있다.
> – 스티븐 p. 로빈스

여기서 X–Y 이론을 다루는 것은 경영할 때 사람을 이해하기 위함이다. 맥그리거(Douglas McGreger)는 노동자를 미성숙하고 게으르며 책임을 회피하는 존재이므로 통제가 필요하다고 주장하는 X 이론 대신 인간관으로서의 Y 이론을 좀 더 비중 있게 내세웠다. Y 이론은 노동자의 본성에 대해 우호적이다. 그래서 모든 인간은 일하고 싶어 하는 본성을 가졌다고 주장한다. 이와 같은 Y 이론은 인간의 행동에 관한 여러 사회과학의 성과를 토대로 한 것인데, 이러한 사고방식을 가진다면 종업원들은 자발적으로 일할 마음을 가지게 되고, 생산성을 향상할 수 있다고 보았다.

기업을 경영하면서 직원들에 대해 X 이론을 적용하는 것이 맞을까? Y 이론을 적용하는 것이 맞을까? 이런 질문 자체가 상당히 어리석은 질문이라는 것을 독자들은 다 알고 있을 것이다. 그런데도 한쪽에 치우친 관점으로 인해 조직관리가 어려워지는 사례가 나오기도 하기에, 어느 것이 맞는다고 규정하는 것은 현실적이지 않다는 것을 설명하려 한다.

당신은 X 이론, Y 이론 중 어디에?

일부 책에서는 피터 드러커 교수도 Y 이론의 긍정적인 면을 인정했다고 하지만, 내가 발견한 드러커 교수의 XY 이론은 중립에 가깝

다. 드러커 교수는 "X 이론이 맞다, Y 이론이 맞는다고 주장하는 것은 적절치 못하다. 사람이나 상황에 따라 X 이론이, 어떤 때는 Y 이론이 적용되는 것이 맞다."라고 하였다. 《일본전산 이야기》라는 책에서 저자는 개 조련사가 한 말을 예를 들면서 사람도 적절한 칭찬과 야단이 필요하다고 한다. 어떤 이유로 사람이 주도적으로 일하는 경우와 그렇지 않은 경우는 일어나는가? 나의 직장생활을 회고해보면, 경영자로 발탁된 이후에도 어떤 때는 스스로 자기 동기를 가지고 몰입했던 적이 있는가 하면, 어떤 때는 윗분의 지시와 압박(?) 때문에 일을 더 열심히 한 적도 있었다. 회사에서 직원들이 성과를 관리하는 시스템이 효과적으로 작동할 때면 직원들이 더 잘 움직이는 경우가 있다. 측정, 노출, 모니터링 같은 시스템들이 운용되는 것도 그런 이유에서이다. 물론 이런 시스템들이 꼭 사람이 자율적이지 않기 때문은 아니다. 어쨌든 사람들은 어떤 이유로 인해 주도적으로 일하는 경우와 그렇지 않은 경우가 있는 것 같다.

우선 사람에 따라 개인차가 있다

나는 경영자를 하면서 직원들이 일을 수행하는 열정이나 일하는 방식이 개인별로 차이가 나는 것을 자주 발견하였다. 어떤 차이인가 하면 A등급은 별도의 동기 부여 없이도 자기 동기를 가지고 일하지만, C등급은 동기 부여에도 잘 움직이지 않는 것을 발견하였다. B등급은 어느 정도의 동기 부여에 움직인다. 이 상황을 X 이론으로 적용한다면 C등급에는 적절하고 A등급에는 적절하지 않다. 반면 Y 이론에 적용한다면 C등급에는 적절치 않고 A등급에는 적절하다. 그래서 사람은 당근과 채찍이 사람에 따라서 차이가 난다는 것을 나의 경험에 비추어 인정할 수밖에 없었다. 그것은 사람은 관리나 통제 시스템에 의해서도 움직인다는 것을 포함하고 있다.

X-Y 이론 사례

이것을 나의 사례를 가지고 X-Y 이론을 이야기해 보려고 한다.

한때 회사에서 어떤 분야의 공채를 채용하던 때가 있었는데, 현장에서 지원자와 같이 근무하던 상사나 동료, 부하들의 평판을 들어보고 검증하는 방식을 채택한 적이 있었다. 그러다 보니 현장에서 검증하려면 채용팀의 인원으로는 한계가 있어 직원들을 현장 검증단으로 편성하였다. 나도 그때 검증단에 포함되었다. 그런데 이 일이라는 게 본업과는 별도로 플러스해서 하는 일이고 잘했다고 해서 성과평가에 반영이 되는 것이 아니라서 동기 부여도 안되는 데다, 현재 업무에 대한 부담으로 시간 내기는 쉽지 않은 상황이었다. 그런데 어느 날 채용팀장이 찾아와 현장 검증단의 실적을 보여 주었다. 현장 검증 인원수를 기준으로 순위를 매겨 놓았는데 나의 순위는 거의 바닥에 가까웠다. 그 노출 하나가 나를 긴장시켜 다음 날 본업을 미루고 지원자의 현장 평판을 듣기 위해 시간을 내 움직일 수밖에 없었다. 그리고 계속 시간을 내 어느 정도의 인원수를 확보하고 별도의 추가 과업을 마무리했던 기억이 있다. 본업이 아니었는데도 불구하고 성과에 대한 압박이 들어오자 움직였다. 그런데 그 당시 상위에 랭크된 사람들처럼 채용팀에서 순위를 보여 주기 전에 자발적으로 자기 후배들을 뽑는다는 동기를 가지고 스스로 움직인 사람들도 있었다. 나처럼 나중에 움직인 사람은 중간에 해당하는 사람이고, 순위를 보여 주어도 실제 움직이지 않은 사람들도 있었다. 이 예를 가지고 X, Y 이론을 적용해 보면 사람에 따라 목표관리가 안 되어도 자발적으로 움직이는 사람이 있고, 목표관리가 되면 움직이는 사람이 있고, 목표관리가 되도 움직이지 않는 사람이 있다.

X 이론도 쓰고 Y 이론도 써라

그래서 X, Y 이론의 양극단은 잘못되었다는 것이 나의 견해이다.

MBO(Management by Objectives, 목표에 의한 관리)는 목표관리뿐만 아니라 목표관리과정에 필요한 당근과 채찍이 포함되는 것을 말한다. 사람에게는 두 개의 심리가 존재한다. 자율적으로 움직이기도 하나 강제할 때 움직이기도 한다. 당근 요인을 강화해 칭찬만 한다고 해서 생산성이 올라가지는 않는다. 칭찬받을 만한 명백한 성과나 근거가 있을 때의 칭찬이 확실히 근거 없는 칭찬보다 동기 부여를 가지게 한다. 당근 방식 중심으로 회사를 운영했던 회사는 회사가 나빠질 때 어려움을 받아들이기가 쉽지 않다.

> 내가 개인적으로 알고 있는 어떤 중소기업은 복리후생제도가 너무나 잘 되어 있다. 자녀들 학자금은 물론 일과 후의 동호회까지 비용을 대준다. 자녀는 물론 본인의 별도 학원이나 학교 등 학습 비용도 일부 지원해 준다. 특급요리사가 조리한 양질의 사내 식사도 무료로 제공이 된다. 그런데 이 회사가 최근에 비즈니스의 무분별한 확장에다 코로나로 인해 어려움을 겪고 있다. 그런데도 이런 혜택들을 거의 못 건드리고 있다.

성과가 입증되지 않은 상황에서의 지나친 동기 부여는 문제의식을 잃고 긴장감이 떨어질 수 있다. 이 회사는 이런 복지 요소가 직원들의 생산성을 올리는 데 중요한 역할을 하고 있다고 절대적으로 믿는 것 같다.

움직이지 않는 직원들에 대해 때로는 X 이론이 효과적일 때가 있다. X 이론을 전적으로 옹호하는 것은 아니지만 인간의 게으름과 목표를 회피하려는 두려움을 체계적인 X 이론 기법으로 극복하게 해 줄 수 있기 때문이다. 《자유주식회사》라는 책에서 저자는 경영자의 인간 본성에 대한 경영진의 생각이 깔려 있고 경영자가 인간은 일이나 학습을 좋아하지 않는다고 믿는 순간 명령과 통제는 더욱 당연해진다고 하였다. 직장생활을 오래 한 나로서는 그 의견에 100% 동의할 수는 없을 것 같다. 저자가 말한 대로 부당한 지시가 없고, 업무와 보상에 대한 공정하고 체계적 기준이 있을 때 직원들을 멋대로 풀어놓으면 생산성을 초대로 발휘할 수 있다고 하지만 기업에서 이루어지고 있는 모든 상황과 개인차를 자율이라는 것으로 모두 담기에는 한계가 있다. 그리고 개인들이 모두 그 자율로 들어오는 것도 아니다.

물론 통제와 관리가 인간의 창의성을 억압하기에, 조직의 전체 환경이 처음부터 끝까지 통제로 유지될 수도 없고 그렇게 관리하는 회사는 없다. 그런 형태로 회사를 운영해서는 직원들이 남아 있지도 않을뿐더러 사기가 떨어져 몰입이 안 되는 것은 당연하다.

사람은 모든 일을 자발적인 동기만을 가지고 하지 않을 뿐만 아니라 반대로 무조건 관리가 들어가야 하는 것이 아니다. 사람에 따라서, 상황에 따라서 적용해야 하는 방법이 다를 것이다.

자기 동기를 가지고 일을 하는 사람을 관리하려 해서는 안 되고, 그 반대의 사람을 방치해서도 안 된다. 초우량기업의 조건에서 나온 항목처럼 새로운 생각과 엄격한 규율이 존재하는 회사의 특징을 통해 어떤 상황에서는 새로움이 또 어떤 상황에서는 강력한 규율과 통제에 의한 실행이 전체 생산성을 올릴 수 있다. 그래야 그 결과로 나온 수익이 직원들의 Y 이론을 위한 곳에 쓰일 수도 있기 때문이다.

X-Y 이론이 균형을 이루면서 적용되어야 하지만, 궁극적으로는 자기 동기에 의해 직원들이 몰입하는 기업 문화를 만드는 것이 최종 목적지가 아닐까 싶다.

TIP

경영자는 사람과 상황에 맞게 X 이론과 Y 이론을 사용할 수 있다.

13. 평가 시스템이 항상 직원들의 불만이 되는 이유는?

> 평가를 상시화하라. 내게 있어 평가라는 것은 마치 숨을 쉬는 것처럼 자연스럽고도 일상적이었다. 능력주의 사회에서 그보다 더 중요한 것은 없다고 할 수 있다. 나는 항상 평가한다. 연봉을 책정하거나 스톡옵션을 제공할 때는 물론이고, 심지어는 복도에서 누군가와 우연히 부딪혔을 때조차 평가한다.
> – 잭 웰치

　평가란 조직의 책임자와 구성원들이 함께 정기적으로 실시하는 성과 프로세스 활동이다.

　평가 항목에는 프로젝트의 평가나 과업 수행에 관한 결과나 역량, 태도 등이 포함될 수 있고, 그 결과는 최종적으로 인사고과에 드러난다. 평가는 과거의 실적을 근거로 한다. 즉, 일정 기간에 이룩한 것을 사전에 정해진 기준에 비추어 판단하는 것이다. 하지만 과거의 실적을 토대로 미래 관점에서 해석하고 가치를 부여하는 것도 병행해야 한다.

올바른 평가가 되려면

　평가와 관련하여 평가자나 피평가자나 평가와 관련해서는 똑같이 어려움을 겪고 있다. 올바른 평가가 되기 위한 요소들을 정리해 보았다.

　첫째는 목표를 잡는 것에 심혈을 기울여야 한다.

　목표는 제목과 숫자를 가지고 잡는다. 그런데 제목이 제대로 되없는지는 시간이 지나고 봐야 제대로 알 수 있다. 그러다 보니 성과목표를 잡는데 실수하는 경우가 많다.

그러니 사전에 목표를 잘 잡고 합의하는 과정이 필요하다. 그런데 년 초 목표를 잡는 과정에 수고를 덜해서 피평가자가 잡은 목표를 정확히 보지 않았거나, 올바른 제목인지를 판단하지 못하고 대충 지나치다 나중에 년 초에 정한 목표가 너무 낮거나 제목을 잘못 잡은 것을 발견하면 난감해질 수 있다.

둘째는 평가를 객관적으로 할 수 있는 툴(Tool, 도구)을 가지고 있어야 한다.

평가는 사전에 합의된 숫자에 의해 이루어진다. 합의된 숫자에 도달했다고 해도 피평가자의 순수한 노력으로 달성했는지를 봐야 한다. 전임자의 기여나 예기치 않은 운, 타 직원이 도와준 경우가 있는지를 파악하여야 한다. 조직의 성과는 여러 사람의 결과물의 합이라, 거기서 개인의 기여도를 발라내기가 쉽지 않다. 평가 과정에는 상사의 주관성이 반영될 수 있다. 가령 태도가 좋고 친화력이 있는 직원들에게 실제 성과보다 더 좋게 평가하는 경향이 있다. 평가의 객관성을 유지하려면 되도록 년 초에 모든 사업과 조직을 세팅하고 계획대로 변동 없이 가는 것이 가장 좋다. 갑자기 변동이 있을 수 있지만, 수시로 바뀌는 정책은 직원들의 동의를 얻기 어렵다. 만약 조직의 혁신이 수시로 적용되는 사업이나 조직적 특성이 있다면, 이러한 것을 평가에 담을 수 있는 시스템이 마련되어야 한다.

셋째는 평가 설계는 회사가 추구하는 사업의 전략이나 경영 콘셉트에 따라 달라져야 한다.

조직에서 채택한 경영 콘셉트는 계속 진화할 수밖에 없다. 그런데 과거에 집중했던 경영 콘셉트가 더 이상 수명을 다해 폐기되고 새로운 콘셉트가 들어왔다고 치자. 그러면 제도도 거기에 맞게 바꾸어야 한다. 예를 들어 고객을 중요시하고 고객 조사를 통해 인사이트를 찾고 그것을 해결하기 위한 데 필요한 콘셉트들을 정리하였고, 그것을 직원들에게 학습하도록 프로그램을 돌리고 있다면 역량 평가에서도 이러한 항목들이 반영되도록, 바로 제도를 고쳐야 한다.

그렇지 않으면 직원들은 평가를 받으면서 제도가 회사의 비즈니스 방향을 따라가지 못한다고 불만을 가질 수 있다.

사업이나 회사가 추구하는 관점이 바뀌면서도 제도에 반영이 되지 못하는 이유는 여러 가지가 있다. 담당자의 게으름일 수 있고, 경영자가 이 부분을 그리 중요하지 않게 여기는 것도 있을 수 있다. 아니면 제도에 반영해야 한다는 것을 인식하지 못하는 무지일 수도 있다. 설계된 평가 프로세스가 규율에 따라 진행이 되어도, 최종적으로 성과에 도움을 주지 않으면 아무 소용이 없다. 물론 평가 프로세스가 정교하면 정확한 평가가 이루어질 것이고, 그것을 토대로 평가와 보상 등이 객관성 있게 연결될 수 있을 것이다. 하지만 이런 절차들은 성과를 내기 위해 부수적으로 따라가는 것뿐이다.

넷째는 경영자(관리자)의 평가 역량을 올려야 한다.

객관적으로 평가하는 것은 쉽지 않다. 수치화되어 있다 하더라도 그 수치를 해석하고 의미를 부여하는 것은 결국 사람의 몫이다. 따라서 평가의 문제는 리더십의 문제로 귀결이 된다. 그러므로 평가자들이 평가의 공정성을 높이기 위해 지속적인 관찰 기록을 하며, 평상시에 피평가자의 과업 성과에 대한 컨설팅과 코칭을 피평가자들과 함께하여야 한다.

결국 평가 관리 역량을 높이는 데 많은 시간을 쓸수록 객관성은 더 올라갈 수밖에 없다. 이러한 데 시간을 많이 쓰다 보면 관리자의 경우에는 자신의 성과와는 직접적인 연관이 없어 보이는 많은 일들에 소모된다고 느낄 수 있을 수도 있다. 그러나 관리자는 부하직원들의 성과 관리를 책임지는 사람들이다. 당연히 여기에 일정 시간을 할당하는 것이 맞다.

다섯째는 평가 근거를 기록해 두어야 한다.

조직에서 가장 불만이 되는 것은 피평가자가 평가에 동의를 못하고 평가자도 평가에 대한 증거를 대지 못하는 경우다. 그래서 평상시에 성과와 관련된 팩트들을 계속 기록해둘 필요가 있다. 어떤 관리자는 직원들에 대해 팩트가 있을 때마다 기록해 두는 것을 보았다. 그리고 그렇게 기록한 것을 가지고 수시로 직원들에게 피드백해 주고 있었다.

이런 과정을 가지면 직원들은 자기의 부족을 채우려는 노력하게 된다. 리더가 바뀌어도 한사람에 대한 평가 결과가 똑같이 나와야 하는데 그렇지 않은 경우가 있다. 그러므로 누가 평가하더라도 똑같은 평가가 되도록, 과업에 대한 기록 등 평가의 근거들을 객관적으로 유지할 수 있는 시스템이 필요하다.

여섯째는 평가가 일상이 되어야 한다.

평가하는 시간은 평상시 성과 피드백을 주기적으로 해 왔다면 평가에 어려움이 없겠지만, 그렇지 않다면 아주 힘든 시간이 될 것이다. 직원들을 평가하고 피드백하기 위해 만나는 시간은 피평가자도 긴장되는 시간이지만 평가자도 마찬가지이다.

피평가자가 만족할 만큼 조직에 공헌하고 성과를 계속 내준 직원이라면 아주 기쁜 마음으로 면담을 할 것이다. 만약 성과를 내지 못하고 거의 회사에 기여가 없는 직원이라면 만나기 전부터 불편함이 있을 수도 있다. 잘 케어해 주면 성과를 낼 직원인데 거의 방치되어 성장을 못 한 직원에 대해서는 미안한 마음이 들기도 할 것이다. 직원이 평가 결과를 받아들이지 못하면 향후 리더십을 발휘하거나 이탈 등의 걱정이 있을 수도 있다. 성과를 못내 평가가 안 좋은 직원을 조직의 자원이 없어 계속 유지해야 할 때, 그 직원을 어떻게 동기 부여를 할 것인지의 난처한 마음도 들 것이다.

이러한 문제들은 정기적인 정례 활동으로서의 평가가 아닌 일상으로써 평가와 피드백이 진행된다면, 평가 과정에서 생기는 오해를 줄일 뿐 아니라 피평가자는 성과를 내기 위해 노력하려는 동인이 될 수 있고, 평가자들도 직원들의 성과 관리와 제대로 된 평가를 위해 평상시 관심을 가지게 될 것이다.

성과 관리의 코칭 To-Do-List에 의해 관리하라

성과 관리를 위해서는 성과 관리의 코칭 To Do List(반드시 해야 할 목록)를 지켜야 한다. 코칭 전, 성과 계획을 세울 때, 성과 관리를 할 때, 성과 평가를 할 때마다 꼭 지켜야 할 To Do List가 있다. 이러한 성과 관리의 코칭의 핵심 단어는 공감, 설명, 제안, 공유, 경청이다.

대상자의 의견을 들어주고 공감해주나, 때로는 설명해주고 정보를 공유하거나 어떤 때는 제안이 필요할 때도 있다. 성과 관리 코칭은 계획(Plan)부터 성과 관리(Do), 평가(See)까지 기록을 기본 베이스로 다루어야 한다. 계획한 기록, 실행과정의 기록, 성과를 낸 기록이나 관찰 등을 기본으로 해서 소통해야 해야 한다.

직원 성과 기록의 중요성

기록이 없을 때는 코칭을 하는 사람이나 코칭을 받는 사람이나 근거가 부족해 주관적인 감정에 의해 오해를 할 수 있다. 어느 날 어떤 직원이 면담 요청을 해왔다. "본부장님 제가 회사가 원하는 것을 어느 정도 해결하고 있습니까? 제가 성과를 더 내려면 어떤 것을 보완해야 합니까?" 나는 그 질문을 받고 당황할 수밖에 없었다.

평상시에 그 직원에 대한 성과 기록과 아울러 기대하는 것이 정확히 정리되지 않았기 때문이었다. 만약 그 직원에게 기대하는 것이 정확하게 정리되었다면, 그 기대에 맞게 실적에 잘 냈는지 못 냈는지를 바로 피드백해 주었을 것이다.

상사가 직원에게 기대하는 것이 무엇인지도 정의가 안 된 상태에서는, 그때그때 처리하는 과업의 평균 합으로 직원을 평가하게 된다면, 결국 상사의 필요를 채우는 사람으로 직원이 쓰이고 부하직원의 성장이나 성과와는 별개로 상사의 주관적인 판단에 평가가 메겨질 수밖에 없다. 성과 목표 수립 과정에 목표 설정만 있고 개인별 개발 및 육성계획의 수립 과정이 없어 평가제도로서만 충실한 경우에 자신들이 조직에서 케어(Care)를 덜 받고 평가만 받는다는 생각을 떨쳐 버릴 수가 없다.

평가를 성과 관리의 큰 틀 안에서 관리하라

그래서 공정하고 객관적인 평가제도와 함께 따라가는 것이 성과 관리이다. 성과 관리를 제대로 하게 되면, 자기 인식하고 개선까지 유도할 수가 있다.

성과 관리 과정에서는 피평가자가 자각할 수 있는 기회를 부여해

주어야 하고, 노력을 통해 변화할 수 있는 영역, 즉 행동에 집중하게 하여야 한다. 심리학적으로 행동의 변화는 자각에서부터 시작이 된다고 한다. 자각하고 이해하고 결심하여 새로운 시도를 통해 검증받고 더욱 강화하는 과정을 거칠 수 있도록 상사가 피평가자들을 잘 이끌어 주어야 한다. 그런 면에서 앞에서도 이야기한 것처럼 경영자(관리자)는 성과 관리 코칭과 피드백을 잘 할 수 있는 지식을 획득하여야 하고, 직원들이 성과 향상을 위해 피드백하는 문화가 정착되도록 하는 데 온 신경을 써야 한다. 시스템 관점에서도 성과 관리 관점에서 평가 체계가 도움을 줄 수 있어야 한다. 평가 체계와 평가 프로세스가 정교하면 이 제도 안에서 평가와 피드백은 물론이고, 직원들의 동기 부여와 성장관리, 그리고 소통의 장이 될 수 있다.

TIP

평가는 성과 관리의 큰 그림 내에서 이루어져야 한다.

14. 평가에 실수하지 않으려면?

> 일이 끝났을 때 일꾼을 평가할 수 있다.
> – 서양 속담

피터 드러커는 직원들의 성과를 내는 능력은 상사만이 알 수 있다고 하였다. 종종 조직에서 동료나 부하에게서 좋은 평가를 받은 직원이 있는데, 상사가 그 직원을 볼 때 성과를 내는 능력이 많이 못 미치는 경우를 본다. 그럴 때마다 피터 드러커 교수가 한 말이 확인되곤 한다. 사람을 평가할 때는 성과뿐만 아니라 관계나 리더십 이런 것들도 중요한 요소 중의 하나이다. 이런 것들은 성과를 협의하고 평가하는 과정에서는 확인 자체가 안된다. 왜냐하면 일을 중심으로 정량적인 목표와 결과물만을 다루고 있기 때문이다. 그래서 성과평가를 잘받으면 성과급을 더 받을 수 있고, 향후 승진까지 연동이 되는 데 승진을 하게 되면 피터의 법칙(Peter principle)처럼 그의 무능이 드러난다.

물론 성과를 내려면 관계도 좋아야 하고, 때로는 리더십도 있어야 하므로, 성과가 좋으면 당연히 이러한 요소들이 충족됐을 것으로 판단할 수 있지만, 반드시 비례하는 것이 아니다. 직위를 이용해 단기간에 밀어붙여서 성과를 낼 수 있고, 팀워크가 부족하더라도 성과를 낼 수 있는 조직 구조일 수도 있기 때문이다. 또한 운도 따른다.

평가의 오류를 잡을 수 있는 시스템을 구축하라

평가에 오류가 발생하지 않도록 치밀하게 평가 설계가 되어야 한다. 평가 설계가 잘되어 있고, 객관성이 유지되며 적절한 피드백을 해주면 직원들은 성과 결과에 크게 영향을 받지 않고 몰입할 수 있다.

반면에 평가결과가 인정되지 않고, 일방적인 통보식의 평가는 직원들의 사기를 떨어트릴 수 있다, 심지어는 이직까지 가는 경우가 발생할 수 있다.

그러므로 평가의 오류를 줄이는 방법을 고민하여야 한다. 그래서 나는 CHO(그룹 인사총괄임원)일 때, 인사 평가의 오류를 잡기 위해 2개의 평가방식을 제도에 반영하였다. 하나는 역량 평가이고 하나는 다면 평가이다.

이 두 평가의 철학은, '대부분 사람은 다른 사람들이 이야기하기 전까지는 자신의 무능을 인정하지 않는 경향이 있다'라는 것에 기인한다. 다른 사람들에 의해 자신이 노출이 많이 되면 될수록(모집단이 많을수록) 자신의 수준과 문제를 인식할 가능성이 커진다.

[역량 평가]

역량 평가는 말 그대로 직원들이 가지고 있는 역량을 평가하는 것이다. '역량'이란 특정한 직무를 수행하는 사람들의 기술, 능력 또는 행동을 말한다. 직무마다 필요로 하는 역량은 달라질 수밖에 없기에, 어떤 역량이 필요한지를 정의하는 것은 아주 중요하다.

개인의 역량이 올라가지 않고는 성과를 낼 수 없고, 조직의 성과가 좋아질 수 없으므로 역량에 대한 설계 방식은 회사가 지향하고 있는 사업 방향과 사업 철학을 잘 이루는 데 도움이 되는 요소들을 담고 있다.

역량 평가는 개인 역량의 합 = 조직 역량 = 사업 역량이라는 등식으로 설명할 수 있다. 평가를 복잡하게 하는 것은 나쁜 것이라는 일반적인 생각들이 있어 역량 평가 항목을 되도록 압축하여 평가하려는 경향들이 있으나, 그것은 '회사가 개인이나 직무에 기대하는 역량을 평가할 수 있는 형태가 되었을 때만 가능'하다.

역량 평가를 ○○등급으로 절대 평가하고 성과 평가와 합쳐져 역량이 좋은 데 조직적인 상황(비즈니스가 쇠퇴하거나 조직적인 리스크를 안고 있는 경우)으로 성과 평가를 잘 못 받은 직원들의 평가 결과가 너무 떨어지지 않도록 균형을 잡게 하였다. 반면 역량이 떨어지는데도 잘나가는 사업부에 배치받아 평가가 왜곡되는 것을 역량 평가가 보완하도록 하였다. 지식 이외에도 리더십과 스피릿을 포함하도록 하였다. 물론 동료와 부하, 상사에 의한 360도 평가가 이루어진다.

성과 평가와 역량 평가를 합한 종합 고과는 기본급이 올라가거나 승진하거나 발탁/재배치에 쓰이나 성과 평가는 개인의 성과급에만 반영이 된다. 성과에 연계된 보상제도를 시행하는 것은 여러 가지 이유로 인해 중요할 수 있다. 직원들이 성과에 이바지하였는데 이익이 공유되지 않으면 직원들을 더 이상 열심히 일하려고 하지 않을 것이다. 또한 성과에 연계된 보상은 직원들의 성과 몰입을 위해 동기 부여 할 수 있다. 개인의 성과를 명확히 구분하여 성과 차등제를 적용하는 것은 기술이 필요하다. 되도록 성과급은 팀 성과급 형태를 지향하고 승진은 개인의 역량을 토대로 적용하는 것이 적합해 보인다. 역량 평가가 정교하게 설계되었다면 승진했을 때 관리자의 무능을 어느 정도는 보완할 수 있다.

[다면 평가]

역량 평가와 다면 평가의 차이점은 역량 평가는 모든 조직이 공통된 질문으로 평가하지만 다면 평가는 일과 관련되어 가치사슬(Value Chain) 간의 평가와 연결되므로 인해 질문 자체가 업종과 직무에 따라 달라진다.

역량 평가와 달리 다면 평가는 처음부터 인사 평가를 염두에 두고 설계한 것은 아니었다. 매장에서 고객의 불편을 제대로 피드백할 수 있는 장치가 없다. 라는 회사의 니즈에 따라 시작된 작업이었다.

모든 제도가 그렇지만 제도를 조직에 정착시키기 위해서는 테스트와 변화 관리가 필요하다. 제도 설계가 잘못돼서도 그렇지만 제도가 바뀔 때 조직의 저항도 있고, 정착하는 과정에 적절치 못한 프로세스로 인해 정착도 못 하고 실패할 가능성이 있기 때문이다. 그런 관점에서 전체 사업장 중에서 한 영역을 샘플로 하였다면 평가를 설계하였다.

모델을 한 영역으로 정해 테스트하고 버그(Bug, 오류)를 잡으면서 완성이 되면 전 사업장에 확산하는 방식을 택했다. 기본적인 원리는 일의 시작부터 끝까지의 프로세스 과정에 일어나는 가치사슬 상호 간의 필요를 리스트업하고, 상호 평가하는 것이다.

그런데 놀라운 것은 소싱(Sourcing, 대외 구매)부터 솔드아웃(Sold Out, 판매 종료)까지의 프로세스에서 개인들이 다른 기능들이 어떤 과업을 수행하는지를 정확히 모르는 경우가 많았다. 만약 일하는 프로세스별로 다른 기능들이 어떤 일을 하고 나와는 어떤 연관이 있으며 나는 결과물을 내기 위해 다른 기능과 무엇을 협조하여야 하고 무엇을 받고 무엇을 주어야 하는지를 안다면, 일의 능률이 오르는 것은 당연하고, 일하는 과정의 부족한 것도 쉽게 발견될 수 있을 것이다.

다면 평가의 모델 만들기를 한 부서를 대상으로 하였지만, 한 부서를 가지고 다면 평가 모델을 만들기는 이것도 여전히 범위가 너무 커, 시스템이 제대로 나올 수가 없었다. 그러므로 여기서도 더 범위를 쪼개서 테스트할 필요가 있었다. 한 사업부의 한 개 매장의 한 아이템이나 영역을 대상으로 범위를 좁혀서 하는 것이 바람직하다. 조건이 비슷한 2개의 매장을 놓고 어떤 아이템을 가지고 평가해 보았다.

같은 산지에서 비슷한 시간에 들어온 아이템이 매장에 들어오면서 콜드 가치사슬(Cold Chain, 신선도) 관리와 판매 방식, 마크 다운(Mark-Down, 가격 인하), 소구(Selling Point)하는 방법에 따라 가치사슬 간의 일하는 내용들을 상호평가한 것이다.

처음에 아이템이 산지에서 들어와 소진하는 과정은 전 매장이 똑같다. 그런데 A 매장은 가치사슬 간의 평가가 좋지만, B 매장은 가치사슬 간의 평가 점수가 좋지 않았다. 최종 숫자를 보니 매출 총이익률이 2배나 차이가 나는 놀랄만한 결과를 발견하였다.

가치사슬의 일하는 방식이 전략이 아닌 운용 면에서 보더라도 숫자의 차이를 크게 한다는 것이다. 산지에서 똑같은 아이템이 매장으로 들어와도 페이싱(Facing, 고객과 대면) & 진열하는 방식에 따라 매출이 차이가 나고, 품질 관리를 어떻게 하느냐에 따라 마크 다운을 최소화하면서 매출 총이익을 늘릴 수 있다. A 매장과 B 매장에 똑같이 어떤 아이템이 들어갔는데, 매출 총이익은 현격히 차이가 났다. 이 결과를 통해 투입되는 자원이 비슷하다 하더라도 결과는 다르게 나올 수 있다는 것을 발견하게 되었다.

다면 평가는 상하 중심의 평가 방식을 가치사슬로 돌림으로써, 확실히 일을 잘하는 사람과 성과에 이바지하지 못하는 사람을 제도상에서 발견하게 하긴 하지만, 더욱 의미가 있는 것은 평가 과정에 스스로 일하는 방식을 자각하게 하여 행동을 변화시키게 되어 있다.

다면 평가의 범위에는 가치사슬 간의 동료나 책임자까지 포함하게 되어 있어 360도 평가할 수 있다. 다면 평가는 고객 관점의 일의 능력뿐만 아니라 태도도 포함해 평가한다. 상급자의 평가는 리더십에 초점을 맞춘다.

다면 평가에서는 이러한 직무에 대한 평가 이외에도 상사에 대한 리더십 평가도 가능하다.

맨 앞에서 이야기한 역량 평가에 리더십 평가를 넣었다면 평가 형식으로 할 수도 있고, 다면 평가에서 리더십 항목을 추가하여 상사의 리더십 평가를 할 수도 있겠다.

부하직원의 상사의 리더십 평가 방식은 페덱스의 SFA(매년 전 직원을 대상으로 Survey, Feedback, Action이라는 설문조사, 직원들이 자기 상사를 평가하도록 하고 있으며, 결과는 인사고과에 반영. 페덱스는 윗 직급에 대해 엄격한 기준을 적용하고 있음) 항목에서 리더십 부분을 참고로 할 수 있다. 리더십 영역은 3개의 카테고리로 구성되어 있다. 비전을 제시하고 동기 부여 하는 것, 임파워먼트, 코칭이나 멘토링 등이다.

다면 평가와 관련된 제도를 계획하려면 아래와 같은 절차를 밟아야 한다.

① 사업의 프로세스(일하는 방식)를 정리하라.

② 프로세스 간의 가치사슬 간의 상호 일하는 과정 간에서의 니즈를 기록한다.

③ 그 니즈의 합이 최종 소비자의 유익으로 연결되는지 검증해 보라.

다면 평가 과정에서 숫자로 만족도를 평가하는 것 이외에도 상대 가치사슬의 생소리를 적을 수 있게 하고, 피평가자가 그 생소리를 볼 수 있게 함으로서 (평가자의 이름은 블라인드 처리) 그 내용을 보고 깨닫고 스스로 문제를 해결할 수 있도록 해주었다.

이러한 다면 평가 결과는 최상위자가 관리자들을, 관리자들은 직원들을 피드백하는 데 아주 유용한 도구가 된다.

물론 다면 평가가 가지고 있는 한계도 있다. 여러 가치사슬 간의 평가를 하다 보면 평가 자체가 복잡할 수밖에 없고, 평가하고 분석하는 기간이 오래 걸린다는 것이다.

마지막으로 역량 평가와 다면 평가의 설계 방향은 고객의 가치와 연결되어야 한다.

앞에서 예는 아이템을 파는 과정의 가치사슬 간의 프로세스를 보여 주고 있지만, 결국 신선한 아이템을 고객에게 제공하는 가치와 관련된 것이다. 그것이 숫자로 증명되었을 뿐이다.

회사의 사업 모델과 사업 철학에 따라 고객의 니즈와 욕망을 해결하기 위해서 각 가치사슬이 일의 시작부터 끝까지 과업을 수행하는 데 필요한 역량을 정리하고 다면으로 평가하여, 내부 평가로 인해 오는 부분 최적화의 오류를 줄인다면 성과관리의 유용한 도구로 쓰여질수있다.

TIP

평가에 실수하지 않으려면 피평가자에 대해, 가치사슬이나 고객의 평가를 반영하는 시스템이 있어야 한다.

15. 보상이 가장 강력한 동기 부여 수단인가?

> 성과급을 준다고 직원이 일을 더 잘하게 되거나 더 잘하고 싶어 하
> 지 않는다는 것이 여러 실험을 통해 내린 결론이다. 성과급은 '당신
> 은 최선을 다하고 있지 않다'라는 것을 기본 전제로 하고 있다. 이런
> 전제는 직원들을 낮춰보는 것이다. 성과급은 시간이 흐름에 따라 역
> 효과를 내는 경우가 많다.
> – 댄 애리얼리

대부분 회사가 직원들의 동기 부여를 위한 제도들에 대해서 상당
히 고민하고 있다. 그것은 기업 스스로 동기 부여책이 없이는 직원
들을 움직이게 하는 데 한계가 있다고 생각을 하기 때문일 것이다.

만약 Y 이론에서처럼 인간이 스스로 일을 좋아하고 책임을 지는
존재라면, 지금까지 그 많은 회사와 실무자들이 이 문제에 골머리
를 썩이지는 않았을 것이다.

나는 직장생활을 하면서 아주 작은 동기 부여책에도 직원들이 움
직이는 경우와 아주 큰 동기 부여책에도 움직이지 않고 불만을 하
는 사례를 너무도 많이 봐 왔다.

직원들은 무엇으로 움직이는가?

직원들이 움직이는 것은 돈이나 다른 어떤 정책에 의해서만은 아
니다. 오히려 돈보다 일에 대한 책임이나 열정, 도전 의식들에 의
한 것이 더 클 수도 있다. 그러나 아무리 동기가 순수하더라도 사람
은 돈에 영향을 받지 않을 수 없다. 그런데 문제는 이런 보상 시스

템이 부작용이 있다는 것이다. 일의 순수한 동기를 가지고 일하던 직원들도 보상이나 이런 정책들이 들어가면서, 순수함을 잃어버리는 경우를 자주 보았다.

이것은 대략 2개의 요인 때문이라고 생각한다. 하나는 직원들의 동기 부여에 대한 경영자나 실무자들의 잘못된 인식이나 제도 설계의 지식의 부족 때문이고, 하나는 회사 내부 및 외부의 제도 집행과 관련된 정보 노출에 따른 비교에서 오는 것이 크다. 물론 내가 모르는 다른 이유도 있을 것이다. 나는 이 두 개를 큰 요소로 보았다.

보상의 부작용

직원들의 동기 부여를 유발하는 방법 중에는 대표적인 것이 보상, 포상, 승진인데, 보상은 돈으로 해결을 해주는 것이다. 평가가 공정하지 않은 상태에서의 보상은 직원들 간의 갈등을 유발할 수 있다. 물론 개인의 연봉과 성과급은 보안을 지키는 것이 원칙이지만, 완전한 보안을 유지하기란 쉽지 않다. 또한, 돈으로 자극을 주면 멈출 수 없다.

보상의 부작용 사례

보상에 대한 부작용의 이해를 돕기 위해 어떤 사례를 예로 들어 보려고 한다. 어떤 어려운 사업장의 책임자로 임명받아 이동한 관리자는, 당시 그가 속한 사업장이 이익을 내지 못하는 상황이라 해당 직급에서 가장 낮은 연봉만을 받고 성과급과 직책 수당을 포기한 채 이동하였다. 적자 사업장을 해결해야 할 의무는 늘어났고, 직무에 대한 압박감은 배가 되었지만, 책임자로서 사업부를 전환해야 한다는 책임감만이 있었을 뿐 다른 혜택을 바랄 여유나 요구할 수준이 안되었다.

그런데 보직을 맡아 나름대로 성과를 낼 무렵 그와 비슷한 형태로 다른 어려운 사업장에 이동한 경영자의 이야기를 우연히 듣게 되었다고 한다. 그는 급여와 보상에 대한 약속을 받고 이동을 했다는 것이다. 그는 상당히 불쾌한 생각이 들었다고 한다. 물론 그 일로 인해 일에 대한 그의 열정이 떨어지지는 않았지만, 마음속에 앙금으로 남은 것은 분명할 것이다. 이러한 제도들은 개인뿐만 아니라 조직 내에서도 불공정한 사례로 노출이 되곤 한다.

어떤 회사는 회사가 어려울 때 파격적인 보상 정책으로 목표를 달성하도록 유인하였다. 보상 정책 덕이었는지 모르겠으나 예상외로 실적이 크게 움직이면서 약속대로 성과급을 집행하게 되었다. 그런데 이 과정에서 개인은 개인대로 조직은 조직대로 불만들이 표출되었다. 보상 설계의 규정이 사업부마다 약간의 차이가 나곤 했는데 성과급을 덜 받은 조직은 성과지표에서 별 차이가 나지 않는 데도 덜 받은 이유가 무엇인지를 궁금해했고, 실무자들은 이 부분에 대해 명쾌한 설명을 하지 못했다. 돈을 주었지만, 앙금은 남아 있는 상태가 된 것이다. 거기다 성과급 지급 능력과 관련한 지급 기준을 마련하지 않고 캡을 씌우지 않아 인건비보다 더 많이 성과급이 나가는 상황이 되었다. 이후에 비슷한 성과가 나면 과거의 설계를 했던 보상안들이 있어, 지급 수준을 조정하는 데 어려움을 겪었다고 한다.

보상이 커질수록 내재적 동기를 약화할 수 있다. 일본은 보상 정책을 지양하는 대신 평생 고용의 문화가 있지만, 중국은 관계보다는 돈에 의해 움직이는 나라다. 우리나라는 중간 정도에 있는 것 같다. 그런데 시간이 지나면서 점점 중국과 같은 상황이 되지 않을까 싶다.

핵가족화에서 개인주의적인 성향으로 성장한 신세대들이 개인의 유익을 우선으로 할 가능성이 커졌다.

얼마 전에 매출이 몇백억도 안되는 회사에서 어떤 직원이 성과급으로 몇억으로 가져갔다는 기사를 본 적이 있었다. 사업 초기에 확실한 수익과 시스템을 구축하기 위해 고급 인재를 확보하고 유지하기 위한 정책이라면 이해가 갈 만하다. 그러나 성과를 크게 낸 사람에게 돈으로만 접근한다면, 향후 그 회사가 혹시나 성장성이나 수익성이 막힐 때 직원들의 성과몰입과 유지를 하는 데 있어 한계로 작용하지 않을까 하는 우려가 있다.

처음부터 돈으로 인정한 환경에서는, 공헌의 가치와 보람을 대체할 수 있는 다른 방법을 찾기는 어려워진다. 동종 업계의 타사보다 훨씬 높은 급여를 지급한다면, 긴장감을 놓치지 않도록 하는 장치가 필요하다. 동종 업계보다 나은 대우로 인해 성과에 영향을 미치면 다행이지만, 그렇지 않으면 대우를 낮추게 되면 직원들의 불만을 잠재우기 어렵다. 보상이 그런 것이다.

보상 정책의 설계 방향 보상을 설계할 때 고려할 요소들은 상당히 많다

보상의 목적은 크게는 A급 인원의 유지, 그리고 보상 정책을 통해 개인 팀 조직의 행동을 유발해 조직에 성과에 이바지케 함이다. 이처럼 보상은 경영자들의 관리 도구로써 활용이 될 수 있어야 한다. 보상을 설계할 때는 보상의 목적에 따라 보상의 범위를 줄일 수도 늘릴 수도 있겠다. 보상의 설계 때 고려할 요소에 대해 정리해 보았다.

첫째, 회사의 인사제도 운용의 철학과 연결되어야 한다.

보상 구조의 보상 등급, 보상 수준, 보상 등급 범위의 결정과 보상 운영상의 기본급 인상 방법 등은 그 조직이 가지고 있는 구성원들의 성과 동인과 회사의 보상 철학에 따라 비중이 커지기도 하고, 작아지기도 하며, 반영을 생략하기도 한다. 보상은 조직 성과 단위를 어떻게 규정하느냐에 따라 개인과 팀의 보상 비율이 달라질 수 있다. 개인보다 팀을 더 중요시하면 보상 비율이 팀을 중심으로 설계될 것이다. 개인 성과급이나 집단 성과급의 장단점이 있다.

팀워크를 중심으로 하는 조직 문화에서 개인 성과의 도입과 비중을 높일 때 조직에 주는 메시지와 파급 효과가 크므로 시간을 두고 설계하여야 한다.

둘째, 산업과 직무적 특성이 반영되어야 한다.

산업과 직무의 특성에 따라 보상 정책의 차별화가 요구된다. 예를 들면 일반 관리직은 일반 산업시장을 벤치마킹하고, 전문직은 동종 업계의 유사 직무 수행자를 벤치마킹하여 산정하는 방법이다.

셋째, 최종 성과는 크게 할 수 있는 형태이어야 한다.

최종적으로 얻게 될 숫자가 커지는 형태로 보상 정책이 설계되어야 한다. 기본급에 성과 평가뿐만 아니라 역량 평가도 반영하는 이유도 개인 성과의 근간이 역량이므로 역량을 올리려는 행동을 유발하기 위함이다.

넷째, 안전장치가 있어야 한다.

가령 사업부에 대한 안전장치는 실매출 대비 인건비율이나 영업이익 대비 성과급 펀드율을 가지고 관리할 수 있고, 개인에 대한 안전장치는 성과평가등급에 따른 성과급 차등과 이지라이더(Easy Rider, 무임승차) 견제책이다.

전체 지급액을 실적에 따른 시뮬레이션을 해봐야 전체 집행 수준을 가름해볼 수 있다. 성과급 지급에 대한 캡을 씌우지 않았다가 목표를 달성하는데 따른 지급액이 너무 커져 회사가 오히려 집행의 부담을 질 수밖에 없는 상황이 발생할 수도 있다.

다섯째, 총보상 개념이 들어가야 한다.

회사에서 지급하고 있는 보상에 대한 직원들의 인식 가치(Perceived

Value)를 최대화하기 위해 급여뿐만 아니라 퇴직급 관련, 복리후생, 교육훈련비 등을 포함한 총보상(Total Compensation)의 개념을 가지고 직원들과 소통이 필요하다. 그리고 이것을 시스템에서 개인들이 확인할 수 있도록 노출한다.

여섯째, 보상제도는 변화 관리가 필요하다.

제도 변화 이후에 직원들의 행동 변화까지는 정착하는 시간이 필요하므로, 회사는 일관성이 있게 변화 관리를 하면서 추진하는 것이 필요하다. 이 역할은 결국 경영자의 몫이다.

보상의 부작용을 줄일 수 있는 제도를 운용하라

보상의 기본 설계의 방향은 시장을 지향한다는 것이고, 반드시 실적을 기반으로 하여야 한다. 아주 당연한 이야기이지만, 시장을 어떻게 정의하고 어느 정도의 실적을 보상할 것인지를 정리하는 문제가 그렇게 쉬운 것은 아니다.

그래서 보상 정책이 이상적으로 진화하려면 조직을 독립채산제로 관리하는 것이다. 이 상태에서는 돈을 벌지 못하면 성과급은 당연히 있을 수가 없다. 개인과 조직이 돈을 버는 안의 범위에서 지급률을 정해 집행하도록 한다. 그러려면 사업부를 지원하는 조직까지 버는 돈과 쓰는 돈의 정리가 되어야 할 것이다. 이 정도까지 정리가 되면 개인과 팀은 매출은 물론 영업이익까지 올리기 위해 노력을 할 것이다.

물론 독립채산제의 목적이 돈을 벌기 위한 것이나 독립채산제의 부수적인 효과로서 공평한 평가가 가능하고, 그러니 보상도 공정하게 할 수 있다. 평가, 보상을 공정하게 할 수 있다면 오히려 직원들의 몰입을 유발하고 불만을 줄일 수 있을 것이다. 아울러 성과를 못 내는 사람들에게 자극을 줄 수도 있다.

(이 부분은 지식 경영 파트의 '이익을 중심으로 생각하라'에서 추가적으로 설명하였다.)

보상 이외에 고민해야 할 제도들

보상은 몰입이나 팀워크, 성과에 이바지할 수도 있으나 반대로 감소시킬 수도 있다. 보상은 여러 동기 부여 방식 중의 하나이다. 그래서 보상은 회사의 성과를 내기 위한 여러 동기 부여 방식과 함께 시너지가 날 수 있는 형태로 설계가 되어야 한다.

그런 관점에서 동기 부여는 성과 크기에 따라 무게감을 달리하여야 한다. 가장 좋은 것은 개인이 동기 부여를 받아 더욱 성과를 내고 이후 더 큰 동기 부여의 선물을 받는 것이다.

가령 신뢰를 주기 위한 격려로 시작하지만 기대한다는 인정으로 연결되고, 개인은 그로 인해 성과를 내면서 성취감도 느끼고 회사에서 포상받는다. 이것이 누적되면 시곗바늘을 바꾸는 성과에 이바지하여 보상도 늘어나고, 최종적으로는 승진까지 연결될 수도 있다.

초우량기업들 대부분은 직원들의 공로에 대해 보상 이외에 여러 방식으로 축하해 주는 방법들을 고민하고 시행하고 있다.

[인정]

'칭찬은 고래도 춤추게 한다'라는 말도 있지 않은가? 인정이란 작더라도 의미 있는 성과가 나오면 칭찬하여 기대감을 북돋는 행동이다. 진행되는 일마다 작더라도 적절한 인정과 피드백은 직원들이 프로젝트에 대한 달성의 욕을 북돋을 수 있다. 승진이나 포상 정도는 아니지만, 의미 있는 성과가 있어서 어떤 형태로든 노출해 주거나 같이 식사하거나 업무에 동행하면서 관심을 둘 수 있다. 리더들은 직원들이 낙오하지 않고 조직에서 성취감을 느끼고 성장할 수 있도록 직원들이 구체적인 성과가 아직 없더라도 격려하여 사기를 진작시키도록 하여야 한다. 실패와 좌절 중에도 리더의 격려는 직원들에게 다시 시도하려는 마음을 가지게 할 수 있다. 보상, 포상, 승진이 결과 중심이라면 격려나 인정은 과정 중심이다.

물론 넓게 본다면 포상, 승진, 보상 등도 어떤 결과의 인정의 개념에 포함할 수 있으나, 여기에서 인정은 어떤 조건이 수반되지 않는 단순한 인정을 일컫는다. 개별적인 상황에 따라 챙겨 주는 것은 포상 영역에 넣기보다는 직원들의 개인적인 상황에 맞추어 동기 부여 형태로 챙겨 주는 것이 바람직하다. 격려는 조건이 없는 톱다운(Top-Down)이라면 인정은 결과에 근거한 톱 다운방식이다. 포상은 조건을 달성하여야 주어진다.

[포상]

보상 못지않게 연구해야 하는 것이 포상이다. 동기 부여 방법 중에서 포상은 부작용이 없다. 포상은 목표한 성과 달성을 인정하고 축하하며 성취감을 주는 제도이다. 포상만을 연구한 책도 있지만 가장 적은 인풋(Input)으로 효과를 많이 낼 수 있는 제도이다.

리테일의 관리본부장일 때 동기 부여를 위해 포상 하나만 가지고 상당한 부분을 프로젝트로 준비하고 진행한 적이 있었다. 그때 각 지점이나 부서별로 포상의 효과가 차이가 난 것으로 기억이 된다. 아마 그 이유는 각 부서나 조직의 매니저들이 포상하는 데 있어서의 요소들을 충실히 이행했느냐에 따른 결과일 것이다.

포상이 성공하기 위해서는 몇 가지 요소가 충족되어야 한다.
첫째는 즉시성이다.

직원들을 축하해 줄 일이 있으면 즉시 시행하는 것이 효과를 끌어올릴 수 있다. 시간이 지난 다음에 포상하면 효과가 반감된다. 공식적인 행사 때에 포상을 할 수도 있지만 공로를 인정할 필요가 있으면 해당 부서의 회의 때나 간단한 모임이 있을 때, 포상하여 감동을 줄 수 있다.

둘째는 권위성이다.

조직에서 직급이 높고 권위가 있는 사람이 부여하면 포상의 효과가 커진다.

> 도요타는 매년 공식행사에서 그해에 최고의 아이디어를 낸 사람에게 회장상을 수여하는데 부상이 고작 만년필 하나라고 한다. 그런데도 그 효과는 대단하다고 한다. 나는 개인적으로 직장생활을 하면서 받은 표창장을 아주 자랑스럽게 여기고 집안에 비치해 놓고 있다. 포상금을 받은 기억도 없지만, 상장 하나로도 자긍심을 가져가기에 충분하다.

셋째는 축제성이다.

일반적인 연례행사로서의 축하가 아니라 가능한 많은 형태로 기회가 될 때마다 축제 형태로 축하를 계획하고 시행한다. 남발을 하는 것 같지만 하나하나가 다 의미를 부여한다. 사우스웨스트 같은 경우에는 거의 축제 형태로 그러한 행사가 아주 빈번히 이루어진다.

넷째는 계획성이다.

포상도 사전 포상 계획에 의해 진행하는 것이 성과몰입을 유도할 수 있다. 예산 규모에 따라 공식적으로 시행함으로써 포상을 받는 사람에게 자부심을 품게 하고 더욱 몰입하게 할 수 있다. 포상이라고 한다면 승진이나 보상의 크기로는 작지만 성과나 공헌 또는 회사가 직원들의 행동이 바뀌기를 원하는 영역 등에 의해 설계하여, 진행하는 것이 좋다. 되도록 연간 포상 제도를 만들어 포상 예상이나 포상을 진행하는 방법까지 고민하여 설계안에 반영하는 것이 좋다.

다섯째는 지속성이다.

포상도 부작용이 거의 없는 제도이지만 설계와 집행 방법의 수준이 떨어지면 효과가 반감된다. 예를 들어 주는 기준에 있어 일관성이 떨어지거나 지속성이 없는 단발성은 직원들의 행동을 꾸준히 바꿀 수 없다. 또는 부서 간에 똑같이 성과를 냈는데 어느 부서는 포상하고 어떤 부서를 안 하면 불만이 생길 수 있다. 포상 레벨을 반복하면 할수록 더 무언가를 올려 주어야 하는 경우가 생길 수 있다 포상 제도를 잘 활용하면 정서적 유대감을 올릴 수 있으나 아무리 부작용이 적은 제도라 하더라도 기술적으로 고려해야 할 요소가 많다.

여섯째는 포상 효과에 대한 피드백이다.

모든 제도가 그렇지만 포상도 실행하면서 피드백을 통해 문제점을 보완하면서 수준을 올려야 한다. 포상이 성공할 수밖에 없는 요소별로 무엇이 미흡한지 피드백하면서 보완해야 한다. 제도가 직원들의 행동을 유발하는지 잘 조사하여야 한다.

[승진]

승진을 잘못시키게 되면 값비싼 대가를 치러야 한다.

승진은 자기 증명이 되어야 가능한 것이다. 사전에 자기 증명과 관련된 성과 협의를 신경을 써서 하는 것이 좋다.

직급별 승진 기준이 있어야 하고, 승진 과정의 오해와 불만이 없도록 이러한 기준들을 마련하는 데 신경을 써야 한다. 승진과 보상을 구분해야 한다. 승진은 성과와 역량을 다 포함하고 있다. 역량이라는 것은 실력을 말한다. 지식 자체가 커야 한다는 것이다. 현 직급에서는 아주 베스트로 잘했는데, 승진하여 다음 포스트로 이동하면 피터의 원리와 같이 무능이 드러나는 경우를 보게 된다.

물론 역량이 있어야 성과를 낼 수 있지만, 그것은 승진하기 전의 역량이다. 다음 직급에서도 잘할 수 있는지 역량을 보아야, 승진하여서 무능이 드러나지 않게 되고 승진한 당사자나 승진을 앞둔 사람들도 제도를 신뢰하고 준비를 해나갈 것이다.

성과가 날 경우에는 보상이나 그런 것들로 관리할 수 있으나 직책은 좀 다르다. 직책을 부여한다는 것에는 이미 역량이 있다는 것을 인정하는 것이므로 거기에 맞추어 직위를 맞추어주는 것이 좋다. 그런데도 조직의 자원의 한계로 완전하지 않은 인원을 직책자로 세울 수밖에 없는 때도 있다. 그러면 발탁자가 성공할 수 있도록 지원하는 제도들이 필요할 것 같다.

평가별 포상 제도의 난이도와 중요도를 고려할 때 전문적인 식견과 통찰력이 있는 팀들이 고민에 고민을 해서 다루어야 한다.

직원 개인이 중심이 아닌 팀과 조직의 기여를 먼저 생각하면서 직원도 성장하고 혜택받는 형태가 되려면 기업 문화를 포함한 기업 환경이 제도와 잘 정렬되어야 할 것이다.

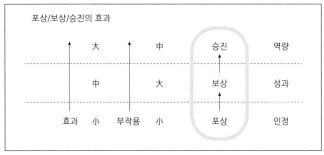

TIP

보상 이외에 다양한 동기 부여 제도를 통해 성과 관리를 균형 있게 하여야 한다. 포상, 인정은 인풋 대비 효과가 크므로 계획적으로 제도에 들어가도록 설계해야 한다. 승진의 역량에 의한 것이다. 실적 이외에 역량을 포함하는 시스템을 통해, 피터의 법칙에 걸리지 않는다.

16. 직원을 몰입하게 하려면?

직원이 몰입하는 기업은 위대한 기업이 된다.
직원이 일에 몰입함으로써 행복을 느끼고 잠재력을 끌어올릴 수 있는
기업이야말로 최적의 성과를 내는 우량 기업이 된다.
– 미하이 칙센트미하이

갤럽의 인재 경영 로드맵을 보면 강점에 의해 최적 배치한 직원이 바른 상사 밑에서 몰입하여 성과를 내 회사에 이바지한다고 한다.

그런데 직원들이 일에 몰입하거나 혹은 몰입을 못 하거나 하는 이유에는 여러 가지가 요인들이 있다. 회사와는 상관없는 개인적인 문제로 인해 일에 대한 몰입이 떨어질 수 있고, 회사의 경영 방식 등에 따라 달라질 수 있다. 그리고 같은 환경 내에서도 개인별로 몰입도의 차이가 난다. 또한 개인의 몰입도는 팀의 분위기에 의해서도 영향을 받는다. 다 함께 힘을 합쳐서 해보자는 분위기일 경우와 전체적인 분위기가 부정적일 때 개인의 몰입도는 상반되게 나타날 수밖에 없다.

직원들의 몰입을 유발하는 요소는 동전의 양면과 같다. 직원들이 몰입하지 못하는 이유를 정리해 보았다.

조직이 직원들의 몰입을 방해하는 요소들

첫째, 현실성 없는 경영 목표

사업부의 상황과 상관없이 무조건 BHAGs(Big Hairy Auducious Goals, 크고 위험하고 대담한 목표)를 잡는 것이다. 가령 성과관리를 위한 BHAGs

는 직원들의 도전 의식을 북돋을 수 있으나 현실성이 없는 경우는 좌절의 요소가 될 수 있다. 어떤 목표라도 해내겠다는 열의와 역량이 있는 조직은 좀 과하다 싶은 목표를 가져가더라도 해낼 가능성이 있다. 그러나 자원의 지원 없이 터무니없는 높은 목표를 세우는 것도 불만의 요소가 된다.

또한 간과해서는 안 되는 것은 목표를 세울 때 합의되지 않은 목표에 대한 것들도 몰입을 방해한다. 우선순위가 중요하다고 하면서 수시로 바뀌는 목표와 KPI는 직원들의 집중도를 약하게 만든다. 과정은 무시하고 결과 중심으로만 직원들의 압박을 가하면 가할수록 몰입도는 점점 떨어지게 되어있다. 현실성 없는 경영 목표는 자원 배분의 왜곡 현상을 가져오게 하는 것이 큰 문제이다.

둘째, 기업의 윤리가 무너졌을 때

회사에 대한 프라이드를 가질 수 있는 의미 있는 역사와 사회에 대한 공헌 등이 직원들의 자긍심을 높일 수 있다. 성과 이전에 가치를 지향하는 문화들은 직원들의 자긍심을 높여 준다. 그런데 회사가 어려워지면서 경영 이념이 변질하거나, 실수를 하게 되면 직원들의 몰입은 급격히 떨어질 수 있다.

경영 이념과 현장과의 괴리를 막는 방법은 내외적으로 경영 이념의 실행 관점에서 직원들 관점에서 신뢰가 떨어지는 요소들을 제거해야 한다. 거래처나 협력 업체의 관계에서도 상생 관점의 소통이나 지원들이 따라야 한다. 직원들은 회사의 정책이나 제도가 외부 고객을 대우하지 않는 행태를 보일 때 회사에 대한 신뢰도가 떨어질 수밖에 없다.기업 윤리의 준수는 로열티와 밀접히 관계가 있다.

셋째, 일관성 없는 인사제도

평가의 방향은 팀으로 가야 한다. 팀이 하나가 될 때 몰입이 이루어진다. 팀과 상관없는 개인 중심 평가제도는 부문 최적화를 유발하고 팀워크를 해칠 뿐이다. 개인의 몰입이 되어야 모여서 팀의 몰입이 되는 것은 맞다. 그래서 개인의 공헌과 성과를 인정해 주어야 하지만 그렇다고 인사제도가 개인에게 초점을 맞추어야 한다는 것은 아니다.

또한, 간과해서는 안 되는 것이 있다. 평가제도가 잘 설계되었다 하더라도 관리자들 평가제도의 이해와 운영 역량이 떨어지면 직원들의 몰입을 방해할 수 있다. 정교하지 않은 평가로 인해 공정하지 않은 결과들이 나올 때, 지나치게 많은 통제와 개인의 업무처리 권한이 부족할 때 몰입은 떨어지게 된다. 잦은 인사이동 등이 소통의 문제와 목표 관리를 어렵게 하고 있다. 보직은 연초에 세팅하고 되도록 연말까지는 바꾸지 말아야 한다. 그래야 책임감을 느끼고 성과 관리를 할 수 있다. 보직을 중간에 바꾸게 되었을 때 개인의 목표를 다시 세팅하는 과정과 조직원과의 팀워크를 맞추는 과정이 쉽지 않고 책임을 회피할 수 있다.

넷째, 일하는 방식의 복잡성

조직 내의 복잡성도 몰입을 방해한다. 복잡성은 일관성 없는 인사제도와도 약간 연관성이 있다. 가령 제도가 자주 바뀔 때 기존 제도와 겹치는 것으로 인해 일하는 과정의 트러블이 있을 수 있다. 그러나 무엇보다도 일하는 과정의 복잡성을 가중시키는 것은 전체 프로세스가 한 목표를 향해 정렬되지 않고 개인이나 기능 중심으로 일하는 경우이다. 또한, 일하는 과정에 단계가 많은 경우에도 복잡성을 가중한다. 에디슨은 몰입을 높이기 위하여 실험 프로세스를 아주 간단하면서도 이른 시일 안에 한 번에 끝낼 수 있도록 설계하였다고 한다.

다섯째, 몰입을 방해하는 경영자

갤럽 회장은 '관리자가 몰입에 미치는 영향이 70%'라고 하였다. 유능한 관리자는 강점 기반으로 사람을 쓰고 강점을 개발하도록 하며, 분명한 성과 목표와 기대치의 설정과 피드백을 하는 성과 지향적인 행동을 통해 직원들의 몰입을 유발한다. 리더는 직원의 몰입을 통해 성과를 내는 상사라고 할 수 있다. 직원들이 힘들어하는 것 중의 하나는 경영자의 의사결정이 예측할 수 없고 수시로 변하고 일관성이 없다는 것이다. 권한은 직원들에게 주되 책임은 경영자가 질 때 직원들은 주인의식을 가질 수 있다.

어떻게 몰입을 올려야 할까?

위에서 설명한 몰입을 방해하는 요인들을 제거하면, 몰입도가 올라갈 것이다. 물론 직원 몰입의 측정 결과를 중심으로 해결하여야 하지만, 여러 관점으로 직원들의 몰입을 올리기 위한 고민이 있어야 할 것이다.

첫째, 약한 부분을 먼저 해결하여야 한다.

성과 몰입을 구성하는 요소들은 많지만 가장 약한 부분을 먼저 개선해야 한다. 성과 몰입이 낮은 이유를 직원에게 초점을 맞추거나, 성과 관리를 강화하는 것으로는 성과 몰입을 높이는 데 도움이 되지 않는다. 프로젝트를 궤도로 올린다든지, 프로젝트를 다시 셋업하거나 한다고 하는 것은 MBO와 관련된 것이지 성과 몰입이 낮은 요소를 제거하는 것과는 상관이 없는 경영 행위다.

둘째, 사람이 중요하다.

성과 몰입의 핵심은 제도보다 사람이다. 상사, 동료와의 관계가 몰입도에 영향을 크게 미친다. 그러므로 바른 관리자를 세우는 기준을 강화해야 한다. 직원들의 상사에 대한 평가가 좋았다고 해서 그것이 계속되는 것은 아니다. 성과에 책임지지 않는 상사는 직원들의 몰입을 방해하는 주요 원인 제공자이다.

셋째, 합리적인 목표 관리이다.

경영 목표의 설정은 시장 상황이나 역사치, 질적 전진의 내용, 전략, 조직의 역량 등을 종합적으로 생각해 목표를 세우는 것이 바람직하다. 도전적인 목표는 전략의 수준과 자원의 지원 여부, 회사의 인프라가 연결되고 경영자의 의지와 직원에 대한 동기 부여가 있을 때 가능해진다. 높은 성장률 목표를 달성할 시 보상, 포상 등이 적절히 따라가는 것은 몰입도를 높이는 데 도움이 될 수 있다. 인사 기준이 정립되지 않은 데서 오는 잦은 인사이동을 막아야 합리적인 목표 관리가 가능하다.

넷째, 창업가 정신을 통한 접근 방식이다.

통제를 최소화하고 개인과 팀이 주도적으로 일할 수밖에 없는 문화를 만들어야 한다. 창업가 정신을 의식적으로 자극함으로써 직원들에게 창업가정신을 불러일으킬 수 있다. 창업가 정신은 시장에 과감한 도전과 실패를 허용하는 문화가 있어야 가능해진다.

다섯째, 일하는 방식과 시스템의 개선이다.

서류나 일하는 프로세스가 늘어지는 것을 최소화하여야 한다. 단계가 많거나 중앙부서가 강화할 때 복잡성이 가중된다. 고객 관점에서 최단 거리를 일을 할 수 있도록 프로세스를 재설계하고, 이 프로세스의 기반에서 팀 단위의 자율적인 성과를 책임지도록 하는 조직과 제도의 설계가 필요하다. 중앙부서나 사업부나 할 것 없이 권한이 아닌 실력에 의해 자기들을 증명할 수 있는 거래 형태가 되어야한다. 직원들이 사용되는 시스템이 과업과 연결되어 적시 적절한 데이터와 정보를 제공할 수 있도록 시스템의 큰 그림 내에서 통합하고최적화시켜야 한다.

몰입의 본질은 성과가 나는 조직이다

나의 직장 초기에는 인사제도도 매우 미흡했고, 목표 관리도 엉성했고, 쌓인 지식도 턱없이 부족했다. 사람도 부족했다. ERP(Enterprise Resource Planning, 전사적 자원 관리 시스템) 같은 시스템이 없던 것은 당연한 시절이었다. 그런데도 직원들은 신나게 일했고, 일에 대한 몰입이 대단했다. 그것을 시대가 변한 현재에 적용한다는 것은 무리가있지만, 그래도 역으로 생각해 보면 목표 관리나 인사제도나 시스템에 우선하여 몰입할 수 있는 어떤 요소가 있음을 생각해 볼 수 있다. 그것은 문화였고 또 하나는 실적이었다. 시장 상황에 맞는 사업모델이 실적으로 나타났고, 그 상황에서 회사의 문화와 연결되어몰입하는 조직 문화로 연결된 것이다.

그런 것을 보면 제도적으로 몰입의 저해요소를 해결하려는 접근방식이 꼭 정답이 아닐 수 있다. 물론 성과 몰입에 가장 방해가 되는 요소부터 빨리 해결해 주어야 하는 것은 맞는 말이다. 강력한 평가와 보상보다 직원 개개인들에 관심을 두는 문화가 더 직원들의몰입을 유발할 수도 있다고 나는 생각한다. 직원들의 관점에서 관심을 두고 아주 작은 칭찬과 인정만으로도 직원들을 움직일 수 있다. 그런 리더의 역할이 회사의 문화가 되어야 한다. 거기에는 회사에 대해 부적응하고 부정적이며, 규율에 따라 일하지 않는 직원들에 대해서도 적절한 관리가 들어가야 하는 것도 포함되어 있다.

모든 직원에게 몰입을 기대할 수는 없다. 몰입될 수밖에 없는 환경과 구성원의 정예화도 함께 따라가야 할 것이다.

TIP

직원들의 몰입을 확인할 수 있는 측정 방법을 개발하고, 결과에 따른 처방을 하여야 한다. 몰입은 조직 경영의 상태를 모니터링할 수 있는 강력한 도구가 될 수 있다.

17. 직원들이 자기 주도성을 가지게 하려면?

관리를 적게 할수록 경영 성과가 높아진다.
– 잭 웰치

직원들이 자기 주도성을 가진다면 조직은 더 많은 성과를 올릴 수 있을 것이다. 회사에서 경영자들은 중간관리자나 직원들이 주도성을 가져가는 문제로 고민이 있다. 직원들이 자기 주도하에 과업을 수행하도록 하는 것은 쉬운 문제는 아니다.

직원들이 주도적으로 되는 것은 직원 개인의 성향일 수도 있고, 경영자의 인정이나 리더십, 그리고 제도나 관리의 힘을 빌릴 수도 있다. 여기서는 관리의 관점에서 다루고자 한다.

직원들의 목표를 조직의 목표와 정렬하고 수시로 노출하라

경영자나 회사의 상황이 아닌 직원들의 관점에서 자기 주도성을 바라보자. 직원들이 자기 주도성을 가지려면 자신의 과업이 팀 성과에 어떻게 이바지하는지를 알 수 있어야 한다. 자신의 과업이 팀 성과에 이바지하는지를 알려면 개인(기능)의 KPI들이 팀 성과에 어떻게 연결되는지 정리해 놓아야 한다.

개인의 성과가 조직의 성과에 어떻게 이바지하는지를 규명해 놓지 않으면 개인(기능)의 성과를 가지고 평가할 수밖에 없는데, 그렇게 되면 전체 성과에 이바지하는 것을 알지 못한 상태에서 부문 최적화가 될 수밖에 없다.

팀 내에서 자신이 기여하고 있는지 이바지하지 못하느냐에 인식하면 개인이 자극받고 성과를 내기 위해 움직일 수밖에 없다. 이 작업이 쉽지는 않으나 경영 계획을 수립하는 과정에 조직의 우선순위 목표와 개인의 우선순위 목표를 연결해 정교하게 정렬해야 한다. 그렇게 한 후 일을 진행하는 과정에 개인의 기여를 피드백함으로써 개인의 노력을 더욱 분발시킬 수 있다.

상사에 의해 개별적으로 피드백하는 것과 별도로 모니터링 등을 통해 수시로 개인(기능)이 스스로 자신의 기여도를 확인할 수 있다면 아주 효과적일 것이다.

이렇게 정교하게 작업을 해야 하는 이유는, 목표가 정렬되지 않은 상태에서 조직에 이바지하지 않은 개인들이 노력에 대한 오해를 방지하기 위함이다.

(본인들은 아주 열심히 했다고 하는데, 경영자는 직관적으로 동의가 안 되는 문제를 방지하기 위함이다.) 이를 위해 연초나 새로운 프로젝트를 셋업할 때는 충분한 시간을 두고 개인, 팀, 부서, 브랜드, 사업 단위의 목표와 지표를 톱다운(Top Down, 위에서 내려오기)과 보텀업(Bottom Up, 아래서 올라가기) 프로세스를 통해 정렬해야 한다.

질적, 양적으로 성장할 수 있는 비전의 큰 그림을 보여주고 그것을 개인의 우선순위에 들어가게 하여 모니터링하면 개인들은 주도적으로 될 수 있다. 개인 및 조직 성과에 대한 공개적인 노출은 노출에 대한 효과와 부작용을 같이 고려하면서 효과는 키우고 부작용은 줄이는 형태로 관리되어야 한다. (목표관리, 역기획, KPI는 지식 경영 및 낭비 제거 파트에서 내용들을 충분히 다루었다.)

자기가 계획하는 CDP(Career Development Program, 경력 개발 프로그램)가 있어야 한다

직원들의 자기 주도를 유도하기 위한 또 하나의 방법은 자기가 계획하는 주도형 CDP가 있어야 한다. 이것은 조직의 목적에 맞게 개인이 최적의 경력 목표에 스스로 이를 수 있도록 경력경로를 제공하거나 관리하는 프로그램이다. CDP가 필요한 이유는 개인은 뚜렷한 경력 목표가 있을 때 업무에 몰입하며 성장을 위해 노력하기 때문이다. 경력개발의 핵심은 의지를 다지고 자기가 되고 싶은 것을 중심으로 설계하는 것이 아니다. 그보다 자신의 강점을 파악하고 직무와 연결하는 경력 목표를 세워 보는 것이 먼저다.

자신이 경영자가 맞는지 스페셜리스트(Specialist, 전문가)가 맞는지, 스페셜리스트가 맞는다면 어떤 직무가 맞는지를 자신에 대한 객관적인 정보들을 파악하여 확인하고, 회사의 커리어 패스(Career Path, 직무 경로)와 자신의 강점을 연결한다. 회사 내에서 보여 주고 있는 커리어 패스가 무엇인지 확인하여 그 안의 범위에서 나의 경력 목표와 경로를 수정 및 확정하여야 한다.

자기가 주도하는 CDP는 사업 영역 안에서 운영되어야 하며, 해당 사업이 고객(직원)에게 가치를 제공하고 있는지 지속해서 질문하여야 한다. 기본적으로 회사의 성장과 개인의 성장이 일치하는 쪽으로 방향이 설계되어야 하는 것은 당연하다.

CDP를 통해 조직은 전략과 인재상에 부합되는 인력을 체계적으로 개발 및 육성함으로써 사람을 효과적으로 확보하고, 조직 역량을 강화할 수 있다. 개인은 개인의 경력 개발 욕구를 충족하고 체계적인 경력 개발을 통한 개인의 전문성 및 역량이 향상될 수 있다. 사업이란 회사의 비전을 유지하면서 전략을 도출하고 실행하는 과정이다. 그 전략에 따라 사업의 내용들이 추가되거나 없어지거나 통합될 수 있다. 이에 따라 새로운 조직과 직무, 개인의 경력 목표가 정해지면 상호 합의하여 필요한 경로를 밟을 수 있도록 관리가 들어가야 한다. 한 직무에서 어느 정도의 커리어 패스를 쌓으면 CDP 경로에 따라 직무이동을 하고 필요한 교육, 코칭 등이 들어가야 한다. 다음 직무로의 이동이 적합한지는 보직 이동 전에 프로젝트를 통해 검증해 볼 수도 있다.

또한, 커리어 패스 하나로 다른 커리어 패스를 대체하거나 생략할 수 있는지를 정의해 두어야 한다. 커리어 패스를 정의하고 직무나 직책별 상호 연관성을 잘 정의하는 것과 아울러, 조직 구조가 변경되거나 소속 조직의 변경, 리더의 변경과 관계없이 직원의 전문성을 키워나가야 할 영역을 일관성이 있게 유지할 틀을 제공할 필요가 있다.

인사 시스템 내에서 통합적으로 개인의 CDP가 관리되도록 하여야 한다. 그래야 개인의 인사 기록이 CDP의 적합한 경로들을 검증해줄 수 있다. 예를 들어 개인의 보직 과정 중의 평가나 보상, 포상, 승진, 교육 등의 이력 등은 해당 직무의 적합성을 판단하는 기준이 될 수 있다.

CDP와 연결된 사업의 방향

CDP가 제대로 설계되고 운영된다면 직원의 성장 목표와 조직의 성장 목표를 연계할 수 있고 인적 자원의 체계적인 육성과 장기적인 인력 풀 관리를 통해 적시 인력의 확보 및 배치가 가능해진다.

개인은 조직 내 성장 가능성 제시로 소속감을 고취하고 주도적

경력 개발 기회를 통한 직무몰입과 만족감을 향상할 수 있다. CDP의 설계 원칙은 현 직무뿐만 아니라 미래 사업에도 연결할 수 있도록 확장성을 고려해야 한다. 그리고 직원들의 다양한 직무 경험을 지향하는 CDP가 되어야 한다(스페셜리스트의 경우에는 직무 경험보다는 전문성에 집중하여 이력 관리가 될 수도 있다). 그러나 많은 조직이 직원을 발탁하거나 배치할 때 제한된 직무 경험을 한 사람을 쓸 수밖에 없을 때가 있다. 특히 성장하는 조직에서는 인재 풀이 부족하다 보니 조기에 인재를 발탁하게 된다. 그에 따라 경험이 부족한 상태로 발탁된 인재들은 경영하는 데 어려움을 겪고 있다.

> 나는 일찍 경영자로 발탁되었다. 내가 경영자로 발탁되었을 때 회사에 CDP 제도가 없었다. 그래서 경영자가 될 때 필요한 커리어 패스를 경험하거나 학습이 안 된 채로 과업을 수행할 수밖에 없었다. 경영을 하는 데 가장 중요한 경력 중 재무나 회계 쪽은 거의 경험이 없었고, 학습도 되지 않았다. 만약 경영자가 되는 데 필요한 커리어 패스를 조금이라도 경험하였더라면 많은 시행착오를 줄일 수 있었을 것이다.

가장 이상적인 CDP는 회사의 직무와 개인의 선호 직무가 연결되어, 성과에 이바지하면서 동기 부여도 받고 개인도 성장하는 형태이다. 사업 내용이 바뀌고 조직이 바뀌고, 때로는 직무가 통합되더라도 개인의 CDP는 유지될 수 있도록, CDP를 설계하는 사람은 호환성에 고민에 고민을 하여야 할 것이다.

TIP

> CDP 제도가 자기 주도형으로 설계되고, 그 제도대로 운영될 수 있다면, 그 회사의 사업이나 인재 경영의 철학이 이상적인 상태라는 것을 보여 주는 증거이다.

18. 직원은 왜 떠나는가?

상사가 멍청하거나 무능력하면 최고의 인재는 떠난다.
– 하버드 비즈니스

아주 중요한 업무로 바쁜 어느 날 한 직원이 면담하자고 한다. 직관적으로 무슨 일이 있음을 느꼈다. 정상적인 상황이라면 직원들은 회사의 현안에 맞추어 힘을 보탤 상황이었다. "본부장님 제가 회사를 그만두려고요." 아주 바쁠 때 그런 이야기를 하는 직원이 야속하기도 하지만, 이때는 아무리 급히 처리할 중요한 현안이 있다 하더라도 모든 업무를 내려놓고 시간을 내야 한다. 더욱이 회사의 핵심 직원이 갑자기 그만둔다고 할 때 책임자들은 아주 심한 스트레스를 받는다.

핵심 인재가 그만둘 때 세 가지 관점의 스트레스를 받는다. 핵심 인재 이탈의 아쉬움, 비어 있는 자리는 채워 넣어야 한다는 걱정, 그리고 핵심 인재를 제대로 관리하지 못했다고 생각하는 자책감이다. 거기다 상사가 핵심 인재를 제대로 관리하지 못했다고 질책을 하게 되면 스트레스는 극에 달한다. 특히 미래의 경영자 감으로 생각한 직원이 퇴직한다고 할 때는 가슴이 철렁 내려앉는다.

인재 유지가 중요한 이유

직원들이 이직하게 되면 직원 이직에 따라 발생하는 리스크가 있다. 그 리스크는 이직 비용, 직원들 사기, 그리고 조직의 지식 유출과 로열티 고객과의 관계 문제이다. 직원들이 이직하게 되면 직원을 새로 뽑거나 교육을 하는 데 비용이 든다. 그런데 이런 비용 발생 이외에 남아 있는 직원의 업무량이 과다하게 되거나, 직원이 떠나게 될 때 정서적으로 사기 저하가 된다. 거기다 고객 서비스에 영향을 미치게 된다. 또한, 업무 공백으로 인해 업무 손실도 발생한다. 그런데 인재 유지에 있어서 이것보다도 중요한 것이 있다.

직원이 이직할 때 지적 자산의 유출이 문제다. 지적 자산의 유출과 관련해서는 직원들이 가지고 있는 지식이 모두 매뉴얼이나 시스템으로 남아 있지는 않다. 특히 정보 공유에 폐쇄적인 조직일 때 직원이 이탈할 때 인수인계조차 안 된 상황에서 지식이 그대로 밖으로 나간다고 할 수 있다. 설사 매뉴얼이나 시스템으로 남겨 놓았다고 하더라도 저자의 암묵지(베스트 프랙티스)대로 내 것으로 소화하기는 쉽지 않다. 체화하고 내 것이 되기에는 저자에 의해 학습이 필요할 때도 있다.

또 하나는 고객에 대한 서비스 질과 로열티 고객의 충성도 하락이다. 성과를 내지 못하는 직원은 언제든지 회사에서 아웃이 될 수 있다는 느낌을 주면 직원들의 회사에 대한 애정이 떨어지게 된다. 더욱이 직원들이 이탈하면서 직원들의 사기가 떨어지게 되고 이것은 고객들에 대한 서비스의 하락으로 나타난다. 직원의 충성이 생산성을 주도하는 검증된 데이터는 흔히 접할 수가 있다. 더욱 리스크가 있는 것은 평상시의 로열티 고객과의 관계를 맺던 직원들이 이직하면서 고객과의 단절이 발생하고 이것은 고객의 이탈로 이어진다는 사실이다. 조직은 유기체이다. 동료나 존경하는 상사들이 자발적, 비자발적으로 나가는 상황이 계속되고, 이에 따라 직원 이탈률이 높게 되면, 로열티 있던 기존 직원들에게도 태도에 영향을 미칠 수 있다.

직원들이 퇴직하는 이유

직원들의 퇴직 사유를 크게 정리해 본다면

첫째로 회사의 사업 모델과 이익이 문제가 되는 경우이다.

우선 회사는 돈을 벌고 봐야 한다. 수익이 악화할 때 직원들을 유지하기는 쉽지 않다. 돈을 못 버는 경우는 몇 가지가 있다. 이미 시장에서 비즈니스 모델이 기울고 있는 경우, 비즈니스 모델은 살아있으나 대외 환경이 바뀌는 것에 따라 적절하게 대응하지 못한 경우, 운영상의 심각한 문제가 있을 때, 비즈니스 모델과 성장 동력이 있으나 다른 새로운 사업으로 인해 자원이 분산하는 경우(돈을 버는 사업장도 신사업의 과다한 확장으로 인해 이익이 안 나는 경우도 있다) 등일 것이다.

비즈니스 모델이 부재하고 전략이 없으면서 직원들에게 열정을 요구하는 리더에게 우수한 직원들이 남아 있을 리가 없다. 회사의 동력이 살아 있고 사업 모델이 좋은 경우에 이익이 안 나는 경우는 직원을 유지하는 데 전혀 문제가 없다.

둘째로 회사의 인재 경영의 질과 관련이 있다.

가령 회사의 인재에 대한 철학과 정책 같은 것들이다. 회사의 인재 경영 철학은 그 회사가 운영하는 제도에 고스란히 나타나게 되어있다. 사람을 귀하게 보는가 또는 회사의 성과를 내는 데 필요한 수단으로 보는가이다.

제도 운용상의 수준에 따라서도 직원들은 이직을 할 수 있다. 평가 자체가 공정하지 못하거나, 직원들의 성장을 위한 프로그램들이 개인의 니즈에 맞게 따라가지 못할 경우이다. 경력 개발 기회의 확보를 위해 이직하는 주요 이유는 비전이 불일치하거나 직무가 불만이 있는 경우, 자기 계발과 성장을 위해, 그리고 개인의 시장가치 상승 등이 주된 이유다. 특히 경영자의 의사소통과 업무 피드백이 미비한 경우에도 직원들은 힘들어한다.

셋째로 비즈니스의 운용상의 자원 배분의 문제와 관련이 있다.

> 핵심 인재를 면담하는데 '머리가 좋고 통찰력이 있으며 전반적인 시장과 산업의 흐름을 알면서 사업의 준비와 방향 등에 대해 건설적인 제안과 답답함을 토로하는 직원이 있었다. 경영자감이었다. 그런데 그 직원이 면담한 지 한 달 만에 퇴사하였다. 개인들이 가지고 있는 역량을 회사가 품을 수 없는 경우에 이런 일이 종종 일어난다.

회사가 새로운 사업을 할 때 자원이 투입되어 조직화하여 있지 않고 인프라 구축 등은 뒤로 밀리거나, 자원이 부족한 상태에서 제각각 계속 목표를 관리할 때 직원들은 아주 힘들어 한다. 이것은 업무 탈진의 문제가 아니라, 자원이 변화하는 사업에 맞게 전략적으로 조직화하지 않고, 체계적으로 관리되지 않는 경영상의 리스크에서 오는 갈등이다.

네 번째로 회사의 가치가 떨어졌을 때이다.

이것은 앞에서 설명한 인재 경영의 질과도 약간 관계가 있을 것 같으나, 다른 면도 있다. 회사의 경영자들이 대외적으로 큰 실수를 하고 있고, 회사의 좋았던 문화가 점점 변질하는 경우이다. 회사의 경영자들이 대외적으로 큰 실수를 하게 되면 기업의 이미지가 떨어지게 된다.

우수한 인력을 유지하기도 어렵지만, 우수한 인력의 확보에도 어려움을 겪게 될 것이다.

직원들의 퇴직을 관리하라

최근에 회사에서 우수한 많은 직원이 퇴사했다면, 어떤 이유에서 퇴사했는지 근본적인 이유를 살펴봐야 할 것이다. 특히 핵심 인재의 이직은 회사로서 피해가 크다. 이직 관리는 퇴직 징후가 있는 직원을 사전에 캐치하여 관리한다든지, 핵심 인재를 별도로 관심을 가지고 관리한다든지 하는 기술적인 방법으로 어느 정도 방어가 가능하나, 근본적인 해결 방안은 아니다.

첫째는 회사 차원에서 해결할 것은 해결하라.

그래서 핵심 인재의 퇴직을 막기 위해서 직원 개인에게 관심을 가지는 것과 별도로 자원이 부족한데도 불구하고 무조건 개인의 역량으로 해결하려고 하는 것들이 있는지를 보고, 자원의 문제부터 해결해 주어야 한다. 이 문제를 해결하려면 '사업 포트폴리오의 통합이나 축소를 통해 되는 사업을 집중'하는 수밖에 없다.

그리고 비즈니스와 관련되어 회사가 시장에서 리더십을 발휘할 수 있도록 하기 위해 무엇을 건드려야 하는지를 근본적으로 들여다봐야 한다.

앞에서 퇴직 사유에서도 거론했지만, 회사의 비전과 가치, 회사가 인재를 바라보는 관점, 개인 성장의 욕구를 비즈니스(직무)로 얼마나 충족시켜줄 수 있느냐 등 근본적인 것이 해결되어야 한다. 직원 유지를 위한 가장 강력한 솔루션은 회사의 성장이다. 회사의 성장은 개인의 성장과 비례한다. 성장에는 개인의 역량 향상도 있지만, 회사의 성장과 함께 따라가는 포지션의 상승과 직급의 레벨 업도 무시할 수 없다.

둘째는 핵심 인재 관리에 유의하라.

퇴직은 표면적인 사유이고 퇴직을 결심하는 결정적인 요인을 찾는 것이 중요하다 기업들은 이전보다 채용의 규모를 줄이고 있고 인원도 줄이고 있지만, 정작 역량 있는 개인들은, 자신의 기회를 찾아 언제든지 떠날 수 있다는 것이 현재 기업들이 가지고 있는 어려움일 것이다.

직원 개인에 초점을 맞추는 것 중에는 조직에서 본인이 더 이상 성장을 못 하고 있다고 느끼는 핵심 인재들을 배울 수 있는 상사 밑으로 옮겨주거나 직무 재배치를 해주어야 한다. 퇴직에 대한 결심을 갑자기 하지도 않을뿐더러 꼭 한 가지의 이유만으로 퇴직하지도 않는다.

핵심 인재의 집중 관리에 따른 경영상의 리스크가 없는 것만은 아니다. 가령 회사가 A급 인재만 중시하는 정책을 쓴다면, A급 인력들을 유지할 수는 있겠으나 팀워크를 헤쳐 직무몰입도를 낮추게 되고 B급 직원들의 이직을 높이는 결과를 낳게 된다.

셋째는 리더의 역할이 중요하다.

리더들은 멀티플레이어가 되어 직원들을 관리해야 한다.《멀티플레이어》라는 책에서 나오는 것처럼 멀티플레이어는 인재를 끌어모으고 최대한 활용할 뿐 아니라 직원들이 최고의 생각을 하도록 열정적인 분위기를 만든다. 직원들의 도전 의식을 고취시키고 의사결정 과정의 토론을 통해서 하며 직원들에게 주인의식과 책임을 불어넣어 준다. 이런 리더 밑에서는 직원들의 퇴직은 상당히 적을 것이다. 상사가 명확한 기대치를 주고, 직원들을 신뢰하고, 그 직원에게 투자한다면, 복리후생이나 보상 등이 약하더라도 직원들은 참아낼 수가 있다. 회사의 비전과 전략 내에서 인재 경영이 더해질 때 핵심 인재를 관리할 수 있을 것이다.

넷째는 직원들의 정보 관리이다.

현재의 고민거리나 일하는 과정의 어려움들을 모니터링하면서 위험의 신호가 왔을 때 바로 문제를 해결하여야 한다. 퇴직을 결정하는 시점에는 어떠한 액션도 먹히지 않을 가능성이 있다.

그러므로 회사에 대한 갈등을 가지는 시점 전후에 직원들의 니즈를 수렴하는 통로를 마련하여야 한다. 필요시는 퇴직을 전담해서 관리하는 사람이 필요할 수도 있다.

다섯째는 퇴직을 막을 수 없다면, 끝까지 회사의 팬이 되도록 잘 떠나 보내라.

내가 아는 경영자는 퇴직 징후를 보이는 직원에게 편지도 쓰고 집에도 찾아가는 정성을 보여 직원의 마음을 돌려 놓은 사례도 있다. 될 수 있으면 그 사람에게 영향을 미칠 수 있는 사람이 만나는 것이 좋다. 평소 친분이 있고 신뢰하고 있는 상사나 동료들과 만남을 여러 차례 가지면서 어려움에 대해 공감도 해주고, 갈등 요소에 대해 감정보다도 이성적인 판단을 할 수 있도록 객관적인 시각으로 의견을 나눌 수 있도록 한다.

인사팀은 전면에 나서지 말고 배후에서 주선자 역할을 하면서 직원이 가장 중요하게 생각하는 요소를 파악하여 대처하여야 한다. 어떤 경영자는 자기 욕심으로 직무에 맞지 않은 직원을 계속 붙잡고 보직 이동을 안 해주어 결국에는 퇴사할 수밖에 없는 상황에 이르기도 한다.

단계별로 퇴직 징후를 관리하였다고 하더라도 퇴사를 최종적으로 결정하였다면, 잘 떠나보낼 수 있도록 하여야 할 것이다. 회사는 떠났지만 자기가 몸담았던 회사의 영원한 팬이 될 수 있도록 잘 떠나보내는 방법들을 고민하여야 한다.

로열티를 가지고 회사에 이바지했던 직원들이 감정을 상하면서 회사를 떠나지 않도록 하는 것은 당연하다.

TIP

> 인재를 유지하려면 사업 모델, 조직, 인프라, 지원이 함께 따라가야 한다.
> 거기에 더해 인재를 돌보는 프로세스가 있어야 한다.
> 이직한 직원들이 몸담았던 회사의 영원한 우군이 되도록 잘 헤어지는 시스템이 필요하다.

19. 사람을 남기려면 사람에 시간을 써라

> 결국 전략이 아닌 사람에 승부를 걸게 한다.
> – 래리 보시디

결국 사람만 남는다. 지식과 시스템은 시대가 지나면 수명을 다하지만, 사람은 계속 남을 지식과 시스템을 만든다. 어떻게 보면 사람을 남기는 것이 가장 쉬운 일이라고 생각할 수도 있다. 사람을 잘 뽑고 잘 배치하고 잘 학습시킬 수 있는 관심과 시스템만 있다면, 그 사람이 회사의 어려운 문제들을 해결하고 혁신을 가져오니까 말이다. 하지만 사람을 남기는 것이 가장 어렵다. 왜냐하면 대부분 사람을 통한 경영을 하려고 하기보다는 사업을 하려고 하기 때문이다.

사람에 관심을 가져야 한다

사람을 남기려면 사람에 관심을 가져야 한다. 사람에 관심이 있다는 것은 '사람에 얼마나 시간을 쓰는가'를 보면 알 수 있다. 만약 회사가 성과가 나지 않고 어려운 상황이라면, 모든 시간의 고리를 끊고 인재 경영에 시간의 비중을 옮겨야 한다. 회사가 당면한 프로젝트들이 산적한데 경영자가 그 시간에 사람을 만나는 데 시간을 쓰는 것은 상당히 어려운 의사결정일 수 있다. 그러나, '사람만 잘 세우면 모든 문제가 해결된다'라는 것을 간과해서는 안된다.

삼성의 이병철 회장은 "기업 경영의 기본은 사람을 모으고, 기르고, 육성하는 것이다. 기업은 사람이다. 기업(企業)은 문자 그대로 업(業)을 기획(企劃)하는 것이다. 그런데 세상의 많은 사람은 사람이

기업을 경영한다는 이 소박한 원리를 잊고 있는 것 같다. 나는 내 일생을 통해서 한 80%는 인재를 모으고 기르고 육성시키는 데 시간을 보냈다."라고 하였다. 인재 경영에 시간을 쓰느냐 안 쓰냐에 따라 비즈니스의 승패가 갈린다.

사람에 시간을 쓰되 잘 써야 한다

경영자의 시간 사용 중에 인재 경영과 관련된 시간 사용이 우선이 되어야 하고, 그중에서도 핵심 인재를 뽑고 발굴하고 발탁하는 데 최우선이 되어야 한다. 그런데 사람을 만나고 사람을 파악한다는 것은 물리적인 시간을 쓰는 것 이외에 아주 복잡하고 난이도가 높은 지식이 필요하다. 그렇다면 현재 사업을 이익 있는 성장으로 만들고, 미래의 먹거리를 창출하는 데 있어서 거기에 맞게 실행할 수 있는 사람을 어떻게 찾고 준비하냐는 말이다.

현재 경영자가 이익을 동반한 성장과 미래의 기회를 볼 수 있는 역량과 통찰력이 없는데 어떻게 거기에 맞는 사람을 뽑을 수 있단 말인가? 과거에 사람을 보는 눈이 있는 리더에 의해 사람이 발굴되었다면, 이제는 미래를 이끌어갈 수 있는 사고와 역량을 가지고 전략을 낼 수 있는 통찰력 있는 인재들과 함께, 그들과 비슷한 DNA를 가진 사람을 찾고 준비하는 작업을 하여야 한다. 전략을 낼 수 있는 통찰력 있는 인재들과 함께, 그들과 비슷한 DNA를 가진 그런 젊은 리더를 책임자 자리에 앉히면 혁신적인 인재들을 발굴하는 문제가 쉽게 해결될 수도 있다.

시대의 변화에 대응할 수 없는 리더는, 또 다른 리더에 의해 대체될 수밖에 없다

나는 직장생활을 하면서 한 사람의 리더에 의해 사업부가 탄탄하게 변하는 것을 보았다. 그런데 성공한 리더가 계속 성공하는 경우는 흔하지 않다. 시대가 바뀌면서 성공한 경영자의 머릿속이 새로운 프로그램을 부팅하여야 하나, 인간은 자기의 성공 경험에 조금이나마 의존하게 되고 그것이 오히려 조직의 성장에 아킬레스가 되는 것을 너무 많이 봐 왔다. 이런 문제를 해결하는 것은 본인의 피드백이다. 그것이 안 될 때 또 다른 사람으로 대체되어야 한다. 아주 젊은 세대로 경영자를 교체하는 것이 시대에 대응하는 방법이 될 수 있으나, 그것은 나이가 많고 적음의 문제가 아니다.

새로운 사람으로 대체되는 데는 전제 조건이 있다. 통찰력이 있는 눈으로 현재를 직시하고, 미래를 예측할 수 있는 능력이 있는 사람이어야 한다. 현재를 직시한다는 것은 시장, 경쟁자, 내부의 역량을 제대로 볼 수 있어야 한다는 말이다. 그런 인재 풀을 확보해야 하고, 그것이 되려면 사람은 준비하고 발탁하는 시스템이 있어야 한다. 사람을 보는 눈이 있는 경영자와 인사책임자 + 통찰력이 있는 신세대 + 사람 발굴 시스템을 구축할 수 있는 사람이 연합하여 시스템을 만들어야 한다. 경영자를 포함한 그 팀들이 비즈니스 모델을 찾고 거기에 필요한 전략과 시스템과 프로세스를 만들어 가는 문화를 구축하면 혁신이 이루어질 수 있다. 그리고 기존에 역할을 다했던 인재들이 새로운 경영자에 리더십에 도움이 된다면, 어떠한 형태로든 지원할 수 있는 시스템을 만드는 것이 좋을 것 같다.

TIP

> 경영자의 표준 스케줄에는 인재 경영을 일정 시간 사용토록 하는 규칙이 필요하다.
> 인재 경영에 사용한 시간과 활동 내용(결과물)을 피드백하게 한다.

인재 경영 요약

　인재 경영은 1＋4로 설명할 수 있다.

　인재 경영은 '확보(1)＋개발, 보상, 유지, 이직(4)'의 5개 영역으로 구분할 수 있는데, 제일 중요한 파레토 법칙(20% 법칙)에 해당하는 것은 확보이다. 확보(채용)와 배치를 잘하려면 1차로 사람 파악의 도구가 필요하다. 확보의 파레토 법칙은 '핵심 인재의 확보'이다. 더 나아가서 핵심 인재를 확보하기 위한 파레토 법칙은 '핵심 인재의 정의'이다. 핵심 인재를 어떻게 정의하느냐는 기업의 성장과 존폐에 영향을 줄 수 있다.

　나머지 핵심 인재의 중요한 관리 관점은 핵심 인재의 발굴, 핵심 인재 양성, 핵심 인재 발탁, 핵심 인재 평가로 구분할 수 있다.

　사람을 뽑는 사람이 중요하다. 그러므로 사람을 뽑는 재능을 가진 사람을 이 일을 하는 데 세워야 한다. 조직에 적합한 사람을 뽑으려면 성과를 내는 사람의 특징을 정의할 필요가 있다. 조직이 추구하는 사업의 특성, 인재상에 따라 성과를 내는 인자는 달라진다. 시장의 도구를 활용해 사람을 뽑는 도구를 개발하여 인재 선발의 적중도를 높여야 한다.

　핵심 인재 풀을 관리해야 한다. 미리 뽑고 미리 단기 성장 프로그램을 가동하고, 도제 형태를 통해 핵심 인재를 연역적으로 육성해야 한다.

　평가는 성과 관리와 같이 가야 한다. 평가는 직원들의 동기 부여 제도와 관련 있는 보상, 포상, 승진과 연결되어야 하고, 각 제도가 가지고 있는 특성들이 부작용이 없게 회사의 경영철학이나 전략과 연결해 정렬되어야 한다.

성과 관리의 핵심은 피드백이다. 평가에서 나아가 교훈과 개선할 것과 대안을 찾는 작업이 필요한데, 피드백이 그것을 도울 수 있다.

조직을 바꾼다고 성과로 직결되지는 않는다. 조직을 바꾸는 것은 구조를 바꾸는 것이다. 구조는 조직의 기본 요소 중의 하나일 뿐이다. 그러므로 조직화와 관련되어 고려해야 하는 관점이 최적화이다. 최적화란 필요한 기능과 역할이 넘치지도 부족하지도 않은 상태의 조직을 말한다.

최적화된 조직의 이상적인 형태는 팀 단위의 지식 조직으로 성과에 대해 스스로 책임지고 자율적인 문화에 의해 움직이는 조직이다. 팀원들 스스로 자발적 동기에 의해 필요한 기능을 구성하고 거기에 필요한 사람을 선정하여 독립채산제로서 성과에 책임을 지는 조직의 형태가 되어야 한다. 이런 조직이 되어야 생존은 물론 시장의 변화와 미래에 대비할 수 있다.

직원들이 일에 몰입하거나 혹은 몰입을 못 하거나 하는 이유에는 여러 가지 요인들이 있다. 회사는 여러 요소 중에서 가장 몰입을 방해하는 것부터 해결하여야 한다. 더불어 몰입에 영향을 주는 사람(특히 경영자)과 프로세스(일하는 방식)를 해결하여야 한다.

모든 사업에 항상 먼저 인재 경영은 생각하고 미리 준비하고 실행하는 것이 시행착오를 줄일 수 있다.

인재 경영을 성공하려면 인재 경영에 최우선의 시간을 써야 한다. 황금률 같은 원칙이다.

인재 경영 도표

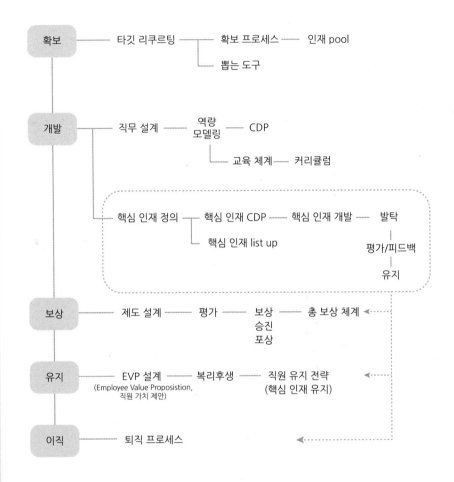

II 지식 경영

지식 경영은 당장에는 에너지가 많이 들고, 정신적인 고통이 따르지만 중·장기적으로는 조직의 혁신과
생산성을 가져온다. 혁신은 새로운 고객과 시장을 만드는 것이고, 생산성은 지금 하고 있는 일을 더 잘
하는 것이다. 기존 프로그램에서 벗어나는 것, 새로운 고객을 발견하는 것, 새로운 시장을 창출하는 것
은 지식만이 그것을 가능하게 한다.

지식 경영을 열며

경영이 '사람을 통해 일하는 것'이라면, 지식 경영이란 '지식 있는 사람을 양성하여 그를 통해 비즈니스를 하는 것'이다.

지식 경영을 하여야 하는 이유는 지식만이 문제를 해결할 수 있고, 최고에 이를 수 있기 때문이다. 지식 경영은 사람을 키우는 것과 같이 시간이 오래 걸리고, 정신적인 고통이 따르지만, 중장기적으로는 조직의 혁신과 생산성을 가져온다.

혁신은 새로운 고객과 시장을 만드는 것이고, 생산성은 지금 하는 일을 더 잘하는 것이다. 기존의 일하는 방식에서 벗어나는 것, 새 고객을 발견하는 것, 새 시장을 창출하는 것은 지식 경영만이 그것을 가능하게 한다.

지식 경영은 개인에게도 유익하다. 개인의 성장을 가져와 근로자에서 지식 자본가로서의 위치가 바뀌게 된다.

지식만이 숫자를 바꿀 수 있다.

지식 없이 단기간에 활동하여 바뀐 숫자는 언젠가 그 숫자가 다시 원점으로 되돌아올 뿐만 아니라, 가치의 유출로 더 퇴보하게 되어 있다. 큰 숫자를 얻으려면 큰 지식에 매달려야 한다. 큰 지식이란 하나를 건드리면 가장 효과가 클 만한 중요한 부분이나, 가장 중요하다고는 볼 수 없지만 지금 건드리면 효과가 큰 부분이다.

그러니까 우선순위에 해당하는 제목이다. 우선순위 제목과 연결되어 숫자 목표를 잡고 KPI(핵심 성과지표, Key Performance Indicator)를 정하며 개인까지 나누어 맡고 정렬하는 것과 우선순위 제목을 실행하는 과정에 필요한 측정이나 모니터링 등도 지식이 없이는 불가능한 것들이다. 모든 것이 마찬가지이지만 지식도 피드백을 통해 완성된다.

물이 끓으려면 100도가 되어야 하는 것처럼, 지식도 의미 있는 숫자와 결과물이 나오려면 개인이나 조직이나 지식의 수준이 일정 레벨 이상으로 올라가야 한다. 즉 지식 덩어리(A Bundle of Knowledge)가 되어야 한다.

지식 경영을 제대로 하였다면 놀랄만한 결과물을 통해, 한 개의 숫자뿐만 아니라 여러 개의 숫자가 움직여 최종 숫자를 좋게 할 것이다.

지식 경영 체크리스트

당신이 속한 조직의 지식 경영의 점수를 평가해 보자.

그렇지 않다								그렇다	
1	2	3	4	5	6	7	8	9	10

1 당신의 회사는 역기획으로 중장기 목표 및 단기 목표의 최종 시곗바늘을 이루기 위해서 전 가치사슬이 합심해서 풀어갈 우선순위 프로젝트 제목과 KPI(핵심 성과 지표, Key Performance Indicator), 결과물 등이 정의 및 정렬되고, 톱 다운 (Top Down)과 보텀 업(Bottom Up)에 의해 결정하고 있습니까?

2 당신의 회사는 성과 관리를 통해 직원의 성과를 이끌어내고 있습니까?

3 당신의 회사는 전체 목표를 달성하기 위해 개인 단위의 목표까지 정렬되어 있습니까?

4 당신의 회사는 우선순위 제목을 찾는 프로세스는 무엇입니까? 그 프로세스를 통해 우선순위 제목이 찾아집니까?

5 당신의 회사는 경영에 꼭 필요한 측정 시스템이 있습니까? 그리고 그 측정 시스템은 경영에 아주 유용하게 쓰이고 있습니까?

6 당신의 회사는 경영 성과는 물론 리스크까지 관리할 수 있는 모니터링 시스템이 있습니까?

7 당신 회사는 경영 성과에 대해 처절한 반성과 교훈을 도출하는 피드백 문화가 있습니까?

8 당신의 회사는 전략을 도출하는 것 못지않게 실행을 중요하게 여기며, 실행을 위해 자원을 지원하고 관심이 있습니까?

9 당신의 회사는 팀으로 일하고 있습니까? 그리고 그 팀은 성과에 대해 스스로 책임을 지고 있습니까?

10 당신 회사는 개인과 조직 단위로 놀랄만한 지식이 나오고 있고, 그 지식은 당신의 사업을 하는 데 필요한 지식의 덩어리로 모이고 있습니까?

1. 목표 관리를 어떻게 해야 하나

조직에 속한 사람들을 자유롭게 놓아두면 질서가 자생하는 것이 아니라 오히려 분열한다.
이런 것에서 이끌어 올릴 수 있는 유일한 힘은 조직을 지배하는 강력한 목적과 목표들에 있다.
– 피터 드러커

목표는 반드시 원대하게 잡아야 하지만 자기 능력을 살펴 가면서 점진적으로 접근해 가야 한다.
– 주자

목표를 세우는 일은 참으로 어려운 일이다. 그리고 세워진 목표를 달성하는 과정은 종합예술과도 같다. 목표는 달성하느냐 달성하지 못하느냐의 두 가지만 있을 뿐이다.

목표는 경영자의 일방적인 지시로 수립될 수도 없을뿐더러, 경영자의 의지가 반영되어 목표가 도전적으로 세팅되었다 하더라도, 실제 실행하는 주체들이 목표를 제대로 이해하고 나누어 맡아 움직이지 않으면 달성하기가 어렵다.

피터 드러커 교수가 MBO(Management by Objectives, 목표에 의한 관리)를 생각한 것은 개인이 자기 과업에만 빠져 전체 미션을 잘 이해하지 못하고, 상호연결된 다른 기능들과 소통이 안 될 때 대혼란이 일어나 성과를 내는 데 문제가 생기는 것을 막기 위한 것이었다.

그는 상호작용하는 여러 기능들을 통합적 사고방식으로 연구하는 시스템 이론에서 감명받았고, 그것을 MBO로 정리하였다.

목표 관리의 핵심은 경영자이다

초우량기업은 목표를 세울 때 BHAGs(Big Hairy Audacious Goals, 크고 위험하고 대담한 목표)를 세운다고 알려져 있다. 그리고 그 BHAGs 자체가 실행의 동기를 부여한다고들 한다. 나는 그 말에 어느 정도는 동의는 하지만, 100%는 아니다. BHAGs는 강력한 조건들이 충족되어야만 달성할 수 있다.

목표를 관리하는 과정에 이런 조건들을 알고 역할을 해야 할 사람은 두말할 것 없이 경영자이다. 경영자가 목표를 세우고 이루어지는 과정의 원리를 알지 못하면 목표 관리는 조직에서 성과를 내기 위해 해야 하는 안전장치로서의 요식행위로서만 존재할 것이다. 목표가 이루어지기 위해 경영자의 역할을 추려 본다면,

첫째, 경영자가 제시하는 비전과 전략이다.

비전과 전략은 경영자가 내는 것이다. 그러나 혼자서 내는 것이 아니다. 경영자가 제시하는 비전과 전략을 구성원들이 받아들일 만한 것이 되어야 하고, 직원들이 통찰력이 부족해 받아들이지 못한다면, 그들을 이해시킬 수 있는 언어로 지속해서 소통해야 한다. 직원들과의 소통 과정을 통해 비전과 전략의 완성도를 높일 수 있다.

둘째, 비전과 전략을 수행할 수 있는 회사의 역량이다.

비전과 전략은 사업 모델을 통해 구현된다. 그 사업 모델을 이루는 것이 조직의 역량이다. 사업 모델과 연결된 조직이 가지고 있는 핵심 역량은 무엇이고, 더해서 필요한 조직의 역량이 무엇인지를 알고, 부족한 역량을 어떻게 해결할 것인지를 판단하는 것이 경영자이다.

셋째, 목표 달성을 위해 필요한 목표 관리 지식이다.

구성원들이 역량이 있고 목표 달성의 의지가 있어도 목표 관리

지식이 없으면 목표 달성에 실패할 수 있다. 목표를 구성하는 요소들이 어떠한 원리에서 작동되는 지와 어떻게 관리하여야 하는지를 아는 것은 목표를 달성하는데 있어서 아주 중요한 요소이다. 조직이 목표 관리 지식을 가질 수 있도록 경영자가 전적으로 책임을 지고 상당한 부분을 시간을 내서 함께 만들어 내야 한다.

넷째, 목표를 관리하는 팀이다.

목표 수립의 완성도를 높일 수 있는 드림팀이 경영자 옆에 있어야 한다. 고객 조사 결과(시장, 고객, 내부 고객), 내부 역량, 그리고 더해질 조직의 학습 가능 수준과 자원의 상태를 모니터링하고 전략에 따른 우선순위 제목과 KPI(Key Perpormance Indicator, 핵심 성과지표)의 적정성을 판단할 수 있는 팀이 있어야 한다.

다섯째, 목표를 셋업하는 과정에 경영자가 함께한다.

목표를 셋업하는 과정에 전체 인원들이 관심을 가지고 할 수 있도록, 해야만 하는 이유와 근거들을 정리하고 지속해서 직원들에게 설명하여야 한다. 아울러 셋업을 하는 과정에 경영자가 직원과 함께하는 프로세스를 통해 구성원들의 몰입과 목표 달성을 하고자 하는 열의를 다지는 계기가 될 수 있다.

목표 관리를 위해 절대적으로 좋은 도구는 없다

MBO의 도구로 KPI를 많은 회사가 사용하고 있다. 최근에는 구글에서 쓰고 있는 OKR(Objective and Key Results, 목표와 핵심 결과지표, 인텔에서 시작되어 구글을 거쳐 실리콘 밸리 전체로 확대된 성과 관리 기법으로, 조직적 차원에서 목표를 설정하고, 결과를 추적할 수 있는 목표 설정 프레임워크)을 많은 회사가 목표 관리 도구로 도입하고 있다.

그런데 중요한 것은 어떠한 도구를 사용하더라도 구성원들이 그 도구의 콘셉트를 완전히 이해하여야 함은 물론이고, 그 회사의 성과 관리 문화에도 어느 정도 맞아야 한다. 성과 관리 문화란 목표를 관리하는 주기나 강도, 비즈니스 결과에 대해 책임지는 정도, 성과 관리 도구나 제도가 조직이나 직원 개인들에게 활용되고 효과를 내는 정도 등을 말한다.

목표 수립의 완성도를 결정하는 방식은 사업의 성격이나 경영자의 목표를 관리하는 방식에 따라 다를 수 있다. 가령 경영계획을 세우면서 타깃팅(Targeting, 목표를 정함) 한 숫자를 이루기 위한 프로젝트 제목이나 KPI가 정리가 안 됐을 때, 통과가 될 때까지 완성도를 높이는 작업을 하는 조직도 있을 것이다. 반면에 계획의 완성도는 떨어지더라도 (다양한 것을 한꺼번에)실행하면서 빠른 점검을 통해 성공할 수 있는 것들을 찾아내는 방법을 사용하는 조직도 있다.

만약 외부에서 성과 관리 도구를 가져다 쓸 때 구성원들이 그 도구를 받아들이는 데 정서적으로나 학습에 어려움이 있다면, 그 회사의 성과 관리 문화가 약하거나 무언가가 안 맞는 것이다.

이럴 때 어떻게 하여야 하나? 조직에 맞게 도구를 수정하거나, 시간을 두고 학습하면서 이런 도구가 조직에서 세팅할 수 있도록 변화 관리를 하여야 한다. 아니면 기존에 쓰던 것 중에서 문제가 되는 것을 수정·보완하여 기존 도구를 레벨업하여 사용할 수도 있다. 도구를 가져다 쓰기 전에 먼저 회사의 목표 관리의 현 상황에 대해서 진단하고, 도구가 잘 적용될 수 있도록 준비하고 보완해야 하는 것들이 선행되어야 하는 것은 두말할 필요가 없다. 그리고 시간이 걸리더라도 반드시 소규모 단위에서 사전 테스트를 통해 검증을 반드시 거친 후 확산하여야 한다.

KPI든 OKR이든 MBO의 원리를 이해하고 그 원리가 잘 반영될 수 있다면, 어떤 도구를 사용하던 문제가 될 것이 없다.

장기 목표와 단기 목표가 균형을 이루어야 한다

시대가 아주 빠르게 바뀌고 있다. 장기는 그렇다고 쳐도 심지어는 3~5년 단위의 계획의 필요성이 있느냐 싶을 정도로 세상이 빠르게 바뀌고 있다. 그러므로 미래를 보는 통찰력을 발휘하여 3~5년의 계획을 달성할 노하우와 조직의 필요한 역량들도 같이 계획에 반영하여야 한다. 중장기 계획의 방향은 현재 목표의 연속상에서 어느 정도 연결이 되어야 한다. 미래를 보는 통찰력이나 노하우가 부족할수록 현재와 괴리감이 발생한다.

적절한 목표를 세웠다고 하더라도 고객과 시장 환경이 바뀌면 부적절한 목표가 되는 경우가 있다. 그러면 비즈니스의 변화에 따라 바뀌는 것들은 그때그때 계획에 수정하여 반영하면 된다.

그리고 단기 목표를 달성하는 과정에 사업의 방향을 바꿀 수 있는 정도의 베스트 프랙티스가 나오는 경우가 있다. 그러면 그것이 우선순위 제목이나 사업의 모델로 연결될 수 있다. 이처럼 계획보다 더 치고 나가는 사업이나 예기치 않게 비즈니스가 성공하면, 계획을 수정하여 이곳에 자원을 투입하여야 한다.

그러니 단기 계획은 장기 계획 안에 있어야 하고, 따로 나와 있는 것이 아니다. 장기 계획과 단기 계획이 넘나들면서 계획의 완성도를 높일 수밖에 없다. 계획을 세우는 경영자와 기획자, 그리고 관리자들은 단기 계획이 전체 계획에서 어디에 해당하는지를 설명할 수 있기 위해 단기 계획이 이루어지면 어떤 결과물이 남고, 전체 숫자에서 얼마나 좋아지는지가 정리되어 있어야 한다.

장기 계획을 세울 때 고려하여야 하는 것이 시스템 구축과 자원 배분과 관련된 계획이다. 전체 사업부의 큰 그림 내에서 전체 비즈니스를 담을 수 있는 통합된 시스템을 구축하여야 하는데 팀이나 브랜드 단위의 성과를 너무 강조하다 보면 자체적으로 시스템이 무분별하게 개발될 수 있고, 그러다 보면 나중에 전체 시스템이 통합이 안 되어 시너지가 안 나고 부문 최적화가 될 것이다.

사업에 따른 자원 배분 계획을 세우고 미리 준비해야 하지만, 너무 계획을 너무 크게 세워 자원이 낭비되는 일도 있다. 개인과 팀은 단계별 목표를 장기 목표에 맞추어 도달할 수 있도록 정렬해야 한다. 본부의 컨트롤타워는 각 팀과 사업장의 목표 수립 과정과 결과를 보면서 자원 분배와 관련해 더할 것과 뺄 것에 대해, 객관적인 시각으로 관리해 주어야 한다.

<u>목표를 모아서 더하는 것이 아니라 정확하게 표현하면 나누어 갖는 것이다.</u> 정확히 나누어 가지려면 전체 계획에서 개인의 과업이나 프로젝트 제목들이 어떤 숫자를 만들어 내는지 정렬이 되어야 한다.

작지만 위력이 큰 단기 목표에 집중하라

연초에 경영 계획을 세팅하고 출발하면 바로 1/4분기가 기다리고 있다. 1/4분기는 금방 온다. 그러다 상반기가 지나고 연말이 되면 추수할 때이다.

목표를 세울 때 많은 회사가 처음에는 작은 열매들을 맺다가 연말로 갈수록 큰 열매를 맺는 형태로 숫자들을 맞추어 놓는데, 이것이

논리적으로 맞는 것 같지만 사실은 반대로 해야 한다. 사람들은 가장 힘든 것을 뒤로 미루는 경향이 있는데, 만약 1/4분기부터 목표를 달성하지 못하면 연말로 갈수록 숫자에 대한 부담을 가질 수밖에 없다.

1/4분기부터 열매를 맺어야 하는 이유는 또 있다. 모든 비즈니스가 연초에 처음 시작하는 것이 아니라 계속 그전부터 연속적으로 연결되어 있기 때문이다. 어떤 경우에는 작년에 마무리 못한 프로젝트들은 오히려 연초부터 결과물이 나와야 하는 것이 있기도 하다.

통상 연초가 되어 목표를 세팅할 때는 전년(과거)부터 해오던 프로젝트의 결실을 보는 형태로 세팅을 하지 않고, 목표 달성에 대한 부담으로 새롭게 시작하는 형태로 세팅하는 것을 자주 봐 왔다.

회사에서 목표 관리를 해보면 분기(3개월) 단위의 목표에 집중하는 것이 효율적이었다. 한 달은 너무 짧고 연간은 너무 길다. 3개월 이상이 되면 문제가 생겨도 다시 돌아가기가 어려운 기간이다.

단기에 성과를 내려면 작지만 의미 있는 것에 집중하여야 한다. 단 성공했을 때 발견된 베스트 프랙티스가 확산할 수 있어 시너지를 낼 수 있는 제목이어야 한다. 이런 제목이야말로 시작은 미약했으나 크게 결실을 볼 수 있는 제목들이다.

작게 시작하는 것과 가장 힘든 것이 상반되는 것처럼 보이지만, 작다고 쉬운 것은 아니다. 오히려 전체적으로 관리하는 것보다 하나를 붙잡고 모델을 만드는 것이 훨씬 어려울 수도 있다. 이런 식으로 모델 만들기를 통해 단기간에 숫자가 움직이도록 해야 강력한 실행을 이끌 수 있는 동력이 된다. 이런 방식은 크게 넓게 하면서 자원을 낭비하는 것보다 훨씬 유리하고 효과적이다. 가장 좋은 것은 본격적으로 확산하기 전에, 범위를 줄여 테스트 프로젝트를 통해 단기간에 숫자를 바꾸는 방식이다.

목표는 개인과 팀과 부서의 합(Sum)이다

프로젝트의 결과도 리비히 법칙이 적용될 수 있다. 그래서 목표 관리를 팀 단위나 개인까지 들여다보는 이유가 있다. 어쨌든 팀의 성과는 개인의 성과의 합이다. 사업부의 성과는 모든 부서의 성과의 합이다. 그러므로 개인과 팀 단위의 목표가 전체 성과에 넘치거나 부족한지를 봐야 한다.

넘치는 경우나 모자라는 경우나 전체 가치사슬의 일하는 프로세스에 피해를 준다. 넘치는 경우를 생각해보자. 어떤 사업의 상품 기획자가 목표로 한 매출을 달성하기 위해 수량을 늘려 놓았다고 치자. 어떤 일이 벌어지겠는가? 그 제품을 만들고 파는 기능은 부하가 걸리게 되어 있다. 그러다 보면 원가가 늘어나고 인건비가 늘어난다. 원가와 비용의 부담하지 않으면 품질에 문제가 될 수 있고, 납기에 문제가 생기며, 재고의 부담을 질 수밖에 없다. 어느 한 개인이나 팀이 목표를 높게 잡았다고 칭찬할 거리가 아니다.

그런데 만약 리비히 법칙에도 해당하지 않고, 전체 프로세스에도 트러블(Trouble, 문제)이 되지 않는 목표라면, 그것은 적극적으로 장려하여야 할 것이다. 만약 한 개인이나 부서가 의욕적으로 목표를 높게 잡았는데, 그것이 전체 프로세스에 트러블을 일으키게 된다면, 그 문제를 해결하느라고 다른 부서의 개인이나 팀은 자기들의 생산성을 높이는 데 소홀하게 될 수도 있다. 반대로 부족한 경우는 어떻게 되겠는가? 더할 수 있는 데 부족하게 계획하였으면 도전 의식이 없어질 것이다. 어느 한 개인이나 조직이 목표를 작게 잡으면, 조직의 성과는 더할 수 있는 데도 못 하게 된다.

목표는 개인과 팀과 부서의 합(Sum)이라는 것은 목표를 쪼개 나누어 가졌다는 의미 이외에 전체 목표가 개인과 팀 단위로 정렬이 되었다는 것을 의미한다.

목표가 성립되기 위한 A to G

지금까지 설명한 것에 더해 목표가 성립되기 위한 A to G를 정리해 보았다.

A. 정렬과 합의(Align & Agreement)

상위의 전략과 연결되어 있어야 하고 타깃값에 대해 합의해야 한다. 하위 조직의 목표를 달성하면 상위 조직의 목표가 달성되는지를 알 수 있어야 한다. 이것이 되려면 모든 개인과 부서(팀)의 KPI가 최종 숫자에 어떻게 연결되는지에 대한 정리가 되어 있어야 한다. 즉, 조직 차원의 전략별로 실행 계획을 모두 합하면 전략이 달성될 수 있는지를 확인하여야 한다.

B. 균형(Balance)

장기적 목표는 단기적인 목표를 통해 달성된다. 장기적 목표와 단기적 목표가 따로 있는 것이 아니라 큰 그림 안에서 장기 목표를 달성하기 위해 단기 목표가 존재하는 것이다. 그러나 장기 목표 때문에 단기 목표가 훼손되어서는 안 된다. 단기 목표는 단기 목표대로 성과를 내면서 가도록 설계되어야 한다.

C. 도전(Challenge)

도전적인 목표이어야 한다. 그러나 최대한 노력해서 달성할 수 있는 정도이어야 한다. 자원이 제대로 세팅되지 않았거나 조직의 역량이 부족한 상태에서는 아무리 도전적인 목표를 세워도 달성하기가 어렵다. 거기에 직원들의 몰입이 따라가야 한다. 이것을 정리하면 '도전적인 목표＋전략과 자원 세팅(조직의 역량)＋직원들의 몰입 = 의미 있는 성과'가 될 것이다.

D. 시한 내 해결(Deadline & Dominant)

목표는 시한이 있다. 짧게는 1~2일, 길게는 1년 동안 달성하여야 하는 목표가 있다. 성과 목표는 2~3개를 넘지 않도록 해야 한다. 분기 단위로 확실한 결과를 달성하도록 관리하는 것이 바람직하다. 물론 사업의 특성과 프로젝트 제목의 성격에 따라 집중해서 관리하는 기간은 다를 수 있다.

E. 실행(Execute)

목표는 기대 수준에 대한 실행 계획(액션 아이템)이 명확하여야 한다. 시점별로 실행 계획을 세우고 시간이 지나면서 월별 결과물과 분기별 결과물을 관리해야 한다.

F. 공유(Feel)

목표는 함께 공유하여야 하고, 자기가 달성할 목표가 전체 목표 안에 들어가 있어야 한다. 자기 영역에만 빠져 전체 조직의 목표를 알지 못하면 리비히 법칙에 의해 성과가 나오지 않을 수 있다. 목표는 누가 지시하는 것이 아니다. 혁신과 통찰력을 가진 리더와 실행력이 있는 관리자, 그리고 운용할 직원들이 톱다운(Top Down)과 보텀업(Bottom Up)으로 목표를 만들어 간다. 그러니 별도의 목표를 공유하는 것이 필요 없고 세팅 과정부터 자연스럽게 알게 되는 형태가 되어야 한다. 그런데도 각 조직 간의 목표 세팅의 속도가 다르고 목표에 대한 합의 과정이 필요하므로 공유, 설명, 지도, 조정하는 과정을 거쳐야 한다.

G. 협업(Gearing)

목표에 대해 합의가 되면, 목표를 이루기 위한 실행 계획이 구체적으로 짜져야 하고, 가치사슬이 서로 맞물려 일해야 한다. 그리고 모니터링되어야 한다.

목표 관리가 성공하려면

KPI 관리 방식이든, OKR 방식이든 원리는 같다. 아무리 좋은 목표 관리 도구라도 조직에 문화와 맞아야 한다. 목표 관리가 성공하려면 몇 가지 중요한 관점이 있다. 앞에서 장황하게 설명한 것들에 대한 요약이라고 보면 된다.

첫째는 목표에 대한 공감이다.

어떤 목표 도구를 사용하던 우선 목표를 정하는 프로세스에 톱다운과 보텀업이 함께 하면서 합의를 이루어야 한다. 특히 중간관리층의 주도적인 의지가 있어야 한다. 경영자나 높은 직급자들이 의지가 있다 하더라도 허리층이 목표에 대한 동의와 자발적 참여가 있지 않으면 목표 관리가 쉽지 않다. 실제로 허리층들이 동의하지 않을 때는 상급자의 의도에 맞게 리포트는 작성하지만, 뒤로 돌아서는 본인이 만든 리포트에 문제가 있다는 것을 누구보다 더 잘 알고 있어 감정적인 갈등을 겪을 수 있다. 만약 목표가 잘 정리되었다면 시간이 걸리더라도 이해시키는 작업을 반복해서 해야 한다. 그래서 이해시키는 도구들을 따로 아주 잘 만들 필요 있고, 되도록 성공, 실패 사례 중심으로 정리하여 전달할 필요가 있다.

둘째, 목표 관리 도구의 작동 원리를 완벽히 이해하여야 한다.

동기 부여의 관점에서 OKR에는 KR을 이루기 위한 목적이 있어, 다른 목표 관리 도구보다 조직원들의 동기 부여를 돕고 있다고 한다. 그렇다고 해서 다른 MBO 도구가 동기 부여가 안되는 것은 아니다. 기업의 비전과 사명, 기업 이념이 목표 관리 도구와 연결되면서 목표 관리 원리가 잘 적용이 되면 얼마든지 동기를 유발시킬 수 있다. OKR이 분기 단위로 집중해서 성과를 관리하고 있지만, KPI도 분기 단위로 쪼개서 관리할 수 있다. 또한, KPI로 관리한다고 해서, OKR의 O를 달성하는 데 필요한 KR을 다루지 못할 이유가 없다. KPI에 질적 결과물을 연동해서 함께 쓰면 된다. 당연히 질적 결과물을 같이 다루는 것이 마땅하다.

KPI는 조직원들이 최종 숫자를 얻기 위해 함께 노력하여 달성할 핵심 지표인데, KPI가 혁신 지표가 아니므로 OKR을 써야 한다고 이야기하는 것은, KPI를 잘 이해하지 못해서 나온 말이다. 중요한 한 것은 목표 관리의 원리와 요소를 잘 이해하고 목표 관리 도구를 사용하고 있는가이다.

셋째는 코디네이터가 필요하다.

OKR이 되었든 KPI 관리 방식이 되었든 간에 원리와 운영 방식에 대해서는 확실히 이해한 코디네이터(Coordinator)가 있어야 하고, 제대로 세팅되었는지를 검증하는 절차들이 있어야 한다. 아무리 좋은 목표 관리 도구들도 이해를 잘못하면 나쁜 도구로 남을 수밖에 없다. 사람들이 생각하는 좋은 목표 관리 도구는 시간을 적게 들이면서도 효과가 날 수 있는 도구인데, 그런 도구는 없다.

그러므로 도구를 전파하는 사람들이나 경영자는 목표 관리 도구의 문제점들을 피드백하면서 현장에 맞게 고쳐나가야 한다.

목표 관리 도구를 설계한 사람이나 어떤 목표 관리 도구를 도입한 사람들은 자기 확신으로 문제점이 있더라도 잘 보지 않고 진행하는 경우가 있다. 그러므로 오픈 마인드(Open Mind, 열린 마음)가 필요하다.

넷째는 경영자가 관심을 가지고 들여다봐야 한다.

목표 관리를 하는 도구가 없이는 목표를 관리할 수는 없다. 그러므로 목표를 관리하는 과정에 경영자가 직접 참여하여야 도구의 오류를 잡으면서도 효과 있는 도구로 정착할 수 있게 된다. 알디는 목표를 구체적으로 문서화하는 법이 없다고 한다.

　알디(ALDI, 독일계 유통기업)의 목표는 모르는 사람이 없는데 그 이유는 간단하고 명료하고 구체적이기 때문이다. 간단할수록 직원들은 자기가 달성해야 할 구체적인 목표들을 알고 실행하게 된다. 오히려 단순화하기가 어렵다. 단순화한다는 것은 이미 복잡한 과정을 거쳐 정리가 마쳐졌기 때문이다. 이런 과정을 실무자나 책임자들에게 떠넘겨서는 안 된다. 경영자가 같이 사용하면서, 참여하면서 문제를 잡아야 한다.

TIP

목표는 시간이 걸리더라도 합의 과정이 필요하다.
OKR이든 KPI든 원리를 이해하고, 조직 문화에 맞는 것을 적용하는 것이 성공 확률이 높다.

2. 역(逆)기획하라

'경영은 먼저 목표를 정한 뒤에 시작하는 것'으로 최종적으로 어디에 이를지를 정하고, 이렇게 정한 목표를 통해 목적지에 이르는 방법을 거꾸로 찾아가는 것인데 이때 최대한 많은 방법을 탐색하고 그 가운데 최선책부터 실행한다. 그리고 계획을 실행하는 과정과 사전에 정한 목표를 수시로 비교하며 수정을 거듭한다. 그렇게 하면 대부분 순조롭게 진행된다.

– 제닝

역기획은 미래에 달성하고자 하는 것을 현재로 거슬러 기획하는 것을 말한다. 《프로페셔널 CEO》라는 책을 보면, 야나이 다다시 유니클로 회장이 제닝의 경영론을 읽은 후 경영에 대한 개념이 180도 바뀌었다는 내용이 나온다.

그중에는 역기획과 관련된 내용도 들어가 있다.

역기획은 최소 3개년 단위 미래의 목표(숫자)와 전략, 그리고 이것을 달성하기 위한 내용들을 적는다.

역기획을 위해서는 4C(환경/Circumstances, 회사/Company, 고객/Customer, 경쟁사/Competitor)를 조사하고, 회사의 SWOT(강점/Strength, 약점/Weakness, 기회/Opportunities, 위협/Threats)을 분석하며, STP 전략(Segmentation/시장을 어떻게 세분화할 것인가?, Targeting/어떤 고객에 집중할 것인가?, Positioning/어떤 시장에 어떤 모습으로 진입할 것인가?)에 따라, 4P(Product/상품, Price/가격, Place/채널, Promotion/판촉)로 고객에게 보여지는 것들이 정리되어, 경영 계획에 따른 숫자에 도달하는 데 필요한 제목으로 바뀌게 될 것이다.

역기획이 성립되려면 4개의 조건이 갖추어져야 한다.

시점별 이익틀과 그것을 이루기 위한 제목, 그리고 KPI와 질적 결과물, 책임자가 있어야 한다. 이익틀 상의 숫자 목표를 잡는 것과 제목을 잡는 것은 동시에, 또는 숫자를 먼저 아니면 제목을 먼저 잡을 수 있다.

제목과 이익틀 상의 최종 숫자를 왔다 갔다 하면서 숫자와 제목의 크기와 적정성을 서로 맞추어 본다.

그럼 역기획의 조건에 대해 하나씩 설명해 본다.

첫째, 이익틀을 만들어야 한다.

이익틀이란 '최종 숫자를 달성하는 데 필요한 숫자(핵심 KPI)가 원리(공식)에 의해 정리된 것'을 말한다. 원리에 의해 정리가 된다는 것은 '최종 숫자를 얻기 위한 각각의 숫자들의 목표치가 아닌 어떤 숫자의 크기가 늘고 줄어드는 데 따라 다른 숫자가 얼마나 변동하는지의 근거를 제시할 수 있는 것'을 말한다. 단계별 사업 모델과 사업 구조에 따라서 이익틀은 변동이 된다.

가장 크게는 매출이 느는 데 따라 판관비율과 영업이익의 변화를 알 수 있어야 하고, 작게는 핵심 KPI의 변화가 매출과 영업이익에 어떻게 영향을 주는지를 알 수 있어야 한다. 그래서 이익틀 = 핵심 KPI의 합(곱)으로 설명할 수 있다.

이익틀 예

가령 예를 들어 어떤 패션 회사에서 영업이익 25%를 달성하기 위한 이익틀을 정리한다고 치자. 매출총이익률을 65%, 판관비율이 40%를 하여야 하고, 매출 총이익률 65%를 하기 위해서는 제조원가율 25%, 소진율 75%, 할인율 20%를 해야 하고 소진율이 75%가 되려면 정판율이 몇 % 이상을 유지하면서

소진이 되어야 하는지가 정리되어 있어야 한다.

매출총이익은 구매에서 판매에 이르는 총경비를 초과해야 한다. 제조원가율은 이익 설계의 가장 강력한 변수인데, 제조원가율만 1%를 줄여도 영업이익은 그 이상 올라간다.

제조원가율이 몇 % 올라가거나 떨어질 때 영업이익이 어떻게 변동되는지, 정판율(판매율)이 떨어지거나 올라감에 따라 영업이익이 어떻게 변동되는지, 제조원가율 1% 절감은 정상 매출액의 몇 % 증가와 관련이 있는지는 사업부의 영업이익률을 보면 알 수 있다.

적정한 이익을 창출하기 위해 각 이익 구조틀 상의 지표들이 어떻게 세팅되어야 하는지를 알고 있어야 한다. 이 숫자는 의지적으로 정하는 것이 아니라 베스트 프랙티스(Best Practice: 과거 기록 등 역사치, 시장이나 경쟁자, 글로벌 No.1)를 달성하기 위한 지식이 함께해야 가능하다.

둘째, 이익틀을 하기 위한 우선순위 제목들이 있어야 한다.

이익틀에 의해 나온 숫자를 근거로 연역적 목표를 잡는다. 연역적 목표에는 정량적인 목표를 이루기 위한 정성적인 목표를 포함하고 있다. 이 목표는 프로젝트 제목을 잘 찾고 실행함으로써 달성할 수 있다.

이익틀에서 제목 찾는 예

이익틀에 나온 숫자들을 달성하기 위한 것을 중심으로 제목을 찾는 것을 패션사업을 예로 들어 설명해 본다. 매출총이익을 달성하기 위해서는 매출을 올리고 원가를 낮추는 제목을 잘 찾아야 한다. 매출은 채널의 확장 이외에 점당(평당) 매출이나 객수, 객단가를 올릴 수 있는 제목들을 찾아야 한다. 매출의 핵심인 상품은 트렌드와 고객의 니즈를 예측하여 적중도를 높이는 제목과 채널에서 질적으로 전진하여 (채널 수의 증가에 따른 매장별 매출을 기계적으로 곱하는 것이 아니라 질적 지표에 의해) 매출이 올라가는 제목이 들어가야 한다. 또한 매출을 올리기 위한 전략들이 4P 에 잘 정리되고 제목으로 도출하여야 한다. 정판율이나 소진율을 올리면서 이익 을 낼 수 있는 제목을 찾아야 한다. 고객 심리가에 의한 가격 설정과 마크다운 (Mark Down, 가격 인하)과 관련한 지식을 찾아야 한다. 할인율(가격)이 영업이익을 결 정하는 중요한 변수이므로, 고객 심리가와 경쟁사 판매가를 통해 할인가격을 조 사하고 제목에 반영하여야 한다.

원가율의 핵심은 직거래나 직접 구매를 하거나 직영라인이나 직영공장을 운영 하는 제목도 찾아야 한다. 그 외 적정 SKU(Stock Keeping Unit, 상품 관리 또는 재고 관 리를 위한 최소 분류 단위)의 수를 찾거나 카테고리별 원가를 혼합하는 제목을 찾아야 한다. 채널에 따라 제조원가율에 따른 영업이익이 달라진다. 매출의 연동 없이 판관비를 줄일 수 있는 제목들이 들어가야 한다.

이처럼 이익틀 상의 숫자를 달성할 수 있는 제목들을 중심으로 프로젝트 제목을 찾아야 한다. 어떤 제목이든 간에 얻고자 하는 숫자에 직간접적으로 영향을 미치는 제목이어야 한다. (제목을 찾는 방법은 다음 장에서 사례를 중심으로 구체적으로 설명하였다.)

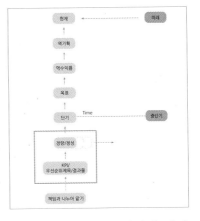

셋째, KPI(Key Performance Indicator, 핵심성과지표)**가 잘 정리되어야 한다.**

제목이 달성됐을 때의 이루게 될 KPI 값이 정리되어야 한다. 그런데 KPI를 최종 숫자와 혼동하는 경우가 있다. 최종 숫자라 하면 매출, 영업이익 같은 것이다.

KPI는 최종 숫자를 달성하기 위한 핵심 성과 지표를 말한다. KPI를 찾는 것은 상당히 어렵고 질적인 레벨을 올려야 움직이는 지표이기 때문에 일부 회사는 평가하기 쉽거나 지금까지 평가해온 것, 고객에게 의미가 있지 않은데도 고객이나 시장이 아닌 회사에 중요한 것을 평가하기도 한다.

> 예를 들면 물류에서 오더 수행률이 있다. 그런데 이 지표는 영업이 매출을 올리기 위해 물건을 매장으로 보내달라는 지표일 뿐이다. 오더 수행률이 100%가 되더라도 매장에 살 물건이 없으면 고객들에게는 아무 의미가 없다. 오히려 과다한 물량의 공급으로 매장에서는 필업(Fill-up, 보충)하기가 어려워지고, 그나마 팔릴 상품도 밀려 들어온 상품으로 인해 제대로 찾지를 못해 판매 기회를 놓치는 경우가 있다. 그러니 상품의 적중도가 낮은 조직에서의 오더 수행률은 오히려 비부가가치를 양산하는 지표일 수 있다.

핵심 KPI는 제목과 최종 숫자와 연결되게 되어 있다(최종 숫자 ← 제목 ← 핵심 KPI).

제목을 달성하기 위해 핵심 KPI를 찾아야 하는 것처럼, 제목을 잘 찾으면 KPI를 달성할 수 있다. 그래서 제목과 KPI는 동전의 양면이라고 할 수도 있다. 핵심 KPI는 최종 숫자가 움직이는 보이지 않은 원리가 숨겨져 있는 숫자이다. 단일 숫자가 아닌 여러 PI의 합으로 나오는 숫자이다.

> 예를 들어 외식에서 회전율이라는 것을 KPI로 설정하였다고 치자. 회전율을 올리려면 입점률, 좌석점유율을 올려야 하는데, 입점률과 좌석점유율을 올리기 위해서는 처음 오는 고객은 물론 기존 고객의 재방문율이 올라가야 한다. 그러기 위

해서는 QSC(Quality, Service, Clean/품질, 서비스, 청결)는 물론, 입점률을 올리기 위한 마케팅 지식이 같이 따라가야 한다.

핵심 KPI를 찾기 위해서는 상당한 고민을 하여야 하고, 외부 시장이나 경쟁자의 숫자를 참고로 하여야 한다. 일반적으로 글로벌 스탠다드 업종들은 통상적으로 검증된 KPI들이 있다. 예를 들면 호텔업은 RevPAR(객실당 매출)를 주로 사용한다. 그런 KPI를 잘 찾아가져다 쓰면 된다. 그렇지만 같은 업태라고 하더라도 매출 총이익이 많이 나오는 부문(영역)이 있을 수 있으므로 보조 지표를 사용하거나, 일부 KPI를 응용해서 사용할 수는 있다.

(KPI에 대해서는 '제목만큼 KPI가 중요하다'에서 추가로 설명한다.)

넷째, 제목(KPI)을 달성하려면 달성하기 위한 조건(Condition)이 충족돼야 한다.

위에서 설명한 이익틀의 숫자를 달성하려면 컨디션이 갖추어져야 한다. 컨디션이라는 것은 프로젝트를 해결할 수 있는 사람(팀)이라든지, 해결할 수 있는 아이디어라든지 핵심적인 시스템이라고 할 수 있다. 경영 계획의 세팅 상태를 점검하다 보면 컨디션의 누락이 많고 그중에서도 가장 중요한 것이 사람과 관련된 것이다.

사람을 세우거나 팀을 구성하거나 하는 제목들이 가장 먼저 들어가야 하나 빠진 경우가 많다. 누가 그 일을 하는 데 적합한지를 모르기 때문이고, 안다고 하더라도 해당 인원이 현재 과업을 내려놓고 다른 제목을 위해 부서를 이동하는 데 있어, 어떤 것이 더 중요한지의 판단이 안 돼서도 일 수 있고, 정말 적합한 사람이 부족할 수도 있다.

특히 연초에 경영 계획을 세우다 보면 모든 사업장이 프로젝트를 해결할 책임자를 세우는 데 고민한다. 그러면 어떻게 사람을 다 채울 수 있단 말인가? 그래서 전략이 필요하다. 전략은 선택 및 포기이다. 될 사업과 프로젝트에 자원을 집중해 사업이 프로젝트가 분산되어 자원이 부족한 현상들을 막아야 한다. 물론 자원을 미리 확보하고 학습을 통해 지속해서 준비시키는 것도 따라가야 한다. 영입을 한다고 하더라도 현재 조직의 일하는 방식과 다른 형태의 지식을 가지고 있는 사람이 들어와 그 문제를 해결하기는 쉽지 않다.

프로젝트의 통폐합을 통해 자원의 부족이 생기지 않고 우선순위에 집중할 수 있는 교통 정리가 필요하다.

위의 그림을 보면 각 프로젝트 제목마다 반드시 해결되어야 하는 조건들이 있는 것을 알 수 있다. 그런데 꼭 해결되어야 하는 조건이 빠져있다면, 그 프로젝트 제목의 KPI를 이루지 못할 뿐만 아니라 최종 숫자에도 이를 수 없다.

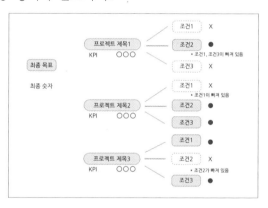

프로젝트를 셋업하고 실행하기 전에 반드시 짚고 넘어가야 하는 것이, 이 조건들이 제대로 충족되었는지를 반드시 확인해야 한다.

TIP

> 역기획이 성립되려면 중장기 목표와 시점별 이루기 위한 제목, KPI와 결과물, 책임자(팀, 조직)가 잘 정렬되어 있어야 한다.

3. 프로젝트 제목은 어디서 나오는가?

어떤 지식이 필요한지를 아는 것이 어렵다.
– 피터 드러커

제목을 어떻게 정하느냐에 따라 프로젝트의 성공과 실패가 나뉠 수 있다. 잘못된 제목을 맹신하고 모든 자원을 투입했을 경우 자원의 손실은 물론 시장에서의 경쟁에서 뒤처지게 된다.

프로젝트 제목을 어떻게 선정할까? 제목을 선정하는 일은 어지간히 어려운 게 아니다. 제목을 잘 선정하면 50%는 성공했다고 한다. 안될 것 같은 비즈니스가 하나의 제목을 잘 찾으면 극적으로 회생한다. 책을 쓰는 사람들이 목차를 잡으면 반은 성공했다고 하는 것처럼 말이다. 그러므로 어떤 제목이 필요한지를 아는 것이 핵심이다.

나는 일을 하는 과정에 난관에 부딪히면 여러 형태로 필요한 제목들을 찾았다. 그러다 보니 제목을 찾는 방법은 아주 다양하다. 물론 그동안 내가 프로젝트를 하면서 제목을 찾은 것들을 요약해 보면 고객의 불만이나 욕구에서 나온 니즈, 그 니즈를 해결하지 못한 병목 또는 경쟁자의 강력한 숫자나 결과물에서 나온 것으로 정리할 수 있다.

제목을 찾았던 유형을 사례 중심으로 설명해 본다.

제목을 찾는 방식

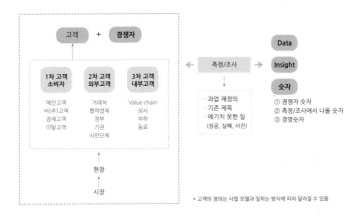

1) '측정'에서 나온다

> 측정되지 않으면 관리되지 않는다.
> – 데밍

측정은 무엇을 하는 것일까? 현재 얻고 싶은 것의 가장 영향을 미치는 대상(요인)이 무엇인지를 파악하고, 그 대상(요인)의 과정이나 결과를 측정한다. 그 대상은 사람(고객)일 수도 있고, 기계일 수도 있고, 또 다른 것일 수도 있다. 사람이라면 사람의 행동이 측정 지표일 수 있고, 사람을 통한 어떤 대상의 수준을 알기 위한 것이 측정 제목일 수 있다. 기계의 퍼포먼스 측정과는 달리, 사람의 행동은 결과에 영향을 미치는 인과관계가 있기에 선행지표로서의 큰 의미가 있다.

측정하기 위해서는 측정의 구조를 알아야 한다. 크게는 양과 질이다. 과정이나 결과의 측정은 양/효율성, 질/효과성, 비용으로 나타난다. 양은 최종적으로 숫자로 나오는 것이다. 자원의 투입 이후에 결과로 나온 숫자로 계량화가 가능한 것들이다. 양을 나타내는 개념으로는 효율이 있다. 효율은 목표를 달성하기 위해 사용된 자원의 양을 나타낸다. 매출이나 이익 같은 것들이다. 질은 양을 얻기 위해 투입한 자원의 활동 결과물이 잘 나왔는지를 의미한다. 질을 나타내는 개념으로 효과가 있다. 효과는 목표를 잘 달성했는가를 의미한다. 측정은 양적인 것과 질적인 것이 다 포함될 수 있다.

측정을 잘하면 측정 결과를 통해 인사이트(Insight, 통찰)를 얻을 수 있고, 그것은 강력한 프로젝트 제목이 될 수 있다. 측정에 대해서는 뒤에서 다시 다루기에 여기서는 측정을 통해 프로젝트 제목을 찾고 막혀 있던 브랜드가 전환의 기회를 가진 사례를 중심으로 이야기하고자 한다. 대표적인 사례는 과거 내가 책임을 지고 있었던 외식 브랜드가 전환 경영을 할 수 있었던 사례이다. 이 사례는 측정에서 시작했지만, 브랜드 전환 경영과 사업의 확장까지 연결되었던 극적인 사례였다.

질의 변화에 따라 최종 숫자가 바뀌는 사례를 공유해 보려고 한다.

측정을 통해 찾은 전환 경영의 불씨

당시 외식사 P 브랜드는 그 당시 시장 No.1인 피자 브랜드를 1/2 가격으로 전략화하여 론칭하였고 시장에서 선풍적 인기를 얻었다. ○○ 이상 출점할 정도였다. 그러다보니 많은 회사가 P 브랜드를 모방하기 시작했고 진입 장벽을 구축하지 못했던 P 브랜드는 쇠퇴의 길이 걷기 시작하였다. 적자의 규모가 점점 늘어만 갔다. 그래서 재론칭을 준비하게 되었다. 오픈할 곳을 핵심 상권에 정하고, 그곳에 비싸고 좋은 자리를 얻어 계약하였다. 그러나 전체 콘셉트와 인테리어의 완성도가 떨어져 몇 개월을 비워둔 상태로 비싼 임대료만 지급하는 상황이 되었다(이런 과정에 나는 리테일 사업부에서 경영자들의 무덤인 이곳 외식사업부 본부장으로 임명받아 이동하였다). 그렇게 우여 곡절 끝에 새로운 콘셉트의 매장이 드디어 오픈을 하게 되었다. 고생 끝에 준비한 매장에서 매출이 잘 나오면 좋았으련만 예상대로 매출이 나오지 않았다.

매출이 늘지 않는 이유는 고객이 적거나, 피크 타임(Peak Time)에 고객을 다 처리하지 못하는 것 중의 하나일 것이다. 여러 직원에게 매출이 안 오르는지를 물어보면 한결같이 '매장에 고객이 적어요'라는 말만 되풀이하였다. 어느 날 1층 매장에서 입구를 보고 있었는데 생각보다 입점 고객이 많았다. 그런데 왜 매출이 일어나지 않지? 그래서 정확히 입점 고객을 측정해 보기로 하였다.

입점 고객을 측정해 본 결과 입점한 고객들이 모두 주문하고 그 주문을 처리한다면 지금보다 2배 이상의 매출을 하는 수치였다. 당시 오픈 매장은 패스트푸드 형태로 사업 설계를 하였기 때문에 고객들이 매장에 들어와 카운터에서 주문하고 기다린 후 주문한 음식이 나오면 직접 받아서 자리에서 식사하는 구조였다.

입점률이 높았지만 매출이 안 오르는 것은 2개의 병목 현상이 있음을 유추해 볼 수 있다. 하나는 카운터에서 계산 속도가 너무 늦어 대기 줄이 늘어나자 기다리지 못해 이탈하는 고객과 제공 시간이 너무 늦어 크레임(claim)을 걸고 나가는 것이다. 가정을 토대로 먼저 계산 시간과 제품 제공 속도를 측정하였다. 계산대에서 계산 속도가 늦어 대기하다 지친 고객들이 이탈하는 고객들이 20%, 피크타임과 비 피크타임에 따라 주문 처리 능력에 의해 주문한 후 피자가 너무 늦게 나와 크레임을 걸고 이탈하는 고객들이 20%였다.

매출 이익은 입점 고객 수와 고객 주문 처리 능력에 의해 결정된다. 피크타임에는 주문처리 능력보다 입점 고객 수가 많고 비 피크타임에는 입점 고객 수보다 주문 처리 능력에는 문제가 없다. 결국 하루 매출은 피크타임 매출로 결정이 된다. 그런데 측정 결과 피크타임 때 계산 속도와 제품 제공 속도가 다 지체되니 고객들이 이탈할 뿐만 아니라 음식을 기다리는 고객들도 좌석에서 점유하는 시간이 많다 보니 다른 고객들이 들어왔다 앉을 자리가 없어 그냥 나가는 것이었다. 피크

타임 이상으로는 벌지 못하므로 피크타임의 제공 속도 문제를 해결하여야 한다고 판단하였다.

그래서 제목이 발견되었다. 음식 제품 제공 속도 ○○분, 제공 속도를 ○○분 내에 제공하려면 제약(모든 기업은 더 높은 수준의 성과를 제약하는 자원이 반드시 하나 이상은 존재. 제약 자원들을 파악하고 개선해야만 기업의 성과를 높일 수 있다)을 해소하여야 한다. 그 방법은 제품의 맛의 변화가 없는 시간 내에서 피크타임 전에 준비해 놓는 것이었다. 그렇게 해서 피크타임의 매출을 30% 올릴 수 있었다. 당시에 처음의 병목은 주문 처리 능력(속도)이었지만 이것이 해결되면 유효 좌석 수가 병목이 되고 이것이 해결되면 입점 고객 수가 병목이 된다. 비 피크타임까지 포함한 전체 고객 수가 늘어야 전체 매출이 크게 올라간다. 병목은 하나를 해결하면 다른 병목이 나타난다. 제공 속도를 해결하자 유효 좌석 용량이 부족했다. 동반 고객 수를 측정해 보니 주로 연인들을 포함한 2인 고객이 전제의 70%를 차지하고 있었다. 그런데 좌석 배치가 반대로 4인 고객이 70%로 배치되어 있었다 이것을 2인 고객으로 조정하자 좌석점유율이 올라가면서 다시 매출이 20% 올라갔다.

이렇게 해서 피크타임 때는 매출은 올랐지만, 전체 매출이 커지려면 비 피크타임에도 고객들이 방문해야 한다. 실제로 맛이 올라가자 스윙 타임이 없어질 정도로 고객들이 전 시간대에 방문해 어떤 날은 ○○ 회전을 하기도 했다. 아주 극적인 사례였다. 매출이 많이 오르자 건물주는 임대료를 두 배로 올려달라고 해, 4개 층이었던 매장을 2개 층만 쓰는 것으로 하였다. 매장은 반으로 줄이면서도 매출을 기존 매장의 크기보다 2배 더 하는 기록을 세웠다. 그런데 이 사례가 한 개 매장에서 끝났더라면 극적인 사례가 되지 않았을 것이다.

측정에서 시작된 이 매장의 전환 사례는 당시에 바로 적용이 가능한 몇 개 매장에 적용되어 숫자를 바꾸었고, 이후 전 매장에 확산하여 브랜드의 전환 경영을 이루었다. 사업부의 전환 경영이 안 되면 다른 사업을 론칭할 수 없는 상황이었기에 이 사례는 사업을 벌릴수 있는 전환점이 되었다. 한 개 매장의 작은 측정에서 시작된 이 제목이 나중에는 사업부를 혁신하는 데까지 연결이 된 것이다.

작은 것이라고 해서 무시하면 안 된다. 만약 작은 것이라도 그 결과를 통해 다른 곳에 이식하여 숫자를 낼 수 있다면 큰 기회를 가져다줄지도 모른다. 이 사례는 개인적으로도 직장생활의 위기를 극복하고 성장을 맛본 귀한 경험이 되었다. 한 점포, 적은 부분을 파일럿해서 검증하고 그 후 확산하여 사업부 전체를 움직여야 한다.

그것은 적은 지점의 수익이 전체 매장들의 수익의 합이라는 의미가 아니다. 작은 것 하나의 확실한 성공은 다른 것들도 변화시킬 수 있는 모델이 된다는 뜻이다. 물론 이렇게 해서 성과가 확산하면 부분의 합이 전체 성과의 크기를 키우기는 하지만 말이다. 확실한 지식은 다른 데서도 성과가 검증된다. 이 사례를 포함해 외식사업부에서의 성공 지식은 당시의 CKO(그룹 지식 경영 총괄 임원)의 컨설팅과 헌신적인 팀들이 있었기에 가능한 것이었다.

TIP

목표로 한 것이 이루어지지 않을 때, 그 원인이 무엇인지를 확인하기 위해서 측정을 할 수 있다. 측정은 측정 계획을 세워야 한다.

2) '숫자'에서 나온다

날마다 수치를 파악하라.
- 램 차란

숫자를 통해 비즈니스의 현 수준을 판단할 수 있다. 그런데 숫자 자체로는 수준을 판단할 수 없다. 몇 가지의 관점을 가지고 봐야 어떤 숫자인지가 판단이 된다. 숫자는 전략이나 전술을 실행한 결괏값이다. 전략과 전술을 퍼포먼스(Performance, 운영)하는 주체는 사람이고 가치사슬(Value Chain, 회사에서 고객에게 가치를 제공하기 위해 연결된 기능들)이다.

그들이 상호작용을 하면서 숫자가 나온다. 그런데 숫자는 가만히 있지를 않는다. 계속 상태를 바꾸어 가면서 뭔가를 보여주고 있다. 그 숫자를 주목하고 있지 않으면 그 숫자가 주는 기회를 놓치거나 위기를 감지할 수 없다. 그러므로 유의미한 숫자를 항상 볼 수 있도록 작업을 해놓아야 한다. 시스템으로 해놓으면 더 좋겠지만, 시스템도 관점을 가지고 만들지 않으면 무엇을 해야 할지를 알 수가 없다. 숫자 자체의 의미를 정확히 파악하려면, 다른 숫자와의 관계 속에서 보여지는 숫자를 함께 봐야 한다.

숫자를 보고 제목을 찾는 방법은 크게 3가지이다.
첫째는 이익 구조틀 상의 숫자가 나오는 값을 들여다보는 것이다.
비즈니스를 하면서 접하는 수많은 정보의 핵심은 숫자이다. 그런데 모든 숫자가 프로젝트 제목이 되는 것은 아니다. 초점을 가지고 볼 필요가 있는데, 그것은 이익 구조틀 상의 핵심 숫자의 변화를 중심으로 들여다보는 것이다.

즉 최초에 역기획을 통해 세운 이익 구조틀의 핵심 KPI 중에 크게 미달한 것이나 크게 상승한 것을 들여다봐야 한다. 앞에서도 설명하였지만 이익 구조틀이라는 것은 이익이 날 수밖에 없는 구조이다. 매출과 원가, 판관비 등이 변하더라도 최종적으로 이익이 날 수밖에 없는 구조를 짜야 한다. 이 구조상에서 변화가 있는 숫자들을 중심으로 추적하고 프로젝트 제목을 찾는다.

예를 들면 이익 구조 틀 상에서 원가율의 목표가 20%였는데 거기에 미달하게 되면 영업이익이 어떻게 변하는지를 보고, 그 문제를 해결하기 위한 제목들이 나와야 한다. 매출도 계획대로 나오지 않을 때가 많다. 그러면 매출이 떨어지더라도 이익을 보존할 수 있는 방법을 찾아야 한다.

의외로 이익 구조틀 상의 어떤 숫자가 크게 잘 나오는 경우가 있다. 이때에는 한 숫자가 잘 나와 최종 숫자가 좋아지더라도 절대 기준에 도달 못 한 다른 숫자가 묻히지 않도록 잘 들여다봐야 한다. 반대로 한 숫자 커지면 다른 숫자는 작아 보이는 것이 있는데, 원래 하기로 한 목표에 미달하지 않았다면 문제가 될 것이 없다. 어떤 숫자가 잘하고 있다면 비즈니스의 가치가 훼손되지 않는 범위에서 크기를 더 키울 수 있다. 숫자가 잘 나온 곳을 더 크게 하는 것도 프로젝트 제목이 될 수 있다.

둘째는 세계 최고의 회사의 숫자를 보고 제목을 잡는다.

동종 업종에서 베스트 오브 베스트(Best of Best)를 찾고 거기서 숫자를 찾아야 한다. 동종 업종 이외에 어떤 영역에서의 베스트(Best)도 가져다 쓸 수 있다. 전체적으로 잘하는 곳도 있으나 어떤 영역에서 특출난 곳이 있기 때문이다. 또한 복종이 다르더라도 서비스 방식이 비슷하면 가져다 쓸 수 있다.

다른 회사의 베스트 프랙티스를 가져와도 그냥 그냥 쓸 수는 없어 숫자를 분석하고 적용점을 찾는 작업을 해야 한다. 아무리 자기 회사와 비슷한 회사나 복종에서 가져온다 해도 가져온 회사의 컨디션(Condition, 조건)이나 사업의 규모, 일하는 방식이 다르므로 숫자 말고도 그 숫자를 움직이게 한 베스트 프랙티스까지 찾아 잘 적용해야 한다.

① 그는(벤치마킹 회사) 이 숫자를 어떻게 나오게 했는지
② 그대로 쓸 수 있는 것은 무엇이고, 적용하려면 어떻게 해야 하는지
③ 버릴 것은 무엇이고, 그들보다 잘할 수 있는 것은 무엇인지
④ 그들의 사업 구조, 이익 구조, 일하는 방식이 분해를 통해 분석한 자료의 근거를 확인했는지

이러한 분석을 완전히 마친 이후에 원리를 찾았다면, 그것을 토대로 사업에 적용하면 된다.

> 패션 SPA(Specialty store retailer of Private label Apparel, 의류 기획·디자인, 생산·제조, 유통·판매까지 전 과정을 제조 회사가 맡는 의류 전문점) 같은 경우는 자라(ZARA)나 H&M, 유니클로의 숫자를 많이 들어야 본다. 자라 같은 경우에는 년 지속적인 성장을 기반으로 판관비를 고정하여 장기수익을 확대하고 있다. 점 인건비와 낮은 임차료 조건으로 저비용 구조를 갖추고 있다. 만약 판관비 고정의 베스트 프랙티스를 가져온다면 매출 신장이 같이 따라가야 한다. 만약 매출 신장이 따라가지 않는 데 판관비를 고정으로 맞추려고 한다면, 비즈니스 운영상의 리스크까지 해결하는 대안이 나와야 할 것이다. 세계 최고의 숫자를 분석해 보면 갭이 크게 나올 것이다. 세계 최고의 숫자에 도달하려면 분석이 끝난 숫자들을 자기 사업부에 역으로 대입해서 계획을 짜 보는 것이다.

셋째는 다른 곳과 비교해 보는 것이다.

세계 최고는 아니지만 비슷한 업종의 다른 매장, 다른 지점, 다른

사업부의 숫자를 비교하여 상대적으로 떨어지는 숫자를 제목으로 정하는 것이다.

나는 CAO(그룹 낭비 제거 총괄 임원)일 때 년 2회 전국의 리테일 지점들을 모두 순회하였다. 점포의 컨디션이나 구조가 다르므로 숫자를 비교할 때는 상당한 주의가 요망된다. 상대적으로 유리한 점포들이 있는데, 가령 투자에 대한 감가상각비가 다 끝났거나, 직영이라 임차료의 부담이 적은 경우, 중간관리가 많아 수수료율에 대한 부담은 있으나 인건비의 부담이 적은 경우 등이 그런 것이다.

따라서 피어 그룹(Peer Group, 비슷한 비교 집단)을 선정하고 매출액의 증가나 감소에 따라 쓰는 비용이나 원가가 어떻게 바뀌는 지를 비교해 보고, 매출총이익을 내지도 못하면서 쓰는 비용이 있는지, 유리한 조건으로 인해 숫자가 좋게 나오는지 등을 살펴봐야 한다. 그리고 점포의 구조도 잘 살펴야 숫자 판단의 실수를 하지 않게 된다.

가령 직영과 중간관리의 비율, 어떤 MD(Merchandising, 브랜드나 상품 등의 카테고리)가 있는 곳과 없는 곳, 온라인과 오프라인의 비율 등이다. 이러한 숫자들을 비교해 보고 더 할 수 있는데 못하는 것을 제목으로 선정한다.

물류 책임자일 때 여러 물류회사를 견학하였다. 견학하고 나면 어떻게 적용해야 할지 정리가 안 되는 경우가 많았다. 물류를 로봇 자동화로 하는 회사들도 보곤 했는데, 그 당시에 그 회사는 로봇으로 할 수 있는 아이템이니까 가능하지, 이런 것은 우리하고는 관계가 멀다고 생각했다. 그런데 최근에 많은 회사가 물류에 로봇 자동화을 도입하기 시작했다. 아주 기본적인 것이지만 로봇으로 할 때의 생산성과 그로 인해 인력을 다른 곳으로 재배치했을 때의 생산성을 반드시 숫자로 검토해 봐야 한다.

그리고 그 숫자는 비슷한 업종의 다른 곳과 비교해 근거가 나와야 프로젝트로 할 수 있다.

외부에서 베스트 프랙티스의(숫자)를 가져오는 법

올 초에 자료를 정리하기 위해 업종이 같은 2개의 회사를 비교하면서 숫자를 분석한 적이 있었다. 두 회사는 시장에서의 1, 2위를 다투는 회사였다. 두 회사의 비즈니스 방식의 근본적인 차이는 해외 진출 전략에 있었다. A회사는 직 진출하는 형태였고, B회사는 현지 회사들은 M&A하면서 진출하는 방식이었다. 부실 사업장을 끌어안고 진출했던 회사는 투하자본은 상대적으로 적었지만, 부실을 떨어야만 숫자가 좋아지는 구조로 되어 있었다. 부실을 해결할 수 있는 전략들을 내놓으면서 숫자들을 바꾸어 놓기 시작했다. A회사는 개선할 숫자를 확실히 찾은 것으로 보였다. 숫자는 현재를 보여주지만, 제목의 변화를 통해 그 회사의 미래를 예측해 볼 수 있다.

우리가 외부에서 숫자를 가져오려면 여러 가지 방법을 사용하여야 한다. 해당 회사의 베스프 프랙티스를 가져오는 방법은 공식적으로 방문 요청해서 담당자나 책임자를 만나는 방법이다. 인맥을 이용하여 담당자 미팅을 주선할 수도 있다. 통상적으로 다른 회사에 뭔가를 배우기 위해 요청할 때 매몰차게 거절하는 것도 있지만, 어떤 회사들은 만나는 것에 대해 개방적인 곳도 많았던 것 같다. 벤치마킹 회사의 거래처가 일치할 때 그 거래처가 다리를 놓아주면 가서 배우는 방법도 있다.

벤치마킹을 하려고 한 회사에서 자사로 이직한 외부 경력자를 통해 물어볼 수도 있다. 그 외 인터넷이나 책/논문 등의 자료 검색을 통해 찾을 수 있다. 해당 회사의 제품과 서비스를 이용하는 소비자를 통해 조사를 할 수도 있다.

TIP

숫자를 통해 우선순위 제목을 찾는 것은 이익 구조틀, 세계 최고 또는 비슷한 사업이나 업종의 숫자를 통해서이다. 제목을 찾기 위한 숫자는 해당 회사의 방문 요청, 해당 회사의 거래처, 해당 회사에서 근무한 경험이 있는 직원, 인터넷/책/논문/유튜브에서 가져올 수 있다.

3) '고객 조사'에서 나온다

경쟁자를 두려워 마라.

그들은 당신에게 돈을 지급하는 사람이 아니다.

당신이 두려워해야 할 사람은 고객이다.

– 제프 베조스

당신 회사의 사장은 바로 고객이다.

– 마크 쿠반

　점포 운영과 관련한 벤치마킹을 위해 글로벌 SPA 매장을 찾아 그곳을 책임지고 있는 점장과 인터뷰를 한 적이 있었다. "점장으로서 집중하는 1번 과업이 무엇인가요?"라는 질문에 그 점장은 "저는 온종일 고객에 집중합니다"라고 답하였다. 그 회사의 점장의 1번 과업은 '운영보다 우선하는 것이 있었는데, 그것은 고객을 주목하는 것'이었다.

　매장에 들어온 고객들이 무엇을 원하는지, 무엇을 불편해하는지, 무엇에 만족하는지를 관찰하고 묻고 청취하는 것에 가장 많은 시간을 쓴다는 것이었다. 매장 운영이 중요하지 않아서가 아니라 고객을 주목하는 일이 핵심 과업이기 때문일 것이다. 그렇다면 운영은 어떻게 하는가? 최소의 인풋으로도 아웃풋을 낼 수 있도록 시스템과 역할 분담이 잘 되어 있을 것이다.

제목을 찾는 방법 중에 가장 위력이 큰 것이 고객 조사다

　제목을 찾는 방법 중에 필수적이면서도 가장 임팩트(Impact, 효과)가 큰 것이 고객 조사이다. 고객 조사는 내 생각을 버리고 고객에게 초점을 맞추는 것이다. 우리 고객이 누구인지를 잘 정의하고 그 고객들에게 다양한 형태로 고객 조사를 하면 해결해야 할 제목이 나온다.

고객 정의는 고객을 분류하여 고객군별 비중을 보고 핵심 고객을 선정하고 그들로부터 핵심 가치를 찾아내는 순서로 진행한다.

그 방법은 먼저 인구통계학적 기준에 따라 고객을 1차로 분류한다. 나이와 성별 그리고 직업과 소득 수준, 결혼 여부, 교육 수준, 생활 방식, 평균 자사의 서비스를 이용하는 정도(시간, 횟수)로 구분한다. 그런데 이러한 방법들은 아주 전통적인 방법이다.

고객의 2차 분류는 선호하는 가치를 세부적으로 파악하여 분류한다. 우리 브랜드의 핵심 고객은 누구인지? 우리 브랜드의 핵심 고객은 어떤 특성이 있는지? 우리 브랜드의 고객이 원하는 것(서비스 이용 이유, 기대하는 것)은 무엇인지? 현재의 고객 외에 우리 브랜드가 추가로 잡아야 할 고객은 누구인지? 이에 대한 정의를 하고 거기에 맞추어 조사한다.

업종이나 사업의 특성에 따라 고객의 조사 방법이 다를 수밖에 없다. 고객들에게 설문 조사나 FGI[Focus Group Interview, 집단 심층 면접은 집단 토의(Group Discussion), 집단 면접(Group Interview)으로 표현. 보통 6~10명의 참석자가 모여 사회자의 진행에 따라 정해진 주제에 관해 이야기를 나누게 하고, 이를 통해 정보나 아이디어를 수집하고 의견을 나눈다]를 하거나 행동을 관찰하거나 고객들이 말하는 살아 있는 소리를 듣거나 구매 데이터를 추적하거나 자사 서비스를 이용하는 고객들에게 온라인 조사를 하는 것들은 일반적으로 복종에 상관없이 적용할 수 있는 조사법이다. 이것 이외에도 복종이 산업별로 추가해서 고객의 니즈를 알 수 있는 조사법들이 개발되어야 한다.

모든 조직은 어떠한 형태로든 고객 조사를 하고 있으므로 고객 조사를 할 때는 이전에 조사한 것들이 있는지를 다 찾아봐야 한다. 고객을 조사하게 되면 고객의 니즈와 원츠[니즈는 소비자들의 기본적인 욕구를 말하고, 원츠는 기본적인 욕구를 충족시키기 위한 구체적인 수단에 대한 열망이다. 원츠는 없어도 살아가는 데는 큰 지장(불편함)은 없으나, 고객의 욕망으로 원하는 것을 갖고 싶은 것을 말한다]를 알 수 있다. 시장이나 고객을 보는 데 있어서 우리가 보고 싶은 것만 보는 오류가 있으므로 정리된 조사 방법에 따라 그대로 조사해야한다.

1차 고객도 이외에도 조사를 다 해야 한다. 일반적으로 1차 고객인 소비자를 중심으로 조사하고 있으나, 조사 대상은 1차 고객 이외에도 2차 고객, 3차 고객에 대해서도 조사해야 한다. 1차 고객은 최종 소비자이다. 기존 이용고객과 잠재고객, 이탈고객, 비 고객을 다 포함한다. 2차 고객은 가치사슬과 연결된 고객이다. 거래처, 일과 연결된 기능, 기관, 언론, 주주 등이 다 포함된다. 3차 고객은 내부 직원(상사, 부하, 동료)이다. 모든 고객 조사를 다 하는 이유는 최종 소비자의 가치 창출과 밀접하게 연결이 되어 있기 때문이다. 3차 고객 조사는 내부의 일하는 방식의 문제들을 조사하거나, 고객에게 제공될 가치들이 내부의 어떤 문제들로 인해 전달을 방해하고 있는지를 조사한다. 고객과 접점에 있는 직원들은 고객을 직접 조사하는 것 못지않은 고객에 대한 정보들을 가지고 있다. 또한 입점해 있는 거래처들도 마찬가지다. 조사의 결과가 조사하는 조직의 전체 관점에서도 통할 수 있는 명확한 근거가 있는지를 점검해야 한다.

고객 조사의 2가지 사례(고객 조사가 브랜드를 살렸다)

외식사업부 본부장일 때의 사례이다. 회사의 리테일 점포 한 곳을 새로 오픈하게 되었다. 그 매장에 한 층을 외식 브랜드로 MD를 하여야 하는 숙제가 주어졌다. 그 MD[Merchandising, 머천다이징, 제조업자나 유통업자가 시장(고객)조사 결과를 바탕으로 적절한 상품의 개발이나 가격·분량·판매 방법 따위를 계획하는 일] 구성에는 레스토랑도 포함이 되어 있었다. 당시만 해도 베니건스나 아웃백, TGI 프라이데이즈 같은 레스토랑이 시장에서 잘나가던 때라 해당 브랜드들을 입점시키는 것은 쉽지 않았다. 입점이 어려우니 레스토랑을 직접 론칭할 수밖에 없었다. 회사 내에 레스토랑을 론칭할 수 있는 역량이 없어 외부에서 레스토랑 경험이 있는 경력직들을 채용해 브랜드 론칭을 준비하였다. 거기에 내부의 오피니언 그룹(Opinion Group)들이 결정적인 조언을 아주 많이 하였다.

처음에는 뷔페 콘셉트로 오픈할 것을 계획하였으나, 오피니언 그룹들의 의견은 '누가 음식을 불편하게 가져다 먹느냐'는 것이었다. 그도 그럴 것이 오피니언 그룹들은 직급도 높고 소득 수준이 있다 보니 그들 입장에서는 뷔페 자체가 맞지 않았던 거다. 외부 경력자들도 패밀리 레스토랑에서 근무하던 직원들이라, 그들이 보고 배웠던 방식으로 사업 방향을 제안하였다. 결국은 풀 서비스 방식의 레스토랑으로 론칭하였다. 그것이 A 브랜드이다. 당시 매장 하나를 오픈하는 금액치고는 비교적 많이 들었다. 매장 면적도 컸고 인테리어도 아주 고급스럽게 들어갔다. 그런데 오픈하고부터 문제가 생겼다. 매출이 나오지 않는 것이었다. 손익분기점에 한참 미치지 않는 매출이었다. 여러 운영 방식을 더해 여러 시도를 했으나 매출의 변화가 없었다.

그때 깨달았다, 우리가 1차 고객 조사를 제대로 하지 않았다는 것을…. 우리가 들어가는 매장에 오시는 고객들이 백화점이 아닌 아울렛 고객이라는 것과 그 고객의 대부분이 주부라는 것을 말이다. 그래서 다시 고객 조사를 하게 되었다. 아울렛을 이용하시는 주부 고객들을 포커스그룹(Focus Group)으로 정하고 설문 조사와 F.G.I를 중심으로 고객 조사를 하였다. 당시에 고객들이 이야기하는 것을 하나도 빠짐없이 기록하였다.

당시 고객들의 공통적인 의견은 '어떤 브랜드를 싸게 마음껏 이용하고 싶다'라는 것이었다. 결국 고객 조사를 통해 '뷔페 재론칭'이라는 제목이 새로 나온 것이다. 물론 뷔페에 맞는 포트폴리오를 구성할 수 있는 제품개발자와 뷔페 매장을 운영할 수 있는 직원들을 새로 영입하였다. 그리고 새로 론칭한 매장의 운영 수준을 올리면서 가능성을 지켜보았다. 그때 주목한 KPI가 재방문율이다. 재방문율의 수치가 계속 올라가고 있었다. 고객에게 가치를 제공해 주고 있다는 것이 증명되었다. FGI가 조사 방법 중에서 완벽한 방식이 아니고 질문에 대한 완성도와 조사 품질 여부에 따라 결과가 달라지기도 하나 다행히도 고객이 원하는 것[골라서 다양하게 맘껏 먹고 싶은 니즈]을 찾은 것이다.

이 조사의 결과로 4P로 정리가 되고 그것이 새로운 포지셔닝과 사업 모델로 재탄생한 것이다.

상식과 다른 결과

하이퍼 매장의 품질을 조사한 적이 있었다.

하이퍼에서 파는 상품들은 많지만, 고객들에게 하이퍼 매장의 품질을 인식하게 하는 대표 아이템은 그리 많지 않다. 대표 아이템의 품질이 그 매장의 품질로 고객들은 인식하게 된다. 그래서 매출 점유율이 높은 대표 아이템 20개를 정해 고객 조사를 하였다. 대표 아이템 20개 중에는 정육 판매대의 소고기도 포함되어 있었다. 식품류의 고객 조사 방법은 직접 고객들이 먹어보는 방식으로 진행한다. 고객의 평가가 객관적으로 되도록 모집단을 충분히 확보해 시식을 통해 품질을 평가한다.

소고기는 근내지방도, 고기 색, 지방 색, 조직감, 성숙도에 따라 고기 품질을 1++, 1+, 1, 2, 3등급 및 등외로 구분하고 있다. 등급별로 숙성 기간별로 시식할 샘플들을 준비하고 매장에서 직접 구어 고객들에게 맛을 보게 하여, 결괏값을 도출하였다. 정육은 숙성이 맛을 느끼는 데 중요한 요소라는 것은 이미 알고 있었으나, 새롭게 발견된 사실은 대부분 고객이 숙성이 잘된 등급이 낮은 소고기가 숙성이 안 된 등급이 좋은 소고기보다 맛이 좋다는 평가 결과가 나왔다. 물론 숙성의 날짜에 따라 맛의 평가가 달라지는데 등급별 숙성 날짜별로 고객 조사를 하다 보면 고객 관점의 품질의 기준이 정의되게 되어 있다. MD들은 자기들의 경험으로 정리된 품질 기준이 있다. 그러나 그 품질 기준이 고객이 원하는 품질과 항상 일치하는 것이 아니다. 이 조사 방법은 직접 고객의 경험을 통해 고객의 니즈를 파악하는 방법이었다. 그래서 나온 프로젝트 제목이 '소고기의 숙성 일자 지키기'였다.

고객 조사는 FGI나 설문지를 통해 직접 조사하는 방법도 있으나 이외에도 여러 가지가 있다. 사업장이나 업종의 특성에 따라 공통으로 적용될 수 있는 고객 조사 방법도 있을 수 있으나, 공통이 아닌 다른 조사 방법이 있을 수 있다. 종류도 적게는 몇 개, 많게는 수십 개를 넘을 수 있다. 지금부터 고객 조사 방법에 대해 알아보자.

육감을 이용해 조사한다
귀로 듣는다

고객에게 귀를 기울여야 한다. 모든 기업이 고객에게 귀를 기울이고 있다고 믿고 있다. 하지만 고객들은 분명하고 일관성이 있게 말하지 않는다. 그런데도 일반적으로 고객들이 원하는 것을 알고 있다는 착각을 하고 있다. 한 조사에 따르면 직원들의 50%가 일과 중에 듣는 데 시간을 사용하나 여기서 제대로 알아듣는 것은 1/4이라고 한다. 이것을 고객에게 적용한다면 의도를 가지고 정확히 들으려고 하지 않는다면 고객들이 이야기하는 중요한 것들을 놓친다는 이야기가 된다. 의도적으로 정확히 들으려고 하더라도 고객의 말의 속도나 모르는 단어로 인해 정확히 인지하기는 쉽지 않다. 고객의 하는 소리를 잘 들으면 고객의 숨은 니즈 및 문제를 발견할 수 있다. 고객들이 대화하는 말이나 묻는 말, 고객의 혼잣말, 고객의 불만 등을 다 듣는 것이다.

매장이라면 고객이 몰리는 장소에서 고객이 몰리는 요일/시간을 정해서 듣는다. 반대로 고객이 전혀 없는 장소나 몰리지 않는 요일/시간에 들을 수 있다. 컨디션이 다른 상황에서 고객들의 소리를 들음으로써 고객의 니즈를 정확히 캐치할 수 있다. 직접 현장에서 근무해보면서 고객의 살아있는 소리를 들을 수도 있다. 고객의 살아있는 소리를 들으면서 고객들이 반복해서 나오는 불만을 필터링한다. 이때 상품의 긍정적/부정적 고객의 소리를 다 적고 나중에 세밀하게 구분하여 정리한다. 고객상담실의 상담원이나 온라인상의 댓글이나 게시판을 통해서 고객의 소리를 확인하는 방법도 있다. 매장주의 의견을 듣고 실제 고객 니즈를 파악하는 방법도 있다.

눈으로 본다

이렇게 고객의 말을 듣는 방법 이외에 직접 고객의 행동을 관찰하는 방법도 있다. 《쇼핑의 과학》이라는 책에서 고객의 이용 형태를 관찰하는 사례가 나오는데 그러한 방식과 같은 것이다. 회사에서도 통상 매장에 들어오는 고객들의 동선을 추적하여 데이터를 내고 고객들이 어떤 식으로 움직이는 지를 보고 전략이나 영업의 방향을 정한다. 고객의 행동을 관찰하는 것은 고객의 말과 행동이 일치하지 않을 수 있기 때문이다. 고객을 뒤따라가거나 고객의 동선을 조사하거나 고객의 손(먼저 만지는 것), 고객의 구매 패턴(가령 쇼핑카트나 쇼핑백의 구매한 상품, 구매한 영수증)을 관찰한다.

패션, 외식 고객 조사(관찰) 예

패션 사업의 경우에는 매장에 들어오거나 길거리를 다니는 고객들을 대상으로 옷차림 상태를 관찰하는 방법도 있다. 이와 비슷한 방법으로 의류매장의 피팅룸 앞 거울에서의 고객행동을 관찰해 보는 것도 방법이다. 피팅룸에서 나온 고객이 가장 먼저 하는 말을 관찰한다. 피팅룸에서 피팅을 하고 나서 사는 상품과 사지 않는 상품을 확인해 본다. 고객 체형별로 가장 신경을 쓰는 신체 부분을 정리한다. 체형별로 콤플렉스를 보완하거나 자신이 있게 체형을 드러내는 고객의 옷차림 형태를 관찰한다. 외식 매장의 경우에는 손님들이 남긴 음식을 확인하거나 음식 쓰레기통을 뒤지는 방법도 있다.

눈으로 보는 방법 중에 직접 조사를 하는 방법이 있다. 패션 회사의 옷차림 조사를 예로 든다면, 장착 조사도 조사 시간과 장소를 잘 정해야 하고, 효과적인 방법은 한 번에 한 가지만 봐야 한다. 볼 때는 자기 관점으로 보거나, 한번 본 것으로 단정을 짓지 말아야 한다. 자신의 고객들이 많이 모이는 시간대와 장소를 선정해서 보되 특징 있는 옷만 보는 것이 아니라 보편적인 것을 집중해서 본다. 자신의 고객들이 실제로 입은 옷은 무엇인지를 찾아보는 것이 핵심이다. 매장에서 운영되고 있는 고객 카드를 참고로 할 수도 있다. 대체로 매출을 많이 하는 점주의 정보를 신뢰할 수는 있지만, 전체 매장주를 통해 얻은 정보 중에서 공통으로 언급되는 고객 니즈를 적용할 수 있다.

입으로 물어본다

얻고자 하는 것을 질문 리스트로 만들어 물어보는 방법이다. 예를 들어 의류 브랜드일 때 진행할 스타일에 대해 구체적으로 묻는 방법이다. 가격을 보여주고 구매할 의사가 있는지, 있다면 그 이유가 무엇인지 물어볼 수 있다. 구매할 의사가 없다면 그 이유는 무엇이고, 무엇을 해결하면 살 건지를 물어볼 수도 있다. 물어보는 고객 조사에 성공하려면 질문을 잘해야 한다. 즉 고객 경험이 '어떤 것이어야 한다'라는 선입견을 제쳐두고 '그것이 진실로 무엇인지'를 알아내도록 노력해야 한다. 또한 매개변수, 측정, 규범적 질문들을 내버려 두고 새로운 질문을 하는 법을 배워야 한다. 즉 사전적인 질문들에 대한 해답을 채우려는 생각이 아니라 발견하려는 의지를 갖고 조사 과정에 접근해야 한다. 간혹 무슨 질문을 해야 하는지를 고객에게 묻기도 한다. 많은 조사자가 그릇된 질문을 하고 있으며, 일부는 그릇된 방법으로 조사하고 있다. 올바른 질문 방법을 찾고, 질문의 수준을 계속 높여야 한다.

고객 조사 방법 중에 FGI는 광고와 신제품 개발, 그리고 전략을 수립할 때 유용한데, 고객의 긴 이야기를 듣고 고객의 숨은 니즈나 문제를 발견할 수 있다. FGI의 경우, 말로 설명할 때는 이성이 작동하여 고객의 숨은 니즈가 정확히 드러나지 않을 수 있다. 이 방법은 고객을 유형별로 분류하여 진행한다. 예를 들어 인구 통계적 특성이나 라이프스타일 등으로 분류하거나, 로열티 고객, 비 고객, 이탈 고객 등으로 분류한다. 이렇게 분류하면 질문의 내용이 조금씩 달라질 것이다. 결국 질문을 통해 고객들이 간절히 원하는 것이 무엇인지, 우리의 제품과 서비스에서 충족되지 않고 있는 욕구가 무엇인지를 찾아낼 수 있어야 한다.

잘못 만들어진 고객 조사 설문지는 그들이 의도한 것이 무엇인지 측정할 수 없다. 설문지는 제품과 서비스에 대해 고객이 중요하게 생각하는 특성에 초점을 맞추어야 한다. 아울러 고객 사이클과 비슷한 전통적인 고객의 경험을 반영할 수 있는 순서로 구성해야 한다. 고객이 중요하다고 생각하는 제품과 서비스의 모든 해당 사항을 설문지에 포함해야 한다. 서비스와 관련된 상황은 정확성, 완결성, 적시성의 요소를 담아야 한다. 각각의 특성에 따라 질문은 만족의 원인이 무엇인지를 측정할 수 있어야 한다. 중요성과 기대 충족 요소를 같이 물어보면 고객이 향후 계속 이용할지 하지 않을지를 알 수가 있다. 되도록 설문 이외에 고객들이 할 말을 많이 하도록 하는 방법을 고민해야 할 것이다.

소비자 이외에도 다양한 조사를 하여야 한다

경쟁사도 조사한다. 경쟁사의 조사도 자사의 조사 방법과 같이 실행한다. 경쟁사를 이용하는 고객 중에 핵심 고객을 찾고, 그들을 통해 조사한다. 그들에게 확인하려고 하는 것은 경쟁사를 방문하는 이유이다. 경쟁사 방문고객을 찾는 방법의 하나는 자사 고객 중에 경쟁사 충성 고객을 찾는 방법이 있다.

자사와 경쟁사를 비교할 때는 같은 선호 기준으로 자사와 경쟁사의 만족/불만족 요소를 비교해야 한다(경쟁사를 조사할 때는 반드시 같은 조건을 가지고 조사해야 한다). 경쟁사 고객 중에서는 충성 고객을, 충성 고객 중에서는 자사 이탈 고객을 찾아 조사하면 핵심 가치를 더 명확하게 파악할 수 있다. 경쟁사를 조사할 때는 반드시 같은 조건을 가지고 조사해야 한다. 직접 고객 조사를 할 수도 있으나 경험 고객을 대상으로 모바일 조사를 할 수도 있다.

스스로 고객이 되어 본다

또 다른 방법은 스스로 고객의 입장이 되어, 행동하는 자신을 관찰하는 방법이다. 스스로 고객이 돼보는 것은 고객의 머리와 가슴 속으로 들어가는 방법의 하나다. 스스로 제품이나 서비스의 고객이 될 때 얻을 수 있는 이점은 다른 고객들이 무엇을 경험하고 싶어 하는지의 고객의 니즈를 알 수 있게 된다.

자신이 왜 매장에 들어가고 싶은지, 왜 구매하고 싶은지, 구매했다면 왜 했는지를 관찰하는 것이다. 구매한 이후에는 자기가 산 결정에 얼마나 만족하는지 불만은 무엇인지를 파악하는 것이다.

통상 매장에서 판매하는 종업원이나 직원들은 자기가 파는 가격이 적정한지의 판단을 못하는 경우가 많다. 그런데 본인이 고객이 되었을 때는 이용하는 상품과 서비스에 대해 아주 민감해지고 불만이나 불평을 늘어놓거나, 상품의 구매 자체를 안 하게 된다. 그래서 본인이 손님이 되었을 때의 상황을 잘 관찰하여 거기서 인사이트를 찾아야 한다.

고객만족도 측정 결과의 정확도를 높여라

서비스를 이용하고 나면 매장이나 온라인상에서 만족도 조사를 받은 적이 있을 것이다. 이때 받은 느낌은 무엇인가? 만족도에 대해 피드백해주면서 느끼는 것은 나에게는 두 개로 나뉘는 것 같다. 하나는 너무 간단하다는 것이다. 하나는 너무 복잡하다는 것이다.

어떤 회사의 만족도를 관련된 조사에 응하다 보면 짜증이 날 정도로 많은 질문과 비전문가가 보더라도 왜 이런 질문을 하는지 의문이 들 정도의 잘 검증되지 않은 문항들이 있는 것을 경험한 적이 있다. 만족도 이외에 포괄적인 내용들을 조사하는 것은 때로는 문항이 늘어날 수도 있고, 다양한 항목들에 대해 포함할 수 있다.

그런데 실제로 고객들이 만족도 조사를 한 결과와 실제 재무 성과와의 상관관계가 약하다는 것은 입증된 사실이다. 이것은 응답하는 고객이 만족도 점수를 본인들이 생각하는 것보다 더 높게 주거나, 서비스를 재구매할 의향에 대해서 후하게 점수를 내리는 경향 때문일 수도 있다. 오히려 회사에서 소비자 만족 점수를 비즈니스에 활용하기 위해 유리하게 설문 조사를 설계하기도 한다. 그 증거가 소비자 만족도가 좋다고 자랑하는 회사들의 서비스나 상품의 고객이용도가 그리 높지 않고, 재무 상태도 시원치 않은 경우이다.

고객만족도 평가는 간단하지만, 고객의 만족도를 정확히 조사할 수 있는 체계가 마련되어야 하고, 그 결과를 바탕으로 피드백을 통해 그 수준들을 더 올려야 할 것이다. 만족도 조사에서 나온 결과와 회사가 고객에게 제공한 가치를 측정하면서 서로 비교하여 갭이 있다면 그 갭을 올리는 노력을 하여야 진정한 고객만족도 조사가 될 것이다.

고객 조사 결과를 의미 있게 분석하고 해석하여야 한다

제공되는 서비스의 문제를 개선하거나 업그레이드하는 용도로는 간단한 조사로도 가능하나 고객들이 이야기하는 진짜 니즈를 발견하려면 조사 방법에 대해 고민하여야 하고, 고민하여 찾은 조사 방법을 고정화하여 정기적으로 고객에 대한 피드백을 받아야 한다. 고객 조사를 하고 피드백할 때는 컨디션이 반드시 반영되어야 한다. 조사한 장소가 지점이나 지역에 따라 다르고, 조사한 곳마다 조사 데이터 모집단이 다르므로 분석 과정에서 이러한 조건들이 잘 반영되어야 한다.

특히 고객 조사가 시스템으로 정착된 곳은 분석할 때 객관적인 방법을 사용할 것이다. 그러나 상사의 지시로 고객 조사를 통해 무언가를 내놓아야 하는 상황에서는 부담을 가져 객관성을 잃고, 인사이트를 하나라도 드러내려고 노력하게 된다. 그러다 보면 고객 조사의 본질이 흐려지게 되어 있다.

고객 조사를 토대로 고객이 진정으로 원하는 것을 찾으려면 의미를 분석하고 해석하는 시간이 필요하다. 고객 조사를 제대로 해놓고는 해석은 자기 관점에서 하는 때도 있다. 사람은 누구나 자신의 관점을 주장하려는 경향이 있다.

개인적 오류 말고 집단적 오류를 극복하기 위해서는 정성적인 것을 정량화하고 지수화하는 것이 중요하다. 고객들이 말한 것 중에 가장 의미 있는 것을 하나를 중요하게 보는 방식이 아니라 다양한 고객 조사를 통해 분석된 결과이어야 한다.

고객이 원하는 니즈와 원츠(Needs & Wants)를 해결하려면 지금까지 앞에서 열거한 고객 조사 방법을 다 사용한 결과를 가지고 분석하고 해석하면서 그 결과들을 공유하면서 다른 사람의 의견을 들어가면서 작업을 하여야 한다.

의미를 분석하고 해석하여 고객이 원하는 것이 무엇인지를 알았더라면, 그다음 실행하는 큰 장애물이 기다리고 있다.

앞에서 A 브랜드의 사례는 뷔페 재론칭이라는 제목을 찾았더라도 뷔페 업장을 구현할 사람과 인프라를 갖추지 않으면 론칭이 불가한 상황이었다. 다행히 A 브랜드는 뷔페 메뉴 포트폴리오를 구현할 수 있는 개발자와 인프라를 구현할 수 있는 사람을 확보하였기에 론칭이 가능했다. 정작 좋은 제목을 찾고도 자원의 지원이 안 되어 실행이 안 되는 경우가 있다.

고객의 니즈와 원츠를 알고 프로젝트 제목을 찾는 것이 50%라면 나머지 반은 실행이다. (실행과 관련된 것은 '실행도 전략이다' 장에서 다시 추가로 설명하려고 한다.)

TIP

시간이 걸리더라도 1차, 2차, 3차 고객 조사를 다 해야 하고, 고객의 니즈를 알 수 있는 여러 조사 방법들을 개발해야 한다.

4) '고객이 반복해서 표출하는 불만'에서 나온다

> 고객이 진정으로 원하는 것을 해결하라.
> – 마이클 헤머

고객의 불만을 듣는 것은 고객 조사의 하나의 방법이나, 중요하므로 여기서 별도로 다루려고 한다. 우리는 고객의 불만에 대해 내 문제처럼 민감하지 않다. 서비스 제공자가 되어 고객의 상황을 이해하는 것보다, 자기가 서비스를 이용하는 사람이 되었을 때가 훨씬 더 민감하다. 나도 고객이 되어 쇼핑한다든지, 인터넷에서 구매를 한다든지, 전화로 호텔로 예약한다든지 하면 정말 많은 불만이 생긴다.

내가 고객이 되었을 때의 불만을 가졌던 것을 생각하면서, 내가 응대하는 고객이 나라고 생각하고 견해를 바꾸어 진지하게 고객의 불만을 듣게 되면 훌륭한 프로젝트 제목이 될 수 있다.

모든 불만이 프로젝트 제목은 아니다

그런데 고객의 불만을 모두 프로젝트 제목으로 삼을 수는 없다. 프로젝트 제목을 삼을 정도의 제목은 그 문제를 해결하지 않는다면 고객이 떠나가거나 자사의 서비스를 이용하지 않아 매출에 영향을 받을 수 있는 것이어야 한다. 그 정도라면 불만을 다른 사람들에게 이야기할 수 있고, 그로 인해 회사의 이미지를 떨어트릴 수 있다. 그렇지 않은 제목은 프로젝트가 아닌 일반 업무로 해결하면 된다.

그렇다면 중요하다고 판단할 수 있는 근거는 무엇인가? 중요하다고 판단되는 근거는 고객이 반복해서 이야기하는 불만일 것이다. 매장에

바닥이 지저분하다고 고객들은 이야기하지 않는다. 그러나 음식 맛이 없는데 가격이 비싸면 단번에 이야기가 나온다. 반복해서 나오는 불만을 해결하지 않게 되면 고객과의 관계가 깨진다. 고객의 불만은 아주 큰 것부터 아주 작은 것까지 다양하다. 전체 사업부로 보면 적을지 모르지만, 점포 입장에서는 클 수 있다. 점포의 입장에서는 작을 수 있으나, 층별 입장에서는 클 수 있다. 그러나 고객을 맞이하는 곳은 현장이므로 바닥에서부터 나오는 소리에 귀를 기울여야 한다.

고객 불만 해결 사례

식품 매장에서의 운영 사례가 기억이 난다. 고객들은 매장에서 신선식품은 당연히 신선한 상품을 구입하기를 원한다. 그런데 공산 신선식품을 보관하는 설비가 오래되어 품질이 균질하게 유지되지 않았다. 거기다 이 설비가 고장이 나면 상품을 후방 창고로 옮겨 설비를 고치는 일까지 있었다. 고객들은 공산 신선식품 판매대만 가면 불만을 반복적으로 이야기하곤 하였다. 그래서 그 판매대는 매출이 좋지 않았다. 담당자는 설비를 최신식으로 교체하게 되면 비용이 발생하니 의사결정을 못하고 있었다. 그렇지만 고객들의 불만이 커져 내부에서 설비 교체를 결정하였다.

기존 설비는 평대(누워 있는 냉장 쇼케이스)였는 데 이것을 빌트인(Built-In, 붙박이 용 세워진 냉장고)으로 교체되자 고객들이 상품을 쉽게 고를 수 있고, 이전보다 많은 SKU를 다룰 수 있게 되어 고객의 선택 폭을 늘어나게 되었다. 그리고 적정 온도가 유지됨으로써 품질을 유지할 수 있게 되었다. 고객들은 공산 신선식품에서 양질의 구매를 하게 되었고, 진열장 하나 바꾼 것으로 매출이 많이 나오게 되었다.

자주 반복해서 말하는 큰 불만을 찾아라

위에서 설명한 평대와 관련된 사례는 아주 작은 프로젝트일 것이다. 그러나 일반적으로 고객이 상품을 사고자 했는데, 없어서 사지 못하는 것과 관련된 불만은 아주 큰 프로젝트이고 전 가치사슬이 달라붙어야만 해결할 수 있다. 때에 따라서는 일하는 방식이 해결되어야 하는 제목으로 연결될 수도 있다. 그러니 고객들이 반복해서 이야기하는 불만이 해결된다면 작은 혁신부터 큰 혁신이 다 해당이 된다고 볼 수 있다.

서비스 불만 사례

나이가 들면서 체력이 떨어져 헬스장을 다녔다. 오랫동안 운동을 안에 체계적인 훈련이 필요해 트레이너에게 지도를 받았다. 트레이너들은 일반적으로 트레이닝을 받는 사람들이 근육이 나오고 근력이 좋아지는 것에 초점을 맞추어 코칭을 하다 보니 트레이닝을 받는 사람의 운동 강도를 무리하게 높여 몸에 손상이 가게 한다는 내용을 본 적이 있었다. 그런데 그것이 나에게도 똑같이 적용되었다. 나같이 나이가 어느 정도 된 사람은 근육이 경직되고 유연하지 않아 힘을 쓰는 것을 갑자기 강화하면 신체의 큰 무리가 갈 수 있다. 어느 날 어깨가 무리가 가는 것을 느꼈다. 그 후로 어깨로 인한 불편함과 심한 통증이 만성이 되었다.

서비스 품질 관리의 권위자인 칼 알브레히트가 미국 전역의 헬스센터에 소속된 우수한 리더 집단에 회원들이 다니는 헬스클럽에 대해 어떻게 느끼는지 알기 위해 정기적으로 조사합니까? 라는 질문을 던졌더니 전체에서 5명만이 손을 들었다는 사례를 그가 지은 책에서 소개하고 있다. 그 트레이너도 운동의 목표를 나와 합의하고 단계별 목표에 따라 관리가 돼야 했었다.

TIP

고객의 모든 불만이 다 프로젝트 제목이 아니다. 자주 반복해서 나오는 것 중에서 해결되었을 때 파급력이 큰 것을 우선순위 제목으로 선정한다.

5) '과업 재정의'에서 나온다

> 목표를 달성하는 것이 곧 지식근로자의 과업이다.
> '목표를 달성한다(To Effect)'는 것과 '과업을 완수한다(To
> Execute)'는 것은 결국 동의어나 마찬가지이다.
> – 피터 드러커

과업의 정의는 나만이, 고객에게 제공할 수 있는 가치이다. 더 쉽게 이야기하면 고객가치 창출을 위해 자신이 할 수 있는 일을 의미한다. 올바른 과업의 세우는 출발점은 고객이다.

과업의 재정의 예

과업을 잘 설명하는 예가 피터 드러커의 《자기경영노트》라는 책에 잘 나온다. 그 책에서는 간호사의 과업을 예로 들어 설명하고 있다. 간호사의 과업은 '단지 환자들에게 빨리 주사를 놓아주고 약을 제공하는 사람'이었다. 그런데 '환자의 회복을 돕는 사람'으로 재정의되자 '환자의 회복을 위해 모든 것을 하는 사람'으로 목표가 바뀌었다. 지금은 고인이 되었지만 로빈 윌리엄스의 《패치 애덤스》라는 영화를 보면 그가 진정으로 환자를 이해하며 환자의 입장이 되어 재미있는 여러 이벤트를 수행하는 장면이 나온다. 의사나 간호사들이 환자의 회복을 위해 따뜻하게 말 한마디 하는 것, 친구가 되어주는 것이 주사 한 방 놔주는 것 못지않게 환자의 회복에 도움이 된다는 것은 의학적으로도 증명이 되었다.

이처럼 고객의 관점에서 자신만이 제공할 수 있는 일을 생각하는 것이 과업이다. 과업을 잘 정의하면 아주 좋은 제목을 찾을 수 있다.

과업의 재정의로 자원의 부족을 극복한 사례

IMF 때 나는 리테일 점포의 지점장이었다. 그 당시의 많은 회사가 부도가 나고 어려움을 겪는 상황이었다. 회사의 생존이 문제가 되는 상황에서 많은 거래처가 이탈하고 직원들의 사기가 떨어져 경영이 쉽지 않은 상황이었다. 선임 직원들을 내보낼 수밖에 없었다. 당시의 회사들이 다 이런 아픔을 겪었다. 인원이 줄어든 상태에서 점을 운영하는 데 있어 고민이 되었다. 인원이 부족하니 당장 고객들에 도움이 되는 것들에만 집중할 수밖에 없었다. 고객들이 원하는 것이 무엇일까? 고객들에게도 물어보고 과거 영업하면서 경험했던 것을 되돌아보면서 깊이 생각해보았다.

과거 다른 점포에서 영업할 때의 에피소드가 갑자기 생각났다. 당시 그 매장은 엘리베이터가 없어 고객들이 걸어서 4~5층까지를 걸어서 이동해야 했다. 그런데 어느 때 좋은 상품이 4층에 매대에 깔리는 날이 있으면 홍보를 하지 않았는데도 주부 고객들이 어떻게 알았는지 벌떼같이 몰려들었다. 그때부터 나의 머릿속에는 '리테일 매장의 관리자는 상품에 목숨을 걸어야 한다'라고 생각하게 되었다. '고객들이 가장 원하는 것은 값싸고 좋은 상품을 제공하는 것'이라는 것을 과업으로 정하고 관리자들과 입점 업체와 함께 공유하였다. 과업을 제대로 정의하면 시간 사용이 달라진다. 시간이 사용이 달라지니 근무하는 장소가 달라졌다. 상품이 있는 매장, 상품이 있는 거래처, 상품이 있는 물류 창고로 시간의 표준 스케줄이 완전히 바뀌었다.

'고객들이 원하는 상품을 준비하고 제공하는 것'이 과업이라고 해서 청결이나 서비스가 중요하지 않다는 것이 아니다. 그렇지만 적은 인원으로 모든 것을 다 커버하기가 쉽지 않았다. 전체 청결과 서비스의 수준이 다소 떨어지더라도 상품은 놓지 않았다. 매니저들에게 평상시보다 더욱 상품 확보와 관련하여 협조를 구하고 필요하면 물류 창고를 찾아가 원하는 상품을 가져올 수 있도록 하였다.

안 팔리는 상품은 바로 매장에서 제거했다. 빅아이템을 입점 업체별로 주간 3개씩을 정해 충분한 물량을 준비하도록 협조를 구했다. 매출이 많이 올랐다. 이익도 많이 개선되었다. (리테일에서는 지금도 상품이 가장 중요한 요소이지만) 그 당시 과업을 오직 상품에만 매달린 것은 정말 잘한 일이었다. 관리자들만이 고객에게 제공할 수 있는 가치는 고객이 원하는 상품이 무엇인지를 알고 확보하는 것이었다.

과업이 내포하고 있는 의미는 이바지해야 할 것에 대한 책임과 끊임없는 혁신이 포함되어 있다. 관리자들이 다른 것을 제대로 하더라도 고객이 원하는 상품을 제공하지 못하면 책임을 다하지 못하는 것이 된다. 고객이 원하는 상품을 매장에 계속 내놓을 수 있다는 것은 점포관리자에는 혁신에 해당하는 것이었다. 과업을 재정의하려면 고객이 원하는 것이 무엇인지를 제대로 확인하라. IMF 때 얻은 소중한 교훈이었다.

개인의 강점과 과업을 연결하라

개인에게 과업을 부여할 때는 그가 가진 강점에 맞는 과업을 부여하여야 한다. 가령 전략을 수립할 때는 전략을 내놓을 수 있는 아이디어와 전략수립에 필요한 분석을 하는 것이 필요한 데 아이디어를 내놓은 것과 숫자를 분석하는 것은 다른 강점이다. 분석이 강한 사람에게 전략을 요구하는 것은 그에게는 아주 고역인 상황이 된다.

상권을 개척하거나 새로운 브랜드를 론칭할 때는 개척 성향이 강한 사람에게 그 과업을 부여한다. 어떤 사람을 섭외할 때는 사람을 만나는 것을 좋아하고 친화력이 있는데다 협상력이 있는 사람을 배치하여야 한다. 프로젝트 기간이 길며 시스템을 구축하면서 문제를 해결할 때는 프로세스가 강하고 집요한 사람이 그 일을 하여야 할 것이다.

좋은 상품을 확보하는 데도 여러 사람의 강점이 쓰일 수 있다. 어떤 상품이 잘팔릴지를 판단하는 데 강점이 있는 사람이 있는가 하면, 거래처와 협상을 하여 상품을 가져올 수 있는 사람이 있어야 하고, 가져온 상품을 잘 관리하고 잘 팔 수 있는 프로세스와 시스템을 만드는 강점이 있는 사람이 필요하다.

과업이 잘 정리되면 몇 가지 특징이 나타난다

첫째는 KPI가 명확히 나타난다.

고객에게 제공되는 나만의 가치가 KPI에 잘 드러나게 되어 있다. 만약 KPI가 안 바뀌면 그것은 고객의 가치를 제공하는 것이 모자란다고 볼 수 있다. 고객이 간절히 원하는 것을 해결해 주면 시곗바늘이 안 바뀌려야 안 바뀔 수가 없다. 앞에서 사례에서 상품 확보와 관련된 과업을 재정의하면 상품과 관련된 KPI로서의 베스트 상품 확보 수나 빅아이템이 늘어나게 될 것이고 최종적으로 점포 매출이 상승하게 될 것이다.

둘째는 몰입도가 높아지고 개인의 역량이 더 잘 발휘될 수 있다.

그 이유는 집중해야 할 범위가 명확해지기 때문이다. 과업의 핵심은 고객에게 주는 가치가 큰 것이다. 과업이 잘 정의되면 과업을 수행하는 동안에 의미 있는 일을 하고 있다는 자각이 일어난다.

셋째는 시간 사용이 달라진다.

매장 관리자가 평상시는 청결과 안전 등 기본 과업 이외에도 이러한 것들에 신경을 썼지만, 과업이 재정의되면 시간의 무게가 다른 곳으로 이동한다. 위 사례에서처럼 '상품과 관련된 과업을 재정의하면서 우수한 브랜드를 입점시키고 좋은 상품을 확보하고 사장 상품을 제거하고, 결품이 없도록 필업을 하는 것'으로 시간의 무게가 바뀔 것이다.

과업 변경 사례

　나는 자사의 어느 매장에서 판매사원들의 과업이 '고객에게 대면 서비스를 최상으로 제공하는 것'이라는 것을 듣고 아무 의심도 하지 않았다. 그런데 고객들이 '왜 이 물건이 없어요' 라고 하는 말을 자주 들었다. 그렇다면 판매사원의 과업은 무엇이 되겠는가?(이 매장은 판매사의 과업을 '필업(Fill-up, 상품 보충)'으로 바꾼 이후에 매출이 많이 올라갔다.)

　고객 관점에서 과업을 제대로 정했다면 해야 할 프로젝트 제목이 필업으로 바뀌게 될 수밖에 없다. 과업의 정의는 고객에서부터 시작하고, 그 고객의 니즈와 원츠를 해결할 수 있도록 각 구성원의 강점에 맞추어 과업을 조정하는 것이 성과와 직결이 된다.

TIP

과업은 나의 고객을 아는 데서 시작한다.
목표를 달성하는 것과 과업은 완수하는 것이 동의어라고 할 때 그 목표는 고객의 불편을 해결하는 것과 같다고 볼 수 있다.

6) '현장'에서 나온다

> 경영자의 현장 참여 역할 없이는 큰 성과를 거둘 수 없는
> 것처럼 여겨진다
> – 토머스 J. 피터스

> 빠르게 변화하는 업계에서 가장 영속적인 기업들은
> 규모가 커지는 가운데서도 현장에 집중하고 세부
> 사항에 애착을 가지는 조직들이다
> – 크리스 주크

현장은 자신의 과업이 이루어지는 곳이다. 또한, 현장은 고객이 있는 곳이다. 현장은 상품과 서비스를 만나는 곳이다. 현장은 제품과 서비스가 만들어지고, 창고나 매장으로 이동되고, 고객에게 전달되는 곳이다. 현장에 나가는 이유는 정확한 비즈니스 진단과 문제해결, 그리고 기회를 발견하기 위해서다.

세계적인 기업들의 현장 경영 사례를 살펴보면 네슬레의 CEO는 1년에 4천여 명의 직원들을 현장에서 직접 만난다고 한다. 월마트의 창시자 샘 월튼은 사무실에서 부가가치를 창출할 수 없으므로 무조건 현장에 나가야 한다고 하였다. 그의 현장 경영 철학은 지금도 계승되어 회사의 문화로 자리를 잡고 있다. 스타벅스의 CEO인 하워드 슐츠는 매일 스타벅스 매장 25곳을 방문한다고 한다.

현장 경영이 제대로 되고 있다면 본부에 있는 인력들도 현장에서 많은 시간을 쓰고 있어야 한다. 그리고 현장에서 근무하는 인력도

현장에 있는 사무실에 있어서 안 되고, 고객이 있는 곳에 있어야 한다. 물론 현장에 가 있다고 현장 경영이 되는 것은 아니다. 무엇을 할 것인지의 관점을 가지고 현장에서 보고 경험해야 현장 경영이 되는 것이다.

현장에서 제목을 찾으려면 시간을 투자하여야 한다

현장으로 나가는 것이 쉽지 않다. 인터넷 등 정보의 발달로 현장을 직접 가지 않고도 필요한 정보를 획득할 수 있는 시대가 되었다. 이는 관리자들이 현장에 있는 듯한 착각을 하게 하거나, 온라인화로 인해 집무실에서 현장을 모두 파악하고 있다는 오해를 한다. 그러나 보이지 않는 데이터와 정보는 현장의 모습을 그대로 파악하기에는 한계가 있다.

우리가 현장에서 시간을 써야 하는 이유는 데이터(정보)로 현장을 파악할 수도 없을뿐더러 현장에서 시간을 쓴다고 해도 파악이 안 되는 것이 많기 때문이다. 그런데 현장에서 단기간 근무하거나 고객을 본 것으로 현장을 이해했다고 하는 착각을 하는 경우가 많다. 그렇게 쉽게 현장은 파악이 되지를 않는다. 그곳에서 때로는 같은 것을 상당히 반복해서 봐야 이해가 되는 때가 있다. 머리를 쓰지 말고 하나만 집중해서 봐야 할 때도 있다. 때로는 아주 충분한 시간을 두고 경험해야 한다.

경영자가 직접 근무해보아야 제목을 찾을 수 있고 하고자 하는 제목이 적합한지 아닌지 알 수가 있다. 그런데 현장에서 고객을 만나든 현장에서 근무하든 제대로 파악할 수 있는 도구와 관점이 있어야 한다. 무엇을 얻을 것인지에 따라 준비해야 할 것들이 너무나 많다.

현장에서 시간을 쓰는 것 중에 가장 큰 비중은 고객 조사일 것이다.

현장에서 근무하면서 제목을 발굴하고 조직화하여 가는 사례를
정리해 보았다.

현장 근무를 통해 찾은 제목과 실행 사례

외식사업부의 본부장으로 부임하고 나니, 외식 경험이 없는 나에게 직원들이 외식
비즈니스를 하는 데 필요한 제목을 많이 이야기해 주었다. 직원들이 이야기하는 제목
이 머리로는 이해가 되었으나 가슴으로는 와닿지 않았다. 부서별로 직원들이 돌아가
면서 업무보고를 하는데 비즈니스에 필요한 제목을 다 가지고 있었던 것 같았다.

외식은 '맛이 중요하다. 서비스 속도가 중요하다. 회전율과 재방문율이 중요하
다.' 등등 그러나 내가 경험해보지 않고는 그 제목이 정말 중요한 제목인지를 확신
할 수 없었다. '내가 직접 현장에서 근무해보지 않고는 그것은 내 것이 아니다'라
는 생각이 들었다. 그러면서도 쉽게 매장으로 나가지를 못했다. 그 당시에 현안이
너무 많았던 것도 이유 중의 하나였다. 윗분께서 적극적으로 현장 근무를 추천하
셨다. 그래서 현장 근무를 시작했다. 매장에서 아침에 오픈을 할 때부터 마감 때
까지 6개월을 근무했다. 용기 없이는 할 수 없는 일이었다. 본부장이면서 아르바
이트 복을 입고 아침 매장 문을 열고 청소하고 피자를 직접 굽고 카운터에서 계산
하고 접시닦이를 하는 등 바닥 일을 하였다. 그런데 이렇게 현장에서 힘들게 근무
해도 정말 무엇이 중요한지 아무것도 파악이 안 되었다. 답답한 시간이 지나가고
있었다. 그렇게 근무하기를 3개월이 지나자 제목들이 하나씩 눈에 들어오기 시작
했다. 6개월을 지나자 48개의 제목이 만들어졌다. 그리고 그중에서 3개의 제목
으로 묶임을 알았다. 이것이 루트 코스(Root Cause)였다. 고구마 줄거리처럼 하나
를 당기면 따라오는 핵심 지식 덩어리였다. 이것을 정리하는 데 무려 6개월 이상
의 시간이 소요되었다.

큰 전략적 방향을 가지고 우선순위에 의해 집중하는 것은 지식이 어느 정도 정
리가 된 경우에 가능한 일이다. 내가 현장에서 지식을 찾은 방법은 귀납적인 방법

이었다. 아무것도 몰랐기에 그 방법에 의존할 수밖에 없었다. 귀납적인 방법으로 루트 코스가 밝혀지면 그다음부터 연역적인 방법에 따라 확산할 수 있다.

조직 내에 지식화의 수준이 높고 역량이 있다면 연역적인 방법에 따라 우선순위를 가지고 집중할 수 있다. 귀납적인 방법은 오히려 시간만 버리게 된다.

앞서 말한 것처럼 루트 코스는 제목이 모여 묶인 것이다. 구조화된 상태이므로 루트 코스에서 성과를 낼 수 있는 형태로 전략 지식 제목으로 정리가 된다. 루트 코스가 정리되었다고 열매를 맺는 것은 아니다. 방향이 정리되었을 뿐 결과물을 내려면 더 조직화한 실행이 필요할 것이다. 팀 조직화라든지 실행하는 과정에 피드백을 체계화한다든지 하는 등의 실행 지식이 더 요구된다. 그래도 방향이 정해졌으므로 실행하는 팀들의 실행 속도가 빨라지고 동기 부여도 된다. 방향이 정해지지 않았을 때가 가장 힘들 때이다.

그 방향을 잡기 위해 올바른 제목을 찾는 것이 책임자의 역할이다.

현장에서 볼 수 있는 3가지

첫째는 내부 고객을 볼 수 있다.

직원들이 지금 어떤 상태인가를 볼 수 있다. 직원들의 표정과 직원들의 일하는 분위기에서 지금 이 조직의 정서 상태가 어떤지를 알 수 있다. 가지런히 놓여 있어야 할 상품, 손님들에게 보이는 상품의 설명 표시 등에 손님들이 느낄 정도로 문제가 있으면 내부에 어떤 문제가 있는 것이다. 직원 간의 소통이 안 되거나, 일이 힘들어 업무 탈진이 있거나, 내부 운영에 문제가 있는 경우는 프로젝트 우선순위를 정하게 하고 실행을 요구해 봤자 프로젝트의 진척이 되지를 않는다. 오히려 현재 가지고 있는 문제를 키울 뿐이다. 이때 현장에서 할 우선순위 제목은 무엇이겠는가? 이럴 때는 인사와 관련한 프로젝트가 우선일지도 모른다.

현장(공장) 수준 확인 예

- 같이 근무하던 직원과 공장에 갔을 때 '공장의 수준을 어떻게 알 수 있나요?' 라는 나의 질문에 그는 "공장에 가면 구석이 청결한지, 완성된 상품의 정리정돈이 잘 되어 있는지, 기계가 돌아가는 소리가 경쾌한지 일하는 사람들이 잡담하는지, 아니면 일에 대해 이야기하는지, 그리고 전체 생산 플로우가 물 흐르듯이 흐르는지, 라인에서 쫓기는 사람이 없는지, 나이대가 적절한지를 봐요. 만약 공장이 지저분하거나 상품이 아무 데나 놓여 있거나 기계가 둔탁한 소리를 내거나 생산 라인이 정신없이 바쁘고 너무 어린 작업자들만 있으면 이 공장은 문제가 많은 공장이므로 오더를 주었을 때 납기나 품질을 잘 지키지 못할 가능성이 있어요"라고 답을 하였다. 현장에서는 운영상의 컨디션을 볼 수 있다.

두 번째로 볼 수 있는 것은 고객이다.

강력한 경쟁자가 등장하거나 코로나 팬더믹 같은 상황에서는 고객의 구매 행태가 달라진다. 바뀐 고객의 구매 행태를 주목해야 한다.

현장에 가야 직원들에게는 듣지 못한 고객들의 생생한 불만족을 발견할 수 있다. 그리고 때로는 내가 손님의 입장이 되지 않으면 결코 알 수 없는 것을 고객이 되어 확인할 수 있다. 일부러라도 시간을 내서 자사에서 운영하는 서비스를 경험할 필요가 있고, 회사 직원들에게도 이러한 경험을 할 수 있는 프로그램을 통해 고객의 현장에서 피드백 고리를 만들어 놓아야 한다.

세 번째는 경쟁사이다.

경쟁사에는 손님이 많은지 적은지, 어떤 변화가 있는지, 어떤 상품을 주로 파는지, 고객들은 어떤 상품을 주로 사는지를 본다. 물론 경쟁사의 전략과 운용 시스템도 파악할 수 있다. 특히 이곳에서는 우리 고객이 아닌 비고객이나 잠재 고객들의 구매 행태를 관찰할 수 있다.

나는 매장에 나갈 때 옆에 있는 경쟁사의 매장에도 가본다. 거기서 고객들도 보지만 경쟁사의 직원들의 퍼포먼스와 운용되는 시스템도 같이 본다. 그들이 쓰는 새로운 도구나 시스템이 발견될 때 왜 그런 도구나 시스템을 쓰는지 그들의 상품과 서비스 방식과 연결해서 고민해 보고, 그것을 우리한테 가져왔을 때 유익과 리스크는 무엇인지도 같이 생각해 본다.

특히 어떤 영역이 막혀 있을 때는 경쟁사의 현장에서 실마리를 얻을 수 있다. 그 실마리가 해결할 제목이 될 수 있다.

TIP

현장에서는 내부 고객, 소비자, 경쟁사를 볼 수 있다. 이들을 통해 얻는 지식이 제목까지 연결되려면 상당한 시간(한 가지를 집중에서 오랜 시간)을 투입하여야 한다.

7) '기존 지식'에서 나온다

비즈니스는 프로젝트의 연속이다. 있어야 할 제목들이 빠짐없이 있으면서 해결되어 사라지고 다시 새로운 제목들이 추가되는 것이 정상적으로 비즈니스를 하는 상황일 것이다. 조직의 프로젝트의 제목을 리뷰해 보면 해당 비즈니스의 수준을 대략 짐작할 수 있다. 제목이 어떻게 바뀌는지를 몇 년간의 것을 리뷰(Review, 되돌아봄)한 적이 있었다. 보니까 매년 같은 제목이 해결이 안 되고 반복해서 나오는 경우가 있었다. 이런 경우 질적으로 전진이 안 되고 있다고 판단할 수 있지만, 반대로 그 오랜 시간 해결을 못 한 것이라면, 그 제목은 정말 중요한 제목일 것이다. 제목을 찾기 어려울 때는 그동안의 프로젝트 제목을 찾아, 고질적으로 해결하지 못했던 것을 선택하면 된다.

놓친 제목이나 지금까지 해결하지 못한 제목이 프로젝트 제목이다

프로젝트 제목은 크게 3가지 유형으로 나타난다.

사업 모델의 변화나 새로운 사업 창출(고객의 니즈 해결), 기존 조직에서의 일하는 방식의 변화, 기존 사업 모델에서의 생산성 향상이다.

사업 모델의 변화는 기존의 프로젝트 제목의 상당한 부분은 폐기하고, 원점에서 시작할 필요가 있다. 그러므로 프로젝트 제목의 상당한 부분은 새롭게 만들어진다.

두 번째 일하는 방식의 변화는 사업 모델처럼 판을 완전히 새로 짜는 것이 아니라 프로세스가 바뀌는 것이므로 어느 정도 기존의 제목이 쓰인다.

세 번째는 생산성의 향상과 관련된 제목은 사업 모델이나 프로세스의 변경이 아니더라도 개선 활동으로 성과를 낼 수 있는 제목이다. 이것은 기존의 제목이 거의 쓰인다.

성과의 크기로 본다면 첫 번째가 크나 반면 실패의 가능성도 크다. 연초에 프로젝트를 셋업(Set-Up)할 때마다 기존 제목이 반복해서 나오는 이유는, 그 제목을 해결하지 못했거나, 같은 제목이지만 버전업(Version-Up)하여야 할 경우, 기존 제목을 능가하는 새로운 제목을 찾지 못했을 경우일 것이다. 통상 연초에 세웠던 제목을 계속 실행하여 3개월이나 6개월, 길게는 1년 단위로 결과물을 내고 프로젝트를 마치거나 버전 업한 제목으로 프로젝트를 새로 하게 된다.

그런데 이렇게 결실을 보지 못하고 제목이 바뀌는 경우가 종종 있다. 제목이 바뀌는 이유는 경영자의 교체, 조직 변경의 사유, 프로젝트를 해결하지 못한 상태로 다른 제목으로 교체, 성과를 더 낼 수 있는 제목을 찾았을 경우 등등이다. 가장 안 좋은 경우는 프로젝트 제목의 진행이 안 되고 막혀 있을 때, 부문적으로라도 성과를 보여주기 위해 다른 제목이 등장하는 경우이다.

크고 어려운 제목은 회피하고 싶을 정도로 어렵다 보니 자기들이 하고 싶은 만만한 제목을 가지고 실행하는 경우가 있다. 그래서 프로젝트 제목을 정하는 것은 일종의 규칙이 필요해 보인다. 어떤 제목은 수년이 지나도 해결이 안 돼 계속 나오는 제목도 있었다. 기존의 지식 제목 중에 고객과 시장이 변하지 않았는데 달성하지 못한 제목은 다시 세팅해야 한다. 그리고 반복해서 제목이 나오는데도 해결되지 않은 원인이 무엇인지를 알아야 정확한 하우를 찾을 수 있다. 일부 고객의 니즈가 변한 것은 제목은 바꾸지 않아도 되나 소

제목이 바뀌어야 한다.

새로운 사업 모델의 제목이라도 중·소제목은 기존의 제목을 가져다 쓸 수도 있다. 그래서 기존에 있던 프로젝트 제목을 적용할 수 있는 곳과 적용할 수 없는 곳을 분류하는 작업이 필요할 것이다.

책임자로 새로 발탁된 사람들은 기존 제목을 참고로 할 때 유의할 점이 있다.

전혀 모르는 상태에서 시작하는 것보다 어느 정도 기존 것을 보면 도움이 된다. 그러나 틀에서 벗어나지 못하는 문제가 있을 수도 있다.

자기 사업이 어떠한 형태로 나아가야 하는지에 따라 기존 제목에서 수정·추가·삭제·통합하거나 폐기하고 새로 찾는 작업을 아주 면밀하게 하여야 할 것이다. 그리고 하기로 했던 제목을 계획대로 실행하면서 제대로 피드백을 해봐야 계속해야 할지, 바꾸어야 할지를 정할 수 있다.

TIP

그동안에 조직에서 시도했던 모든 프로젝트 제목을 리뷰하는 작업을 통해, 이루어지지 않은 것 중에서 현재에도 유효한 것은 제목에 편입할 수 있다.
기존의 프로젝트 제목을 참고하여 제목을 정할 때는, 사고의 틀에서 벗어나는 문제가 있을 수 있으므로, 제목 선정에 시장 환경과 고객 변화를 유의하여 정해야 한다.

8) '예기치 못한 일'에서 나온다

> 사람들이 위대한 업적을 자랑한다 해도 그 대부분은
> 계획이 아니라 우연의 산물이다.
> – 라 로슈푸코

예상치 못한 일들이란 예상치 못한 성공, 예상치 못한 실패, 예상치 못한 외부 사건을 말한다.

피터 드러커 교수는 예기치 못한 일의 광의적 의미를 시장 구성 요소의 근본적인 변화로 인해 조직 내에서 비교적 긴 시간에 걸쳐서 나타나는 징후라 하였다. 그 징후는 새로운 시장이나 혁신적인 사업 기회의 시작을 나타내고, 이를 분석하여 활용하면 시장에서의 경쟁우위를 갖게 된다고 하였다. 일을 철저하게 준비, 실행했는데 기대하거나 시장의 기준보다 훨씬 잘 나오는 때도 있지만, 그렇지 않은 경우도 많다.

어떤 가정이나 확신, 또는 일반적인 흐름이나 트렌드가 크게 벗어나거나 고객의 인식 변화로 인하여 예상치 못한 성공과 실패가 나타나는 경우를 본다. 기업에서의 성공과 실패에는 예기치 못한 성공과 실패가 포함되어 있다. 예기치 못한 성공과 예기치 못한 실패, 예상치 못한 외부 사건은 강력한 프로젝트의 제목이 된다.

업무 과정에 겪은 예기치 못한 실패와 성공 사례

직장생활을 하면서 나도 무수히 많은 예기치 못한 일들을 겪었다. 예기치 못한 실패를 겪은 대표적인 사례는 앞에서도 사례로 둔 A 레스토랑 론칭과 P 브랜드의 리뉴얼 매장의 오픈이었다. 두 개 매장 다 오픈을 준비하는 기간도 많이 들었을 뿐 아니라 동원된 자원들도 다른 브랜드의 (재)론칭보다 훨씬 많이 동원되었다. 국내외의 외식 매장들을 수도 없이 방문하고 벤치마킹하고 외부의 전문인력을 채용하면서 준비해 (재)론칭하였는데도 불구하고 매출이 예상 외로 적게 나왔다. 사람들은 통상 인풋(In-Put)을 크게 하면 아웃풋(Out-Put)이 나올 것으로 생각을 한다. 이 반대로 나왔을 때 '인풋과 상관없이 예기치 못한 무엇을 놓쳤던 것인가?'라는 질문을 해봐야 한다.

반면에 리테일 J 점포는 그렇게 성공하리라 예상하지 못했다. 당시에 나는 오픈 멤버였는데, 점포 오픈이 결정되고 몇 달도 안 돼 오픈하느라 팀도 제대로 구성이 안 되었고, 지원 조직도 제대로 갖추어지지 않은 상황이었다. 그렇게 부족한 자원으로 단기간에 오픈했는데 기대를 넘어선 고객들의 입점으로 오픈 당일 에스컬레이터가 과부하로 멈출 정도였으니 말이다.

다양한 콘텐츠들을 원스톱으로 낮은 가격에 구매할 수 있다는 것이 고객들의 니즈를 충족시켜 준 것이었다. 그 당시의 아웃렛이 고객에 줄 가치에 대해 내부에서 너무 낮게 봤다. 우리가 잘될 것으로 생각하고 잘 준비한 것은 실패하고, 잘 준비하지 못한 것은 의외로 크게 성공하는 일들이 무수히 많다. 이처럼 비즈니스를 하면서 크고 작은 예상치 못한 일이 많다. 그런데 그것이 예기치 못한 성공과 실패인 줄을 모르고 지나갈 때가 많다.

예기치 못한 일을 주목해야 하는 이유

시대가 변하면 기존의 가치는 무가치한 것으로 바뀔 수 있다. 가령 오프라인의 매장에서 고객에 줄 수 있는 새로운 방식들의 가치들을 추가하기 위해 각종 이벤트나 편의성, 그리고 고객을 위한 각종 프로그램들을 제공하면서 회사가 가지고 있는 모든 자산을 활용하여, 고객들도 만족하였고, 고객들의 방문율도 많이 올라간 매장이 있다고 치자. 그런데 예기치 못한 대외변수가 생기면, 이러한 가치도 퇴색하게 된다. 대외변수가 단기간에 끝나면 문제가 없지만, 지속된다면 회사 경영이 어려워진다. 코로나가 발생하기 전까지는 아주 오랜 기간 이러한 모델이 차별화된 모델로 고객들에게 사랑받아왔다. 경영을 하다 보면 전혀 예상할 수 없는 내부, 시장, 외부 변수가 생긴다. 그것이 어느 회사에는 리스크(실패)로 어느 회사에는 기회(성공)로 다가온다.

그래서 어떤 형태이든 단일 전략만을 고집해서는 안 된다. 최소한 우선순위 1개가 아닌 2~3개를 전략과 사업 설계에 담고 가야만 하는 시대가 되었다. 두 눈과 귀를 열고 전체 시장의 상황에 맞게 비즈니스 형태를 통합해서 가져가야 할 필요가 생긴 것이다. 다시 말하면 이것 아니면 저것이 아니라 추가로 선택할 수 있는 대안들을 가져가야 한다.

비즈니스를 하면서 우리가 겸손하여야 하는 이유

고객의 눈으로 시장을 보고 준비하여야 하며, 준비한 대로 결과가 나오지 않으면 고객과 시장을 읽는 눈이 부족함을 피드백해야 할 것이다. 반면 준비한 것보다 더 잘 나올 경우는 시장과 고객을 니즈를 맞출 수 있는 경영자와 내부 자원이 있음에 감사해야 할 것이다.

예기치 못한 성공과 실패는 더 큰 성공의 징후(혁신의 원천)이다. 비즈니스 입장에서는 두말할 것 없이 예기치 못한 일들은 혁신의 기회와 새로운 수익원을 제공해 준다. 또한 예기치 못한 실패라도 피드백을 제대로 하면 이후에 예기치 못한 큰 성공의 기회가 온다. 예기치 못한 성공과 실패는 성공적인 혁신 기회와 새로운 수익원을 제공하기 때문에 놓쳤을 때는 경쟁자만 좋게 된다. 그러므로 피터 드러커 교수의 말대로 예기치 못한 성공과 실패를 찾는 것과 그것에서 교훈을 얻는 것은 의도적인 활동이 되어야 한다.

광의적 예기치 못한 성공과 실패일수록 시장 전체에 대한 분석력과 직관력 등이 필요하므로 전문적인 팀을 구성하여 분석·정리하여야 한다. 전 직원들이 관심을 가지고 당시 상황이나 프로세스, 일어난 결과나 현상을 5WHY[문제가 발생할 때마다 연속적(최소한 5회)으로 문제 발생 이유("왜?")를 질문하여 문제의 근본적인 원인을 찾아내는 데 사용되는 문제해결 기법]에 의해 정리하되 적용점이나 적용할 아이디를 도출하는 훈련하여야 한다. 그렇게 되면 예기치 못한 성공을 놓치지 않게 되고, 예기치 못한 실패를 하지 않게 될 것이다.

예기치 못한 사건의 예(코로나 팬데믹)

예기치 못한 사건의 대표적인 예는 코로나 팬데믹 상황이다. 팬데믹 상황이 오래 지속되면서 우리의 일상에 고통을 가져다 주었지만, 코로나로 인해 기술 산업적인 분야는 발전 속도를 앞당기고 있다. 이와 같은 예는 코로나가 아니더라도 향후 진행될 것들이었으나, 코로나 더욱 속도를 당기게 되었고 사용 범위가 범용성을 가지고 확대되게 되었다. 코로나로 인해 회사들은 사업 모델의 수정과 변화를 가져올 수밖에 없게 되었다.

코로나로 인해 플랫폼 기반의 비즈니스들은 번성했지만 오프라인 중심의 대면 서비스하는 비즈니스들은 고전을 면치 못하고 있다. 예기치 못한 팬데믹 상황은 회사들이 사업의 모델을 재설계하고, 보완할 수밖에 없는 프로젝트 제목들을 던져주고 있다. 코로나는 기업들에 예성실의 사례를 다양하게 보여주고 있다. 이 사례는 우리에게 예성실을 항상 주목하여야 한다는 것을 깨닫게 해주었다.

TIP

예기치 못한 사건을 통해 제목을 찾는 작업은 시장 전체에 대한 분석력과 직관력 등이 필요하므로 전문적인 팀을 구성하여 분석·정리하여야 한다. 경영하거나 프로젝트를 할 때마다 예기치 못한 성공, 실패 관점에서 적용점이나 적용할 아이디를 도출하는 훈련하여야 한다.

4. 우선순위에 집중하라

죽을힘을 다해 정보를 모으고, 죽을힘을 다해 궁리하며, 죽을힘을
다해 선택지를 찾아낸 다음, 그 온갖 선택지 중에서 99.99%를 제거
하고 하나로 압축한다. 이것도 하고 저것도 하고 전부 다 하는 것은
전략이 아니다.
– 손정의

좋은 지도자는 한 가지 목표에 집중한다.
– 잭 웰치

우선순위에 집중해야 하는 이유는 조직의 자원은 제한이 있기 때
문이다. 또 하나는 더 크게 성과를 내기 위함이다.

그런데 우선순위 하나에 집중하는 것은 아주 쉬워 보이지만 실제
로는 가장 어려운 것 중의 하나이다. 회사에서 가끔 '동시 공학'이
라는 말을 쓰는데, 동시 공학(同時共學)이라는 말을 잘못 이해하면
여러 제목을 한꺼번에 처리하는 것이라고 오해할 수 있다. 그러나
동시 공학은 오히려 한 제목을 가지고 여러 가치사슬들이 맡은 제
목들을 동시에 함께 해결하는 것에 가깝다.

동시에 함께하여야 한다는 것은 상당히 어려운 숙제이다. 왜냐하
면 모든 가치사슬들을 한 목표에 집중시키고 과업을 정렬케 한다는
것은 그리 만만하지 않기 때문이다. 직장생활을 되돌아보면 내가 성
과를 낸 경우는 단 하나에 집중했을 때이다. 우선순위가 3개를 넘어
가면 그때부터는 아주 힘들어진다. 특히 조직 구조가 복잡한 경우에
는 여러 계층이 있으므로 소통에서부터 어려움을 겪을 것이다.

이런 조직에서 우선순위가 많은 경우에는, 개인의 우선순위가 다른 가치사슬의 우선순위와 일치하지 않을 가능성이 크므로 업무가 분산되고 긴장감과 몰입도가 떨어질 수밖에 없다.

우선순위 하나에 집중하라

《최고의 전략은 무엇인가》라는 책을 보면 단순성, 집중, 지속해서 변화의 기술에 숙달한 기업이 급격한 변화나 끊임없는 혁신 전략을 구사하는 기업보다 대부분 좋은 성과를 낸다는 내용이 나온다. 우선순위에 집중하는 것은 여러 가지 조직의 복잡하고 다양한 현안들을 뒤로 하고 조직에서 프로젝트로 해결할 제목에 집중한다는 말이다. 프로젝트로 해결할 제목은 우선순위 1번이어야 한다. 2번도, 3번도 아닌 1번 말이다. 우선순위 1번은 제목만으로도 숫자가 나올 수 있을 것 같다는 판단이 드는 제목이어야 한다. 그런 면에서 우선순위는 전략이고 아이디어이다.

앞에서도 이야기했지만 우선순위에 집중해야 하는 이유는 조직의 자원의 한계 때문이다. 자원이 충분하다 하더라도 80에 해당하는 20에 집중함으로써 큰 결과를 내기 위함이다. 집중은 성공을 결정하는 강력한 요소이다. 집중은 모방하기 어려운 전략을 만들기 때문이다.

회사는 커지면 커질수록 복잡성이 더해진다. 그래서 우선순위 중심으로 집중할 필요가 있다. 우선순위로 관리하지 않으면 자원이 분산되어 복잡성만 가중되고 성과와 멀어지게 되어 있다. 반면에 단순하면 단순할수록 성공과 가까워진다. 우리가 목표와 계획을 세우는 이유는 단 하나이다. 그것은 강력한 우선순위의 설정이다.

우선순위에 집중할 때 우리는 우선 따라 할 수 있는 모델을 만드는 방법을 쓰는데 그 이유는 간단하다. 조직의 자원의 한계 때문이기도 하지만, 그것보다도 확산에 아주 유용하기 때문이다. 우선순위 모델에 성공하면 다른 직원이나 사업장에서 그 베스트 프랙티스를 보고 따라 할 마음이 생긴다. 이미 성공한 모델이 있으면 성과를 내라고 강요를 할 필요가 없다. 그 모델을 자연스럽게 따라하게 된다.

또한, 성공을 먼저 맛본 구성원들은 강력한 전도사로서 역할을 할 수 있다. 조직원들의 방관이나 방어적인 생각들을 무너트리려면 우선순위와 모델 만들기에 집중해 성과를 내야 한다.

우선순위 제목의 적정성을 판단하라

선정한 제목이 우선순위 제목인지는 두 가지 방법으로 판단해 볼 수 있다.

첫 번째는 직관적인 질문으로 판단할 수 있다.

그 질문은 다음과 같다.

1. 한 가지에만 집중해도 힘들어 보일 정도의 제목인가?

2. 피하고 싶을 정도로 시도하고 싶지 않은 제목인가?

3. 여러 사람(가치사슬)이 힘을 합쳐도 달성이 어려워 보이는 제목인가?

4. 이것이 전체 성과의 파레토 법칙에 해당하는 제목인가?

두 번째로 역기획을 통해 확인한다.

역기획이란 (앞에서도 기술했지만) 어느 시점에 달성할 목표를 놓고 이 제목이 이루어졌을 때 달성할 목표에 얼마나 도달할 것인지를 판단해보는 것이다. 만약 달성할 목표에 많이 도달할 것 같으면 제목을 제대로 잡은 것이다. 만약 제목을 달성하더라도 역기획된 숫자에 도달하지 못할 것 같으면 그 제목은 잘못된 것이다.

그렇다면 우선순위 제목은 혁신과 생산성 중 어디에 가까운가? 이 질문에 답한다면 혁신과 관련된 제목일 것이다. 개선이나 운영을 통해서는 큰 숫자를 움직이지 못한다. 다시 말해 역기획상의 숫자를 달성하기가 어렵다.

혁신 제목도 2개로 나눌 수 있다. 그것은 구조적 혁신과 점진적 혁신이다. 구조적 혁신은 오래된 브랜드에 해당하는 것이다. 회사를 다시 시작하는 정도의 변화나 비즈니스 모델이 바뀌는 것과 같은 것이다. 처음에 사업을 시작할 때는 고객들의 니즈(Needs)와 원츠(Wants)를 맞추었다고 하더라고, 시간이 지나면 고객들의 니즈와 원츠는 변할 수밖에 없다. 고객이 계속 이동하므로 그것에 맞게 적응해야 한다. 혁신에 성공한 브랜드는 모방자가 나타나게 되어 있다. 이때 구조적인 혁신을 해야 한다. 아니 모방자나 경쟁자가 나타나기 전에 혁신하는 것이 맞는 말일 것이다. 그래서 브랜드를 론칭할 경우에는 확실한 준비하여야 할 것이다. 어떠한 상황에도 대안을 내놓을 수 있는 플랜(Plan) B, C, D를 준비하는 것이 이런 것들이라 볼 수 있다. 내가 외식사업부에 책임자로 부임하기 전에 그 사업부의 어떤 브랜드는 시장에서 혁신하여 엄청난 매출과 이익을 가져왔다. 그런데 시장에서 모방자가 등장하여 그 영광은 오래가지 못했다. 그 당시에 혁신하자마자 구조적인 혁신에 들어갔어야만 했었다. 너무 큰 성공에 취해 누구도 혁신할 것을 생각지 못했다.

또 하나의 혁신은 점진적인 혁신이다. 비즈니스의 모델이 바뀌지는 않지만 지속해서 새로운 고객과 서비스를 시장에서 창출한다.

대표적인 예가 도요타이다. 이 회사는 정상인데도 계속 혁신한다.

고객이 원하는 제품과 서비스를 고객이 원하는 시간 내에 제공하기 프로세스의 혁신을 하는 것들이 여기에 해당한다. 구조적인 혁신이 사업 모델이 바뀌는 것이라면, 점진적인 혁신은 고객이 원하는 것을 해결하기 위해 일하는 방식이 바뀌는 것이다.

우선순위에 집중하지 못하는 이유는?

우선순위에 집중하지 못하는 이유를 세 가지 정도 들 수 있다.

첫 번째는 우선순위 제목을 잘 찾지 못해서이다.

우선순위 제목을 잘 찾으려면 시간이 오래 걸린다. 제목을 완전히 찾기 전에 중간에서 포기하는 때도 있다. 관리자 중에는 우선순위 제목을 어떻게 선정하고, 어떻게 실행 계획을 짜고, 어떻게 실행하는지, 어떻게 점검하는지의 방법들을 잘 배우지 못한 경우가 있다.

나는 사업부의 목표와 프로젝트를 제목이 제대로 되었는지를 점검하는 일들을 많이 하였는데, 그 일을 할 때마다 느꼈던 것은 사업부별로 목표를 달성하기 위한 계획을 세우고 우선순위 제목을 잡는 것에 있어서 경영자나 직원들의 수준차가 많이 난다는 것이었다.

두 번째는 큰 제목을 도전하는 데 따른 두려움 때문이다.

성과를 내지 못하는 이유 중의 하나는 해야만 하는 것이 아닌 할 수 있는 것만을 한다는 것이다. 나는 관리자일 때 상사분께 이런 지적을 많이 받았다.

"자네는 항상 여러 개를 쳐내려고 해. 그래서 성과를 더 낼 수 있는데도 불구하고 성과가 덜 나와. 큰 것 하나에 집중하게나!" 여러 개를 벌리려고 하지 말고 하나에 사실 내가 여러 개를 붙잡고 있었던 것은 큰 성과는 안 나더라도 어떻게 됐던 여러 개를 하게 되면 조금씩은 숫자가 움직이므로, 최소한의 자기를 방어하기 위함이었다.

사람들은 아무것도하지 않으면 성과 증명의 문제로 처신이 어려워지고, 그래서 당장 성과가 조금이라도 나는 제목에 집중한다. 해야만 하는 제목을 붙잡지 않는 이유는 그 제목을 해결하는 데 있어 실패의 두려움이 있기도 하고, 숫자가 안 움직였을 때 자원 낭비에 대한 부담이 있기 때문이기도 하다.

세 번째는 동시 공학이 되지 못하는 이기주의 때문이다.

개인이 자기만의 제목에 집중한다는 것은, 조직의 우선순위에 연결되어있는 자신의 제목이다. 그런데 개인들은 자신이 주인공이 되고 싶어 자신만의 독립적인 제목을 가지고 평가받고 싶어 한다. 우선순위 제목에 모든 기능이 잘 정렬이 되지 않는 것이 그런 이유 때문이다.

정리하면 프로젝트의 제목을 우선순위로 좁혀야 한다. 우선순위 제목이 잘 선정되었다는 것은 역기획상의 숫자들이 이루어질 가능성에 다가간 것이고, 선정된 제목을 잘 실행한다면 미래에 먹고사는 문제를 해결할 수 있게 된다. 우선순위 제목은 영속하는 시스템을 남기면서 파레토원칙이 적용되는 제목이다. 그런 제목을 잘 찾아 집중해야 한다.

TIP

우선순위 제목을 잘 정했는지는 직관적인 질문과 역기획을 통해 판단할 수 있다.

5. 제목만큼 KPI가 중요하다

> 효과 있는 KPI란 완전히 새로운 결과를 만드는 성과측정지표들을
> 말한다.
> – 데이비드 파멘터

목표를 관리할 때 일반적으로 경영자들이 많이 이야기하는 숫자는 매출이나 이익이다. 그런데 매출이나 이익을 강조한다고 해서 숫자가 좋아지지는 않는다. 매출이나 이익을 달성하려면 제일 먼저 중요한 것이 잘 찾은 제목과 아울러 잘 찾은 KPI가 있어야 한다. 프로젝트가 달성됐다는 것은 1차적으로는 KPI로 증명을 하는 것이니, 제목과 KPI는 실과 바늘처럼 항상 따라다닌다.

KPI를 찾는 것은 고도의 지식이 필요하다. 그런데 많은 사람이 최종 숫자와 KPI를 혼동하는 경우가 많다. KPI를 도출하려면 PI를 도출하여 여기서 가장 키가 되는 것을 찾아야 한다. 모여진 PI를 핵심 KPI가 되도록 조직화하여야 한다.

KPI에 성과의 비밀이 있다

KPI에 '성과의 비밀이 있다'라는 것은, KPI가 성과를 낼 수 있는 여러 요소 중의 하나이기 때문이다.

KPI는 다음과 같은 특징이 있다.

첫째, KPI는 지식 경영의 질과 관련된 지표이다.

양을 얻으려면 질이 바뀌어야 한다. KPI는 숫자로 표시되니, '질적인 지표가 아니지 않는가?'라고 질문을 할 수도 있다. KPI를 질

적인 지표라고 규정하는 이유는 질의 특성이 있기 때문이다. KPI가 움직이기 위해서는 질이 바뀌지 않고는 불가능하다.

둘째, KPI는 돈으로 바로 측정되지 않는다.

KPI는 대부분 돈으로 측정되지는 않는다. 리테일 지점에서 쓰는 평당 매출이나 길거리 가게에서 쓰는 점당 매출처럼 돈으로 나오기도 하나, 화폐 단위로 표시되지 않는 지표가 많다. 돈으로 보여주려면 KPI를 돈으로 환산하는 시뮬레이션(Simulation, 여기서는 나온 숫자가 어떤 숫자의 변화를 가져오는지 검증하는 개념으로 사용함)을 한 번 더 거쳐야 한다.

가령 외식 비즈니스에서 중요한 재방문율 지표는 돈으로 바로 보이지 않는다. 재방문율이 화폐단위로 표시되려면 재방문율이 매출로 이어지는 시뮬레이션을 돌려봐야 한다.

셋째, KPI는 실시간으로 측정될 수 있다.

최종 지표인 영업이익이 측정되려면 거래된 것이 다 취합되어야 알 수 있지만 KPI는 그렇지 않다.

예를 들어 입점률 같은 지표는 측정 도구만 있으면 바로바로 측정할 수 있다. 이익 같은 최종 지표는 월이나 분기 등 일정 기간 단위로 측정할 수밖에 없다. 그러므로 현재 얼마나 실적이 좋아지는지를 명확히 알 수가 없다. 그것을 대신하는 것이 KPI다. 만약 KPI가 최종 숫자에 얼마나 이바지하는지를 규명하였더라면 매일 움직이는 KPI를 통해 간접적으로 성과를 예측할 수 있다.

넷째, KPI는 무엇을 해야 할지를 알려 준다.

최종지표는 무엇을 해야 할지를 명확히 알려주지를 않는다. 그러나 KPI는 무엇을 해야 할지를 명확히 알려준다.

예를 들어 외식 매장에서 재방문율을 높이려면 무엇을 해야 하는가? 재방문을 할 수밖에 없는 가치를 제공하여야 할 것이다. 가령 고객들이 원하는 메뉴를 개발하고 주방에서 그대로 맛있게 만드는 것이 우선일 것이다. 맛과 관련된 지표를 만들고 측정해서 수준에 도달하면, 재방문율이 올라가는지를 피드백할 수 있다.

다섯째, KPI는 피드백이 가능하다.

KPI는 책임 소재를 명확히 물을 수 있다. 매출이 나오지 않았을 때 매출이 왜 나오지 않았는지를 묻기는 너무 막연하다. 얽혀 있는 가치사슬이 너무 많기 때문이다. 그러나 KPI는 직원들이 무엇을 해야 하는지 명확히 알려주기에 해당자에게 책임을 물을 수 있다.

물론 KPI 내에서도 개인의 성과를 규정할 수 있는 기준들은 정리해 두어야 한다.

여섯째, KPI는 행동하게 한다.

최종 지표는 이미 일어난 결과를 나타나는 지표이다, 그러나 KPI는 현재 진행형 지표이고 미래에 더 행동을 하게 하는 지표이다. 매출을 올리기 위해 무엇을 해야 하는지는 잘 정리가 안 될 수 있다. 그러나 KPI로 접근하면 앞으로 무엇을 더해야 할지를 구체적으로 고민하게 한다. 핵심성과지표는 행동을 유발하고 직원들이 무엇을 해야 하는지를 명확히 알려준다.

재방문율이 떨어졌다면 이탈고객을 중심으로 피드백을 받아보고 개선을 할 수 있다.

메뉴(맛)가 문제가 있다든지, 서비스가 문제가 있다든지 하는 것들은 얼마든지 고객을 대상으로 측정을 통해 알 수가 있고, 각 가치사슬들이 개선하기 위해 매달리게 해준다.

일곱째, KPI는 가치사슬이 합심하여야 하는 지표이다.

모든 조직은 기능이 있다. 그리고 조직 내에서 자기 기능을 책임 질 책임지표를 가지고 평가받는다.

가령 패션 전문 업체의 디자이너는 정판율이나 상품 적중도, 상품 기획은 매출 총이익률, 생산은 원가율, 점장은 점당 매출, 마케팅은 입점률, 상권은 신규점 매출 등등으로 평가받는다. 그런데 이 기능상의 지표들이 해당 사업의 핵심 KPI에 얼마나 기여했는지는 규명하기가 쉽지 않다. 벨류체인들이 최종적인 숫자에 이바지할 수 있는 핵심 KPI를 규명하고 이 KPI에 집중케할 필요가 있다.

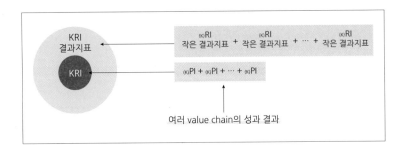

여러 value chain의 성과 결과

최종 숫자에 미치는 숫자들의 상관 관계를 규명하여야 한다

KPI는 다 모아서 봐야 빠진 것이 있는지 확인할 수 있다.

중간 크기의 KPI만 모아놓고 빠져 있는지를 봐야 하는데. 그 숫자들을 병렬식으로 그냥 보는 것이 아니고 숫자들의 상관관계를 규명해야 한다. 그래야 직원들의 퍼포먼스가 어떤 숫자에 연동이 되는지를 알 수 있다.

회사들이 실수하는 것 중에는 평가하기 쉬운 것, 지금까지 평가해온 것, 고객에게 그다지 의미가 없다 하더라도 자사에 중요한 것을 평가한다. KPI가 고객 관점의 숫자인가를 살펴보아야 한다. 한 기능의 성과를 도우려고 어떤 기능이 움직이는 지표는 KPI가 아닐 수 있다.

전체 성과를 위해 부문 최적화가 아닌 시너지가 날 수 있는 지표들의 합이어야 한다.

일하는 방식이나 사업의 모델이 바뀌지 않는 한 KPI는 변하지 않는다. 이 말은 사업의 내용이 바뀌더라도 KPI는 바뀌지 않는다는 뜻이다.

예를 들어 식당의 업종을 바꾸었다고 하더라도 회전율이나 재방문율 지표는 변하지 않는다. 그런데 이 원리를 알지 못해 수시로 KPI를 바꾸거나 새로 찾는 데 시간을 허비하고 있다. 리테일 같은 경우에는 점포 입장에서 보면 평당 매출, 패션 매장에는 동일 매장 매출 성장률 같은 지표가 대표적인 질적 지표이다(리테일에서도 플랫폼과 온라인 비즈니스의 비중이 높아질 때는 KPI가 일부 조정되거나 추가될 수 있다).

> 업무와 관련된 포럼에 갔을 때, 포럼에 참석했던 다른 회사 직원들과 목표 관리에 대한 의견을 나누었는데 그때 다른 회사 직원이 한 이야기가 생각이 난다.
> '공동의 목표를 나아가는데 여전히 자기 부서의 KPI를 고집하여 트러블을 일으키는 부서가 있다면, 이때 관리자는 KPI가 통합되도록 조정한다. 그런데도 계속 자기 KPI를 고집하면 해당 인원을 그 업무에서 제외한다'라고 하였다.

내가 그때 그 말을 듣고 느낀 관점은 'KPI를 관리하는 데는 규율이 필요하다는 것이고, 공동의 목표로 관리할 수 있는 정도의 KPI라면 모든 가치사슬이 서로 동의할 수 있는 수준이 되어야겠구나'라는 생각을 하게 되었다.

그런데 아무리 가치사슬이 힘을 합치더라도 KPI를 올릴 수 없는 상황이 올 수 있다. 가령 코로나 같은 팬데믹 상황이 오거나 고객들의 구매 스타일이 바뀌어 매장보다 딜리버리(Delivery, 배달)를 선호한다면 매장 중심에서 회전율과 재방문율 올리는 것은 한계가 있을 것이다. 이때는 사업 모델을 바꾸거나, 상황에 맞게 비즈니스를 수정해야 한다. 그렇게 되면 다른 KPI가 추가되거나, 다른 KPI가 기존 KPI를 완벽히 대체하게 될 수도 있다.

TIP

KPI는 돈으로 바로 측정되지 않는 질적 지표이다. KPI를 측정할 수 있는 도구만 있다면 실시간으로 움직임을 확인할 수 있다. 또한, 가치사슬이 함께 하여야 하는 지표로 최종 숫자를 얻게 하는 마법 같은 숫자이다.
시뮬레이션을 해보면서 벨류체인과 소통하고 합의하여 최적의 KPI를 찾아야 한다.

6. 목표를 잘게 쪼개라

큰 목표일수록 잘게 썰어라.
– 디어도어 루빈

우선순위 제목이 달성되기 위해 제목을 쪼개고 쪼개고 그리고 맨 마지막까지 쪼갠 제목을 실행하여 결과물이 나올 수 있는 상태로 다시 주간 실행 계획을 세워야 한다. 제목을 주간 단위로 쪼개는 이유는 한꺼번에 통째로 문제를 해결할 수 없기 때문이다.

주간 실행 계획대로 이루어지는 데 필요한 것은?

주간 실행 계획은 바로 실행하기 위한 계획이다.
주간 실행 계획대로 이루어지기 위해서는,
첫째는 프로젝트 셋업의 완성도가 높아야 한다.
완성도가 떨어지면 실행이 어려워질 수 있다. 프로젝트 제목이 바뀌는 경우가 있는데, 그 이유는 더 좋은 제목을 찾았거나 세팅 과정에 심혈을 기울이지 않아서이다. 그러면 먼저 작성한 주간 실행 계획은 자동으로 바뀔 수밖에 없다. 프로젝트 셋업 구성 요소는 크게는 우선순위 제목, KRI(Key Result Indicator: 최종결과지표), 책임자(팀), 결과물이고, 작게는 우선순위 제목에서 쪼갠 중(소)제목, KPI, 책임자(팀), 작은 결과물이다. 모든 프로젝트는 결과물이 나오는 시점(데드라인)이 명시되어야 한다. 그러므로 주간 실행 계획이 작성되는 원리를 생각하면 결국은 우선순위 제목의 전체 실행 계획이라도 할 수 있다.

열심히 무언가를 했는데 시곗바늘도 돌리지 못하고, 시스템으로도 남지 않은 것은 잘못된 실행이라 할 수 있다. 이렇게 시스템으로 남지 않는 경우는 주간 실행 계획이 잘 작성이 안 되어서 그런 경우도 있지만, 근본적으로는 이익을 낼 수 있는 큰 제목, 중간 제목, 작은 제목과 각각 KPI들이 잘 찾아지고 정렬된 상태에서, 실행이 안 되었기 때문이다.

그러므로 첫째도 정렬, 둘째도 정렬, 셋째로 정렬이다.

정렬이 잘되려면 질문을 하면서 전체 프로젝트를 셋업하는 것이 바람직하다.

1. 우선순위 제목을 달성하기 위한 중(소)제목과 KPI가 다 찾아졌는가?
2. 중(소)제목의 KPI를 도달하게 되면 최종 우선순위 제목의 KPI가 이루어지는 것인가?
3. 중(소)제목의 결과물은 최종 KPI에 도달하게끔 하는 시스템들인가?

이 질문에 답할 수 있으려면 각 프로젝트를 달성했을 때 도달한 KPI가 전체 숫자에 얼마나 이바지하는지 시뮬레이션된 것이 있어야 한다.

시간이 걸리더라도 이 작업에 집중해야 한다. 이것은 상당히 힘든 작업이다. (이해가 안 되면 역기획 장을 참고하라)

둘째는 일주일의 시간 가치를 소중히 여겨야 한다.

사실 주간 실행 계획은 프로젝트를 실행하기 위해 실행 계획을 세부적으로 세우기 위해 쪼개는 개념 이외에 수준을 높이기 위해 따로 하나 더 나누어서 실행하는 데 필요한 것이라고 할 수 있다. 이 말은 하나하나가 실행될 때마다 수준이 올라가고 어느새 제목이 달성된다고 할 수 있다.

연간 경영 계획에는 대 프로젝트 제목과 중 프로젝트 제목과 중 프로젝트의 월간 결과물, 3개월 단위의 주간 실행 계획(작게는 1개월 단위)이 포함된다.

이렇게 정리하면 분기별, 월별 핵심 KPI가 월별로 어떻게 바뀌는지를 알 수 있다.

셋째는 단절 없이 전진해야 한다.

지식이 계속 버전업되는 과정에 새로운 더 좋은 제목을 찾았을 경우나 기존 제목의 오류를 발견하게 되면 제목을 바꾸어야 하지만, 그렇지 않다면 단절 없이 기존 제목을 지속해서 실행하여야 한다. 계속 버전업이 되어 어느 정도 레벨이 올라갈 때 그때부터 숫자가 움직이기 시작한다. 계획은 러프하게 수립하고, 실행하면서 피드백을 통해 고치라는 말도 있는데, 이는 업태에 따라 다르다.

덜 완성된 계획과 빠른 실행이 효과적으로 되려면 강력한 피드백 시스템이 있어서 사업의 기회를 제때 포착하고, 그와 동시에 시스템을 빨리 구축할 수 있는 조직 역량이 있어야 한다.

> 계획과 실행의 롤링(Rolling, 계획과 실행을 반복하며 완성도를 높임) 작업을 통해 계획의 완성도도 높아지고 실행도 잘되게 하는 방법도 있을 것이다.

그러나 잘못 찾아진 제목, 책임자와 팀이 세워지지 않은 상태에서는 아무것도 할 수가 없다. 조직의 자원은 항상 부족하고, 고객은 니즈는 더 높아지고, 경쟁자는 더욱 강력해지고 있다. 계획의 완성도도 속도감 있게, 그리고 실행도 속도감 있게 하면서, 결과물들을 만드는 길 이외는 답이 없다.

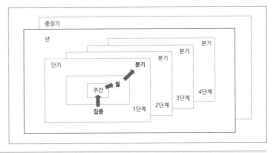

TIP

주간 단위 실행 계획이 잘되려면 앞 단계의 프로젝트 제목과 KPI, 결과물에 대한 셋업이 잘되어 있어야 한다.

7. 실행도 전략이다

전략의 성패는 뛰어난 전략의 수립보다 일관성과 끈기를 지니고
수립된 전략을 이행하는 것에 크게 좌우된다.
– 오마에 겐이치

인간은 잘해야 겨우 60퍼센트 정도만 올바른 판단을 할 수 있다.
이 판단 뒤에 필요한 것은 다름 아닌 용기와 실행력이다.
아무리 올바른 판단, 정확한 판단을 했다고 해도, 그것을 실행하려
는 용기와 힘이 없다면 그 판단은 아무런 의미도 가질 수 없다.
용기와 실행력이 60퍼센트의 판단을 확실한 성과로 바꾸어준다.
– 마쓰시타 고노스케

실행이란 현재의 수준을 인식하고 그 갭을 메꾸는 것을 말한다.
실행이 제대로 되고 있다면, 이루고자 하는 것의 갭을 인식할 수 있
다. 실행이 제대로 되지 않으면 무엇을 개선해야 할지를 알 수가 없다.
지속적인 개선이 이루어지고 있다면, 실행이 제대로 되고 있다고 볼
수 있다. 실행을 제대로 하기 위해서 필요한 조건이 무엇인지를 알아
야 하고, 실행을 할 수 있는 지식이 필요하다. 실행하는 과정의 버그
(Bug, 오류)들을 알고, 그 버그들을 잡을 수 있는 능력이 실행 지식이다.
실행은 전략만큼이나 중요하게 다루어져야 한다. 실행이 이렇게 중요
하므로 경영자의 과업 우선순위에 반드시 들어가야 한다.

실행이 충족되어야 하는 조건은?

실행이 되려면 어떤 조건들이 충족되어야 하나? 크게 세 가지다.

첫째, 제일 중요한 것이 실행력 있는 사람이다.

아무리 뛰어난 팀이라도 책임자가 있어야 하고, 아무리 리더가 뛰어나더라도 팀이 아니면 실행은 어렵다. 거기다 실행력이 있는 사람들이 함께 있어야 한다. 경영자나 전략기획자원을 뽑는 데만 신경을 쓰고 현장에서 운영할 관리자들은 상대적으로 신경을 덜 쓰는 경향이 있는데, 이런 상황에서는 애초에 실행은 불가능하다.

둘째, 사람 다음으로 중요한 것이 실행할 수 있는 전략이다.

전략이 없는 실행은 의미가 없다. 조직이나 제목의 크기에 따라 전략의 크기는 달라질 수는 있으나, 아무리 작은 조직이라도 목표를 달성하는 데 있어서 전략이 없을 수는 없다.

셋째, 운영(용)이다. 운영(용)은 실행이 구체적으로 진행되는 과정이다.

운영과 운용을 같이 쓴 이유는 두 개의 용어가 약간의 차이가 나면서도 실행과 모두 관련이 있기 때문이다.

운영은 영어의 매니지먼트(Management)에, 운용은 오퍼레이션(Operation)에 가깝다. 운영은 목표를 달성하기 위해 자원을 배치하고 활용하는 것이고, 운용은 어떤 기계나 도구, 기법이나 기술, 이론이나 방법 등을 적용하거나 이용하는 것을 말한다.

사람에 의해 전략이 나오고, 전략에 따라 자원이 배치되어 시스템이 만들어지며, 사람들이 그 시스템을 적용하고 이용하면서 실행이 되어 간다.

계획을 세우기 이전에 선행 단위가 전략인데, 전략을 세부적으로 실행할 수 있도록 제목을 찾고 단계별 목표를 수립하고, 실행 계획을 세우고 그 계획대로 이루어지도록 자원을 배치하고, 배치된 자원에 의해 제도와 시스템과 프로세스가 만들어지고, 만들어진 것들이 사용되는 선순환 고리 속에서 피드백 때문에 실행의 수준이 높아지면 숫자들이 움직이게 된다.

전략을 수립하는 것은 통찰력이 있고 전략적인 사고가 있는 경영자와 몇몇 기획자에 의해 가능하지만, 실행은 조직 전체가 움직여야 한다. 전략과 계획과 실행은 서로 유기적인 관계하에서 진행이 되어야 한다. 전략을 세우면서 계획과 실행까지 같이 고려하여야 성공할 확률이 높고, 실패하더라도 무엇이 잘못되었는지를 확인할 수 있다.

기업 성공에 이바지하는 것이 무엇인지를 광범위하게 다룬 한 조사 결과를 보면, 5년 동안 160개 기업을 대상으로 벌인 이 조사에서 성공은 그 무엇보다도 원만한 실행 능력과 긴밀한 상관관계가 있는 것으로 나타났다.

실행은 빨리하여야 하나, 단번에 뭔가가 나오는 것을 기대하는 것은 바람직하지 않다. 실행은 지속하면서 뭔가를 끌어내기 위한 가치사슬 간의 상호소통과 통합적인 목표 관리 활동이 들어가므로 시간이 걸릴 수밖에 없다. 단기간에 무엇인가를 나오기를 기대하고 나오지 않았을 때 압박하는 방식으로는 전체 일하는 방식의 균형을 깨트려 오히려 실행을 지연시킬 수 있다.

좋은 전략에 탄탄한 실행이 베스트(Best)라면 좋은 전략을 가지고도 실행을 못 해 워스트(Worst)가 되지 않도록 해야 한다.

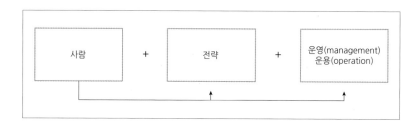

실행은 경영자의 역할이 중요하다

경영자의 과업을 정의하는 데 어려움이 많다. 전략을 내놓아야 하기도 하지만, 조직의 역량을 올리는 데에도 신경을 써야 한다. 어떤 때는 직접 베스트 프랙티스를 발견하면서 프로젝트나 사업의 방향을 잡기도 해야 한다. 이처럼 경영자가 해야 할 영역이 많다 보니 어디에 우선순위를 두고 시간 사용하여야 할지 답답할 것이다.

우선순위로 치면 사람이지만, 비즈니스의 실행도 사람 못지않게 중요하다.

일반적으로 경영자들은 실행은 책임자에 맡기고 전략을 구상하거나 중요한 의사결정에 참여한다. 경영자가 경영을 해야지 무슨 실행까지 관여하느냐는 생각을 할 수는 있으나, 오히려 경영자는 실행에 아주 깊숙이 관여해야 한다. 경영자가 비전만 제시하고 전략만 논한다면 좋겠지만, 경영자는 자신이 가진 모든 것을 비즈니스의 실행을 위해 내놓아야 한다. 경영자가 전략이 실행으로 어떤 식으로 연결되어야 할지를 모르면 좋은 전략이라도 실패하기가 쉽다.

치밀하게 짜인 전략의 90%가 실행 부족으로 실패한다는 것을 잊지 말아야 한다. '미국과 EU 지역 250개 중·대기업의 고위 경영층 중 64% 이상이 실행을 잘하고 급변하는 기업 환경과 기술에 신속하게 대응하는 것이 성공의 열쇠라고 하면서도 이들 중 거의 80퍼센트가 이것은 거의 불가능하다고 말한다.'라는 데이터를 본 적이 있다. 이처럼 경영자들이 실행의 중요성은 인식하면서 실행에 더 적극적으로 개입하지 않는 모순을 보인다.

목표를 주고 팀을 만들어 체크만 하는 것으로는 프로젝트가 돌아가지 않는다. 녹이 잔뜩 슬은 톱니바퀴를 힘으로 돌리는 것보다는 녹을 제거하고 기름칠해서 돌려야 하는 것처럼 가장 크고 중요한 프로젝트에 경영자가 함께 발을 담가 현장을 샅샅이 뒤지고 함께 땀을 흘려 지식을 찾아 초기 성과물을 공유함으로써 직원들을 움직일 수 있도록 기름칠하는 역할을 경영자가 하여야 한다. 그래서 일단 돌아가기 시작하면 다음 톱니바퀴에 집중할 수 있을 것이다.

리더는 우선순위 제목을 직접 현장에서 실행하여야 하고, 자신의 시간의 상당 부분을 여기에 써야 한다. 실행 리더십은 미시적 관리나 적극적 간섭을 말하는 것이 아니며, 권한 위임과 무조건 대치되는 개념도 아니다. 실행하는 리더십은 리더의 일차적인 임무, 즉 적극적 참여를 의미한다.

실행도 계획을 세울 때처럼 보텀업과 톱다운이 병행되어야 한다

목표를 세울 때 위에서 내리고 밑에서 올라오면서 목표를 정렬하는 과정이 필요한 것처럼 실행도 톱다운과 보텀업이 함께 이루어져야 한다.

실행과 관련된 전략은 위에서 내리지만, 그 전략을 공유하는 작업은 아주 밑바닥까지 함께해야 한다. 회사의 전략을 이해하는 직원은 많지 않은 이유가, 회사의 전략을 밑바닥까지 공유하지 않기 때문이다. 때로는 현장 인력을 전략 수립 과정에 참여시키는 것도 좋은 방법이다. 이런 프로세스들이 현장 인력들의 실행력을 증진하는 수단이 된다.

> 회사가 전략을 잘 수행하고 있는지를 조사한 적이 있는데 응답자 중에서 5%

정도만이 그렇다고 대답했고, 70% 정도는 지속성이 없이 중간에 전략이 계속 바뀐다고 응답하였다. 전략을 기반으로 현장에서 그들 스스로 실행하기 위한 제 목과 개선 활동 등이 나올 수 있도록 위에서 관심을 가지고 지원해야 한다.

전략(계획)을 세우는 부서가 그들이 세운 전략(계획)을 현장의 실행 인력들과 피드백을 하면서 문제점을 찾거나 공유하는 과정을 가지지 않았을 때는 전체 실행 과정에 버그가 생길 수밖에 없다. 또한 현장의 실행하는 사람들도 마찬가지로 실행을 통해 나온 문제점이나 결과들을 전 가치사슬에 공유하고 피드백하면서 계획을 수정, 반영하여야 계획이 완성되면서 유의미한 결과가 나올 수 있다. 왜냐하면 가치사슬의 한두 곳에서 진도가 안 나가면 전체 결과물이 나오지 않을 수 있기 때문이다.

계획대로 하되, 쪼개서 실행해야 한다

실행하려면 계획을 잘 세워야 한다. 빠른 실행을 하면서 계획을 고쳐나가야 한다. 둘 다 맞는 말이다. 이전에 손정의 회장이 목표 관리에 대해 계획이 완벽하지 않더라도 바로 실행하고 계획을 고쳐나간다는 기사를 본 적이 있었다. 다양한 가능성을 두고 빠른 실행을 통해 비즈니스의 가능성을 놓치지 않는다는 의미이다.

그런데 완벽한 계획을 위해 시간을 너무 끄는 것도 문제지만, 합의되지 않은 계획을 세우고 너무 급한 실행도 문제가 될 듯싶다. 어쨌든 회사의 문화와 업종에 따라 수위를 달리하면서 방법을 달리할 수 있다. 그런데도 실행을 계획대로 해야 하는 이유는 거의 물이 끓기 시작하기 전에 멈추는 일이 없기 위해서이고, 정확하게 피드백해서 교정하기 위함이다.

계획을 자주 바꾸는 것은 실행에 대한 규율이 없거나, 셋업 능력이 그만큼 떨어진다고 볼 수도 있다. 계획대로 실행이 되지 않을 때 피드백을 통해 계획을 바꿀 것인지 아닌지를 결정해야지. 임의로 계획을 막 바꾸어서는 안 된다.

계획에 대한 셋업 능력이 우수할수록 실행 과정에 문제가 정확히 드러난다. 그러니 실행과 피드백의 수준을 높이려면 계획을 잘 세우는 것이 중요하다. 계획도 실행의 한 영역이다.

우선순위 제목은 모든 가치사슬을 묶는 큰 제목이지만 실행을 위해서는 실천할 수 있는 단위나 제목이 되어야 하는데, 그러려면 실행할 수 있는 단위로 잘게 쪼개서 역할을 분담해서 실행하여야 한다. 계획을 실행할 때는 팀으로 하여야 하지만, 그 팀 내에서 개인의 역할이 분명히 있어야 한다. 그리고 개인의 역할은 개인이 할 수 있는 역량보다 작아서는 안 되고, 너무 커서도 안 된다.

(쪼개서 실행하는 것은 앞장의 '목표를 잘게 쪼개라'에서 자세히 다루었다.)

실행은 도구와 단계가 필요하다

실행은 선택한 프로젝트들을 지속해서 개선해 나가는 일이다.

지속해서 개선하려면 여러 도구들이 필요하다. 가령 프로젝트를 점검하는 체크리스트라든지, 프로젝트 과정의 가치사슬 간의 업무 소통을 돕는 도구라든지, 프로젝트의 목표와 실행을 평가하고 모니터링하는 평가표라든지, 관리자의 시간 관리 도구라든지 등등이 필요할 것이다. 모든 도구는 만들어지는 프로세스가 비슷한 원리를 가지고 있다.

사람을 뽑는 것을 예로 들어 도구가 만들어지는 과정을 알아보자. 사람을 잘 찾으려면 도구가 필요하다. 도구를 만들려면 데이터와 정보가 필요하다. 데이터와 정보를 획득하려면 사람을 만나봐야 한다. 우수한 사람들을 만난 데이터를 직무별로 분류하고, 성과를 내는 특징들을 찾아내야 한다. 그리고 그 특징들을 항목으로 분류하고 숫자로 구조화하여 체크리스트로 만든다. 이러한 체크리스트는 사람을 만날 때 쓰이고, 만나는 과정마다 새로운 요소들이 추가되어 체크리스트의 완성도가 높아지게 되어 있다. 그러니 '실행은 도구를 만들고 도구를 통해 실행이 강화된다'라고 할 수 있다.

실행 도구는 사용자 중심으로 아주 간단하여야 한다.

도구나 시스템은 정보의 집약이므로 완성 초기 단계에서는 복잡할 수밖에 없다. 써 보면서 고쳐나가게 되면 나중에 아주 쉽고 간단하게 될 수 있다.

이러한 체크리스트도 수명이 있다. 고객의 니즈가 달라지거나 비즈니스 모델이 바뀌면 이 체크리스트에서도 쓸 수 있는 정보와 버려질 정보가 있다.

실행에는 단계가 필요하다.

전략적인 우선순위를 세분화하여 단계별로 구분하여 하나씩 하나씩 이루어 나가는 것이 필요하다. 실행이 안 되는 조직은 단번에 성과를 내려는 유혹에 빠질 수 있다. 그래서 단번에 성과가 안 나면 바로 제목을 바꾸거나 실행이 쉬운 것을 건드린다. 고산지대를 등정할 때 처음부터 바로 올라갈 수 없다. 전체 높이를 쪼개 휴식시간까지 고려하여 단계별 계획을 세워야 한다. 조직의 자원과 역량을 고려하되 지식을 기반으로 한 의지치까지 반영하여 단계별 목표대로 성취해 나가야 한다. 목표대로 성취해 가다 보면 다음 단계에 도달하는 과정에 제약이 발생한다.

　모든 조직은 현시점에 제약이 있고 그 제약을 완전히 해결해야 다음 단계로 넘어갈 수 있는데 그렇지 않은 상태에서 넘어가면 그 제약이 성과를 제한하게 될 것이다. 경영 조건과 사업 영역이 비슷한 두 개의 사업장에 같은 프로젝트 제목을 가지고 실행하게 했을 때, 결과가 완전히 다르게 나오는 경우가 있다. 여러 가지 이유가 있겠지만, 가장 큰 것은 조직이 가지고 있는 지식과 인프라의 수준이 차이가 나기 때문이다. 이런 격차를 줄이는 방법은 다른 곳의 지식을 가져와 지식의 갭을 메우는 것이다.

실행을 위해 지식을 조직화하라

　내외부에 있는 지식을 모아 제목이나 유형별로 분류하고 통합하고 실행 지식으로 쓸 수 있도록 구조화하여 지식 저장함에 넣어두고 쓸 수 있도록 해야 한다.

　그러면 각 팀이 프로젝트를 하면서 모르는 것들은 이 저장함에서 베스트 프랙티스들을 가져다 쓸 수 있고, 자기들이 실행하면서 발견된 베스트 프랙티스와 합쳐져 더 수준 높은 지식이 만들어지고 지식 저장함은 점점 수준이 높게 진화할 수밖에 없다. 이렇게 지식 저장함이라는 시스템을 이용할 수도 있지만, 지식 있는 사람을 영입하거나 지식인을 통한 전수를 통해 조직의 지식을 레벨업할 수도 있다.

　직접 도사들이 현장에 가서 가르쳐 줄 수 있고, 도사들과 함께 일하면서 부족한 부분을 메꿀 수 있다. 어쨌든 사람이나 지식 저장함을 통해 지식이 공유되거나 전수될 수밖에 없는 지식 공유 시스템을 구축하고 관리되어야 할 것이다.

이것을 위해서는 별도로 코디를 하거나 작업을 할 수 있는 사람(팀)이 있어야 속도도 낼 수 있고 지식의 수준을 높일 수 있다.

이 팀들이 하는 일들은 다음과 같은 것들이다.
- 체계적으로 지식의 공유와 확산
- 프로젝트를 해결하는 데 도움이 되는 도구 개발 및 코칭
- 전략의 토대가 되는 아이디어의 수집과 공유
- 사업에 상황에 맞는 특화된 전략을 구상
- 문제해결 도구의 개발과 학습 및 전수
- 비즈니스의 실행을 돕는 도구 개발

시스템의 수준이 높아지면 별도의 전담자가 필요 없어지고, 조직의 시스템 일부로서 자동으로 운용이 될 것이다. 그것은 조직의 지식을 공유하고 확산하는 시스템의 수준에 따라 운용 상태를 결정할 수 있다.

실행에 대한 신뢰를 주어야 한다

실행하는 데 조직의 저항이 발생할 수 있다. 저항이 발생하는 데는 몇 가지 이유가 있다.

첫째는 경영자나 본부의 운영 수준의 문제 때문이다.

본부 스태프가 만든 〈실행을 위해 만든 도구〉들이 아주 쉽고 도움을 주면 문제가 없으나, 그렇지 않으면 현장에서 사용을 거부할 것이다. 직원들은 본부에서 만든 도구들이 수없이 바뀌거나 폐기되는 것들을 봐왔기에 이 도구도 곧 폐기되겠지 하는 생각이 머리 깊숙이

자리를 잡고 있다. 그래서 현장에서 도구들을 보급하기 전에는 만든 사람들이 직접 써보고 버그를 잡은 다음에 현장에 확산하여야 한다. 검증 없이 만들어 무분별하게 현장에 뿌리는 것을 주의하여야 한다.

둘째는 실행에도 두 앤 돈트(Do & Don't, 꼭 해야 할 목록) **등의 원칙이 지켜지지 않기 때문이다.**

우선순위를 정하는 것과 마찬가지로 실행도 실행의 범위를 정해 우선순위와 연결해 실행하여야 한다. 인풋(Input)과 동기 부여를 병행하면서 실행하도록 하여야지 속도가 안 난다고 밀어붙이는 형태로는 조직에 위화감만 줄 뿐이다. 이럴 때 하위관리자들이 프로젝트의 효과에 의구심을 가진 채 적극적으로 매달리지 않을 가능성이 크다. 여기서 인풋이란 지원이나 코칭, 학습 등을 말한다.

셋째는 고정화되지 않은 실행으로 인한 시간 사용의 어려움 때문이다.

일정을 고정화해야 한다. 일정을 고정화하지 않으면 다른 사람의 시간을 뺏거나 내 시간을 뺏기게 된다. 본부에서 사업부의 상황을 고려하지 않고 갑자기 소집하거나 갑자기 현장을 방문하거나 하면서 내부 고객의 시간을 함부로 뺏어 실행을 방해해서는 안 된다. 아울러 본부에 보고나 소통하는 것도 스케줄에 따라야한다.

넷째는 변화 관리가 되지 않는 새로운 콘셉트의 도입이다.

새로운 경영 콘셉트를 현장에 적용할 때는 변화 관리가 따라가야 한다. 경영 콘셉트의 효과와 의미가 잘 전달되도록 중간관리자의 지지를 받는 것이 정말 중요하다. 새롭게 경영 콘셉트를 도입하는 책임자들은 어떻게든 사례를 만들고 확산해야 하는 부담에 빠질 수밖에 없다. 그러다 보면 모델 사업장이나 대표 프로젝트에 자원을 푸시(Push) 형태로 투입해 숫자를 움직이게 하는 경우가 있다. 그러나 조직원들은 그런 것을 다 안다. 경영 콘셉트가 현장에 도움이 된다면 누가 강요를 안 해도 서로 가져다 쓰는 일이 벌어질 것이다.

실행을 잘하는 사람들이 우대받아야 한다

어떤 기업이 아주 우수한 전략을 내놓았다고 하더라도 시간이 지나면 그 전략은 시장에서 공용이 된다. 실행은 시장에서 그 전략이 공용이 되지 않도록 하는 성공 전략의 절대적인 요소이다. 예를 들어 가격 전략으로 일인자의 시장을 일부 차지하게 되면, 금세 시장에서는 비슷하거나 더 싼 가격으로 따라오는 모방자들이 생기기 마련이다. 이때 마켓셰어는 금방 침식당한다. 그러나 고객들을 뺏기더라도 찾아올 수 있는 것은 강력한 실행이다. 고객들이 만족을 줄 수 있는 요소들을 강화함으로써 경쟁우위를 차지할 수 있다.

실행을 제대로 하면 전략이 빛을 보지만 실행을 제대로 안 하면 전략이 맞는지 안 맞는지를 알 수가 없다. 전략 수립에는 많은 시간을 쓰고 실행이 안 돼서 발생할 리스크는 무시하는 경영자들로 인해 전략이 현장에서 빛을 발하지 못하고 끝나는 경우가 너무도 많다.

그래서 훌륭한 전략을 내놓는 사람 못지않게 집요하게 실행하는 사람을 리더는 동급으로 인정하고 실행이 중요하다는 인식을 조직에 심어 주어야 하는 것이다.

실행을 잘하는 조직은 2개의 특징이 있다.

하나는 실행 DNA를 가지고 있다는 것이다. 사무실이 아닌 제품과 서비스가 제공되는 현장에서 실제로 적용하고 피드백하는 것을 기본 규율로 가지고 있다.

또 하나는 리더가 강력한 실행형이라는 것이다.

통상 강력한 실행형이라고 하면 전략을 토대로 프로세스를 잡고, 결과물을 나올 시점을 대략 예측하고 미리 당겨서 움직이며 직원들의 동기 부여와 독려를 통해 성과를 내는 유형이라고 할 수 있다.

실행은 인풋이 많이 들어간다. 전략을 수립하는 사람과 실행하는 사람의 역량이 다른 것이지 전략을 수립하는 사람이 더 우대받을 이유는 없다.

TIP

경영자는 전략과 실행을 같은 비중으로 다루어야 한다.
실행을 잘하는 사람을 소중히 여기는 문화가 있어야 한다.

8. 점검도 중요하다

전략이 얼마나 훌륭하든 간에 수시로 결과를 확인해야 한다.
– 윈스턴 처칠

계획이 제대로 되었다면 이제 실행하여야 한다. 그리고 실행이 제대로 되고 있는지 점검이 들어가야 한다. 점검은 실행자 자신이 자가 점검을 할 수도 있고, 상사나 제삼자에 의해 이루어진다. 점검하여야 실행하는 사람도 자극받고 더 집중할 수 있고, 점검 과정에서 노출된 실행의 수준과 문제들을 정확히 인지하면서 다음에 해야 할 것들을 정리할 수 있다.

그런데 실행하기도 어렵지만, 점검을 잘하는 것도 만만치 않다

점검에 필요한 두 가지의 조건이 있다

점검에 필요한 조건은 여러 가지가 있겠지만 중요한 두 가지를 정리해 보았다.

첫 번째는 계획대로 점검하는 것이다.

점검은 계획 대비 진도가 나간 것을 확인하는 것이다. 그러니 계획이 잘 세워져 있어야, 점검도 잘 이루어질 수 있다.

계획이 잘 짜여 있다고 하더라도 정말 진도가 나갔는지 안 나갔는지를 확인하기가 어렵다. 왜냐하면 숫자로 밝혀지는 것은 일정 기간이 지나야만 알 수 있고, 결과물이 제대로 나온 것인지도 규명하기가 쉽지 않기 때문이다. 거기다 실적의 미흡을 방어하거나 성과를 과대하게 포장하려는 습성이 있어 결과물이 왜곡되어 보이기도

한다. 이런 이유로 더욱 계획대로 점검해야 한다.

두 번째는 전문가의 도움을 받아야 한다.

점검에는 집요함과 전문성이 따른다. 왜냐하면 점검 자체가 루틴 (Routine)한 일이고, 됐는지 안됐는지를 확인하는 게 쉽지 않기 때문이다. 점검자는 계획이 제대로 됐는지. 실행의 버그는 무엇인지를 볼 수 있어야 하고, 사실대로 진척 사항을 내놓았는지를 객관적으로 분별할 수 있어야 한다. 그리고 조언을 넘어 코칭까지 할 수 있는 정도면 더할 나위가 없다.

점검자의 역량이 중요한 이유는 한두 마디의 지도가 막힌 부분을 뚫어줄 수 있기 때문이다.

점검이 제대로 되었다면 문제의 원인이 정확히 드러난다. 그 문제의 원인은 사람(조직)의 문제, 제목 선정의 문제, 실행의 문제 등으로 정리가 될 것이다. 점검자와 별도로 상급 직책자는 관리자가 아니라 함께 프로젝트를 하는 한 팀이면서 프로젝트를 들여다보는 점검자이자 코칭하는 사람이 되어야 점검의 부작용이 없다. 자발적으로 점검하고 드러내는 피드백 문화에 전문가의 점검과 조언이 더해지면 정확한 점검 결과를 토대로 대안을 찾을 수 있다.

점검도 표준화가 필요하다

점검에는 크게 프로젝트 셋업 점검과 실행 점검이 있다.

프로젝트 셋업 점검은 계획이 제대로 세워졌는 지를 점검하는 것이고, 실행 점검은 주간, 월말, 분기 말에 계획대로 실행된 결과를 점검하는 것이다. 점검도 파레토 법칙이 적용된다.

성과의 크기가 큰 사업장부터, 우선순위 제목부터, 큰 숫자의 변화부터, 꼭 해내야 하는 질적 결과물 중심으로 점검해야 한다.

점검자가 진도 나가는 것을 확인하기 위해 전 사업장을 들여다보는 것은 물리적으로 한계가 있다. 시간을 내기도 어려울 뿐 아니라, 일하는 사람들의 시간을 뺏을 수 있기 때문이다. 그래서 점검 시간도 점검 범위도 표준화할 필요가 있다. 시스템적으로는 개인이나 팀이 진도가 나간 프로젝트들을 정리해서 올려놓게 하고 들여다보는 방법들을 쓸 수도 있다.

그러나 수시로 진척 사항을 시스템에 올리는 형태는 비부가가치를 낳을 수가 때문에 월간 단위의 결과물과 KPI를 중심으로 점검하는 것이 효과적일 수도 있겠다.

점검의 주기와 범위는 사업부나 프로젝트 제목의 특성에 따라 달라질 수밖에 없다. 되도록 자주 들여봐야 하는 제목이나 사업부가 있을 수 있고, 정기적으로만 결과를 점검해도 되는 제목이나 사업부가 있을 수도 있기 때문이다.

아이러니한 것은 점검을 돕기 위해 만든 도구들이 정교하면 정교할수록 현장은 비부가가치를 낳는다는 것이다. 시스템이 정교하다는 것은 그만큼 회사에서 얻고자 하는 것을 놓치지 않기 위해 여러 항목을 포함할 가능성이 크기 때문이다.

점검의 목적이 시점별로 확인하여 놓치는 것이 없게 하고, 필요한 지원이나 조언을 통해 문제를 해결하게 하기 위함이라면, 현장의 비부가가치를 최소화하면서 점검의 목적도 달성하고 현장은 실행에 집중하도록 하는 방법을 찾아야 할 것이다. 점검의 도구를 잘 개발해 놓으면 점검 과정에서 생기는 비부가가치를 어느 정도 예방을 할 수는 있다.

이러한 점검 도구 중에는 점검을 위한 평가표나 질문 리스트가 있다. 점검하는 사람이 해당 영역을 잘 알아보면 무엇이 전진했는지를 파악할 수 있다면 다행이지만 점검하는 사람도 모르는 영역이 많아서 되도록 도구를 통해 판별할 수 있도록 하여야 한다. 점검 도구는 4WIH(Who, When, Where, What, How)에 의해 점검하는 것이 효과적이다.

직원들이 월마트처럼 주중 MBWA(현장 중심 경영, Management By Walking Around) 하는 것이 스케줄에 고정되어 있다면, 점검하는 사람이 별도로 현장에서 만나는 스케줄을 만들 필요도 없고 표준 스케줄만 확인하여 현장에서 확인하면, 점검을 받는 사람의 시간을 뺏지도 않을 것이다.

시점별 점검의 방식

점검을 시기로 본다면 정기 점검과 수시 점검이 있다.

시점별 점검하는 내용이 달라진다. 정기 점검 일정을 고정화하면, 각 프로젝트가 진도를 나가게끔 하는 장치가 될 수 있다. 반면 수시 점검은 정기 점검에서는 검증이 안 되는 것들을 확인하기 위해 예고 없이 아무 때나 확인할 수 있는 곳에서 점검한다. 정기 점검이나 수시 점검이나 현장에서 바뀐 것을 직접 눈으로 확인하거나 책임자의 설명을 듣거나 제삼자를 통해 검증받을 수 있다.

램 차란은 "단기적인 계획과 목표가 행동의 지침이 되고 있는지를 알려면 모든 것을 훤히 파악하고 있어야 한다. 추적은 매일까지는 아니더라도 매주 한 번 정도는 이루어져야 한다."라고 하였다.

램 차란의 말처럼 주간 단위의 점검이 되는 지를 확인하는 가장 좋은 방법은 작성된 주간 단위 계획에 Good, Bad를 표시하는 방법이다. 이렇게 하면 못한 것을 다음 주에 어떻게 할 것인지 계획을 바로 세울 수 있다.

월은 해당 달에 나오기로 한 질적 결과물이 나왔는지, 그리고 나오기로 한 숫자가 나왔는지를 점검한다.

분기는 3개월 결과물의 무게가 1년의 1/4이 되었는지, 분기 정량 숫자도 1/4만큼 도달했는지를 본다. 경영 계획상의 목표는 상반기나 1/4분기에 높게 잡는 곳이 있는가 하면 후반부에 많이 하도록 잡기도 한다. 복종의 소비 패턴에 따라, 사업 전략에 따라, 조직과 인프라 구축 등 자원 배분에 따라 달라지며 1/n의 형태는 아니다.

점검의 방식은 주간이나 월은 MBWA 방식이 되나, 결과물이 나오기 시점은 평가나 피드백 회의 방식으로 심화한 형태로 점검하는 것이 바람직하다. 그런데 주간 실행 계획의 실행 여부는 점검되었지만, 실제 숫자를 바꾸었는지 칸반화(Kanban화, 숫자의 움직임을 숫자와 도표 등으로 시작화 한 도우) 해서 봐야 한다. 되었다고 체크한 것이 실제 월간 단위 움직이기로 한 결과물과 숫자를 움직였는지를 한눈에 볼 수 있도록 시각화할 필요가 있다. 결과물을 잘 들여다봐야 진짜 숫자가 움직였는지를 확인할 수 있다.

지금까지 점검할 것을 정리하면 아래와 같다.

1. 연간 경영 계획상의 우선순위 제목에 따른 프로젝트 셋업 확인

2. 계획상의 주간, 월간, 분기, 반기, 연간 진도 확인

3. 실행 결과(아웃풋)의 확인: 진도보다 더 나아갔는지,

　　　　　　　　　　덜 나아갔는지 확인

　　　　　　　　　　지금까지 한 것이 무엇인지 확인

4. 원인 찾기: 성공한 원인과 성공하지 못한 이유와 대안 찾기

5. 숫자 확인: 결과물이 숫자까지 움직였는지 확인

6. 일정 확인: 다음 일정에 무엇을 할 것인지 확인

프로젝트를 셋업한 직원들이 달성에 대한 자신감으로 자리를 잡

을 때 자기 스스로 점검할 수 있는 도구만 주어진다면 효과적으로 사용이 될 것이다. 자기 주도 점검과 제삼자에 의한 객관적인 점검이 같이 들어갈 때 긴장감과 아울러 부족한 부분을 채워나가면서 균형 있게 프로젝트가 실행될 수 있다. 점검과 관련하여 아주 효과적으로 사용하던 방법이 있었다. 그건 각 조직에서 '진도가 나간 곳은 와서 점검해 달라고 신청하도록 하는 것'이었다. 신청을 많이 하는 곳은 진도가 나간 곳이고, 신청이 없는 곳은 진도가 안 나간 곳이다.

TIP

점검은 계획을 세운 것과 실행하는 것을 점검하는 것이다.
점검을 하는 사람은 2가지의 역량을 가지고 있어야 하는데, 그것은 정확히 점검하는 역량과 솔루션을 줄 수 있는 역량이다.

9. 측정, 측정, 측정하라

> 당신 말하고 있는 것을 측정할 수 있을 때, 그것을 수로 표현할 수
> 있을 때 당신은 그것에 대해 무언가를 아는 것이다.
> 그러나 당신이 그것을 측정하지 못하고 수로 표현하지 못할 때 당신의
> 지식은 빈약하고 만족스럽지 못할 것이다. 그것은 시작일 수도 있다.
> 그러나 당신의 사고 속에서 아직 당신은 과학의 단계에까지 도달하
> 지는 못한 것이다.
> – 윌리엄 톰슨 켈빈

"측정하지 않으면 경영할 수 없다."라는 드러커 교수의 말을 묵
상해보면 측정의 결과들이 경영하는 데 유용하게 쓰인다는 뜻으로
해석이 된다. 또한 '측정되어야 완료된다'라는 말과도 연결 지어
생각해볼 수 있다. 그런데 '측정 가능한 것이 실행된다'라는 격언
에서처럼 회사가 많이 측정할수록 더 많이 성과를 이룩한다는 믿
음이 생겨났다. 그러나 그것은 잘못된 믿음이다.

나는 회사에서 무수히 많은 측정 시스템을 만들었다.

어떤 기능의 과업의 결과물을 측정하는 예도 있었고, 사업부의 프로젝트 진척도를
측정하는 시스템도 만들었다. 조직의 일하는 방식, 즉 프로세스를 측정하는 때도 있었
다. 매장에서 상품 결품과 관련된 측정도 많이 해보았다.

측정을 통해 목적대로 결과물을 얻은 것도 많지만, 효과를 못 본
것도 태반이다. 비즈니스 과정에 무수히 많은 측정 항목이 있다.
그중에는 꼭 측정해야 하는 것이 있지만, 측정하지 않아도 되는 것
들도 많다. 꼭 측정해야 하는 한두 개의 핵심 지표가 수십 개의 중
요하지 않은 측정 지표보다 더 중요할 수 있다.

측정이 경영의 유용한 도구로 쓰이려면 어떻게 하여야 하나?

너무 많은 측정이 남발하고 있다. 측정을 많이 하고 측정 방법이 정교해진다고 해서 성과로 연결되는 것은 아니다. 어떤 기업에서 활용되고 있는 측정 도구가 좋다고 하면 가져다 쓰려는 유혹이 생기고, 실제 가져다 쓰기도 하는데 그럴 때 조직의 상황에 맞지 않은 상태로 적용하면 조직원들이 그것을 따라가지 못하는 경우가 많다. 일반적으로 많은 회사가 사용하는 경영 도구들은 훌륭한 시스템이긴 하지만 사업장에 잘못 적용할 때 복잡성이 가중된다.

그런 것을 가져다 쓸 때 경영자가 원리를 잘 이해해야 하고 적용하고 실행 및 확산까지 할 수 있는 사람과 팀이 있어야 한다. 이 과정에서 외부의 컨설턴트의 도움은 받을 수는 있지만, 시간이 걸리더라도 되도록 조직 자체 구성원들의 학습을 통해 주도적으로 이식하는 것이 성공 가능성을 높일 수 있다.

측정 시스템을 구축할 때는 그 회사의 문화에 적합하고 업종과 사업장에 맞는 측정 방법을 잘 골라 기존의 것들과 잘 결합해야 한다. 그래야 실패 확률을 줄일 수 있다.

여기서 그 회사의 문화에 적합하다는 것은 조직에서 측정이 경영의 도구로 광범위하게 쓰이고 있고, 성과를 내는 데 있어 효과적인 도구로 검증이 되고 있는지에 따라 측정을 도구로 활용하는 데 따른 범위나 내용 등을 조절하면서 적용할 필요가 있다는 말이다.

측정을 잘하는 조직은 '문화와 가치관에 핵심이 되고 비즈니스 모델과 전략에 밀접하게 관련된 가시적이면서도 사업에 효과적인 우선순위를 측정할' 것이다. 예를 들어 인간관계와 팀을 중시하는 조직은 팀 관점에서 측정 방법을 강화할 것이다.

인간관계와 상호 존중을 중시한다고 하면서 측정은 개인 평가 중심으로 설계하는 조직을 종종 볼 수 있다. 이럴 경우는 팀워크를 유지하기에는 쉽지 않은 정서적 분위기가 있을 것이다.

드러커가 말한 성과 측정은 스스로 자신이 무엇을 해야 할지 방향을 알 수 있도록 해 주는 수단이라는 점에 초점이 있다. 그런 점에서 측정 결과를 제대로 활용하려면 몇 가지 관점을 고려해야 한다.

첫 번째는 측정의 목적과 범위, 측정을 통해 얻고자 하는 결과물을 분명히 해야 한다.

측정 도구가 최종적으로 고객의 유익과 돈을 버는 데 연결이 되는 지를 확인하여야 한다. 실제로 조직 내에 측정이 이와 반대로 사용되는 경우가 있다.

두 번째는 측정의 목적과 사용자의 니즈가 명확히 정리되었다면, 측정의 완성도를 높여야 한다.

측정에는 측정 결과의 수준을 알 수 있는 과거치와 피어 그룹(Peer Group, 비교 집단)과의 비교치, 측정 결과 추이 등이 같이 지원돼야 한다. 왜 그런 숫자들이 나왔는지는 좀 더 들어가 파악해 의미를 찾을 수 있는 데이터들이 함께 서포트되어야 한다.

세 번째는 결과 지표 이외에 결과를 이루게 하는 과정 지표를 중간중간 측정해야 한다.

측정은 진행이 되는 과정에 해당하는 지표나 결과로 나온 지표 모두 측정하지만 의외로 과정 지표보다는 이미 일어난 결과에 대해 측정을 많이 한다. 그리고 그것을 평가의 도구로 적극적으로 쓰고 있다. 그런데 평가한다고 결과가 좋아지지 않는다. 평가로는 대안도 교훈도 얻을 수 없다. 과정 지표를 중심으로 실시간으로 측정해야 하고, 그래야 결과에 이루기 전에 도달 여부를 확인하고 대책을 세울 수 있다.

네 번째는 숫자 측정을 통해 교훈을 얻으려면 숫자와 연결이 되는 제목이나 과업 측정도 같이 따라가야 한다.

숫자 측정 따로, 숫자를 이루게 하는 과정 지표 따로, 과정 지표와 결과 지표를 이루게 하는 프로젝트 제목과 과업을 따로 측정하는 것이 아니라, 같이 측정함으로써 입체적으로 인과관계를 규명할 수 있어야 한다.

다섯 번째는 측정하는 인원에 대한 검증이다.

측정하고, 측정 결과를 분석하고, 사용자들이 쓸 수 있는 형태로 정보화할 수 있는 팀들이 필요하다. 누가 어떻게 측정하고 어떻게 분석하느냐에 따라 해석이 달라진다.

여섯 번째는 측정 결과가 측정 목적에 맞게 제대로 활용되고 있는지를 현장에서 제대로 확인하여야 한다.

측정 결과를 통해 프로젝트 제목을 도출하거나 의사결정이나 피드백에 광범위하게 쓰이는지를 반드시 확인하여야 한다. 유의미한 측정 결과들이 사장되지 않도록 모니터링하여야 한다.

일곱번째는 측정을 시스템으로 연결하여야 한다.

측정에 많은 시간을 뺏기는 것은 비효율적이다. 예를 들어 고객의 반응을 알기 위해 프로젝트성으로 시간을 빼서 다른 일을 다 제쳐놓고 고객 조사만 하는 형태가 아니라 소비자 반응을 시스템적으로 추적할 수 있는 시스템을 구축해야 한다. 만약 목표를 이루는 데 필요한 시스템을 구축하려 한다면 측정 시스템은 필수 옵션이다.

측정의 효과를 어떻게 알 수 있나?

측정이 효과적이었는지는 그 결과물들이 어떻게 쓰였느냐를 보면 알 수 있다. 측정의 결과가 바른 의사결정을 하는 데 쓰였다면, 측정의 결과가 데이터를 넘어 정보로서의 가치를 가진 것이다. 만약 측정의 결과물을 토대로 프로젝트를 진행하게 되었다면, 그것은 실행으로서의 가치를 가진 것이다.

그런데 조직에서는 가끔 측정이 사람이나 팀을 드러내고 자극하는 데 쓰이고 있다. 이 방식은 단기적으로는 효과를 볼 수 도 있겠으나 장기적으로 효과를 보기는 어려울 것이다.

측정하는 목적이 명확하고 그 목적을 충족하는 형태로 관리되면 측정이 경영의 강력한 도구로 쓰일 수 있다.

생산부서 측정 예

생산부서를 대상으로 측정을 한 적이 있었다. 주로 생산은 Q(품질, Quality), C(원가, Cost), D(납기, Delivery)를 중심으로 과업의 평가를 받는다.

생산업무를 하는 개인이나 팀의 Q, C, D를 측정하는 이유는 행동을 유발하여 QCD를 좋게 하기 위한 것이었다. 그런데 생산부서를 이 과업을 중심으로 측정하다 보면 근본적인 질문을 하게 된다. 생산이 책임지고 있는 QCD는 무엇이고, 그들이 얼마나 이 영역에 책임을 질 수 있는가? 사실 QCD는 여러 가치사슬의 퍼포먼스 결과물이다.

KPI에 가장 책임이 큰 기능에 측정 결과의 책임을 묻는 중심으로 측정이 쓰일 때의 리스크가 분명히 존재한다(물론 지표에 가장 책임이 큰 기능을 중심으로 평가를 하는 것은 책임을 확실히 하게 하고, 다른 가치사슬도 이 지표에 책임이 있어 자극을 주기 위한 목적도 있기는 하다). 납기, 원가, 품질은 가치사슬 간에 아주 상호 밀접하게 관련이 있는 지표이다. 원가가 떨어지면 품질이 낮아지고, 납기가 빨라지면 원가가 높아진다고 생각들 하나,

사실은 이 3개의 지표는 일하는 방식과 관련된 지표이고, 하나가 좋아지고 하나가 나빠지는 지표가 아니며 같이 움직일 수밖에 없는 상호 연관이 있는 지표이다.

만약 이 3개의 지표 중에 원가를 유독 강조한다면 품질과 납기를 포기해서라도 원가를 잡으려고 할 것이다. 이 3개의 KPI가 움직이는 프로세스를 본다면 한 기능에 책임을 물을 수가 없게 되어 있다. 생산에게 더 비중을 더 가게 할 수는 있으나 책임을 전적으로 지게 하면, 그 지표에 영향을 미치는 모든 가치사슬은 방관자나 책임 회피자가 될 수도 있다.

이처럼 전체 지표의 움직임을 이해한 측정이 되어야 경영에 유익하게 사용할 수 있다.

그러니 측정이 개인이나 팀의 숫자를 좋게 하기 위한 관리의 수단으로 쓰일 때는 자기 동기를 가지고 성과 관리 도구가 될 수 있으나, 통제의 수단으로 쓰일 때는 리스크가 있을 수 있다.

무엇을 이야기하고 있는가 하면 측정의 방향을 어떻게 잡느냐에 따라 성과에 이바지할 수도 있고 데이터로서 끝날 수도 있다는 것을 말하고 싶은 것이다. 데이터로 끝나면 다행인데 이 행위가 일하는 방식의 흐름을 망치게 할 수 있다.

경영자의 시간 측정이 들어가야 한다

경영자의 시간 사용이 경영의 승패를 결정 짓는다.

경영자의 시간을 잘 쓰고 있느냐 없느냐는 일찌감치 피터 드러커 교수가 몇 가지 영역으로 구분해 놓았다. 특히 사람 관련한 것은 경영자의 가장 중요하고도 확실한 성과와 관련된 영역이다. 사람을 파악하고 발굴하고 배치하는 일, 그리고 특히 미래의 경영자감을 찾는 일은 경영자만이 할 수 있는 일이다.

경영자들이 자기의 시간을 제대로 쓰는 지는 다른 사람이 할 수 없는 일에 시간을 쓰는가를 봐야 한다.

만약 경영자가 시스템을 구축하는 능력이 뛰어나다고 하더라도 경영자의 숭고한 과업을 기준으로 할 때 인재 경영보다는 가치가 덜하다. 시스템을 구축하는 데 시간을 쓰지 말라는 이야기가 아니다. 우선순위에 밀려 자기가 잘하는 것에만 시간을 쓰는 잘못됨을 범하지 말라는 것이다. 강점에 의해 일하여야 한다고 경영자의 본업을 저버려서는 안 된다는 것이다.

경영자로서 이바지할 수 있는 강점이나 지식이 없을 때 경영자는 자신의 포지션을 이용해 직원들을 관리해 성과를 내려고 할 것이다. 조직의 상황에 맞게 어떤 우선순위에 집중할 것인지를 결정하는 것이 경영자가 해야 할 가장 중요한 것이고 그것을 제대로 쓰는지 반드시 측정해야 한다.

예를 들어 회사에서 중요하게 다루고 있는 영역에 대해 시간을 할애해 직접 자기 증명하게 된다면 조직의 숫자도 돌려놓고 조직의 리더십 확보도 하게 되어 성과의 속도를 내는 데 도움이 될 것이다. 즉 우선순위와 회사가 가장 중요하게 생각하는 콘셉트에 대해 직접 참여하는 시간이 늘어나야 한다.

측정은 목적에 따라 달라진다

경영 목표를 관리하기 위한 목적으로 하는 측정은 사전에 세팅된 KPI를 중심으로 측정되지만, 원인을 파악할 때는 연결된 숫자들을 잘 살펴보아야 한다(어떤 결과가 나왔을 때 그 숫자들의 인과관계를 잘 살펴보아야 원인을 찾을 수 있다). 측정의 형태와 방법은 사업 방식과 시장, 고객에 따라 달라질 것이다.

측정의 목적이 흔들리지 않으려면 피터 드러커 교수의 측정에 대한 견해를 생각해 보아야 한다.

피터 드러커 교수는 기업의 모든 활동은 성과로 규명할 수 있어야 한다고 하였다. 그 성과라는 것은 숫자이고, 최종적으로는 이익이 될 것이다. 이익은 곧 돈이다. 예를 들면 음식점에서 좌석이 병목이라면 음식 제공과 서비스 리드타임을 줄이면 줄일수록 매출이 늘어날 것이다(실제로 코로나 정국에서도 줄 서서 기다려야 하는 식당이 많다). 이것을 돈으로 측정할 수 있다. 조직에서 중요하게 다루는 KPI가 돈으로 어떻게 연결되는 지를 규명한다면 조직의 퍼포먼스를 상당히 많은 단계를 상승시킬 수 있을 것이다.

핵심 지표가 아닌 곳에 자원이 집중되는 사례

측정은 예상 결과와 실제 결과를 비교함으로써 방향을 조정하게 해준다.

측정 지표가 효과를 발휘하려면, 사전에 예상된 성과가 무엇인지 제시하는 것이 매우 중요하다. 사전에 측정 지표를 명확히 하지 않으면 결과가 나오지 않더라도 합리화할 수 있으므로, 양과 질에 대한 측정 기준들을 명확히 정리할 필요가 있다.

신축 아파트로 이사를 하게 되면서 측정에 대한 개념을 생각하게 되었다. 입주한 건설사의 하자 보수와 관련되어 A/S 프로세스를 강화한다는 이야기를 들었다. 물론 건설사의 하자 보수 프로세스에 따라 발생한 하자 보수를 신속히 처리하면, 입주한 주민들의 만족도가 올라갈 것이다. 그런데 하자 보수가 발생하는 원인을 살펴보면 사전 공사 과정의 프로세스 미흡이나 단가가 떨어지는 자재를 사용한 것 등에 기인한다. 실제 원가를 줄이는 부분은 애초에 하자 보수가 없도록 하는 것이 근본이다. 하자 보수의 속도를 전사적으로 추진하는 것은 건설의 KPI와는 본질적으로 갭이 있다. 이 지표는 품질을 관리하는 부서의 KPI는 될지언정 돈을 벌게 하는 본질적인 지표가 아니다. 브랜딩은 애초에 관리되는 것에 의해 결정될 것이다. 하여튼 하자 보수 A/S를 강화한다고 하면서 창구를 단일화하지 않고 여기저기서 시도 때도 없이 소통하면서 오히려 불편해하는 상황을 만들고 있다.

이 회사가 고민해야 할 것은 하자 보수가 발생한 것에 대해 피드백이 필요할 것이다. 무엇 때문에 이전보다 하자 보수가 많이 생겼는지, 앞으로는 어떤 프로세스로 하자 보수를 줄여야 할 것인지를 생각해 봐야 할 것이다. 하자 보수 이전에 전사적으로 건설 사업을 하는 데 있어서 고객의 이미지도 상승시키면서 돈을 벌 수 있는 KPI가 무엇인지를 확정하고 전사적으로 관리하여야 직원들의 행동의 몰입과 일관성을 유지할 수 있다. 대손충당금을 책정하는 것을 당연한 것으로 생각하지 말고 애초에 품질을 잡으려는 것에 KPI를 강화할 때, 수선율은 자연스럽게 떨어져 비용도 줄이면서 소비자들의 만족도 올라갈 것이다.

회사의 성공과 관련된 핵심 지표를 측정하지 않음으로써, 직원들이 어디에 시간과 역량을 집중해야 할지를 모르게 된다.

측정이 피드백으로 연결되려면?

나는 측정이나 평가는 시스템에서 하고, 피드백에 더 많은 시간을 써야 한다고 생각한다. 회사에서 무수히 많은 평가 회의를 한다고 일하는 성과가 좋아지지는 않는다. 측정된 숫자를 유의미하게 쓰려면 꼭 해야 하는 것이 피드백이다. 이미 일어난 숫자에 대한 피드백이 전제되지 않으면 측정과 평가는 의미가 없다. 피드백되어야 측정 결과가 미래에 쓰이게 된다.

그러려면 측정과 피드백이 연결되고 책임지는 기업 문화가 있어야 한다. 그렇지 않으면 아무리 성과를 달성하고자 하는 바람이 있다고 하더라도 성과를 달성하기는 쉽지 않다. 예를 들면 인사팀에서 교육했을 때의 효과를 교육부서 자체에서 규명한 KPI로 검증받았다고 해서, 그것이 성과로 연결되는 것은 아니다. 돈을 직접 벌지 않는 부서나 과업이라도 최종적인 숫자에 얼마나 이바지했는지를 알 수 있도록 측정하고 피드백을 하여야 한다. 측정과 피드백이 효과적으로 되려면 가장 좋은 방법은 모든 KPI가 돈으로 연결될 수 있도록 하는 것이다. 그렇게 하면 조직원들의 행동을 유발하고 경영의 성과를 관리하는 데 있어서 아주 강력한 무기가 될 것이다(그렇다고 돈과 관련된 측정에 너무 초점을 맞추어져, 결과를 얻기 위한 핵심 KPI들의 측정을 무시하라는 말이 아니다).

TIP

측정할 때 갖추어야 하는 관점들이 제대로 갖추어져 측정되었을 때, 그 효과를 검증하는 방법은 그 결과물이 경영에 사용되고 도움을 주고 있는 것이 숫자로 나타낼 수 있는지를 보면 된다.
측정은 되도록 시스템으로 해결하고, 그 결과를 가지고 피드백에 집중해야 한다.

10. 경영을 모니터링하라

> 모니터링을 하려면 모니터링의 도구가 있어야 한다.
> – 웨인 에커슨

모니터링은 경영의 상황을 명확히 알기 위해서 하는 것이다. 지금까지 설명한 점검, 측정 등은 모니터링 안에 포함되거나, 모니터링(Monitoring, 감시/관찰)을 효과적으로 하기 위해 돕는 도구라고도 할 수 있다. 그리고 이러한 모니터링 결과들은 피드백하는 데 기본적인 정보를 제공하여 준다. 모니터링을 얼마나 잘 하느냐에 따라 경영 상태를 아주 정확하게 알 수 있고, 무엇을 해야 하는지를 바로 알 수 있다.

프로젝트에만 국한해서 모니터링을 한다면 최초에 계획한 목표대로 달성되었는지를 보는 것인데, 최종 결과를 내기 전의 중간 과정의 진척 사항도 수시로 들여다볼 수 있도록 설계되어야 한다. 그리고 목표들이 사전에 정해진 기준값보다 아래로 떨어지면 알람을 주어 현재 수준을 확인할 수 있게 한다.

모니터링은 회사에서 진행하고 있는 비즈니스 관련한 경영 과정과 결과 이외에 비즈니스를 돕는 데 필요한 모든 경영 활동에 다 적용할 수 있다. 사람이 건강검진을 안 하면 건강 상태를 정확히 알 수가 없는 것처럼 모니터링을 제대로 안 하면 회사의 경영 상태를 제대로 알 수 없다. 모니터링의 범주를 크게 본다면 모니터링 결과를 분석하고 솔루션까지 가는 단계까지를 포함할 수 있다.

모니터링의 단계

여기서는 사람의 건강검진을 예로 모니터링에 관해 설명하려고 한다.

첫 번째는 측정/노출 단계이다.

측정/노출 단계는 들여다보고 확인하여 알려주는 단계이다. 상태를 정확히 관찰하는 과정이라 할 수 있다. 건강검진 시 모니터링을 위해 아주 간단한 도구부터 첨단 장비가 동원된다. 아주 간단한 도구는 문진처럼 체크리스트를 통해 스스로 항목에 답을 하는가 하면, 검사자의 혈액이나 소변 채취를 통하거나, 엑스레이나 초음파 등의 장비가 동원된다. 더 파악이 필요하면 MRI로까지 연결이 된다. 이 단계는 데이터를 확보하는 단계이다. 그런데 데이터만으로는 정확한 진단을 할 수 없다. 측정을 통해 어떤 데이터들을 얻어야 할지가 잘 설계되어야 하고, 획득을 위한 도구와 시스템도 준비되어 있어야 한다.

두 번째는 분석 단계이다.

측정만 하는 데서 끝나면 모니터링은 노출 도구밖에 되지 않는다. 물론 지금 상태를 인식하면 실행까지 연결되는 경우가 있긴 하지만, 데이터 상태에서는 인식하는 데 한계가 있다. 인식하려면 모니터링된 데이터가 정보 형태로 변환이 되어야 한다. 건강검진을 한 사람의 수치들이 기준값 대비 적정한지, 이전보다 좋아졌는지 나빠졌는지를 비교 분석해야만 알 수 있다. 분석은 적시에 적절한 정보를 다양한 상세 수준과 여러 가지 시각에서 탐색하여 문제의 근본 원인을 분석한다.

회사에서는 ERP(Enterprise Resource Planning, 전사적 자원 관리, 기업 내 경영 활동 프로세스들을 통합적으로 연계해 관리해 주며, 기업에서 발생하는 정보들을 공유하고 새로운 정보의 생성과 빠른 의사결정을 도와주는 전사적 자원관리시스템 또는 전사적 통합시스템) 같은 시스템을 통해 분석하는 데는 어려움이 없을 것이다. 그러나 이러한 시스템도 데이터의 변화에 따라 시점별 관리해 주어야 분석이 가능한 정보 형태로 가공이 될 수 있다. 데이터는 계속 바뀌므로 데이터를 ERP가 제대로 분석할 수 있도록 입력해 주어야 한다.

모니터링을 효과적으로 하는 도구가 대시보드(Dash Board, 여러 계기들의 상태를 표시하는 장치)이다. 대시보드는 조직의 성과를 보여 주는 계기판이다. 대시보드를 통해 측정과 노출, 분석까지를 지원할 수 있다. 대시보드가 조직에서 운영되는 경영 정보 시스템과 결합하여 효과적으로 쓰일 수 있도록 시스템을 구축해야 한다.

대시보드를 구성하는 방법은 회사가 추구하는 경영 콘셉트와 성과 관리 방식에 따라 조금씩 달라질 것이다. 최소한 응용 프로그램 형태로 시스템을 정교하게 구축하지 않더라도 무엇을 해야 하는지를 알 수 있도록 하는 도구가 어느 조직에나 필요하다. 분석 단계에서는 기준값(목표치, 시장치)과 비교해서 달성 여부와 하고자 한 프로젝트의 질이 어떤 상태인지를 알 수 있어야 한다.

세 번째는 솔루션을 모색하는 단계이다.

처방까지 가는 단계이다. 최근에는 건강검진 이후에 나온 결과에 대해 간단한 것들은 어떤 처방을 하라고 하는 것까지 시스템에서 알려 주고 있다. 회사의 모니터링 시스템도 처방까지 담을 수 있다면 아주 이상적인 단계까지 간 것이다. 모니터링이 이상적으로 되고 있다면 시점별 중요한 비즈니스 프로세스 과정에 무엇을 해야 하는지를 알게 해줄 것이다. 그렇지만 최종적으로는 사람(전문가)의 도움을 받을 수밖에 없다.

최근에 나는 머리가 오랫동안 아파 MRI를 찍었다. 그런데 그 병원에 포스터에 영상 판독에 대해 전문 의료진이 협업하여 판독 결과의 정확도를 높인다는 내용이 적혀 있었다. 반면에 내가 아는 어떤 병원은 재단이 돈이 많다 보니 최첨단 장비를 들여왔는데, 지방이다 보니 전문가를 확보하지 못해 결과에 대한 판독을 제대로 못 한다는 이야기를 들었다.

성과가 나는 조직은 모니터링 시스템이 있다

회사에서 성과가 나는 조직들을 들여다보면, 조직의 특성에 맞는 모니터링 시스템을 모두 가지고 있었다. 즉 모니터링의 필요성을 느끼고 객관적인 측정 인프라를 경영 관리 시스템의 필수적인 요소로 반영하여 운영하는 것을 알 수 있다.

어떤 브랜드는 BSC(Balanced Score Card, 조직의 비전과 전략 목표 실현을 위해 4가지-재무, 고객, 내부 프로세스, 학습과 성장-관점의 성과 지표를 도출하여 성과를 관리하는 성과 관리 시스템으로서 단기적 성격의 재무적 목표 가치와 장기적 목표 가치 간의 조화를 추구)를 강력한 경영 도구를 활용하면서 BSC에서 채택한 성과 지표의 목표값과 현재값을 비교하면서 관리하기도 하지만, 어떤 브랜드는 우선순위 프로젝트 중심으로 KPI와 액션 아이템을 모니터링하기도 한다. 정량적인 것은 이익 기반으로 정성적인 것은 우선순위 프로젝트 셋업 판을 가지고 운영하는 곳도 있다.

어떤 회사는 목표한 대로 숫자가 성과를 냈는지, 숫자 중심으로 모니터링을 하는 곳도 있다. 경영 계획이나 프로젝트 이외에 경영에 필요한 모든 것들을 리스트업(List-Up)하여 모니터링을 시스템화하는 곳도 있다. 대기업 대부분은 이런 모니터링 시스템을 통해 중복으로 문제들이 걸러지는 장치들을 마련해서 운영할 것이다. 나는 모니터링은 한쪽으로 치우치지 않고 경영에 도움이 되는 전반적인 상황을 모니터링하여야 한다고 생각한다.

조직마다 모니터링과 관련해 다루는 요소는 제각각 다르지만, 프로젝트와 관련해 모니터링 시스템에서 다루고 있는 프로세스는 아래와 같다.

첫째는 셋업이다. 시간순으로 하고자 하는 것(계획-실행-결과 확인)의 셋업 상태를 보여 준다.

둘째는 영역이다. 우선순위를 중심으로 보되 가치사슬과의 연결성을 본다.

셋째는 하우이다. 실행을 위한 하우가 드러났는지를 본다.

넷째는 계획을 세우고 그 계획대로 실행이 되는지, 그리고 실행이 되어 결과로 연결되는지, 하우대로 결과가 나오는지를 모니터링한다.

(앞에서의 측정 노출/분석 단계가 여기에 해당한다)

다섯째는 솔루션을 모색하는 단계이다.

모니터링은 시점 관리가 필요하다

지금 봐야 하는 숫자가 무엇인가? 모니터링에서 가장 중요한 것이 시점별 관리이다.

어떤 사람이 평상시에 몸 상태가 조금씩 안 좋아졌는데 괜찮겠지 하고 정확한 진단을 받는 것을 늦추었는데 중대한 질병이 발견되었다면 치료 자체가 힘들어질 것이다. 이처럼 브랜드도 추이가 꺾이기 시작하기 전에 대응해야 한다. 이미 추이가 꺾이기 시작하면 웬만해서 정상으로 되돌리기 쉽지 않다. 최악의 상황에는 회생시키지 못하고 회사에 큰 손해를 끼치고 브랜드를 접을 수밖에 없다. 모니터링은 경영의 활동을 감시하지만, 결국 큰 눈으로 볼 때 그래프가 꺾이기까지 인식을 못 하는 어리석음 방지하는 시스템이다.

월말이나 분기 말에 실적이 나온다. 이것을 드러내는 것은 모니터링이 아니다. 결과가 나오기 전에 숫자가 움직이는 것을 보고 얼마나 미달했는지, 얼마나 더할 것인지를 알고, 대안을 찾는 시스템이다.

회사가 정상적으로 운영될 때와 내부나 외부의 변화에 따라 위기가 있을 때 들여다봐야 하는 숫자가 달려져야 한다. 가령 시장이 호황이고 매출이 성장하는 시점이라면 봐야 할 숫자는 영업이익이 될 것이다.

반면 회사가 어렵고 외부의 변수로 인해 시장의 문제가 많을 때는 현금흐름 중심으로 점검을 강화해야 할 것이다.

만약 회사가 현금이 부족한데도 외형을 추구하는 경영을 하다가는 시장이 급격히 나빠질 때는 회사의 존재 자체가 어려워질 것이다. 이때는 경영자는 손익분기점을 최대한 낮추면서 보수적으로 경영을 해야 할 필요가 있다. 거기다 유동성 위기가 있으면 전체 자산의 규모를 줄일 수밖에 없다.

회사가 어려울 때는 한 달, 한 주, 일 단위로 긴박하게 관리되어야 한다. 그렇지만 향후 회생을 위해 놓지 않아야 하는 것이 무엇인지를 정리하고 같이 모니터링해야 한다. 단기 목표 중심으로 관리를 하게 되면, 상황에 따라 목표가 변화될 수 있다는 것을 의미한다. 또한 목표 변화에 따라 실행해야 하는 행동 계획도 따라 바뀔 수밖에 없다.

TIP

모니터링의 측정/노출–분석–솔루션의 단계마다. 모니터링 시스템에 의한 시점 관리가 되어야 한다.

11. 피드백, 피드백, 피드백하라

> 역사상 알려진 학습을 위한 유일하고도 확실한 방법은 피드백이다.
> – 피터 드러커

피드백은 사람과 일에 대해 되돌아보는 것이다. 피드백할 때는 균형이 필요하다. 균형이란 숫자와 질을 같이 봐야 하고, 과정과 일정 기간이 지난 다음에 결과물을 보는 것을 병행해야 하고, 작게는 개인과 팀에서 크게는 사업장으로 범위를 늘리는 피드백 고리가 만들어져야 한다.

피드백은 계획, 실행, 결과물에 대한 데이터와 정보의 기록, 분석될 수 있는 시스템을 갖추고 있어야 한다. 그러므로 피드백이 제대로 이루어지려면 그보다 앞서 목표 수립, 성과 측정, 책임 부여 등 이 모든 것들이 동시에 갖추어져야 한다. 피드백을 제대로 하면 큰 성과를 낼 수 있고, 사업을 살릴 수 있고, 더 이상의 자원의 낭비 없이 사업을 접어야 하는 의사결정을 물론 시장의 기회도 발견할 수 있다.

피드백을 잘하면 3가지의 유익이 있다

나는 외식사업부 본부장으로 부임하여 오랜 기간 실적이 안 나와 힘든 시간을 보낸 적이 있었다. 나는 그 당시 보직을 맡기 전까지 외식에 관심이 없었을 뿐 아니라 외식사업을 하는 데 가장 중요한 맛에 대한 분별력이 부족했다. 외식사업부로 이동하기 전 리테일에서 근무하였는데, 리테일의 경험 중 채널을 전개하는 방식에서는 일부 공통점이 있을지 모르겠으나 상품이 만들어지고 판매되기까지의 사이클은 완전히 달랐다. 통상 경영자가 성과를 못 내면 경질되는 것은 순식간이다. 그런데 나는 적자가 계속되는 상황에서도 교체되지 않고 몇 년간 그 사업부를 맡아야만 했다. 그것은 나에게도 고역의 시간이었고, 회사에도 도움이 되지 않았다. 만약 경영자인 나를 숫자에 의해서만 평가하였더라면 나는 일 년 내에 교체되었을 것이다. 3년 이상이나 적자가 나는 사업장의 무능력한 경영자를 경질하지 않은 것에는 경영자 피드백 방식에 다른 관점들이 들어가 있었을 것이다. '숫자가 바뀌기 전까지는 인풋(Input)의 시간이 필요하다. 그 시간이 길더라도 나중에 열매를 맺을 질적인 변화들이 보이기 시작한다면 참고 기다려주는 것'을 회사는 기준으로 삼았다. 열정과 집요함으로 베스트 프랙티스들을 찾아가는 과정에서 회사는 가능성을 본 것이었으리라. 이처럼 피드백은 어떤 관점으로 하느냐에 따라 한 사람을 살리기도 하고 죽이기도 한다. 그것을 사업에 적용해 보면 사업을 살릴 수도 있고 망칠 수도 있다.

피드백을 왜 하는가? 피드백은 교훈과 솔루션은 얻기 위한 행동이다. 피드백을 제대로 하면 세 가지의 효과를 얻을 수 있다. 그것은 처절한 반성과 교훈을 얻는다는 것, 결과에 대한 원인이 밝혀진다는 것, 대안이 나온다는 것이다. 피드백 과정에 이 세 가지 중에 하나라도 빠지면 제대로 피드백이 되었다고 할 수가 없다.

효과적인 피드백 방법은?

피드백할 때 주의 사항은 구체적이고 확인할 수 있는 사실에 집중하여야 한다.

효과적인 피드백 방법을 정리해 본다.

첫 번째로 Goal(골)이다.

원래 피드백은 계획한 것을 놓고 하는 것이다. 계획한 것이 없다면 피드백할 것이 없다. 그러므로 계획과 실행, 결과에 대한 기록이 잘 유지되어 있어야 한다.

두 번째로 Reality(현실)이다.

결과물을 기록하고 목표와 비교하여 원인을 분석하여 대안을 적용하여야 한다. 계획대로 됐나, 안 됐나를 점검해야 한다. 됐다면 무엇이 되었고 얼마만큼 되었으며, 어떤 베스트 프랙티스가 나왔는지를 정리해야 한다. 안 됐다면 뭘 놓쳤는지를 발견해야 한다. 그리고 그 실패의 뿌리 원인(Root Cause)은 무엇인지를 찾는 것이 중요하다.

피드백을 제대로 하게 되면 원인이 밝혀진다. 원인에는, 사람과 관련된 피드백이 반드시 나와야 한다. 누가 병목인지, 책임자를 잘못 세웠는지, 팀이 잘못되었는지를 밝혀야 한다. 계획에 대한 피드백을 하다 보면 하기로 했던 제목을 다시 들여다볼 수밖에 없다. 제목이 잘못됐는지, 제목이 너무 많은지를 피드백해야 한다. 제목은 맞는데 실행이 안 될 수도 있다. 경영자가 시간을 제대로 썼는지, 우선순위 제목에 표준 스케줄을 세팅했는지도 봐야 한다. KPI가 맞는지 너무 크기가 큰지, 작은지를 확인해야 한다. 프로세스나 일하는 방식이 잘못되었는지를 봐야 한다.

세 번째로 Option(제안)이다.

원인이 정확히 나왔다면 원인을 해결하기 위한 대안이 나와야 한다. 피드백은 고치는 것도 있지만 다시 하는 것도 있다. 원인을 가지고 다시 해야 하는지 손을 봐야 하는 지를 확인하고 대안을 내놓아야 한다. 대안을 내놓는 단계가 난도가 높다.

네 번째로 Wrap-Up(결론)이다.

목적 달성을 위한 일정을 만들고 장애를 극복하는 방법을 확인하여야 한다. 피드백해서 숫자가 안 바뀐 이유를 찾았으나 이유가 맞는지가 확인이 안 된 경우가 있다. 피드백해서 찾은 문제도 맞는지는 다시 확인해 봐야 한다. 왜냐하면 대안은 실제 그 문제를 해결할 사람과 전략, 일하는 방식을 포함한 모든 솔루션이 나와야 하기 때문이다.

추가해서 피드백의 도구를 추천하라고 하면, 미 육군에서 쓰던 AAR이 있다. 아주 쉬우면서도 피드백을 효과적으로 할 수 있는 강력한 도구였다. 이 내용은 《장군의 경영학》이라는 책에 자세히 설명되어 있다.

역기능 피드백이 되지 않게 하기 위해서는?

촉진적인 피드백과 역기능 피드백이 있다. 평가 중심의 피드백은 역기능적인 피드백이다. 피드백은 평가와 결부시키면 안 된다. 그러면 사람들은 방어적으로 된다. 피드백이 평가가 아닌 교훈을 얻는 시간이 되려면 경영자와 직원들이 모두 함께하여야 한다. 특히 관련 있는 가치사슬은 반드시 함께해야 한다. 가령, 재무, 회계와 세무가 같이 해야 한다. 구매와 물류, 생산이 같이해야 한다. 원팀은 무조건 같이해야 한다. 그래야 개인별, 기능별 퍼포먼스가 다른 데서 오는 시차에 따른 결과물의 차이를 확인할 수 있다. 개인이나 기능별로 결과물이 나오는 시점이 다르므로 피드백을 제거하면 제대로 된 교훈을 얻을 수 없다.

가장 나쁜 피드백은 경영자가 빠지고 직원만 하는 피드백이고, 또 하나는 직원들은 없고 책임자들만 하는 피드백이다. 피드백은 조직 안에서 다양한 방식으로 이루어진다. 활용하는 도구들도 다양할 것이다. 어떤 도구를 쓰든 간에 조직에서 가장 효과가 좋은 방법을 활용하여야 할 것이다. 일반적으로 위대한 모델 중에서 반복되어 나타나는 피드백 고리는 첫째는 직접적이며 즉각적인 고객 피드백이다. 두 번째는 규칙에 따라서 하는 것이다.

피드백은 정기적으로 할 수도 있고, 수시로 할 수도 있다. 정기적으로 하는 경우는 일정 시점이 지난 이후에 데이터와 정보가 쌓인 것을 가지고 하므로 신뢰성 있는 피드백이 될 수 있다는 것이다. 반면 대응의 시점을 놓칠 수 있기에 중간중간 실행 결과를 놓고 관점을 가지고 수시로 할 수도 있다. 피드백 절차가 목표 그 자체보다 중요한 이유는, 모든 조직의 목표 달성이 1회에 그치는 것이 아니라 연속해서 이루어지기 때문이다. 연속선상에서 피드백이 계속 이루어지는 일상이 되도록 경영자는 피드백 문화를 만들어야 한다.

TIP

피드백을 제대로 하면 세 가지의 효과를 얻을 수 있다. 그것은 처절한 반성과 교훈을 얻는다는 것, 결과에 대한 원인이 밝혀진다는 것, 대안이 나온다는 것이다.
이 세 개가 모두 나와야 피드백이 제대로 된 것이다.

12. 지식은 덩어리로 모여야 한다

약간의 지식은 위험한 것이다
- 알렉산더 포프

지식의 무게만큼 성과가 나온다. 노나카 이쿠지로는 "핵심 역량이란 기업 경쟁의 주역인 제품의 배후에 존재하는 중추적인 능력이다. 타사에 비해 압도적으로 우월한 기업의 독자적 능력의 집합이다."라고 했다. 나는 다른 말로 "비즈니스를 하는 데 필요한 지식의 덩어리"라고 표현하고 싶다. 지식의 덩어리는 크면 클수록 좋다. 상대의 개념이 아니다.

지식의 덩어리가 크면 클수록 다른 회사가 모방하거나 복제 대체하기가 힘들어진다. 론칭하는 브랜드들이 다른 회사가 모방, 복제할 수 있는 만큼 지식의 덩어리가 크다면 진입 장벽을 유지하면서 시장에서 지위를 유지할 수 있을 것이다. 예를 들어 외식사업을 하는 곳이 맛을 다른 데서 따라 할 수 없을 정도의 방어 지식을 가지고 있다면, 많은 모방 브랜드가 출현했더라도 일시적인 멈춤은 있을지 몰라도 결국은 시장에서의 위치를 잘 지킬 수 있을 것이다.

그런데 아무리 진입 장벽이 있다 하더라도 고객의 선호도가 바뀌고 시장 자체가 바뀌면 사업 모델이 완전히 달라져야 하고, 진입장벽도 달라진 사업 모델에 올라타든지 바꾸어서 올라타든지 아니면 폐기를 해야 하는 상황이 생기기도 한다.

성과를 내려면 지식이 덩어리(Knowledge Bundle) 단위가 되어야 한다

지식의 덩어리를 내가 경험했던 외식사업을 가지고 정리해 본다면, 사업 형태에 따라 조금씩 다르겠지만 '메뉴 구성 및 맛, 원재료 구매 및 공정, 수익 관리 및 점포 운영, 채널 구축 및 확산'에 관련된 것일 것이다.

지식 덩어리 예

외식사업부의 맛의 핵심은 개발자이다. 개발자들이 아주 우수하면 핵심 역량을 보유할 가능성이 크다. 사람은 핵심 역량에 들어갈 수 있지만 사람 자체가 핵심 역량이 아니다. 탁월한 개발자 한 사람이 빠져나가면 그 사업부는 맛과 관련된 핵심 역량이 흔들릴 수 있다. 그러니 탁월한 개발자의 암묵지 지식을 매뉴얼화하거나 개발실을 팀으로 조직화하여 개발 능력의 이식과 공유를 하게 하는 시스템이 필요하다.(아웃소싱을 통해 아이템을 개발한다면 그것은 '외부의 지식을 가지고 맛을 개발하는 역량'이 있다고 볼 수 있다.)

외식은 원재료를 싸게 구매하는 것이 전체 이익 구조에 영향을 미친다. 싸면서도 질이 좋은 식자재와 부자재를 구매할 수 있는 역량이 있다면 확실한 경쟁우위에 설 수 있다. 그런데 식자재는 조리(가공) 공정을 거쳐 음식으로 나오게 되므로, 적절한 재료를 쓰면서 조리(가공) 공정을 통해 맛도 내면서 원가도 줄이는 지식이 필요하다.

메뉴를 잘 개발하더라도 매장에서 잘 구현하지 않으면 맛이 잘 나오지 않는다. 그러므로 현장에서 사람을 잘 뽑고 표준화를 유지할 수 있는 역량이 필요하다. 운영은 표준을 현장에서 최상의 상태로 제공할 수 있는 능력을 말한다. 레시피대로 현장의 조리실에서 그 맛대로 나올 수 있는 것이 운영 능력이다.

기타 이익을 관리하거나, 운영 표준화를 하는 것, 고객에게 어떤 도구를 알릴 것인지도 중요한 운영 지식이다.

채널의 확산 역량은 빠른 시간 내에 채널을 확산하여 이익의 크기를 확산할 수 있는 역량이다. 매장이나 인터넷·모바일 채널을 확보하는 속도는 물론이고, 그것을 구성하는 각종 인프라를 서포트할 수 있어야 한다. 작게는 채널을 확산을 위해 분위기나 이용의 편이성을 좋게 하는 인테리어나 디스플레이 등도 여기에 포함할 수 있다.

각 카테고리의 지식의 덩어리를 도표에서 보는 것 처럼 평가해 보고, 상대적으로 지식 덩어리가 적은 곳은 지식 덩어리를 키우는 작업을 해야 전체 성과의 크기를 키울 수 있다.

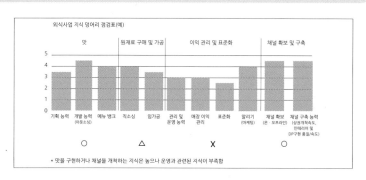

지금까지의 예를 요약해 본다면 핵심 역량은 기술이나 기능이 아니고 기능과 지식이 결합한 것이라 할 수 있다. 기능과 지식이 합쳐진 지식의 덩어리가 결국은 핵심 역량이 된다.《코아 컴피턴스 경영혁명》에서 G. 하멜 & C.K. 프라헬러드가 핵심 역량에 대해 설명한 것을 보면 "하나의 핵심 역량은 개별 기능 세트와 개별 조직 단위들에 걸쳐 있는 지식의 총합을 대표한다. 핵심 역량은 고객 가치에 보다 많은 이바지를 할 수 있어야 한다. 또한 경쟁자보다 차별화가 있어야 한다. 어떤 산업 전반에 걸쳐 공통적인 능력도 어떤 기업의 역량 수준이 다른 기업의 그것보다 충분히 앞서지 않는다면 핵심 역량이라 할 수 없다. 핵심 역량은 상품과 서비스를 통해 시장을 확장해 나갈 수 있다"라고 설명하고 있다. 여기서 핵심 역량을 지식의 총합이라고 하고 있다.

지식 덩어리가 되려면 지식을 모아야 한다

개인도 마찬가지이지만 조직도 지식을 모아야 한다. 에디슨은 지식을 거침없이 모았다. 독서광이었던 에디슨은 휴식을 위해 구매한 플로리다의 별장에도 드넓은 서재를 만들었다고 한다. 그는 독서를 통해서 또는 사물을 통해서 정보들을 계속 획득했다. 지식을 쓸 수 있으려면 우선은 다 모아야 한다. 그리고 모은 것 중에 비슷한 것끼리 분류를 하고 버릴 것은 버리고 쓸 것을 통합하여야 한다. 자료를 모으고 분류하고 분석하는 작업은 지식을 통합하기 전에 가장 기본적이고 중요한 작업이다. 통합한다는 것은 쓸 수 있을 정도로 구조화한다는 것이다. 구조화할 때 지식의 덩어리가 핵심 역량이 된다. 지식이 쓸 수 있을 정도는 흩어져 있던 구슬들이 모여서 꿰어져야만 가능하다. 목걸이가 만들어지면 어떤 상황에 어떻게 활용할지 고민을 덜 해도 된다.

개인이나 조직이나 지식을 획득하는 방법은 차이가 있다. 특히 지식을 획득하는 방법에 있어 선호하거나 잘 획득하는 노하우가 있을 수 있다. 외부의 지식을 받아들이는 학습 문화가 있는 조직은 그것들을 분해하고 거기서 베스트 프랙티스를 찾는 데 익숙하다. 평상시에 책을 읽고 학습하는 문화를 가지고 있는 회사는 이런 부분에 강하다.

> 전 세계 과학자들이 각기 다른 장소에서 연구하지만, 각각의 낮은 수준의 결과물이라도 이것들을 모아 놓으면 기술의 레벨이 놀랄 만큼 올라가는 원리와 같다. 이것은 지식을 덩어리로 만드는 과정이다. 이 단계까지 와야 지식의 공유와 확산을 할 수 있다.

지식 덩어리는 진화해야 한다

시장 상황에 따라서, 회사의 전략에 따라서 핵심 역량이 더 필요할 수도 있고 기존의 핵심 역량이 더 이상 활용이 안 될 수도 있다. 코로나 같은 상황에서 외식사업은 매장 오픈을 엄두를 낼 수도 없었다. 만약에 내부에 상권을 오픈하는 핵심 역량이 있다 하더라도 코로나 팬데믹에서 벗어나기까지는 그 핵심 역량은 덜 필요로 할 것이다. 그러므로 환경이라는 변수에 고객, 시장, 경쟁자를 대입하여 조직의 지식 덩어리를 조직화하여야 할 것이다.

현재의 지식 덩어리의 수준을 객관적으로 바라보고 시급하게 구축해야 하는 지식 덩어리가 무엇이고 유지하는 데 필요한 것이 무엇인지를 확인해 봐라. 환경을 예측할 수 없고 시장이 급격히 변화하는 상황에서 경쟁자와 붙었을 때 조직의 지식 덩어리가 확실히 차별화되고 방어할 수 있으면서 고객들에게 가치를 더 전할 수 있는지를 평가해야 한다.

지식 덩어리가 모여지기까지는 많은 시간이 걸린다. 새로운 사업 모델을 만들어야 하면 기존의 지식 덩어리에 새로운 지식 덩어리를 더하는 작업을 하여야 한다. 중장기 계획을 세우고 지식 덩어리를 모으는 작업을 해야 할 수도 있다. 다만 시간을 좀 당길 방법은 핵심 역량을 만들 수 있는 자원을 전략적으로 배치하거나 외부에서 사람이나 지식을 가져오거나(외부 수혈) 인큐베이팅 같은 방법을 통해 아주 체계적으로 지식 덩어리를 키우는 작업을 할 수도 있다.

이것도 사업에 대한 통찰력과 어떤 지식이 모여야 하는지를 알아야만 하는 것이라 쉽지는 않은 일이다. 또 누군가는 이 개념을 가지고 핵심 역량이 키워지도록 일관성이 있게 관리하여야 할 것이다.

TIP

조직의 지식의 덩어리를 보여준 표대로 그려 보자.
어떤 영역을 더욱 강화하고 어떤 영역을 보강하여야 할지가 드러날 것이다. 조직은 얻어야 할 지식을 획득하기 위한 계획을 세우고 조직적이면서도 지속해서 관리하여야 한다.

13. 팀으로 일하라

> 애플은 팀 스포츠로 움직인다.
> – 스티브 잡스

왜 팀으로 일해야 하는가? 팀으로 일하는 것이 성과를 많이 낼 수 있기 때문이다. 실제로 팀 조직을 도입한 이후에 생산성이 올라간 것은 각종 사례와 수치로 쉽게 확인할 수 있다.

그럼에도 불구하고 온전한 팀 조직화를 이루지 못하는 조직도 상당히 많다. 그 이유는 본부 조직과 연결되어 물을 자르듯이 구분할 수 없는 복잡한 조직 구조를 가졌거나 팀 조직화를 할 수 없는 조직 문화를 가지고 있기 때문일 것이다. 물론 다른 요소가 있을 수 있다. 그런데 팀 형태로 조직이 운영되더라도 팀 간의 실적의 차이가 크게 나게 되어 있다. 그 이유는 진정한 팀이 되기 위한 조건들을 모든 팀이 갖출 수는 없기 때문이다. 여기서는 진정한 팀이 되기 위한 조건들을 정리해 보았다.

독립된 의사결정이 가능해야 한다

팀은 온전히 스스로 성과를 낼 수 있어야 한다.

그러려면 팀 내에 필요한 관리층과 전문 스텝이 들어와 있어야 한다. 그런데 팀이 모든 기능을 다 담고 모든 것을 다 하는 형태가 되면, 팀이 무거워지므로 필수 기능 중심으로 원팀으로 구성하고 필요한 지원은 그때그때 시장이나 회사에서 지원 형태로 가져다 쓰면 된다. 팀 조직은 상호 보완과 기능 보완이 되는 조직이 되어야 한다. 상호 보완은 팀 구성원 간에 인재 유형(강점)에 따른 보완이 되는 것이고, 기능 보완은 업무에 따른 보완이 되는 것을 말한다. 온전한 팀제가 되기 위해서는 본부 스텝과 외부 거래처까지 포함한 가치사슬 내의 고리가 거래가 가능한 형태로 연결되어 있어 서로의 필요를 주고 받을 수 있어야 한다. 만약 도움만 받고 도움을 줄 수 없으면 완전한 팀제는 구성되기가 어렵다.

팀은 원팀을 구성하는 데 있어서 독립적으로 팀원을 선택할 수 있는 시장 시스템이 있어야 한다. 자기 팀에 정말 맞을 것 같은 좋은 자원이 있을 때 다른 팀이나 부서에서 데리고 오거나, 개인도 가고자 하는 곳을 선택하게 할 수 있다면 독립된 조직으로의 기능을 하기 시작한다고 볼 수 있다.

팀 스스로 책임을 져야 한다

팀은 이익에 대한 책임을 져야 한다. 팀이 온전히 자율적으로 자원을 배치하고 사용할 수 있는 권한을 부여받았다면, 성과에 대해서도 책임을 질 수밖에 없는 시스템이 필요하다. 팀 간에 버는 돈과 쓰는 돈이 명확히 구분되어야 하는데 그러려면 거래가 실시간으로 반영되어 손익이 바로바로 나올 수 있는 시스템이 갖추어져야 한다.

가령 자원 사용에 대한 배분을 정확히 돈으로 계산하고, 팀별 성과를 측정하여 측정된 값으로 평가를 하는 것이다. 이렇게 되면 스스로 생산성을 올리려는 노력을 할 수밖에 없다. 팀이 제대로 돌아가는 곳은 팀 내에서 매출뿐만 아니라 원가와 판관비를 어떻게든 줄이기 위해 새로운 아이디어들을 계속 내고 실행하는 것이 쉽게 발견된다.

팀 조직이 제대로 되면 의사결정이 팀 내에서 이루어지므로 소비자에게 전달되는 단계가 줄어들 수밖에 없다. 단계가 줄면 가치를 빠른 속도로 제공할 수 있고 단계 간에 발생하는 비용이 줄 수 있다. 팀 스스로 책임진다는 것은 개인의 과업도 스스로 책임질 수 밖에 없다.

> 나는 조직의 지식을 발굴하는 작업을 한 적이 있었는데 매번 팀 단위 지식 사례가 적었다. 지금 생각해 보면 그것이 당연하였다. 팀 자체가 스스로 비즈니스를 할 수 있는 조직 구조를 갖추어 있지 않고, 팀 단위의 비즈니스가 이루어지는 제도와 시스템이 갖추어 있지 않은 상태에서 팀 단위의 크고 의미 있는 지식 사례들이 쏟아져 나오기를 기대했던 것이 잘못된 것이었다.

팀이 함께 나아갈 수 있는 목표와 KPI가 개발되어야 한다. 독립된 조직은 권한은 부여하고 통제는 최소화하되, 성과의 책임은 반드시 져야 한다. 성과의 책임을 지려면 성과를 책임지게 하는 KPI 가 합의되어야한다. 그리고 매출과 원가, 판관비에 대해 어느 팀이 매출을 많이 했는지, 어느 팀이 원가가 높고 비용을 많이 쓰는지가 정확히 드러나 최종적으로 얼마나 이익에 이바지하는지를 알 수 있어야 한다.

각자 기능별로 가지고 있는 KPI를 공동의 목표로 함께 할 수 있는 제목과 KPI와 정렬하고 팀원들이 동의한다면 이것은 아주 성공적인 팀의 출발이 될 수 있다. 이렇게 된다면 팀이 달성해야 할 목표가 '노력할 만한 가치가 있는 일'임을 인식시키는 계기가 될 것이다.

팀별로는 바로 돈을 벌어 입증할 수 있는 곳도 있지만, 미래를 준비하거나 시스템을 개발하는 곳이 있을 것이다. 이런 부서는 돈과 바로 연결이 되지 않으므로 따로 합리적인 평가지표를 찾아야 한다. 제목과 KPI의 합의와 별도로, 개인의 태도가 심각히 문제가 되는 직원들에 대해 팀 구성 시의 합류 여부에 대한 엄격한 기준들이 적용되어야 한다. 팀 조직에서는 팀워크를 해치는 경우는 팀 조직화 과정에 고려해야 한다.

TIP

> 팀의 가치사슬은 그들의 목표에 얼마나 이바지하는지가 명확히 드러나 스스로 책임을 질 수밖에 없는 시스템이 구축되어야 한다.

14. 갈등과 팀워크가 공존하는 문화

> 내가 지금까지 한 일 중에 가장 신났던 일은 함께 일하는 인재들을
> 조화시키는 분명한 목표를 제시하는 일이었다.
> – 월트 디즈니

팀워크가 좋은 회사가 성과를 낸다. 맞는 말이다. 그러나 마냥 팀
워크가 좋을 수는 없다. 팀워크가 깨지기도 하고, 사람들이 상처를
입기도 한다. 팀워크는 동전의 양면이다. 잘 관리하면 조직의 성과
에 도움이 되지만 나쁜 쪽으로 뭉쳐지면 비즈니스에 치명적인 어
려움을 준다. 갈등의 원인 중에 큰 비중을 차지하고 있는 것이 사람
이고, 특히 상사로 인한 갈등이 많다.

어쨌든 갈등의 유형별로 어떻게 갈등을 관리하느냐 따라 더 좋은
조직으로 거듭나게 되어 있다.

좋은 갈등은 조장하라

갈등이 꼭 나쁜 것만은 아니다. 때로는 적절한 갈등도 필요하다.
지나친 갈등은 소통과 정보 단절의 문제를 유발할 수 있지만 적절
한 갈등은 친밀한 관계로 인해 일하는 과정의 불편을 대신하려는
것들을 어느 정도 커버할 수 있다.

좋은 갈등은 비즈니스를 하면서 이견이 있는 경우다. 이견이 있
다는 것은 각자의 생각이 융합할 수 있는 아주 좋은 기회이다. 이때
마음 놓고 의견을 내놓고 서로 맹렬하게 토론하여야 한다. 일을 중
심으로 모인 조직에는 일과 관련되어 자유롭게 말하고 자유롭게

들어주는 문화가 형성되어야 한다.

통상 권력이 있는 사람이나 폐쇄 조직에서는 하고 싶은 말이 있어도 잘하지를 못하는 경우가 있다. 자유롭고 열린 대화는 숨은 문제나 이슈들이 빠르게 드러나게 한다. 자유롭게 이야기했을 때 개인적인 피해가 없고 누구나가 쉽게 소통할 수 있다면 갈등이 성과로 연결될 수 있을 것이다.

그런데 의견을 적극적으로 내놓을 때 주의하여야 할 점이 있다. 사람들은 머릿속에는 자신만의 프로그램과 인식이 자리 잡고 있다. 그래서 자신의 의견과 다를 경우에는 방어하려는 DNA가 있다.

그러므로 리더는 이견이 있을 때 조건 없는 비판으로 갈등이 일어나지 않고, 건설적인 결론으로 발전이 될 수 있도록 하여야 한다. 다른 사람들과 의견을 적극적으로 개진하는 문화가 자리 잡도록 하는 것이 구성원 간의 소통 과정에 리더가 해야 할 아주 중요한 역할 중의 하나가 될 것이다. 권력 있는 자의 의견도 걸러지는 문화가 필요하다. 리더들이 주의하여야 할 것은 '옳지 않지만, 상사의 뜻이라고 하여 그대로 순종하면서 아래 직원들의 의견은 듣지도 않고 정치적으로 일하는 경우'다. 상사가 내놓은 의견이 맞을 수 있지만, 맞지 않을 수도 있다. 설사 상사의 의견이 맞다 하더라도 공유하면서 자연스럽게 수용하는 절차들이 필요하다.

구성원들의 팀워크를 이끌려면 리더는 잘 들어주고 정보를 같이 공유하며, 때로는 적절한 양보도 해야 한다. 정보를 가진 사람들이 정보 권력의 파워를 지키려는 것을, 건전한 공유로 돌릴 수 있도록 그를 인정하면서 다른 사람의 지지를 받도록 하여, 본인 스스로 정보 공유를 할 수 있도록 유도해야 한다. 이를 위해 때로는 인정해 주고, 때로는 설득도 하고, 필요시는 제도로도 접근할 수 있다.

관계가 좋다고 팀워크가 좋은 것은 아니다

일을 하다 보면 이해관계가 다른 경우가 생긴다. 상대가 요구하는 것이 바르지 않고 더 적합하고 성과 낼 수 있는 길이 있는데도, 갈등을 우려하여 그냥 의견을 수용해 주는 경우가 있다.

우수한 중소기업을 다룬 기획 프로그램을 보고 있는데, 거기서 어떤 직원을 인터뷰하는 과정에 "우리 회사는 누가 뭐라는 사람이 없어요."라고 말하는 것을 들었다. 좋은 의미로 자랑삼아 이야기한 것이지만, 나는 일하는 과정에 과업 결과에 대한 평가나 갈등 같은 것들이 전혀 없다는 것으로 들렸다.

일하다 보면 가치사슬 간의 누군가는 일을 잘못 이해하여 갈등이 일어날 수밖에 없는 일이 생긴다. 그게 자연스러운 것이다. 갈등이 벌어졌을 때 가장 이상적인 것은 잘못 이해한 사람이 그 문제를 인식하여 생각을 바꾸면 갈등이 협업이 되는 상황으로 바뀌는 경우이다.

갈등의 문제가 인식되어 고쳐나가는 조직이 건강하고 진짜 팀워크가 좋은 조직이다. 힘이 있는 조직이 존재하지 않고 수평으로 소통과 공유의 문화가 싹틀 때 진정한 팀워크가 존재한다. 물론 갈등이 일어날 때 서로 감정을 상하지 않게 하면서도 서로의 생각들이 아주 정확하게 전달이 되면서, 생각들이 좋은 방향으로 전환이 되도록 하는 소통의 기술은 필요하기는 하다.

TIP

업무의 이견에서 오는 건설적인 갈등은 많을수록 좋다. 다만 서로의 감정을 상하지 않게 하면서 합의점을 찾는 기술이 있어야 한다.

15. 지식 경영의 증거

> 지속적인 성장을 총매출과 이윤 모두가 성장하는 것, 즉 일정한 기
> 관에 걸쳐 총 주주수익(Total Shareholder Returns, TSR. 주가 상승분과 배당)이
> 자본비용을 초과하는 것으로 규정했다. 경험적으로 보았을 때 장기
> 적으로 자본비용만큼 수익을 내지 못하면서 주주가치를 창출하는
> 기업은 거의 없다.
>
> – 크리스 주크·제임스 앨런

골드랩 박사는 TOC(Theory Of Constrains, '제약이론'이라고도 부르며, 병목
현상을 일으키는 부분을 찾아서 해결하는 것. 그의 저서 The Goal에서 그의 이론을 이
해할 수 있다)를 제대로 하면 4년 차에 매출만큼 이익을 낼 수 있다고
하였다. 이러한 놀랄 만한 숫자는 세계를 주도하고 있는 혁신 기업
에서는 흔히 볼 수 있는 사례이다.

지식 경영은 지금 잘하고 있는 일을 잘해 생산성을 올리는 것과 새
로운 수익원과 새로운 고객을 창출하는 혁신과 관련이 있다. 여기서는
생산성과 혁신의 결과로 나오는 근거를 살펴보려고 한다.

그 근거는 최종적으로는 숫자가 크게 바뀌어야 한다. 그런데 그
숫자의 변화는 하나가 아닌 두 가지 이상의 숫자가 비례해서 좋아
진다. 앞에서 지식 제목을 찾는 사례에서도 이야기했지만, 외식의
한 개 매장과 리테일의 한 개 층에서 상상을 뛰어넘는 성과를 거둔
적이 있었다. 이 매장은 매출이 최저대비 몇 배를 하는 기록을 한
적도 있었다. 지식 경영의 증거는 5%, 10%의 매출이 늘어나는 것
이 아니다. 그런 정도의 숫자를 가지고 지식의 성과가 있다고 말할

수는 없다. 아래에서도 설명하겠지만 지식은 한두 개의 KPI가 좋아지는 것이 아닌 가치사슬의 전 영역에 걸쳐 그들의 KPI가 레벨업되어야 획기적인 숫자가 좋아지게 되어 있다.

숫자의 상관관계를 보라

지식 경영이 제대로 되고 있는지를 점검할 때 몇 개의 지표들이 같이 좋아졌는지를 유심히 살펴봐야 한다. 사람들은 어떻게든 자신들의 성과를 드러내기 위해 하나의 숫자만 좋아져도 그것을 중심으로 포장하려고 한다. 하나의 숫자만 좋아진 것은 지식 경영의 결과가 아니다. 지식 경영을 검증할 때 우리가 유의해서 봐야 하는 것은 어느 지표는 좋아졌는데 다른 지표는 나빠지는 것이다. 이러한 것들은 아주 쉽게 많이 볼 수 있다. 예를 들어 매출이 올랐는데 적자가 났다고 한다면 매출을 올리는 데 비용을 썼다는 것이고, 그 비용이 수익의 범위를 오버했다는 것이다. 또 한 예는 매출은 올라갔다고 하는데 재고 일수는 줄지 않았다는 것은 과다하게 상품을 만들었을 뿐 아니라 판매 적중도가 떨어졌다는 것이다.

품질 경영의 대가인 데밍은 "품질이 좋아지면 비용이 떨어진다"라고 했다. 품질이 좋아지기 위해서는 비용이 올라가야 한다고 생각하기 쉬우나 그것은 원가이지 비용이 아니다. 애초에 공장에서부터 품질이 잡히면 이후 품질 불량으로 인해 해결해야 하는 시간과 비용을 세이브(Save)할 수 있다. 거기다 품질이 좋아지면 매출까지 연결이 된다. 거기에 일하는 방식에 의해 품질을 유지하면서 원가도 떨어질 수 있다.

물론 하나의 KPI의 변화로도 숫자가 좋아질 수는 있다.

가령 매출이 그대로인 상태에서 판관비를 줄인다면 수익이 높아질 것이다. 예를 들면 미국의 어느 신용카드회사는 소비자 대출 마케팅을 위해 임금이 저렴한 인도에 특수언어학교를 설립하여 인도 특유의 억양이 없는 영어를 구사하는 인도 사람을 양성한 후 콜센터를 아예 인도로 이전해 버렸다.

과업의 난이도가 높지 않다면 대체인력을 통하여 생산성을 올려 비용을 낮출 수도 있다. 이런 경우에는 부문적으로 숫자가 바뀔 것이다. 만약 조직 내의 비부가가치를 제거하고 파레토 법칙에 해당하는 고객과 관련된 과업에 집중한다면 매출이 올라가고 비용도 함께 줄어 수익이 대폭 높아질 수도 있다.

지식 경영을 통해 나온 숫자가 큰 경우에는 2~3개의 지표 모두가 좋아지지만, 그중에서도 어느 한 지표는 획기적으로 좋아진다. 예를 들면 매출은 30% 올랐으나 수익이 두 배가 좋아졌다든지, 매출은 30% 올랐는데 비용(액)은 전년도에 사용한 것과 차이가 안 나는 것처럼 말이다. 매출이 올라도 판관비는 고정비성이라 더 이상 올라가지 않으면 수익은 대폭 좋아진다. 가격은 10년 전 그대로인데 원가는 더 떨어졌다든지 하는 것도 거래처에 의존하지 않고 원부자재를 직소싱하는 지식을 갖추면 가능한 일이다. 매출은 그대로인데 판관비율과 금액이 같이 떨어졌다는 것은 고정비와 변동비의 변화가 없이는 불가능하다.

지식 경영의 확실한 증거는 지식에 지식을 더한 것이다

지식은 제품에서, 노동에서, 공정에서, 도구에서, 지식에 지식을 더한 곳에 지식의 사례가 나타난다. 여기서 가장 위력이 큰 것은 지식에 지식을 더한 것이다. 고객의 가치를 제공하기 위한 프로세스 혁신과 관련된 지식은 지식에 지식을 더하지 않으면 성과를 낼 수가 없다. 이런 지식은 여러 가지 지식-도구, 제품, 노동, 도구-들이 일하는 과정에 복합적으로 반영되어 개선이나 혁신하면서 아주 큰 성과물로 나타날 수 있다. 지식에 지식을 더한 대표적인 것은 비즈니스 모델을 바꾸는 것이다. 비즈니스 모델을 바꾼다는 것은 제품과 서비스의 형태, 채널의 형태에 따라 일하는 사람들의 과업을 바꾸는 혁신에 관련된 것이다.

지식에 의한 지식에 의해 지식이 구조화되고 융합하면서 정말 놀랄 만한 혁신이 나타날 수 있다.

앞에서 예를 든 A 레스토랑 재론칭 과정에 적용한 지식은 지식에 지식을 더한 지식이었다. 풀 서비스를 제공하는 레스토랑에서 뷔페 형태로 비즈니스 모델을 바꾼 지식이었다. 이를 위해 제품의 포트폴리오가, 주방과 홀의 동선과 인프라가, 직원들의 과업도 서비스 형태도 바뀌었다. 제품이 나오는 공정도 완전히 다르다. 풀 레스토랑은 고객의 주문을 받고 요리가 제공되지만 뷔페는 상당 부분 반 가동 상태에서 요리가 들어가고 필요시는 버퍼(Buffer, 여유 자원)를 두기도 한다. 서비스의 형태도 친절함보다 결품이 없도록 하는 것이 더 중요하다.

이처럼 지식에 지식을 더하는 형태의 지식은 개인보다는 팀, 팀보다는 사업장이 같이 하는 지식이다. 경영자는 이런 지식 형태로 조직이 레벨업될 수 있도록 항상 관심을 가져야 한다. 안될 것 같은 비즈니스도 가치사슬과 함께 해 하나의 제목을 잘 찾고 지식에 지식을 더하면 극적으로 회생할 수 있다. 그것이 고객의 문제나 고객에게 줄 가치를 해결해 주는 제목이라면 말이다. 조직은 자원이 부족하면 부족할수록 지식에 지식을 더한 것을 생각하여야 한다.

어떤 조직이 적자가 나면 발주하고 싶어도 발주를 할 수가 없다. 이때 어떤 지식이 필요하겠는가? 이때의 해법은 (초도) 발주를 줄이고 QR의 비중을 높여 적중도를 높여서 돈을 벌 수밖에 없다. QR을 할 수밖에 없는 절박한 발주 환경을 역설계해서 실제로 숫자가 좋아진 사업부를 본 적이 있다. 물론 돈이 없는 회사에 거래처가 생산 라인을 무조건 지원하지는 않을 것이다. 또한 원부자재를 준비하거나 가공 과정의 리드타임 공정을 줄이는 것도 쉽지 않다. 그래서 이러한 문제들을 푸는 데 있어서 지식에 지식을 더한 지식이 필요한 것이다.

누군가 성과를 내기 위해 자원이 필요하다고 하면 그 사람은 지식이 없는 것이다. 지식에 지식을 더한 지식은 부족한 자원을 초월한다.

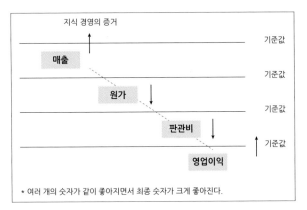

* 여러 개의 숫자가 같이 좋아지면서 최종 숫자가 크게 좋아진다.

TIP

지식 경영이 제대로 되는 증거는 여러 개의 KPI가 복합적으로 좋아진다는 것이다.
경영자는 이 관점에서 프로젝트의 KPI가 바뀌고 있는지를 살펴봐야 한다.

16. 이익을 중심으로 생각하라

> 수익을 중심으로 사고하라. 수익을 내는 판매하라. 수익을 내는 운
> 영방식을 도입하라. 수익이라는 방향을 제시하는 리더십을 키워내
> 라. 수익이 안 나는 이유는 수익을 극대화하기 위해 동원되는 각각
> 의 실행 요소들 사이의 상호작용을 관리하지 않기 때문이다.
> – 조너선 번즈

당연한 말이지만 기업은 세후순이익이 좋아지는 경영을 하여야
한다. 그런데 세후순이익을 목표로 한 대로 얻기가 힘들다.

목표로 한 이익을 얻지 못했다면, 이익을 얻지 못한 이유에 대해
여러모로 분석되어야 할 것이다. 측정을 통해 이익과 관련된 지표
부터 명확히 드러내도록 하고, 이익의 질에 따라 대안을 찾아야 할
것이다. 똑같은 이익이라도 아주 좋은 질에 의해 나온 것이 있고,
그렇지 않은 것도 있다. 아주 좋은 질에 의해 나온 이익은 이익을
계속 낼 수 있다. 가장 중요한 관점은 회사가 이익이 날 수밖에 없
는 구조가 있는가이다. 그 구조에 따라 같은 사업을 하는 그룹 간에
도 이익의 질은 물론 크기에서도 차이가 날 수밖에 없다.

(이 부분은 낭비 제거 파트의 '이익을 얻는 피라미드 그림'에서 추가로 설명하였다.)

결국은 최종 숫자가 좋아져야 한다

최종 숫자는 일정 기간이 지난 후에 경영의 결과로 얻은 숫자이
다. 사업을 확장하든 M&A를 하든 최종적으로 기업의 사업을 평가
하는 숫자이다. 세후순이익 같은 숫자이다.

'성장'이란 용어를 쓸 때 '이익 또는 이익이 있는 성장'이라는 말을 동시에 쓰는 이유는 최종적으로 세후순이익을 얻기 위한 것이다. 지금까지 이 책에서 서술한 대부분은 '손에 쥐는 최종 숫자를 얻기 위한 것이다'라고 해도 지나치지 않을 것이다.

많은 회사가 돈을 벌지 못하면서도 재고와 공간 등 자원을 계속 유지하고 있다. 이렇게 된 이유 중의 하나는 이익을 못 내면 바로 책임을 지는 문화가 없거나, 이런 부실자산을 안고 갈 수 없도록 하는 시스템이 부재하기 때문일 것이다.

이미 고비용 구조로 운영되는 것이 자리를 잡아 이익을 내기가 힘든 상태에서는 이익을 내려면 뼈를 깎는 고통을 감내하여야 한다. 아무리 마켓셰어(Market Share, 시장점유율)를 늘렸다고 하더라도 최종 숫자가 좋아지지 않으면 그 숫자는 의미 없는 숫자이다.

플랫폼 사업처럼 초기에 적자를 감수하고도 시장점유율을 높여 승자독식을 하는 모델이 있긴 하지만, 여기서는 이익 구조의 관점에서 설명하고 있다.

물론 사업의 모델이 유망하여 그 사업을 유망하게 보는 투자자의 자금을 받아 시장에서의 포지셔닝(positioning)을 하고, 기대 이상의 성장과 수익을 가져올 수도 있다. 투자를 많이 하더라도 초기의 잠재적인 적자를 감수하고도 남을 사업 모델과 성장 엔진이 있다면야 문제될 것은 없다. 그렇다고 하더라도 최종 숫자가 좋아지기 전에는 다른 숫자들로 그때그때 검증받아야 한다. 그리고 어느 시점이 돼서는 최종 숫자로 확실히 증명하여야 한다.

최종 숫자를 얻지 못하는 이유

최종 숫자를 얻지 못하는 이유를 들어보려고 한다.

첫 번째는 단계별 성장, 혁신, 유지에 따른 자원(시간에 따른 사람, 공간, 돈, 지식) **투자를 명확히 설정하지 않은 이유이다.**

사업의 사이클(Cycle, 주기)에 따라 돈은 쓰고 버는 전략이 달라져야 한다. 자원의 투자 중에서 가장 기회가 많으면서도 리스크가 있는 것이 신규 사업에 대한 투자 결정이다. 사업의 실현 가능성이 부족한 전략과 명확하지 않은 큰 그림을 토대로 자원을 투자하게 되면 큰 손해를 보는 경우가 많다. 반면 통찰력에 의해 새로운 사업 모델을 개척하거나 사업을 확장한 투자들은 회사의 방향을 바꾸어 놓을 수 있다.

당신의 조직을 몇 년간 리뷰해 보라. 그동안 투자한 것이 얼마만큼의 ROTC(Return On Total Capital, 투자자본 이익)를 가져왔는지. 그러면 날린 돈이 많다(크다)는 것에 놀라고, 지식이 없이 의사결정한 것에 두 번 놀랄 것이다. M&A나 자산투자 등도 이익을 내는 투자가 되어야 한다. 당연한 말이지만, 돈 못 버는 투자가 얼마나 많은지는 경영을 하는 사람들이 더 잘 알 것이다. 특히 바로 현금화가 불가능한 자산 등은 현금흐름을 고려하여 투자하여야 최종 숫자가 좋아진다.

신규 투자 못지않게 중요한 것이 상품에 대한 재고 문제이다. 상품을 팔릴 시점에 내놓지 못하면 매출 손실과 재고 관리가 심각해진다. 출하 시점은 맞추었으나 너무나 적거나 너무 많은 상품을 출시한 것도 문제다. 이처럼 신규 사업이나 운용 과정에 발생하는 투자의 적중도에 의해 숫자가 크게 움직인다.

두 번째는, 역기획에 따른 이익 구조틀이 없기 때문이다.

역기획에 따라가는 이익 구조틀은 이익이 날 수밖에 없는 구조를 만드는 것이다. 매출이 많으면 많은 대로, 적으면 적은 대로 손에 쥐는 돈이 될 수 있으면 많도록 숫자를 관리하여야 한다.

이익 구조틀 상의 각 숫자는 근거에 의해 정리가 되어 있어야 한다. 이익구조를 잡기 위해 벤치마킹하게 되는데, 벤치 표시 대상에서 찾은 숫자와 그 숫자를 분해해 적용한 숫자가 역기획 과정의 프로젝트 제목의 결과로 나올 숫자와 일치해야 한다. 그러니까 벤치마킹한 숫자는 이익구조틀에 반영이 되어야 하고, 이익구조틀의 매출과 원가, 판관비의 숫자가 프로젝트의 결과로 나와야 한다. 그리고 한 숫자가 다른 숫자에 어떻게 영향을 미치는지를 알 수 있어야 하고, 그 숫자대로 나오는지 시뮬레이션을 해봐야 한다. 통상 이익구조틀의 숫자는 찾았는데, 제목의 결괏값과 일치하지 않는 경우가 많다. 이 말은 무엇인가 하면 제목과 결과물의 크기가 그 숫자를 낼만큼 커야 한다는 것이다. 이유는 여러 가지다. 제목을 제대로 못찾았거나, 제목의 결과와 크기가 다른 숫자들을 셋업 한 경우이다.

세 번째로 숫자를 보고 어떤 경영 활동을 하여야 하는지를 모르기 때문이다.

숫자의 분석을 통해 어떤 행동을 하여야 하는지를 아는 것이 중요한 경영 활동의 하나이다. 위에서 언급한 것처럼 숫자는 서로의 관계 속에서 파악이 될 수 있다. 숫자의 크기에 따라 그것이 적정한지 위험한지를 파악할 수 있어야 한다. 매출이 30% 올랐는데도 이익이 미비하면 왜 그렇게 숫자가 나왔는지를 알아야 한다. 반대로 매출의 변화가 없는데 수익이 많이 높아졌다면 그 숫자의 의미가 무엇인지를 알아야 한다.

회사에서 최종 숫자의 판정 기간을 대체로 1년 경영 계획을 중심으로 보긴 하지만, 놓쳐서는 안 되는 것이 1년을 짧게 쪼개 분기, 더 쪼개 월간 단위 최종 숫자를 봐야 한다. 숫자는 장기도 보고 단기도 보고 그 숫자들의 기간별 추이도 보면서 전체 목표로 한 숫자들이 바뀌는 지를 놓치지 않고 지켜보면서, 숫자가 의미하는 바를 파악할 수 있어야 한다.

최종 숫자와 핵심 KPI의 변화를 비교해 보고 만약 KPI가 움직이지 않았는데 최종 숫자가 좋아졌을 때는 단기간에 무리한 비즈니스 행위를 했는지를 살펴봐야 한다. 특히 매출의 경우가 그렇다. 만약 핵심 KPI가 변화했는데 숫자가 안 바뀌었으면 이익구조를 상의 연결된 다른 요소가 문제가 있는지를 봐야 한다. 최종 숫자와 핵심 KPI의 상관관계를 보면서 최종 숫자의 건전성의 판단하는 행위는 꼭 해야 하는 피드백의 한 영역이다.

숫자가 최초에 계획한 대로 움직이지 않았을 때 회사의 역량이 있다면 그것을 바로 만회할 수 있다. 가장 심각한 경우는 숫자에 대한 의미도 파악이 안 되고, 그것을 해결할 역량도 없는 경우이다(가장 비즈니스 능력이 떨어지는 경우는 시점별로 숫자가 파악이 안 되고, 나온 결과도 정확하지 않으며, 그 숫자에 따라 무엇을 해야 하는지도 모르는 경우이다). 문제 해결 역량은 있는데, 숫자를 다루는 역량이 떨어져 더 할 수 있는데도 못하는 회사들이 의외로 많다. 숫자를 제대로 다루는 것은 조직의 역량의 하나이다.

회사의 어떤 변수가 생겼을 때, 그런 것들이 숫자에 어떻게 반영되는지를 모르면, 회사가 짊어질 리스크는 너무나 커진다. 온갖 숫자들이 쏟아져 나오면서 신호를 보내고, 그 신호들을 놓치지 않고 보면서 그 숫자들이 회사의 이익에 어떻게 영향을 미치는지를 실시간으로 알고 있어야 한다.

숫자를 제대로 파악하기 위해서는 모니터링을 할 수 있다. 그런데 모니터링을 통해 진척도를 관리하는 조직이라 하더라도, 모니터링방식이 적절한 것인지는 확인해야 한다.

네 번째는 숫자에 관심을 가지는 문화, 하우(How), 실행 과정의 피
드백이 없기 때문이다.

숫자와 관련된 사례

내가 아는 어떤 경영자는 다른 회사의 전문경영인으로 스카우트되어 가게 되었
는데, 이사회에서 숫자가 조금만 안 좋아져도 압박하는 정도가 기존에 근무하던
회사와 너무도 차이가 나 적응하는데 엄청나게 고생했다고 하는 말을 들은 적
있었다. 물론 숫자만을 강조할 때 질적인 전진이나 투자에 대해 보수적인 결정을
하고 단기에 성과를 내려는 경영 활동을 하려는 부작용이 있는 것은 사실이긴 하
지만, 중요한 것은 이익을 얻으려면 숫자에 관심을 가져야 한다는 것을 보여 주고
있다. MBA를 다니면서 많은 다른 대기업의 직원들을 접하면서 '그들이 강한 것
이 무엇인가?' 하고 살펴보니, 그들이 강한 것은 숫자였다.

매장에서 팔리는 상품의 결품을 측정한 적이 있었다. 측정 기준은 매장에서 판
매되는 SKU 중에 매출총이익 상위 ○○○개의 결품이 얼마나 되는 지를 확인
하는 것이었다. 매장에서 판매되는 SKU는 ○○○○개 정도였는데 매출총이익
상위 ○○○개 SKU가 전체 매출총이익에서 차지하는 비중은 ○○%나 되었
다. 그런데 놀랍게도 이중에서 상위 ○○○개의 SKU의 결품율이 ○○%나 되
었다. 만약 돈을 버는 것에 관심이 있었다면 돈을 가장 많이 버는 상품이 매장에
서 결품이 안 되도록 관리를 했을 것이다.

이익을 얻는 것에 관심을 가지면 이런 것들이 보이게 되어 있다. 사업부나 부서
간에도 숫자에 관심을 가지는 정도에 따라 이익이 많이 차이가 난다. 숫자에 관
심을 가지는 조직은 원가나 판관비의 사용을 하는 데 있어, 효과를 고민하고 효
과가 미흡할 때는 비용 사용을 자제한다. 실제로 사업의 규모나 운용 형태가 비
슷한데도 불구하고 사업부 간에 판관비의 사용액의 차이가 상당히 나는 이유는
숫자에 관심을 가지는 문화의 유무 때문이다.

프로젝트를 계획할 때 해결할 하우가 있는지를 확인하여야 한다. 하우(How)는 바로 행동으로 옮길 수 있는 것으로 전략이나 아이디어를 말한다. 통상 하우(How)라고 하는 것들이 왓(What)인 경우가 많다. 하우(How)에는 아이디어 이외에도 강력한 시스템이나 제도들도 포함될 수 있다. 프로세스가 바뀌는 것도 해당이 된다. 하우(How)인지 아닌지를 아는 방법이 있다. 질문을 해보는 것이다.

"저렇게 하면 되나?"라는 질문에 직관적으로 될 것 같은 느낌이 들면 아이디어에 근접한 것이다. 실행의 모든 결과는 숫자를 만드는 것인지의 정확한 규명이 되어야 하우가 더 정교하게 나올 수 있다. 하우(How)를 찾는 방법은 경쟁사 조사, 내부의 최고 베스트 프랙티스, 실행 과정에 찾은 인사이트 등이다.

실행하는 과정에 피드백을 안 하는 것도 문제이나, 피드백을 하였더라도 제대로 하지 않은 것도 문제이다. 실행 과정에 숫자가 안 바뀐 이유를 찾았으나. 그 이유가 맞는지가 확인이 안 되는 경우가 있다. 그러니 피드백해서 찾은 문제도 맞는지 확인해 봐야 한다. 피드백을 제대로 했다면 나오는 공통적인 사항들이 있다.

피드백해서 얻은 교훈이 너무 단순해서 '우리가 왜 그걸 미처 몰랐지?' 하는 감탄사가 나오면, 그것은 피드백을 아주 잘한 것이다. 피드백을 제대로 했다면 계속 갈 것인가(Go), 멈출 것인가(Stop)를 판단할 수 있다. 계속 간다는 것은 버그를 잡으면서 단절 없이 계속 프로젝트를 실행한다는 것이고, 멈춘다는 것은 제목을 바꾸거나, 제목 자체를 폐기하는 것을 말한다.

다섯 번째는 시장과 경쟁하지 않고 내부와 경쟁하기 때문이다.

> 미국의 링컨 전기회사의 제임스와 존 F. 링컨 형제는 함께 회사를 차리고 1895년부터 1972년까지 운영하였는데, 제임스는 그의 수많은 논문과 책에서 경쟁의 이점을 서술하였다. 그는 "경쟁으로 게으르고 무능력한 사람들이 사라질 것이다. 경쟁은 진보를 촉진한다. 경쟁은 누가 될 것인지를 결정한다. 경쟁은 엄격한 업무 감독이다. 삶에서 경쟁을 제거할 수 있는 어떤 방법이 발견된다면 그 결과는 재앙이 될 것이다."라고 하였다.

상당 부분 경쟁이 주는 유익이 있다. 그런데 문제는 경쟁이 내부에서 벌어질 때다. 내부 경쟁이 심각한 경우에 같은 그룹 내에서도 브랜드의 콘셉트나 상품, 운영 방식까지 비슷하게 베끼는 경우가 있다. 아주 심각한 경우에는 자원의 공유가 안 될뿐더러 방어하려고 노력하게 된다. 내부 경쟁을 하게 되면 노출을 통해 긴장을 유발하고 행동까지 연결되니, 아주 좋게 보일 수 있다. 그런데 문제는 시장이나 경쟁자가 아닌 내부에서의 순위 경쟁이라는 데 문제가 있다. 그것은 전체 관점의 자원 최적화가 아닌 단기성과 중심의 인재 쏠림이 심해질 가능성이 있다. 내부 경쟁을 하다 보니 예산 내에서 평가와 보상도 할당해야 하는 상황이 벌어지게 된다. 그러니 내부에서 무조건 상위에 들려고 시도하게 되고 직원들도 숫자가 좋은 곳으로 몰릴 수밖에 없다.

내부가 아닌 시장, 경쟁자, 고객과 관련된 지표를 토대로 각 사업부가 무엇을 잘하고 무엇을 못하는지를 노출하여야 할 것이다. 그리고 모든 제도를 고객과 시장에 맞추어야 하고 자원의 할당과 배치도 고객과 시장에 맞추어야 한다. 가장 강력한 방법은 외부 위협과 경쟁자들을 부각함으로써 사고의 틀을 밖으로 돌리도록 하는 것이다.

이익을 낼 수밖에 없는 제도나 시스템을 운영하라

이익을 내려면 이익을 낼 수밖에 없는 제도나 시스템을 운영하면 된다. 시장에는 이미 검증된 사례가 있다. 여기서는 경영의 기법으로 사용했던 교세라의 아메바 경영의 원리들을 생각해 보았다.

> 아메바 경영은 일본의 경영의 신인 이나모리 가즈오에 의해 구현되었다. 그는 교세라를 7만 명의 500대 기업으로 성장시키고, JAL을 전환 경영하는 데 아메바 경영을 핵심 경영철학으로 사용했다. 아메바는 그 형태가 일정하지 않은 단세포생물로 생물의 작은 단위이다. 아메바 경영은 회사가 커지면 복잡해지고 관리 자체가 어렵기 때문에 단위를 줄여 10명 안팎의 소규모 비즈니스가 될 수 있도록 아메바처럼 쪼개서 회사를 운영하는 것이 핵심이다. 그는 아메바를 매출과 비용과 생산성을 올리는 기법으로 사용했다. 아메바 경영을 도입하려면 처해 있는 조직적 상황이나 적용하는 범위에 따라 고민하여야 할 것이 많다.

아메바 경영의 독립채산제 개념을 생각하면서 원리들을 정리해 보았다. 독립채산제하에서는 비즈니스의 완성 단위가 되어 사업의 결과에 스스로 책임을 질 수 있어야 한다. 독립채산제 형태로서 온전한 책임을 지게 할 수 있으려면, 돈을 버는 핵심 기능들이 모두 존재하는 셀 조직 형태가 되어야 한다. 셀 조직 내에서 상품을 만드는 조직, 상품을 파는 조직, 상품을 만들고 파는 데 지원하는 조직으로 구분하고 내부에서 거래하게 함으로써 돈을 버는 데 모두 참여하게 한다. 아울러 셀 조직에 담을 수 없는 외부 스태프 기능들은 거래 형태로 지원받으면 된다.

직접 돈과 연관이 있는 부서는 돈으로 그들이 얼마를 버는지를 확인할 수 있도록 하는 것은 당연하고, 거래 단위에 있는 다른 부서들은 시장값에 의해 거래값이나 수수료 형태로 지급을 하게 하면 된다. 그렇게 되면 스태프 기능들도 열외 없이 돈을 버는 데 모두 참여하는 형태가 될 것이다. 돈을 버는 조직과 돈을 직접 벌지 않고 지원하는 조직이 서로 거래하려면 거래 조건을 명확히 하는 것이 중요하다. 수수료를 얼마로 할 것인지, 거래값을 어떻게 할 건지의 기준을 정하는 것이 쉽지는 않을 것이다. 시장에 기준들이 있더라도 과업의 성격이 시장의 과업과 완벽히 일치하지 않으므로 그 값을 결정하는 데는 아주 기술적인 프로세스가 필요할 수 있다.

이 기준을 잡는 데 있어서 핵심은 모든 기능이 돈을 벌고 돈을 쓰는 것이 명확히 드러날 수 있어야 한다. 기준만 잘 정리된다면 각 셀 안에 있는 기능과 지원하는 기능 간의 퍼포먼스에 의해 수익이 결정되기 때문에 돈을 벌기 위해 팀워크가 올라가는 경향이 있다. 직접 상품을 만들고 파는 조직을 대상으로만 아메바 경영을 하게 되면 손익이 쉽게 나오지만 스태프를 포함한 전 인원들을 아메바 경영에 참여시키게 되면 거래 형태를 돈으로 다 환산하여 사업부의 최종적으로 번 돈과 일치시켜야 해서 전체 로직을 잘 고민해야 한다.

각 기능은 자기들이 관리하는 핵심 KPI를 넘어 얼마나 벌고 쓰는지를 알 수 있도록 하여 누가 매출과 이익을 얼마나 내는지를 명확히 구분할 수 있어야 한다. 아울러 사내 거래를 하면서 기능별로 거래 조건에 민감해질 수 있으므로 부서 이기주의 문제를 극복하기 위해 채산 관리가 가지고 있는 경쟁 심리가 전체를 존재할 수 있도록 하여야 한다. 각 셀 조직과 각 기능이 번 돈의 합이 전체 사업장의 번 돈을 넘어서도 모자라서도 안 된다. 교세라에서는 개인의 생산성을 올리기 위해 시간당 부가가치는 번 돈과 쓴 돈을 개인의 노동 시간으로 환산하는 데 인당 부가가치를 관리하고 있으나, 사업부의 상황에 따라 효과를 고려해 적용하는 것이 맞을 것 같다.

정리하면,

첫째, 독립채산제가 될 수 있는 셀 조직을 구성한다.

둘째, 셀 조직에서 운영을 커버 못 하는 기능은 거래를 통해 지원받는다.

셋째, 실시간으로 버는 돈과 쓰는 돈을 명확히 알 수 있는 시스템이 필요하다.

넷째, 개인과 셀 조직 단위에서 손익을 쉽게 관리할 수 있는 도구가 있어야 한다.

다섯째, 개인과 셀 단위와 지원하는 조직의 버는 돈의 합이 사업장의 전체 실적과 일치해야 한다.

교세라의 성공 사례를 보면 이 제도를 쉽게 적용할 수 있을 것 같지만, 조직의 뿌리가 깊은 구조들-조직 구조, 성과 중심의 조직 문화, 팀 단위의 일하는 방식, 아메바 조직을 평가할 수 있는 제도, 운용을 지원할 수 있는 IT 시스템 등이 아메바에 맞게 맞추어지지 않으면 생각처럼 쉽지 않을 일이다. 그럼에도 일본내에서도 확산되어 성공한 사례가 많고 여러 국가 여러 회사에서 적용하여 성공 사례가 나오는 것을 보면, 이 시스템이 비즈니스 성공의 DNA를 상당히 가지고 있음을 알 수 있다. 국내에서는 메리츠 화재를 꼽을수 있다.

TIP

비즈니스 단위별로 이익을 내려면 이익을 낼 수밖에 없는 조직 구조, 이익 구조, 분사 시스템, 아웃소싱 등을 고려해야 한다.
독립채산제는 이익을 낼 수밖에 없는 조직 구조와 이익 구조, 분사 시스템을 모두 가지고 있다.

지식 경영 요약

목표를 세우는 데 필요한 것은 역기획이다. 역기획은 미래에 이룰 것을 현재로 당겨와 계획하는 것이다. 역기획에는 시점별로 달성할 최종 숫자와 그것을 이루게 하기 위한 프로젝트 제목과 검증된 KPI(Key Performance Indicator, 핵심성과지표)와 결과물이 들어 있다. 프로젝트의 성과를 증명할 최종 숫자는 이익 구조틀에 의해 시뮬레이션 된 숫자(금액, 비율)와 어느 정도 일치가 되어야 한다. 목표는 미래에 이룰 목표(중장기 목표)와 그것을 이루게 할 현재 도달할 목표(단기목표)가 균형을 이루어야 한다.

숫자를 달성하기 위해서는 우선순위 제목을 잘 정해야 한다. 프로젝트를 우선순위를 중심으로 하는 것은 우선순위를 제쳐 놓고 다른 것을 할 수 없고, 우선순위에 집중해야 성과가 나기 때문이다. 책에서 기술한 것처럼 제목을 찾는 방법은 여러 가지이나 고객과 숫자 두 단어로 압축할 수 있다.

제목이 정해지면 프로젝트를 셋업해야 한다. 그 프로젝트를 해결한 책임자를 세워야 하고 그 제목을 달성할 수 있도록 개인 단위까지 나누어 맡기가 되어야 한다. 나누어 맡을 수 있으려면 제목을 쪼개, 단계별로 실행할 수 있도록 계획을 짜야 한다. 제목별로 월간 결과물이 나오도록 1년 단위 계획을 짜되, 주간 단위 실행 계획을 3개월 단위로 짜서 실행한다. 그리고 실행한 것들이 계획한 대로 질적 결과물과 숫자(KPI)들에 도달했는지를 살펴야 한다. 제목을 정하는 것만큼 KPI를 찾는 것도 쉽지 않다. 제목을 찾는 중요성만큼 비중 있게 다루어야 한다.

목표를 달성하기 위한 강력한 도구나 프로세스는 측정, 노출, 모니터링, 피드백이다. 모니터링은 계획한 숫자대로 가고 있는지를 확인하는 것이지만, 미달하면 빠른 피드백까지 연결을 시켜 대안과 교훈을 찾도록 해야한다. 측정, 모니터링, 피드백은 실행을 확인하고 원인과 교훈을 찾기 위해서 같이 연결해서 봐야 하는 실행 프로세스(도구)라고 할 수 있다.

숫자를 얻기 위해서는 실행이 중요하다. 실행도 전략이다. 실행을 중시하는 문화가 있어야 현장이 바뀐다. 목표를 달성할 수 있는 조직의 역량이 일치해야 한다.

물론 여기에 경영자의 리더십과 그 목표를 달성하는 데 필요한 관리 지식도 함께 있어야 한다. 그리고 인재 경영의 관점이 들어가야 한다. 가령 직원들의 몰입도 같이 따라가야 할 것이다.

개인과 조직의 지식의 역량이 올라가면 놀랄만한 숫자가 나온다. 그 숫자는 한 개가 아닌 여러 개의 KPI의 변화가 일어난다. 왜냐하면 숫자는 서로 연결이 되어 있기 때문이다. 그러므로 한 개의 숫자만 변화가 된 경우에는 지식 경영의 성과를 의심해 봐야 한다. 지식 경영이 제대로 되기 시작하면 놀라운 숫자가 나오는 것 이외, 직원들의 역량이 놀랄 만큼 레벨업된다. 피터 드러커 교수가 이야기한 지식 자본가로서의 신분 상승이 일어나고, 직원들을 귀하게 대할 수밖에 없다. 왜냐하면 자신을 필요로 하는 다른 시장으로 이동할 수 있기 때문이다.

지식의 세계를 이해하려면 지식 근로자의 과업을 규명해 보면 된다.

지식 근로자의 과업 규명이 어렵다는 것은, 어떻게 과업을 정의하느냐에 따라 완전히 다른 결과물을 내기 때문이다. 지식 경영이 제대로 되면 혁신과 생산성을 올리는 개인과 팀, 사업부 단위의 지식이 쏟아져 나올 것이다.

지식 경영 도표

지식 경영 프로세스

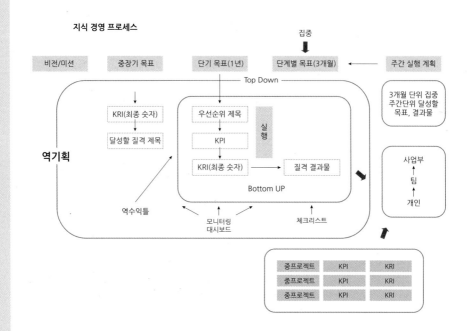

III 낭비 제거

낭비를 제거하는 방식을 어떻게 하느냐에 따라 경영의 질은 물론 숫자가 완전히 달라질 수 있다. 비용 절감은 비용을 줄이는 쪽에 포커스를 맞추고 있어, 써야 될 비용도 아끼게 됨으로써 오히려 나중에 생산성이 문제가 되는 경우가 있다. 그래서 생각해 봐야 하는 것이 가성비를 높이고 조직의 비용 사용의 체질을 강화하는 쪽으로 나아가야 할 것이다.

낭비 제거를 열며

낭비란 고객이 요구하는 가치를 창출하는 데 이바지하지 못하는 모든 절차와 행동을 말한다. 그러므로 낭비 제거는 판관비의 절감뿐만 아니라, 가치를 창출하지 못하는 모든 것을 포함하고 있다.

그렇다면 낭비의 요소는 무엇일까? 사람, 돈, 시간, 공간 등의 자원이 낭비의 요소이다. 자원은 양면성을 가지고 있다. 잘 활용하면 혁신과 생산성의 원천이 되지만, 잘못 사용하면 회사를 어렵게 한다. 낭비는 발생이 안 되는 것이 좋지만, 발생이 전혀 안 될 수는 없다. 그래서 발생하는 낭비를 절감하는 활동들이 들어가게 된다.

낭비를 제거하는 방식을 어떻게 하느냐에 따라 경영의 질은 물론 숫자가 완전히 달라질 수 있다. 그런데 비용 절감은 비용을 줄이는 쪽에 포커스를 맞추고 있어, 써야 할 비용도 아끼게 됨으로써 오히려 나중에 생산성이 문제가 되는 경우가 있다. 그래서 생각해 봐야 하는 것이 가성비를 증가시키고 조직의 비용 사용의 체질을 강화하는 쪽으로 나아가야 할 것이다.

혁신과 카이젠의 두 가지 관점에서 낭비 제거를 적용해 본다면, 혁신은 고객에게 제공될 가치를 빠르게 제공되도록 하는 과정의 불필요한 낭비가 제거되도록 하는 것이고, 카이젠(Kaizen, 개선)은 불

필요한 지방을 제거하고 필요한 근육만 남기도록 하는 활동이라 말할 수 있다. 혁신이든 카이젠이든 이 과정에서 고객들에게 제공하는 가치는 훼손해서는 안 되고, 유지가 되거나 더 높은 가치를 줄 수 있어야 한다.

낭비 제거가 제대로 되려면 근본적으로 구조가 바뀌어야 한다. 그래서 진정한 낭비 제거의 다른 표현은 구조 경영이라고 할 수 있다. 크게는 사업 모델과 관련된 구조, 투하 자본 대비 돈을 더 버는 구조, 이익을 낼 수밖에 없는 구조 등이다. 작게는 조직의 일하는 방식이나 비부가가치에서 발생하는 낭비 제거 등이 있을 수 있다. 이러한 구조들을 바꾸어야 근육 손상 없이 목표로 하는 돈을 절감할 수 있을 뿐 아니라, 이익을 극대화할 수 있다.

낭비 제거 체크리스트

당신이 속한 조직의 낭비 제거 점수를 평가해 보자.

그렇지 않다 ──────────────────────── 그렇다

| 1 | 2 | 3 | 4 | 5 | 6 | 7 | 8 | 9 | 10 |

1 당신의 회사는 낭비를 어떻게 정의하고 있습니까?

2 당신의 회사는 비용을 줄이는 원리나 구조는 무엇입니까?

3 당신의 회사는 비용 사용의 효과를 측정할 수 있습니까?

4 당신의 회사의 비용을 줄이거나 비용을 통한 생산성 향상을 위해 다루어지는 KPI는 무엇인가?

5 당신의 회사는 근육을 손상하지 않고 비용을 줄이고 있습니까?

6 당신의 회사는 일하는 프로세스에서 발생하는 낭비를 어떤 식으로 해결하고 있습니까?

7 당신의 회사는 개인이나 부서별로 비용을 절감할 수밖에 없게끔 하는 장치가 있습니까?

8 당신의 회사는 낭비를 발생시키는 비부가가치를 제거하기 위한 활동을 어떻게 하고 있습니까?

9 당신의 회사는 투자에 대한 바른 의사결정을 할 수 있는 도구가 있습니까?

10 당신의 회사는 절감된 금액이 다시 부가가치를 창출하는 데 효과적으로 쓰이고 있습니까?

1. 낭비를 제거해야 하는 이유

> 우리는 1달러의 가치를 깊이 인식한다.
> 우리는 고객에게 가치를 제공하기 위해 존재한다.
> 그것은 품질과 서비스를 의미하며,
> 따라서 우리는 고객의 돈을 절약할 수 있도록 해야 한다.
> – 샘 월튼

돈을 늘리는 방법은 아버지 방법과 어머니 방법이 있다. 아버지 방법이 악착같이 돈을 벌어오는 것이라면, 어머니 방법은 아버지가 벌어온 돈을 알뜰하게 아끼는 것이다. 낭비 제거는 어머니 같은 방법이라 할 수 있다. 목표로 하는 영업이익률을 초과하면 거기에 쓴 돈은 부가가치를 창출한 돈이다. 그러나 가치를 창출하면서도 최대한 낭비를 제거해 총원가를 낮출 수 있어야 한다. 이익과 관련되어 중요하게 봐야 하는 항목은 매출, 매출 원가, 매출 총이익, 판관비, 영업이익이다. 낭비 제거를 해야 하는 이유는 총원가를 낮추어 고객에게 제공되는 가치를 더 높이기 위한 것이다. 그리고 시장 상황이 안좋을때 어려움을 겪지 않기 위함이다.

낭비 제거는 총원가(Total Cost)를 줄이는 것이다

'낭비 제거의 KPI는 원가를 줄이는 것'이다. 여기서 원가란 총원가를 말한다.

총원가는 원가와 비용의 2가지로 구분할 수 있다. 원가는 본래의 가격이고 원가 절감은 제품을 생산할 때의 가격을 낮추는 일이다.

그리고 비용 절감은 원가 이외에 운영 과정의 비용을 줄이는 것을 말한다. 코스트 다운이라는 말은 운영 과정에서의 비용을 줄이는 것과 관련이 있다. 그러니 제품의 판매 가격에서 이익을 뺀 금액을 총원가로 본다. 매출에서 매출 원가를 빼면 매출 총이익이 된다(매출이 일어나야만 매출 원가가 발생한다). 매출 원가는 판매된 상품의 생산 원가 또는 구매 원가이다. 매출 총이익에서 판관비를 빼면 영업이익이 된다. 어떤 매장이 싸게 많이 팔거나 광고해서 더 많이 팔았는데 남는 것이 없는 때도 있다. 얼마나 팔았냐보다 더 중요한 것이 매출 총이익이 높은 상품을 얼마나 팔았냐가 이익의 핵심이다.

그래서 이익을 볼 때는 매출과 비용을 같이 봐야 하지만, 매출에서도 매출 총이익이 높은 상품을 더 관심이 있게 봐야 한다. 회계적인 관점으로 보면 수익은 매출이다. 그런데 수익을 이익으로 사용하면서, 이익의 정확한 개념이 혼동을 주고 있다. 기업에서는 수익을 이익으로 사용하기도 하는데, 수익과 연결된 총원가 관점에서의 통합된 이익 관리가 되도록 용어부터 정리할 필요가 있다. 통합된 이익 관리란 판매량과 프라이싱(Pricing, 가격 결정) 사이에서 매출 원가와 비용(판관비)을 관리하면서 매출 총이익이 최대로 하고, 비용은 최소가 될 수 있도록 관리하여야 한다는 말이다. 총원가 입장에서는 원가와 판관비 중에서 어느 쪽에 진도를 더 나갔는지, 어느 쪽이 진도가 덜 나갔는지에 따라, 덜 나간 쪽을 집중하게 되면 이익이 큰 폭으로 개선이 될 수 있다.

저비용 구조면 강력한 경쟁우위를 이룰 수 있다

낭비 제거를 하여야 하는 이유를 비용(판관비)을 가지고 설명하여

보자. 낭비 제거는 현재의 이익을 얻을 수 있는 가장 손쉬운 방법이다. 만약 영업 이익을 5% 내는 조직이 10억을 벌려면 200억의 매출을 올려야 한다. 그러나 판관비를 10억을 절감하면 매출 200억을 한 것과 마찬가지의 효과가 있다. 절감된 판관비는 회사에 위기가 닥쳤을 때 대비할 수 있다.

매출은 영업이익까지 연결되어 돈을 손에 쥐는 데 시차가 있다. 그러나 판관비를 절감하면 바로 돈을 손에 쥐게 된다. 매출이 급감하거나 현금 흐름이 문제가 되더라도 저비용 구조를 통한 이익 구조로 되어 있으면 위기를 극복할 수 있다. 만약 일하는 방식을 바꾸어 인건비를 줄였다면 매달 나가던 판관비가 줄어 바로 손에 돈을 쥐는 효과와 같다. 그래서 판관비를 절감했다고 하면 돈(현금)이 더 늘어간 것을 증명할 수 있어야 한다.

TIP

낭비 제거는 현재 이익을 얻을 수 있는 가장 손쉬운 방법이다.
저비용 구조가 되면, 고객에게 많은 가치를 제공할 수 있게 되면서 이익의 선순환 고리를 가져온다.

2. 비용 구조를 알아야 한다

> 적은 비용을 조심하라. 조금 새는 구멍이 배를 가라앉힌다.
> – 프랭클린

비용 구조를 알려면 꼭 파악하여야 하는 요소들이 있다. 가장 큰 것이 고정비와 변동비의 구조이고, 작은 것은 단가이다.

고정비는 일정한 기간과 범위 내에서 발생액이 일정하게 발생하는 비용이다. (고정비는 매출이 많고 적음을 떠나 반드시 발생하는 비용이다.) 반면에 변동비는 조업의 변화에 따라 발생액이 변동되는 비용이다. (변동비란 매출과 비례해서 발생하는 비용이다.) 고정비와 변동비 중에서 가장 많이 발생하는 비용을 파악하는 것은 기본이다.

이것을 파악하면 어디서 어떻게 비용이 발생하는지를 우선은 알 수가 있다. 고정비와 변동비의 구조나 움직이는 원리를 제대로만 알면, 비용을 절감할 수 있는 항목들이 많이 보인다.

그런데 우리가 생각해 봐야 하는 관점이 있다. 비용은 아끼기도 하여야 하지만 가치를 창출하기 위해서도 존재한다는 것이다.

고정비와 변동비의 구조를 알아야 한다

매출의 많고 적음에 따른 고정비와 변동비의 구조는 이익에 영향을 미친다. 손익분기점을 넘어 매출을 많이 하는 경우는 새로 일어나는 매출에 따른 증가하는 일부의 변동비만을 제하면 모두 이익이 되므로, 일정 고정비가 유지되는 것이 유리하다.

그러나 매출이 손익분기점 이하로 나오게 되면, 고정비의 부담이 커져 숫자가 악화한다. 이런 경우에는 차라리 변동비가 많은 것이 유리할 수 있다. 그러나 매출 예측을 정확히 하기도 어렵고, 예측대로 되지 않는 경우가 많으므로 매출의 변동에 따라 고정비와 변동비를 변화시킬 수 있는 대안들이 있어야 한다.

고정비 관련 예

어떤 회사가 성장하면서 시장에서 가치를 계속 창출하여 투자자들의 주목을 받고 있는데, 어느 날 땅을 사서 초호화 건물을 짓는다고 치자, 이 회사는 생산성이 없는 자산에 투자해서 감가상각이 증가하면서 고정비가 늘어날 수밖에 없다. 돈이 되는 곳에 투자하여 ROIC(Return On Invested Capital, 투하자본이익률)를 더 높일 수 있는 데 생산성에 없는 곳에 투자하여 고정비를 증가시키고 있는 경우가 의외로 많다. 내부유보자금이 많으면 생산성이 없는 투자에 대한 유혹을 뿌리칠 수 없고, 그 투자가 부메랑이 되어 회사가 매출이 하락할 때 어려움을 줄 수밖에 없다.

내가 외식사업부를 책임질 때 고정비를 줄이는 데 고민을 많이 했던 기억이 난다. 외식사업의 특성상 매장 오픈 때 임차보증금이나 주방 설비나 인테리어에 큰 비용이 들어가면 고정비 부담이 커져 이익을 내는 데 어려움을 겪는 경우가 많았다. 고정비가 많이 들어가는 사업은 고정비의 크기 자체를 줄일 수 있는 전략이나 사업 구조를 처음부터 고민해야 한다. 고정비는 변동비와 달리 반드시 들어가는 돈이라고 하지만, 고정비도 일하는 방식의 변화나 전략을 통해 고정적으로 나가는 돈의 크기를 바꿀 수 있다. 아주 작은 것이지만 자재를 해외에서 직소싱해서 설비 비용을 최소화하거나 매장마다 진행하고 있는 전 공정 프로세스를 중앙에서 대행함으로써 고정적으로 지출되는 인건비를 줄이는 사례들도 본 적이 있었다.

실속 있는 기업을 만들려면 실속 있는 투자를 하여야 한다

골드렛 박사의 《폴은 어떻게 재고 관리 해결사가 되었을까?》라는 책에서 고정비를 최소화하면서 돈을 버는 재고 관리 방식을 소개하고 있다. 핵심은 창고와 재고를 가지지 않고, 판매 속도에 따라 보충 시스템에 의해 공급함으로써 투입되는 고정비를 최소화하고 회전율을 높여 기업이 전환 경영은 물론 획기적인 수익의 기반을 다지는 내용을 서술하고 있다.

그런데 반드시 고정비가 나쁜 것만은 아니다. 산업의 특성에 따라 규모의 경제에 따라 고정비가 베네핏(Benefit, 이익)을 줄 수도 있다.

> 가령 영화사업 같은 경우는 초기 투자비가 고정비성이라 일단 영화가 BEP(Break-Even Point, 손익분기점, 일정 기간 수익과 비용이 같아서 이익도 손해도 생기지 않는 경우의 매출액)를 넘게 되면 그 이상의 매출은 일정액의 수수료만 제하고 전부 이익으로 남는다. 고정비든 변동비든 들어가는 돈의 예상되는 효과에 대해 근거로 설명할 수 있어야 한다.

산업의 특성을 뛰어넘는 비용 구조를 생각하라

일반적으로 비용 구조는 기업에 따라 구별되는 특징들이 있는 것으로 생각하기 쉽다. 맞는 말이기는 하나 산업의 특성에 따라 고정비나 변동비가 많이 들 수밖에 없다고 단정하는 것은 아주 위험한 생각이다. 그러므로 이익을 극대화하기 위해서는 산업의 특성을 뛰어넘는 비용 구조를 항상 고민하여야 한다.

고정비와 변동비의 구조를 바꾸는 것은 요사이 공장의 자동화나 로봇을 물류센터에 배치하는 그런 문제가 아니다. 물론 공장의 자동화 수준을 높이면 고정비 부분이 커지지만 변동비는 적어진다. 그러나 최종적인 숫자를 얻기 위해 효율과 효과만을 고려할 때 회사 전체의 경영 철학과 조직 생태계의 시너지 부분은 간과되기가 쉽다.

국내 대형 투자회사의 회장님이 인터뷰하는 내용을 보았다. 본인이 사원 시절에 펀드매니저로 회사에 많은 돈을 벌어주었는데, 그냥 수고비 몇십만 원을 받았고, 자신이 이바지한 것을 알아주지 않아 회사를 떠났다고 한다. 그 당시 그 회사는 인건비를 변동비로 보고 인센티브를 주었더라면 직원들은 성과를 내기 위해 노력을 했을 것이고 더 많은 부가가치를 창출했을 것이다.

그래서 고정비와 변동비를 어떤 철학과 어떤 전략으로 설계하느냐에 따라 부가가치가 완전히 달라질 것이다. 중요한 것은 부가가치를 더 창출할 수 있는데 아끼는 상황과 부가가치를 창출하지도 못하면서 쓰는 비용을 경계해야 한다.

가치사슬(Value Chain)은 비용을 줄이기 위해서만 존재하지 않는다. 오히려 비용을 사용하여 가치를 창출하기 위해 존재한다. 그러나 사용하는 돈의 적정성을 어떻게 파악하고 관리하느냐는 몹시 어려운 문제이다. 고정비와 변동비의 구조를 알면, 산업의 특성과 상관없이 때로는 고정비를 변동비화할 수 있고 때론 변동비를 고정비화할 수도 있다. 그러면서 비용을 줄이거나 가치를 창출해 이익을 높일 수 있다.

상황에 맞추어 탄력적으로 고정비와 변동비를 유연하게 관리할 수 있는 틀을 만들어 놓는다면 그 회사는 어떤 생황에서든지 최소한 생존을 할 수 있는 안전장치를 만드는 것이고, 그것을 기반으로 지속 성장이 가능하게 될 것이다. 더 나아가 지금 사용하고 있는 고정비와 변동비의 구조 자체가 바뀌는 사업 모델을 고려해 봐야 할 때도 있을 것이다.

구매하거나 사용하는 원자재의 단가를 원 단위로 알아야 한다

부가가치를 창출하지 못하면서 쓰는 비용을 줄이려면 그 시작은 단가를 원단위로 아는 것이다. 《일본전산 이야기》라는 책을 보면, 나가모리 사장이 직원들의 명함 가격과 복사기 A4지 가격을 직원에게 물어보는데 대답하지 못하자 질책하는 장면이 나온다. "경영은 원 단위(Basic Unit, 한 개 또는 일정량의 제품을 만드는 데 필요한 원재료나 연료 또는 소요 시간 등의 수치)라네. 원 단위를 파악하지 못하면 경영은 불가능하지." 직원들에게 사업과 관련된 영역의 결재를 할 때 전체 원가는 계산해 오지만 개별 단가를 잘 모르는 경우가 많았다. 그 이야기는 사업 영역의 밑단까지 드릴 다운(drill down)해서 개별 단가까지 들여다보지 않았다는 것이다. 심지어는 단가를 반드시 알아야 하는 구매 담당자나 비용 절감 책임자도 단가를 모르는 경우가 있다. 물론 나도 단가를 모르고 비용을 집행한 적이 종종 있었다. 전표를 들여다보는 것은 계정별로 비용이 얼마나 집행되었는가를 보는 것이지만, 그 밑단의 원 단위의 단가를 파악하는 목적도 있다. 계약되어 거래되는 단가나 집행된 단위의 적정성을 판단하여 더 줄일 수 있는 영역이 있는지를 보는 것이다.

어떤 관리자는 담당자와 미팅 시 재계약을 하는 업체가 있거나 연초에 판관비의 변화가 있을 때, 그 이유가 무엇인지를 물어본다고 한다. 이때 그 이유를 제대로 알지 못하면 단가부터 파악해서 다시 보고하게 한다는 이야기를 들은 적 있다. 이렇게 몇 번을 되돌려 보내면 실무자로서 아이템별 개별 단가 관리에 대해 긴장하면서 업무에 임할 수밖에 없다.

단가대로 제대로 집행이 되고 있는지를 확인하는 방법 중에는 사업부에서 계약한 계약서상의 금액을 전부 합하고 실제 지급된 금액을 확인하는 방법이다. 어차피 계약서상에는 단가＊공급 개수로 계약하므로, 계약서와 집행 금액의 차이가 난다는 것은 비용 집행에 문제가 발생했다는 것이다.

판관비액과 판관비율 중 어떤 것을 관리해야 하는가?

우선 이익을 낼 수 있는 틀을 먼저 만들어 놓고 사업을 벌려야 한다. 사업 초기의 손실도 전체 큰 비용 구조의 그림 속에 들어 있어야 한다. 새로운 제품을 만들든, 새로운 지역을 개척하든 자원이 들어가고 이것을 매출총이익으로 커버할 수 없는 수준이 되면 경영은 점점 어려워지게 된다. 심지어는 해결을 못 하고 방치하면 비용만 계속 발생시키는 지경까지 이를 수 있다. 사업의 틀이 무엇인가를 많이 투입해서 결과를 뽑는 형태라면 복잡성이 증가한다. 복잡성은 사업이 진행되는 과정에도 비용을 더 발생시킬 수밖에 없다.

판관비액과 판관비율 중 어떤 것을 관리해야 하는가?

판관비액과 판관비율은 동시에 관리해야 한다. 매출이 증가하면 판관비액이 증가한다. 왜냐하면 매출에 연동이 되는 변동비 때문이다. 그러므로 판관비액을 감소시키려면 변동비를 고정비화하거나 변동비율을 조정해야 한다. 반면에 매출이 감소하면 판관비율이 증가한다. 매출과 관계없는 고정비 때문이다. 그러므로 판관비율을 감소시키려면 고정비를 변동비화하여야 한다. 따라서 판관비액과 판관비율 2가지 숫자를 관리하면, 브랜드의 전망이나 전략에 따라 집중할 전략을 선택할 수 있고, 매출로 인한 숫자의 변화를 혼동하지 않고 정확히 피드백할 수 있다.

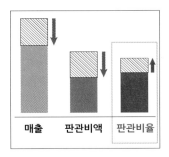

매출 규모가 큰 회사들은 영업이익률이 낮더라도 매출이 늘어나면 이익액을 크게 거둘 수 있다. 여기에 낮은 원가 구조를 유지하게 되면 이익액을 더 크게 거둘 수 있다. 반면 매출 규모가 작은 회사들은 영업이익률을 높여서 이익을 관리해야 한다. 가장 이상적인 것은 매출액도 늘리면서 율도 높일 수 있는 구조이다.

TIP

비용을 줄이려면 원 단위까지 알아야 한다.
판관비액과 판관비율은 동시에 관리해야 한다.
판관비액과 판관비율 2가지 숫자를 관리하면, 브랜드의 전망이나 전략에 따라 집중할 내실 전략을 선택할 수 있고 매출로 인한 숫자의 변화를 혼동하지 않고, 정확히 피드백할 수 있다.

3. 이익을 얻는 피라미드

성공의 정점에서 사업을 재정비하라.
– 에드 잰더

오늘날의 수익은 제대로 만든 사업 설계의 결과물이다.
– 에이드리언 J. 슬라이 워츠키

영업이익을 올리려면 매출을 올리거나 매출 원가나 판관비를 낮추어야 한다. 그런데 영업이익을 낼 수 없는, 프로젝트나 사업의 실패에 따른 리스크는 항상 따라다닌다. 이런 손해를 안 보려면 비용 구조 이전에 고민해야 하는 돈을 버는 것과 관련된 근본적인 구조가 있다. 아주 작은 단위의 손해는 원가나 판관비를 못 잡았을 때 발생하는 문제일 수 있으나, 큰 단위의 손해는 매출 자체가 나오지 않거나 투자한 것이 투하자본(자산) 대비 이익이 아주 낮으면 발생하게 된다.

이러한 손해를 피하려면 크게 5개의 관점을 생각해볼 수 있다.

사실 5개의 관점은 손해를 적게 하기 위한 것이라기보다는 손에 돈을 쥐는 것을 크게 하는 돈을 버는 구조와도 관련이 있다.

5개의 관점이 균형 있게 경영될 때 이익의 크기가 커지는 것은 당연할 것이다. 이 5개의 영역은 사업 모델과 관련된 비즈니스 모델, ROTC(Return On Total Capital)가 높은 곳에 집중하는 사업 구조, 이익을 낼 수밖에 없는 이익 구조, 직원들의 스피릿과 문화에 의해 관리되는 낭비 제거 문화와 절감 활동이다.

사업은 비즈니스 모델이 먼저 정리되어야 한다

비즈니스 모델이란 가치를 창조하기 위해 구성원들에게 어떤 시스템을 만들어 주어야 할지에 대한 세밀한 계획을 말한다. 쉽게 말하면 돈을 버는 방법이다.

고객과 모든 이해관계자들을 위해 어떻게 가치를 창출하고 어떻게 성과를 낼 수 있을 지 그 방법을 담은 가정들을 모아 놓은 것이다. 호텔을 예로 사업 모델에 대해 설명해 본다.

사업 모델 예(숙박)

모든 사업이 그렇지만 호텔도 사업 모델이 어떠냐에 따라 돈을 버는 방식이 다르고, 매출과 이익이 제각각 다르다. 주목해볼 만한 호텔이 인터콘티넨털이다. 인터콘티넨털은 메리어트의 10%도 안 되는 인원으로 영업이익률 13% 이상, 순이익은 8% 이상을 내고 있다. 직원 수로 치면 하얏트호텔이 인터콘티넨털보다도 몇 배 많으나 영업이익률은 반 밖에 안 된다. 인터콘티넨털은 브랜드를 빌려주고 로열티나 프랜차이즈 수수료로 돈을 번다.

그런데 숙박이라는 관점에서 보면 전혀 다른 비즈니스 모델이 있다. 에어비앤비가 그것이다. 메리어트는 95년이나 된 전통 호텔이나 에어비앤비는 생긴 지가 15년이 되지를 않는다. 그런데 메리어트가 약 140만 개의 룸이 있는 반면에 에어비앤비는 200만 개 이상의 리스트가 있고, 커버할 수 있는 나라도 메리어트의 약 1.5배나 된다. 숙박을 연결하는 서비스의 형태가 플랫폼 비즈니스를 통해서 완전히 달라진 것이다. 사업 모델이라는 것이 이런 것이다.

사업 모델을 좀 더 설명하면 직영으로 하느냐, 프랜차이즈로 하느냐, 라이선스로 하느냐에 따라 매출과 이익이 달라질 수 있다. 프랜차이즈로 하면 본사는 고정비를 부담하지 않으므로 관리의 인풋을 적게 하면서 이익 구조를 가지고 갈 수 있으나, 시장에서 가치를 주는 사업일 경우에는 이익의 크기가 줄어들 수 있고, 운영이나 브랜딩의 리스크가 있다. 또는 재고를 가지고 운영하는 사업이냐 재고 없이 하는 사업이냐, 매장을 가지고 하는 사업이냐, 매장 없이 하는 사업이냐에 따라서도 돈을 버는 방식과 이익 구조가 달라진다.

다(多) 브랜드로 가든지, 유니클로처럼 단일 브랜드로 하나를 집중해 크게 가는 것을 결정하는 것은 전략에 해당하는 것이면서도 사업 모델에 관한 것이다. 사업 모델을 결정할 때 고려하여야 할 전제 조건은 회사의 핵심 역량을 기반으로 시너지가 나는 형태를 취해야 한다는 것이다. 한 업종에서 사업 구조상에 성격이 다른 것들이 섞여 있을 때는 서로 시너지가 나는 형태로 사업을 배분해야 하지, 그렇지 않으면 오히려 주력 사업의 이익까지 깎아 먹는다.

사업 모델과 관련해서는 이런 질문을 생각하고 있어야 한다. 당신의 비즈니스 모델은 시장의 변화에도 경쟁력이 있는가? 그렇지 않다면 취약한 것은 무엇인가? 단기적으로는 디지털 등의 트렌드를 반영하면서, 장기적인 큰 그림에 의해 사업이 정렬되어 움직이고 있는가?

사업 구조는 ROTC(Return On Total Capital, 총자본 수익률)가 높은 곳에 집중하는 것이다

사업 모델은 전체 사업의 방향이라고 한다면, 사업 구조는 그 안에서의 수익이 잘 나오는 곳을 미는 구조를 만드는 것을 말한다. ROTC는 투하된 돈에 대해 얼마나 벌었는지를 재는 척도이다. 사업부 내에서도 ROTC가 높은 곳이 있고 ROTC가 낮은 곳이 있다.

워런 버핏도 10년 평균 ROTC가 12% 이상인 회사들을 선호하였다고 한다. 자기 자본의 투자가 적으면서도 생산성이 높은 곳으로 자본의 비중을 늘려 주면 전체 ROTC가 올라가는 효과가 있다. 그러므로 사업부 내에서 각 부분의 숫자들을 들여다보면서 분석해보면 자본 투자가 아주 적게 들면서 생산성을 많이 내는 부분들이 있다. 이런 곳을 늘려야 한다.

물론 콘텐츠(Contents)의 균형을 위해 ROTC가 높은 곳만 구성할 수는 없다. 그러나 가치가 유출되지 않는 범위 내에서 늘렸을 때 소비자의 지출을 끌어내 매출이 올라갈 수 있다면, ROTC가 높은 곳을 더 늘려 줄 수 있다. 단, 전체 콘텐츠의 구성이 균형이 깨져 브랜딩이나 운영상의 어려움을 줄 수 있는지를 살펴봐야 한다.

자라의 ROTC

여기서 자라의 MDP(Merchandising Process, 상품이 기획되어 출고되는 기간) 전략을 보면 이 회사가 얼마나 ROTC 관점에서 비즈니스를 잘하는지 알 수 있다. 자라는 상품 특성에 따라 2가지의 MDP 전략을 가져가고 있는데, 베이직 상품은 원거리 생산을 해 90일에서 120일의 MDP를 가져가고, 트렌드 상품은 다품종 소량생산으로 스페인이나 모로코 등에서 근거리 생산해 속도를 높인다. 이렇게 완성된 제품은 자동화 시스템이 들어선 물류센터에서 유럽은 물류 차량으로, 나머지 지역은 일주일에 2번씩 항공기를 이용해 매장으로 소량 공급한다. 상품의 수요 예측의 통계학 방식으로 매출을 끌어올려 전체의 생산성을 올리는 방식을 쓴다. 매출을 올릴 수 있다면 투하자본을 올리는 것이고, 원가를 떨어트리고 매출은 유지할 수 있다면 투하자본을 낮출 수 있다. 투하자본은 회사, 영역, 프로세스에 따라 가장 생산성이 높은 곳에 투자하는 것이 ROTC를 높일 수 있다.

ROTC와 별도로 재고자산회전율은 제조회사에는 매우 중요하다. 그 이유는 자산에서 재고가 차지하는 비중이 크기 때문이다. 상품을 그때 못 팔면 바로 재고로 이어지는 사업들은 정판율과 일정 할인율을 적용한 소진율이 낮을 때 현금흐름에 부담을 가질 수밖에 없다. 재고 회전율이 높거나, 자금 투하에 대한 부담을 줄일 수밖에 없는 사업 구조를 가져야만 한다.

사업 구조는 일종의 전략이 될 수 있다. 높은 재고 회전율은 가격을 더 낮추어 판매율을 높임으로써 더 높은 재고 회전율을 올려 경쟁사가 따라올 수 없는 경쟁력을 갖출 수 있다. 하여튼 사업 포트폴리오 내에서 투하자본 대비 이익률이 높은 곳은 반드시 있다. 이런 영역을 확장하여 이익률을 높여야 한다.

사업을 하다 보면 사업 단위별로 자원을 회수해야 하는 사업장이 나온다. 고객 관점에서 가치가 하락하거나 재무적 관점에서 ROTC가 일정 % 이하거나 영업이익이 적자일 때 자원을 빨리 회수해야 한다. 이미 숫자가 나오지 않는 곳의 우수한 자원은 빨리 빼서 성장성과 사업부 성과가 좋을 것으로 예상되는 사업장으로 재배치해야 한다.

이익 구조틀이란 어떠한 상황에서도 돈을 벌 수 있는 구조를 말한다

이 내용은 지식 경영 장에서 이익 구조틀과 관련된 내용에서 여러 번 설명하였다. 이익 구조라는 개념이 워낙 중요하고 여러 경영 콘셉트에 연결되므로 자주 다루고 있다.

이익 구조틀은 각 지표 간의 상관관계 속에서 이익이 날 수밖에 없도록 관리하는 구조이다.

이익 구조틀은 크게 보면 사업 구조와 얽혀있기는 하지만, 이익 구조 자체로만 본다면 매출의 변화에 따라 고정비와 변동비가 변하는 구조를 잡는 것에 가깝다. 매출이 늘어나는 것에 비해 투자가 너무 급하게 하면 매출 대비 고정비가 늘어나 수익이 급격히 안 좋아질 수 있다. 매출 확대에 따른 투자나, 매출 확대에 따른 판관비의 증가는 예상되는 숫자를 근거로 결정하여야 한다.

이익 구조가 없을 때는 매출을 하기 위해 외국 시장을 공략하거나 인프라 투자를 하였는데, 매출이 외부 변수나 내부의 리스크로 인해 계획대로 못했을 때는 판관비를 갑자기 줄일 수 없게 되어 숫자가 급격히 악화하게 된다. 결국은 기업의 시장과 고객의 변화에 따른 투자인가? 그러면 그 투자는 시장이나 경쟁 환경의 변수를 극복할 수 있는가에 따라 실적이 완전히 달라질 수 있다.

그 외에 고정비와 변동비가 영업이익을 내는 데 어떻게 이바지하느냐에 따라 비중을 늘리거나 줄일 수 있는데, 가장 대표적인 것이 인건비이다. 인건비를 고정비로 볼 것인가, 변동비로 볼 것인가는 제공되는 가치를 중심으로 전체 사업의 성격과 연동해서 고민하되, 이익 구조를 내에서 검토가 되어야 한다.

같은 업종 내에서도 내는 이익의 차이가 많이 난다. 이것은 핵심 역량이나 전략의 차이이기도 하지만 이익 구조의 차이에서 발생하는 것일 수도 있다.

비용을 줄이는 문화가 있어야 한다

'가랑비에 옷 젖는다'라는 말이 있다. 아주 작은 비용을 쉽게 생각하는 회사는 큰돈도 무시할 가능성이 있다. 누가 뭐라고 안 해도 개인이나 팀이 스스로 비용을 절감하는 문화가 있어야 한다. 절감하는 문화가 살아 있으려면 경영자의 모범과 초창기의 절약하면서 사업해 왔던 그 정신이 살아 있어야 한다. 창업 이후에 경영자들이 대를 이어가면서 이런 정신이 무너질 때 한순간에 비용을 절감하는 문화도 사라진다. 월마트의 창업자인 샘 월튼은 창업 시에 상품을 소싱하며 1달러의 가치를 중요하게 여겼고, 그 스피릿은 기업의 저원가 소싱의 핵심 역량으로 자리를 잡게 되었다. 그는 리무진을 타고 멋지게 출장을 갈 수도 있었지만, 직접 덤프트럭을 몰고 다니곤 했다.

이런 면에서 비용 절감 문화는 스피릿에 가깝다.

비용 절감은 톱다운으로는 절감할 수 있는 금액이 제한적이다. 초우량 기업들은 작은 조직, 작은 본사 등으로 일과 관련된 비용도 돈을 많이 다루는 부서가 가장 절약할 것 같지만 실제로는 그렇지 않은 경우도 있다. 이런 부서들은 외부에 컨설팅 자문 계약을 자주 하곤 하는데 금액이 크다 보니, 평상시 작은 비용들은 소홀히 다루는 경향이 있을 수 있다. 스피릿과 함께 시스템으로 비용을 줄일 수밖에 없는 장치가 따라가야 한다.

캠페인을 통해 절감 아이디어들이 계속 나와야 한다

비용 절감 문화가 스피릿을 중시한다면, 캠페인은 비용을 아끼기 위해 임직원들의 아이디어와 비용 절약 운동의 참여를 유도하는 활동이다. 대표적인 것이 제안 제도이다. 제안 제도의 영역은 제한이 없다. 회사에서 판관비에 가장 포션이 높은 곳에서부터 작은 것까지 적용될 수 있다. 필요시는 원가에 대한 아이디어도 포함할 수 있다. 대체로 관리비용은 총비용에서 상당한 부분을 차지할 것이다.

예를 들면 검증되지 않은 교육, 각종 보고서 작성, 회의, 인력 통제와 관련된 비용, 관리자나 직원의 증가로 인해 발생하는 비용 등이 뜻밖에 많다. 우리나라 대기업의 한 CEO가 새로 부임을 하면서 직원 개인들이 사용하는 비용을 전년보다 줄이면 일부를 개인에게 돌려주는 것을 제안하였을 때, 많은 경비를 절감할 수 있게 되었다는 것을 그 기업에 근무한 사람을 통해 들은 적이 있었다.

제안 제도는 아주 작은 아이디어라도 존중해 주어야 하고, 작은 숫자라도 나오게 되면 포상 등으로 붐업이 될 수 있도록, 시점 관리에 아주 신경을 써야 한다. 제안제도를 통해 비용을 절약할 수 있는 여지가 크다고 판단되면, 프로젝트 급으로 팀이 세워져 진행하여야 더 크게 성공할 가능성이 크다.

이익을 얻는 피라미드 모형

새로운 브랜드 론칭, 부실 사업(브랜드 철수/통폐합)	사업 모델
ROTC 관점의 부문 집중	사업 구조
이익 구조틀, 비용 구조	사업 구조(패턴)
개인/팀/조직이 스스로 절감하게 하는 시스템	절감 문화
경비 절감 운동 경비 절감 기법 적용 ex)캠페인(campaign)	경비 절감

TIP

이익의 피라미드 그림은 비즈니스의 이익의 본질과 관련된 관점을 다루고 있다.
각 관점은 해결하려면 전사적인 차원에서의 프로젝트가 이루어져야 한다.

4. 프라이싱은 경영자의 핵심 과업 중에 하나다

"가격보다는 고객에게 줄 수 있는 가치로 차별화하라."
브랜드가 생존하기 위해서는 그것이 무엇을 상징하고 있는지를 고객들이 인식해야 한다. 이는 브랜드가 구별의 단계를 넘어 그것이 무엇을 상징하는지 인식함으로써, 존재적 가치와 효용적 가치가 느껴져야 한다는 의미이다. 차별화된 가치를 소비자에게 인식시키는 것이 중요해지면서 가격으로 경쟁하는 것은 더 이상 무의미한 일이다.
– 하워드 슐츠

'프라이싱'이란 상품이나 서비스가 제공하는 가치(Value)를 평가하여 가격을 정하는 것을 말한다. 그러니 가격은 원가보다 높아야 하고, 가치보다는 낮아야 한다. 상품에 대한 가격은 회사가 정하지만, 그 상품에 대한 구매는 고객이 한다. 그러므로 고객이 그 상품을 구매하게 하려면, 가격보다 가치가 커야 한다. 그래서 회사는 고객의 머릿속으로 들어가 적정가격을 찾는 작업을 하는 것이다.

피터 드러커 교수를 포함한 헤르만 지몬 같은 학자들은 가격 결정을 하는 것을 경영자의 과업에 넣어야 한다고 말할 정도로 프라이싱을 중요하게 다루고 있다. 가격 결정을 잘못하면 이익에 악영향을 미치게 되어 있다.

"경영자는 기업의 이익 향상을 위해 네 가지 방법을 쓸 수 있는데 그것은 매출, 원가 절감, 판관비 절감, 그리고 프라이싱이다."
그런데 이 4가지 중에서 프라이싱이 다른 방법 못지않게 이익에 영향을 미치지만 항상 관심에서 뒤처져 있다. 기업에서 어떤 상품을 아무리 싸게 내놓아도 고객이 선택을 안 하면 그만이다. 반면 비싸게 내놓아도 고객이 선택하면 그것은 비싼 것이 아니다. 가격 대비 가치가 높기 때문이고, 고객은 그 가치에 값을 지급한 것이다.

가격 결정은 고객 심리가(價)를 아는 것이다

가격은 원가와 간접비에 이익을 더해 성립되지 않는다. 가격은 고객 심리가로 정하는 것이다.

중고와 고객 심리가

요즈음 중고 관련 앱이 유행이다. 중고는 가격이 많이 내려갈 수밖에 없다. 그런데 가치 있는 상품은 가격이 덜 내려가도 틈을 주지 않고 구매자가 나타난다. 예를 들면 리미티드 스포츠 브랜드 상품이나 명품 시계, 자동차 같은 것들이 그렇다. 반면에 아무리 싸게 내놓아도 안 팔리는 상품도 수두룩하다. 안 팔리게 되면 마크다운(Mark Down, 가격을 내림)을 하게 되는데 이때도 고객 심리가를 모르면 마크다운 가격을 너무 낮게 잡아 마진을 놓치고, 높게 잡으면 판매를 놓친다. 정 안 팔리면 공짜로라도 주어야 할 일이 생긴다.

피터 드러커 교수는 프라이싱을 하는 데 있어서의 치명적인 실수를 이야기하고 있다. 높은 마진(프리미엄)을 붙이는 프라이싱에 대한 절대적인 숭배로 인해 1센트라도 더 높은 마진을 보려는 것, 그리고 새로운 상품이나 서비스에 대해 시장이 버틸 수 있는 최대한의 프라이싱을 통해 얻을 수 있을 만큼 얻으려고 하는 것이 그것이다.

이 치명적인 실수는 고객에게 제공할 가치에 대한 생각을 등한시하는데서 비롯된다. 이런 실수를 방지하려면 고객 심리가를 정확히 아는 것이 중요하다.

고객은 어떤 상품을 평가할 때 자신의 기준이나 경험을 바탕으로 가격을 결정한다. 나이키 10만 원대와 B급 스포츠 브랜드 10만 원대에 대해 고객이 느끼는 것이 다르다. 고객 심리가는 고객이 희망하는 가격이 아니라 지갑을 열게 하는 가격이다. 그런데 고객 심리가를 아는 것은 정말 어렵다.

고객의 심리가는 어떻게 알 수 있을까?

첫째는 주변에 물어보는 방법이다.

아주 간단한 질문을 해보는 것이다. 간단한 질문은 고객의 구매 의사를 파악하는 데 도움이 된다. 가족들이나 지인들에게 지나가는 말로 가볍게 물어보는 것이다. 반드시 지나가는 말로 물어봐야 한다. 지불 의향이 있는 가격을 물어봄으로써 심리 가격을 도출하는 방법이다. 이 상품 얼마면 사겠나? 어떤 상품이 어떤 때 사고 싶은 충동이 일어나는가?

두 번째는 판매 분석을 통해 파악하는 것이다.

고객이 해당 아이템에 대해 지불할 의향이 있는 가격은 적정 가격과 최대 가격의 평균이다.

각 고객군이 차지하는 비중과 고객군별로 내고자 하는 금액 차이를 분석하여 브랜드별로 차별화된 가격 전략을 수립한다. 일정 금액 단위로 고객 분포를 분석하여, 고객이 많이 분포된 가격대를 핵심 가격으로 도출한다. 메인 상품은 고객 심리 가격 범위 안에 들어가는 것이 적절하며, 앵커 상품(주력 상품, 가장 판매에 공을 들이고 있는 상품이나, 가장 많은 고객을 모을 수 있는 상품)은 고객 예상보다 저렴하고 날

개 돋친 듯이 팔아야 한다. 고객이 사겠다는 군(群)이 가장 많이 있는 가격대에 최대한 맞추어 프라이싱을 해야 이익을 많이 확보할 수 있다.

세 번째는 경쟁사를 조사해서 파악한다.

경쟁사의 가격을 조사했는데 자사에서 어떤 상품을 만들기 위한 비용이 경쟁자의 판매 가격이라면 경쟁력이 없는 것은 당연하다.

경쟁사보다 높은 가격에 팔리는 자사 제품을 조사해 그 이유를 파악하거나, 자사보다 높은 가격에 팔리는 타사 제품을 조사하거나, 경쟁사가 잘 팔리는 상품들을 다 조사해 본다.

이는 고객들이 상품을 선택하는 경제적인 요인 이외에 주는 가치, 가령 경험(감동 요인)에 대해서도 조사해 보는 작업이다.

예를 들면 듀폰사의 내장용 폴리머는 항공기에서 청소를 빨리 끝낼 수 있고 때가 안 탄다는 점에서 비용을 절감해 주는 경제적인 요인 이외에도 항공기의 안전과 관련되어 고객의 감성에는 기내의 청결도 해당한다는 것을 발견하였다.

네 번째는 고객을 모니터링하여 파악한다.

고객들에게 비싸다, 싸다라는 말을 물어보면 의식 속에서는 표현을 정확히 못 한다. 물어볼 때는 모르나 행동 속에는 명백히 나타난다. 그래서 고객들의 구매 행태를 살펴보는 것이다. 가격을 매기거나 판매가를 조정할 때 언제 고객들이 구매하고, 전혀 구매하지 않는지를 보는 것이다. 고객 심리가 안 맞은 상태에서는 구매는 이루어지지 않는다. 또 하나는 상품별, 고객별, 거래별로 고객들이 돈을 내는 것을 모니터링하여야 한다. 이것을 파악하는 것은 생각보다 어렵다. 고객들마다 시점별로 정보에 대한 인풋을 해야만 정확한 흐름을 알 수 있기 때문이다.

> 패션 매장의 경우, 피팅룸에서 피팅을 한 고객들이 마음에 들어 하는 것 같은데 가격을 보고 결정을 못하면 고객 심리가 높은 것이다. 피팅룸에서 구매를 결정하지 않고 놓은 상품들에 대해 고객들에게 그 이유를 물어보고 가격과 관련되어 구매 의사결정을 안 한 것은 따로 분류해서 다시 확인 작업을 해야 한다.
> 어떤 가치에서 고객들이 기꺼이 돈을 내는지, 어떤 가치에도 고객들이 돈을 지불하지 않는지 자세히 파악하여야 한다. 시스템에서 이러한 것들을 잡을 수 있으면 가장 이상적이나, 시스템으로 잡을 수 없다면 정기적인 고객 조사를 모니터링하면서 가격을 들여다본다.

다섯 번째는 가격 실험을 통해 파악한다.

제품 가격을 다양하게 변화시키는 상황을 통해서 고객의 구매를 관찰하는 방법이다. 예를 들어 요일마다 가격을 달리해서 판매해 보고, 나온 데이터를 토대로 예상 가격 수준과 예측 고객 수를 상황별로 산출한 다음, 거기서 상황별로 예상 매출을 산출하고 가장 매출이 높은 가격대를 선정한다. 그런데 이 가격 실험은 고객의 실제 구매 상황을 충실히 반영하는 데 어려움이 있다.

여섯 번째는 역사치를 이용하는 방법이다.

과거 회사에서 축적해 놓은 과거의 판매 데이터를 이용해 책정하는 것이다. 시기별로 가격 변화와 판매량을 추적하여 매출이나 이익이 가장 큰 가격대를 찾는다. 이 방법은 일정 기간 이미 판매되고 있는 제품에만 적용할 수 있다. 과거 데이터는 고객이 가치를 구매로 실천한 정보이다. 고객의 가치가 충실히 반영되어 있으므로

DB(데이터 베이스)로 확보해 놓고 관리해야 한다.

적절한 프라이싱을 통해 이익을 보존하라

가격을 어떻게 설정하느냐에 따라 이익이 많이 달라진다. 나는 메뉴 구성과 관련된 프라이싱 지식으로 원가율, 객단가, 매출 총이익을 올린 사례가 있다.

메뉴 구성을 통한 이익 창출 예

《수익 지대》라는 책에 나온 제품 피라미드에 의한 지식을 메뉴 구성에 적용해 대표 아이템 가격은 그대로 유지하면서 사이드 메뉴 가격 조정을 통해 고객들에게는 가격 저항감을 최소화하였다. 가격의 적정성은 고객 조사를 통해 검증하였다.

이렇게 할 수 있었던 이유는 당시 P브랜드의 가격대는 경쟁점에 비해 60~70% 가격이었기 때문에 가격을 올리더라도 가격 경쟁력을 유지할 수 있었기 때문이다. 메인 가격을 그대로 유지하고, 사이드 메뉴의 가격을 올려 고객들이 좋아할 수 있는 세트 메뉴로 조정한 후, 객단가가 올라가면서 매출은 오르고 매출원가는 떨어져 매출총이익이 한 자리에서 두 자리가 되었다. 이것은 매출액 대비 이익률이 올라갈 수 있도록 프라이싱을 해야 하는 데 매출에 영향을 미치는 요소가 많아서 쉬운 문제는 아니다. 싸게 해서 많이 팔아 액을 늘릴지, 적게 팔고 마진을 확보할 지등을 상품마다 적용하는 것은 아주 난이도가 높은 문제이다.

가격이 지나치게 낮다면 많이 팔아도 이익의 크기가 제한적이고, 가격이 지나치게 높다면 단위당 이익률은 높아지겠지만 판매량이 줄어들 것이기 때문에 이익이 증가가 제한적으로 될 것이다. 이러한 가격과 이익의 관계를 잘 파악하여야 한다. 많이 팔면서 이익을 많이 남기면 좋겠지만 많이 팔기 위해서는 고객들이 원하는 가격이어야 하므로 원가가 올라갈 수밖에 없다.

가격을 고객 관점에서 책정한다는 것은 원가와 판관비의 혁신 등이 같이 따라가야 한다. 가격을 그렇다고 원가 베이스로 하라는 것이 아니다. 원가를 낮추어야 프라이싱을 낮출 수 있다는 말을 하는 것이다.

이나모리 가즈오는 직원들에게 매출액 대비 평균 이익률이 최대한 높아질 수 있도록 가격대를 설정해야 한다고 하면서, 가격을 자주 결정하는 것이 진짜 경영이라고 하였다.

프라이싱은 경영자의 과업이다

매출액 대비 이익이 최대한 올라갈 수 있도록 프라이싱에 고민하여야 하고, 이것은 경영자의 중요한 과업 중의 하나이다.

가격 결정의 최종적인 목표는 '고객이 최대한 만족할 수 있는 최고의 가격을 결정하는 일'이다.

너무 비싸도 안되고 너무 싸면 이윤이 줄어들 뿐 아니라, 브랜딩에 문제가 발생할 수 있다.

경영자가 신중하면 가격 책정은 보수적인 성향을 보이게 된다. 비싸더라도 가치를 제공할 수 있다면 고객들은 그 서비스를 이용할 것이다. 꼭 싼 것이 아니더라도 고객에게 가치를 줄 수 있다면 얼마든지 가격을 높일 수 있다. 경영자의 가격 정책과 철학이 반영된 가격 결정은 기업의 이윤 창출에 영향을 미친다. "낮은 가격과 높은 이익은 공존할 수 없다."라고 피터 드러커 교수는 말했다. 물론 낮은 가격으로 박리다매해 이익액을 최대한 올릴 수는 있으나, 높은 가치를 제공하고 높은 가격을 받을 수도 있다.

무조건 싸다고 많이 팔리는 것이 아니고, 비싸다고 안 팔리는 것은 아니다. 가격이 싸더라도 브랜딩에 영향을 덜 받고, 비싼 만큼 브랜딩에 도움이 되도록 하는 것은 다 지식이 있어야만 가능한 것이다. 그래서 고객들에게 물어보고, 관찰하고, 경쟁자를 조사해야 한다.

제조 스타일 수나 SKU가 많은 업종이면 스타일마다 고객 심리가를 확인하여야 하므로, 가격을 알아내기 위한 프로세스도 많이 들어간다. SKU가 많을수록 고객 구매 관점에서 전체 이익이 많이 날 수 있도록 가격 구성을 고민하여야 할 것이다. 고객 심리가 관점에서 가격의 높고 낮은 것들이 이익이 높이고, 브랜딩도 해치지 않는 범위 내에서 균형을 맞추어 프라이싱되어야 한다는 것이다.

프라이싱은 지식이 있어야 하고, 그것은 경영자의 과업 중 하나다.

TIP

프라이싱은 경영자의 이익 향상과 관련된 과업 중의 하나이다.
고객에게 물어보거나 판매 분석, 경쟁사 분석, 모니터링, 가격 실험이나 역사치 등을 통해 프라이싱 베스트 프랙티스를 찾아야 한다.

5. 투자 적정성을 판단하는 시스템이 필요하다

투자에 대한 의사결정을 잘하느냐 못하느냐에 따라 회사의 흥망
이 갈린다. 투자 전에는 투자 효과에 대한 검증된 결과가 있어야 하
고, 변화하는 산업이나 시장에서 투자 효과가 지속될 것인지와 고
객들의 수요와 니즈에 맞는 투자인지를 판단하여야 투자를 성공으
로 이끌 수 있다.

미래와 시장의 변화를 읽고 전략적으로 의사결정 해야 한다

전략적으로 회사의 상황이 포트폴리오를 축소하거나 투자를 최
소화할 수밖에 없는 상황이라면 어쩔 수 없지만, 그렇지 않은 상황
에서 너무 보수적인 결정을 하다 보면 회사는 작아질 수밖에 없다.

단기적으로는 이익에 도움이 되겠으나, 시간이 지나면서 시장에
서 잊힐 게 뻔하다. 투자를 안 한 리스크는 시간이 지남에 따라 더
크게 나타날 것이고, 나중에 마음을 바꾸어 투자한다고 해도 이미
경쟁자보다 격차가 벌어져 만회하기가 쉽지 않다.

최근에 고객들의 구매 형태가 외부 변수로 인해 많이 변화가 일
어나고 있다, 코로나 리스크를 예측해서 준비한 회사는 많지 않겠
지만, 언택드 사업을 하던 회사들은 오히려 기회를 얻고 있는 상황
이 되었다. 코로나와 상관없이 언택트 관련 사업은 일반 비즈니스에 접목할 수밖에
없는 고객의 구매 행태의 하나로 자리 잡고 있다.

시스템 구축이나 IT와 관련된 인력의 충원이나 투자를 보수적으
로 하고, 창업 초기에 투자를 최소화하면서 혁신으로 사업을 일구
었던 정신만 고집하다가는 시장에서 새로운 형태의 가치로 고객을

일구어가는 경쟁자들에게 자리를 완전히 내어 줄 수밖에 없다.

즉 비용 관점이 아닌, 미래 사업의 관점에서 과감한 투자가 이루어져야 살아남을 수 있다.

숫자를 다루는 데 있어 관점이 다른 두 회사의 결과는?

투자와 이익 구조틀 사례

내가 아는 회사는 조직 전체가 매출을 올리는 데 혈안이 되어 있었다.

어느 시점에 회사에서 공공연히 매출을 올리기 위한 사업 확장을 공시하더니 무분별하게 지사를 설립했다. 계획대로 매출이 올라가 전년 대비 30% 이상을 성장하였고 처음으로 0000억의 매출을 하였다. 그런데 이익이 이전보다 더 떨어진 것이다. 물론 새로운 시장을 개척하기 위해서는 사람도 미리 뽑아야 하고 관련된 투자가 따를 것이다. 그렇지만 매출이 30%가 증가했는데도 전년 대비 적자 폭이 몇 배 늘어날 것은 이해가 되지 않았다. 그 회사가 방송에 나온 적이 있었는데 직원들이 매출이 오른 것을 자랑하는 장면이 있었다. 이 회사가 이익을 생명같이 여기는 문화가 있었다면, 정작 이익을 못 낸 것에 대해서는 창피하게 생각할 것이고 매출이 올랐다고 자랑하지는 않았을 것이다. 투하자본이 어떻게 쓰이고 얼마의 매출을 해서 해외 지사를 확장하고, 그해에도 얼마를 벌지를 정교하게 시뮬레이션하지도 않았을뿐더러, 시점별로 버는 돈과 쓰는 돈 그리고 남는 돈에 대한 모니터링이 전혀 되지를 않았다. 그러면서도 계속 새로운 사업을 벌이고 있었다. 장래가 없다고 봤다. 아무리 회사가 기술이 뛰어나도 성장이 따르는 이익을 하지 못하면 회사는 어려워질 수밖에 없다. 회사가 매출하기 위해 여러 지사를 세웠으나 자체에서 콘트롤하지 못할 정도로 복잡성이 가중되었다. 이 회사는 시장점유율을 높이면 이익은 저절로 따라가는가는 것으로 착각을 한 것으로 보인다.

아무리 매출이 올라도 이익이 없는 매출은 아무 의미가 없다. 매출 증가율을 높이기 위해 사업을 다각화함으로써 비용이 폭발적으로 늘어남에 따라 매출이 늘어나도 이익이 좋아지지 않는 딜레마에 빠진 것이다. 지사를 늘린 상태라 만약 고가의 장비가 팔리지 않으면 운영이 힘든 상황에 이른 것이다.

반면에 이 회사의 다른 경쟁회사는 매출은 이 회사보다는 작았지만, 영업이익률이 ○○%가 넘을 정도로 이익 관리가 뛰어났다. 이 회사는 물리적인 지사를 늘리는 것보다 이익이 날 수 있는 상품 포트폴리오를 먼저 구축해 상품 판매를 통한 매출을 가져오게 하여 고정비를 낮춤으로써 수익이 날 수밖에 없는 이익 구조를 마련하였다. 인원도 예로 든 앞의 회사의 ○○% 밖에 되지를 않는다. 매출이 예로든 앞의 회사보다도 적지만 이익이 많이 나는 시장에 투자하였다.

상장회사가 시장에서 주목받으려면 무조건 이익을 내야 한다. 이익을 내는 것은 시장의 영역을 넓히는 것이 중요한 게 아니고 이익을 낼 수 있는 지사, 이익을 낼 수 있는 포트폴리오가 있어야 한다. 아래 회사는 고가의 장비 이외에 소모품 매출의 급성장으로 전체 매출과 수익이 대폭 높아진 것이다. 고정비의 증가 없이 소모품을 필 수 있는 구조를 만들어 이익을 낼 수밖에 없는 구조를 만들었다.

물론 시장에는 사업을 확신하면서 적자를 감내하고, 통찰력 있는 투자자들을 유치하면서 가치를 증명하는 회사들도 있다. 그러나 매출이 늘리기 위해 늘어나는 비용의 증가를 무시하면 안 된다. 아무리 시장점유율이 증가해도 재고 증가나 외상매출금, 기타 운영비용이 증가하면 숫자는 좋아질 수가 없다.

투자와 매출 총이익, 비용을 같이 봐야 한다

이익을 내는 것은 시장의 영역을 넓히는 것이 중요한 게 아니고 이익을 낼 수 있는 사업장, 이익을 낼 수 있는 포트폴리오가 있어야 한다. 비용을 줄이려면 순서가 있다.

우선 이익을 낼 수 있는 틀을 먼저 만들어 놓고 사업을 벌여야 한다. 사업 초기의 손실도 전체 큰 비용 구조의 그림 속에 들어 있어야 한다.

이익 구조틀이 없는 사업의 확장은 복잡성을 일으켜 비용을 증가시킬 수밖에 없다. 새로운 제품을 만들든, 새로운 지역을 개척하든 자원이 들어가고 이것을 매출 총이익으로 커버할 수 없는 수준이 되면 통제는 점점 어려워지게 된다. 심지어는 해결을 못 하고 방치되어 비용만 계속 발생시킬 수 있는 지경까지 이를 수 있다.

사업의 구조가 무엇인가를 많이 투입해서 결과를 뽑는 형태라면 복잡성이 증가한다. 복잡성은 사업이 진행되는 과정에도 비용을 더 발생시킨다. 아울러 투자한 것이 목표로 한 생산성을 거두지 못했을 때는 자원의 재분배 계획을 바로 수립해야 한다. 그것을 사업의 진행되면서 모니터링으로 의사결정을 하여야 할 것이다.

▮ TIP

투자 적정성을 판단할 수 있는 시스템을 개발하여 적용하고, 투자한 것이 목표로 한 생산성을 거두지 못했을 때는 자원의 재분배 계획을 세워야 한다.

6. 비용을 줄이려면 전체 관점으로 보라

비용 사용의 효과를 정확히 정의하라.
– 피터 드러커

비용을 적게 쓰면 얻어지는 이익이 커질 것으로 생각할 수 있지만, 그것은 산수식 계산이다. 비용을 아끼지 말고 잘 쓰면 오히려 돈을 더 많이 벌 수 있다. 돈을 더 벌 수 있는데 안 쓸 경우와 덜 써도 되는데 오버해서 쓸 때 얻게 되는 숫자는 확연히 차이가 난다.

비용 사용이 기업의 가치 창출에 이바지하지 못하는데도, 잘하고 있는 것처럼 보이는 경우가 있다. 그래서 비용은 피터 드러커의 말처럼 비용 사용의 효과를 정확히 정의하여야 한다. 쓰기 전에 효과를 예측하고, 쓰고 나서 효과를 분석하여야 한다.

프로세스의 전 과정을 총비용 관점에서 들여다봐야 한다

이해를 돕기 위해 패션 사업을 중심으로 정리해 보았다.

총비용 관점 예

비용을 관리하기 위해서는 가치사슬의 전 프로세스에서의 발생하는 비용을 들여다봐야 한다. 디자인부터 매장에 판매되기까지의 전 프로세스상의 비용을 한눈으로 봐야 어디서 많은 낭비가 발생하는지를 알 수 있다. 최초 디자인에서부터 비용이 발생한다. 디자인이 시장에서 가치를 창출하느냐, 못하느냐에 따라 재고로 남을 수 있고, 들어간 비용 이상의 가치를 만들어 낼 수 있다. 디자인 된 상품이 만들어지려면 공장에서는 원부자재 조달과 물류가 시작된다.

공장에 양질의 원부자재를 넣느냐에 따라 QCD가 영향을 미친다. 만약 원부자재가 질이 떨어지거나 부족하게 들어갈 때 원가, 납기, 품질에 모두 영향을 미친다. 공장에서는 원부자재 투입 이후에 공정 및 품질 관리로 QCD가 결정된다. 공장에서 물건이 만들어져 물류로 입고하고 다시 매장으로 이동하고 판매하는 모든 과정도 다 비용이 발생한다.

그러므로 프로세스별로 가치사슬에서 발생하는 비용을 총비용 관점으로 관리하는 회사는 비용에서 우위를 차지할 수 있다. 여기서 가치사슬의 범위를 내부의 기능뿐 아니라 공급자와 판매자, 심지어는 정부 기관 등을 모두 망라해, 네트워크를 통해 제조, 판매 및 서비스의 총체적 비용을 하나의 통합된 비용 체제로 관리함으로써 비용을 최소화하고 이익을 극대화할 수 있다.

비용을 줄이려면 기능의 활동과 프로세스가 통합되어야 한다.

통합 관점에서 QCD를 관리해야 한다

앞에서 설명한 프로세스의 모든 과정을 총비용 관점에서 관리하기 위해서는 프로세스가 진행되는 과정에 기능들은 QCD를 위해 통합하여 관리해야 한다.

통합 관점 QCD 관리 예

예를 들어 옷이 만들어질 때 원가는 원가와 관련된 핵심 기능인 소싱 이외에 MD, 상품 기획이 같이 연결되어 있으므로, 함께 줄여야 한다. 디자인 부분은 MD가, 가격에 대한 설계는 상품 기획이, 원부자재나 임가공 부분은 소싱이 연결되어 있다. 가치를 훼손시키지 않으면서 원가를 줄이는 방법들을 모두 고려하여야 하는데,

MD는 소재를 통합하고 부자재를 단순화하면서 원가를 줄인다. 소싱은 원부자재를 현지화하거나 관세가 없는 지역에서 생산을 확대한다든지, 직소싱의 비중을 확대하고, 공장의 라인을 전용으로 쓸 수 있도록 함으로써 원가를 줄일 수 있다. 기획은 아이템의 비중 설계와 스타일 수를 압축하고 SKU(Stock Keeping Unit, 스타일 내의 컬러, 사이즈 등 단품 재고 관리(在庫管理) 코드를 의미하며, 개별적인 상품에 대해 재고 관리 목적으로 추적이 쉽게 하기 위해 사용되는 식별 관리)를 줄임으로써 원가를 줄일 수 있다. 특히 중요한 것이 SKU의 수다. 매출을 많이 하기 위해 스타일 수와 SKU를 늘림으로써 적중도가 떨어져 재고를 양산하여 낭비가 확산하는 사례를 수없이 봐 왔다. 기획은 MDP(MerchanDising Process) 관리를 잘해야 한다. MDP 관리는 원가, 납기, 품질에 모두 영향을 미친다.

그래서 SCM(Supply Chain Management, 공급망 관리)에 의한 관리가 될 수 있도록 경영자가 책임을 지고 전체 프로세스에서 기능이 통합해서 일하도록 관리하는 것이 맞다.

예산도 통합해서 관리해야 한다

회사에서 관리되고 있는 예산은 크게 발주 예산, 투자 예산, 비용 예산으로 나눌 수 있다. 이 예산을 통합해서 관리하여야 한다. 버는 돈은 매출이고 발주, 투자, 판관비, 제조비 등의 쓰는 돈을 빼면 남는 돈이 된다. 돈을 번다고 돈이 남는 것이 아니다. 돈을 벌고도 손에 쥐는 것이 없을 뿐 아니라 오히려 마이너스가 될 수 있다.

발주 예산이나 투자 예산이나 비용 예산을 집행하는 기능이 다를 경우 예산을 사용하는 조직이 소통상의 중복으로 비부가가치를 일으키고, 집행하는 곳도 통합이 안 되므로 전체 예산의 초과하는 것에 대한 관리가 안 될 수 있다. 시장이 좋을 것으로 판단하고 대량 발주를 하였는데 대외 여건이 안 좋아져 매출이 급감하는 경우와 반면에 너무 보수적으로 예상을 해 돈을 더 벌 수 있는 데 놓치는 경우가 있다. 이런 리스크를 방지하고 기회를 놓치지 않도록 탄력적인 발주를 할 수 있는 시스템과 일하는 방식이 같이 따라가야 한다. 발주만 놓고 본다면 발주의 정확도를 높일 수 있는 시스템을 개발한다면 도움이 될 수 있다.

투자는 돈을 벌거나 미래에 돈이 될 곳은 밀어야 하지만 무분별한 투자로 인해 현금 흐름이 문제가 되면 안 된다. 그리고 적자가 나는 곳은 빠른 철수를 통해 영업 이익과 현금 흐름이 나쁘게 되는 것을 막아야 한다. 투자 결정과 비용 집행 등에 의사결정을 하는 사람이 여러 책임자가 연결되어 있을 때는 의사결정을 하는 원칙을 공유하고 시간을 정해 함께 결정해야 한다.

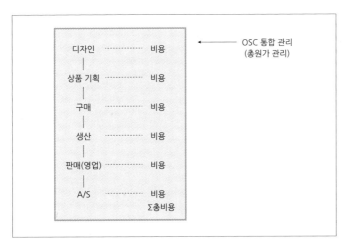

TIP

비용은 프로세스의 전 과정을 총비용 관점에서 들여다봐야 한다. 예산은 크게 발주 예산, 투자 예산, 비용 예산으로 나눌 수 있는데 이 예산도 통합해서 관리하여야 한다.

7. 막힌 혈관을 흐르게 하라

공급망을 생각하라.
– 수만 사카르

우리 신체는 영양분을 제대로 공급받아야 살 수 있는데 혈액이
혈관을 통해 그 역할을 한다. 상품을 피로 비유한다면 상품이 물류
를 통해 이동하는 곳을 혈관이라고 할 수 있다. 그러니 물류는 혈관
과 같은 곳이다. 물류창고, 매장, 점포 창고들이 혈관으로 비유할
수 있을 것 같다.

혈관이 막히면 어떻게 되겠는가? 혈관이 막히면 숨통이 막힌다
는 말이 있다. 피가 통하지 않아 심하면 목숨까지 앗아갈 수 있다.
비즈니스에도 피에 해당하는 상품의 흐름이 원활치 않으면 상품이
고객에게 전달이 되지 않아 결국은 매출을 올릴 수 없고, 최악에는
경영 실적이 나빠져 회사가 어려움을 겪을 수밖에 없게 된다.

상품이 물 흐르듯이 잘 흐른다는 것은 만든 상품이 고객의 속도
에 의해 잘 팔린다는 것은 물론이고, 상품의 흐름이 잘 흐를 수 있
는 시스템이 갖추어졌다는 것을 의미한다.

혈관이 잘 흐르는지는 후방을 보면 알 수 있다

> ### 창고(물류, 점) 관리 사례
> 회사가 비즈니스를 잘하는 지를 보려면 매장과 맞닿아 있는 물류창고와 점포
> 물류를 보면 된다.

리테일의 한 지점에서 층장을 할 때 그 당시에 시장에서 1, 2위를 다투던 2개 회사의 물류창고를 상품 구매차 방문한 적이 있었다. 한 회사는 25년 전이었는데도 현재와 비교하더라도 손색 없을 만큼 놀랄 정도로 관리가 잘되어 있었다. SKU(Stock Keeping Unit, 스타일 내의 컬러, 사이즈 등 단품 재고 관리(在庫管理) 코드를 의미하며, 개별적인 상품에 대해 재고 관리 목적으로 추적이 쉽게 하기 위해 사용되는 식별 관리) 단위로 관리가 되었는데, 놀라웠던 것은 2년차 재고까지도 단품으로 관리가 되고 있었다. 반면 다른 한 회사는 상품을 찾으려고 했는데 어디에 어떤 상품이 있는지를 확인할 수가 없었다. 지금 한 회사는 시장에서 해당 업종의 1위를 지키고 있고, 한 회사는 거의 문을 닫을 정도로 회사가 어려운 상태이다.

내가 CLO(그룹 물류 총괄)로 근무할 때 가장 중요하게 보는 것은 창고의 재고 관리 상태와 점포 물류였다. 점포에서 팔리는 상품만 보관하고 있으면 필업도 쉬워 매출이 오를 뿐 아니라, 무리한 회전(반품, 재입고 등)이 없어 물류비도 절감할 수 있다. 그러므로 각 회사의 점포 물류의 수준을 보면 브랜드의 실력을 알 수 있다.

매장에 상품이 많으면 단품 별로 관리하기가 쉽지 않다. 아무리 SKU 단위로 관리하는 시스템이 있다고 하더라도 물량이 많으면 상품을 찾기가 쉽지 않다. 그런데 점포에 상품이 많다는 것은 프로세스에 문제가 있다는 것이다. 매장의 후방 창고가 본연의 필업 수행할 수 없는 상태로, 단지 상품을 보관하기만 하는 창고가 되어 있는 경우가 많다. 미어터질 정도로 많은 상품이 창고에 가득 있고, 그러다 보니 상품을 잘 찾지 못하고, 매출 부진으로 이어져 신상품이 들어오면 본사 물류창고로 반품을 하거나 주변에 비싼 값을 주고 창고를 얻는 이런 현상이 반복해서 일어난다. 점포 창고에 물건이 많으면 동맥경화에 걸려있는 상태로, 잘 파는 것보다 많이 팔려고 마음이 급하다는 것을 직관적으로 알 수 있다. 동맥경화를 해결하려면 고객(판매) 속도에 맞추어서 공급하여야 한다.

매장의 후방 창고가 혼란하게 된 이유는,

'고객이 상품을 선택하는 속도보다 더 빠르게 공급하는 것'과 '안 팔리는 상품을 매장에서 제거하지 않는 것이 주원인이다. 고객이 상품을 선택하는 속도보다 더 빠르게 공급하는 이유는 많이 팔고자 하는 욕심에 무조건 상품을 공급하기 때문이다. 이럴 때 일단은 혈관을 청소해 주어야 한다. 불편하더라도 창고를 비울 수밖에 없다. 현재 잘 팔리는 상품을 제외하고 모두 물류창고로 반품하고 고객 속도에 의해 상품을 공급해야 한다. 고객 속도의 기준은 재고 일수다. 재고 일수를 기준으로 공급을 통제해야 할 필요성이 있다.

고객 속도에 맞춘다는 것은 점포 후방은 매장의 고객 속도에 의해 필업이 되어야 하고, 센터는 지점의 고객 속도에 의해 상품 공급이 되어야 하고, 공장은 센터의 고객 속도에 맞추어 선적과 입고가 되어야 한다는 것을 말한다. 그런데 고객 속도에 의해 공급을 한다는 것은 쉽지 않은 일이다.

고객 속도에 맞추려면 근본적인 일하는 방식이 해결되어야 한다.

예측이 안 되는 것은 일하는 수준이 떨어지기 때문이다. 일하는 수준이란 잘 팔릴 것이라고 계획한 상품들이 적중도가 떨어지거나 잘 팔리기는 하지만 수요 이상의 상품을 발주하여 정판율이 떨어지는 것을 말한다. 어떤 아이템은 스타일 내에서 컬러나 사이즈가 잘 팔리는 것이 있고 안 팔리는 것이 있다. 신기하게도 같은 스타일인데 어떤 컬러는 전혀 판매가 안 되는 때도 있다. 다 고객 조사를 제대로 안 했거나, 지식의 부족에서 오는 문제이다. 일하는 방식이 해결되었는지는 현장을 봐야 하고, 거기서도 상품이 있는 점 창고를 보면 알 수 있다.

그리고 일하는 방식이 왜 문제가 있는지 점에서 공장으로, 공장에서 점포로 프로세스를 양방향으로 들여다보면서 가치사슬이 원팀으로 피드백하여야 한다. 하나가 되어 이 문제에 매달리면 문제는 해결될 것이다. 미어터지는 창고를 비우기 위해 모든 일을 중단한 것처럼, 일하는 방식의 문제를 해결하기 위해 모든 일을 중단하고 가치사슬이 함께 힘을 모아야 한다. 그리고 일하는 방식이 바뀌었는지 근본적인 질문과 피드백을 해봐야 한다.

정말 일하는 방식이 바뀌었는가? 정말 일하는 방식이 바뀌었는지를 알 수 있는 질문 중에 명확한 하나는 "그래서 재고 일수가 줄었는가?"

SCM(Supply Chain Management)으로 풀어라

지금까지 이야기한 것이 결국 SCM이다. SCM은 한마디로 재고와 관련된 것이다.

SCM의 수준은 재고 상태를 가지고 판단할 수 있다. 패션의 경우 SCM이 제대로 되고 있다면,

① 같은 스타일 내에서 전혀 안 팔리는 단품이 발생
② 과다하게 발주하여 많은 재고가 발생
③ 상품이 잘 팔리는 데 물량이 부족하거나 발주가 안 된 상태로 결품이 발생
④ 물류센터에는 물량이 있는데도 오더 리드타임(lead time, 발주부터 입고까지의 기간)이나 발주 실수로 공급이 지연
⑤ 상품이 물류센터에서 너무 빠르거나 너무 늦게 입고

이러한 문제들이 해결될 것이다. 점포 후방의 미어터짐은 현상일 뿐 SCM은 막힌 혈관이 없이 피를 흐르게 하는 것과 관계가 있다.

이렇게 되려면 수요예측과 반응을 바탕으로 공장과 매장까지의 리드타임을 줄여 돈을 벌게 할 수 있는 지식이 있어야 한다. 그것이

SCM 같은 조직으로 풀 수도 있고 경영자의 역량일 수도 있다. SCM은 본부와 사업부, 물류, 3PL(현장 거래처)의 전체 조직의 일하는 방식이 바뀌어야만 가능하다. 매장에서 결품 문제를 일하는 방식에 의해 해결할 수 있다면 엄청난 매출과 이익에 이바지를 할 것이다. 정리하면 상품에 대한 예측이 잘되고 있다는 것은 상품의 적중도를 높이기 위한 각 가치사슬의 일하는 방식이 정렬되어 통합되어 움직인다고 할 수 있다.

적중도를 높이기 위한 예측, 상품 이동에 대한 예측, 판매 과정의 운용과 관련된 지식이 있어야 상품 판매율을 높일 수 있다. 적중도를 높이기 위한 예측은 데이터와 정보를 기반으로 한다. 그러기 위해서는 데이터와 정보는 각 가치사슬의 일하는 현장이나 고객의 접점에서 예측을 높이기 위해 시스템을 구축하는 곳이나 부서로 실시간으로 또는 정기적으로 토스가 되어야 한다. 또한 상품의 이동을 예측할 수 있어야 적기에 상품 판매에 대한 준비를 할 수 있다. 상품이 준비되면 원하는 고객에게 빨리 전달이 될 수 있도록 운영의 수준을 높여야 한다.

TIP

물류는 혈관과 같은 것이다. 공장부터 물류센터, 점포 창고의 물류 흐름을 보면 그 회사의 혈관의 건강도를 확인할 수 있다.
혈관의 건강도를 높이는 것이 SCM이고, SCM의 예측이다.

8. 운영을 중요치 않게 생각하는 회사의 최후

> 조직은 구성원 개개인이 최고의 업무수행 능력을 발휘할 때
> 가장 효과적으로 업무를 수행한다.
> – 앤드류 그로브

회사가 어려울수록 고객과 맞닿은 곳의 운영에 더 신경을 써야 한다. 그런데 반대가 된다. 회사가 어려우면 인원을 줄이게 된다. 매장에 고객들이 적은데 제공되는 가치마저 떨어지면, 경기가 좋아지거나 상황이 호전되었을 때도 회복이 어렵다.

운영은 사람의 지식의 수준과 표준화에 따라 편차가 크다. 운영은 실행이 구체적으로 행동으로 나타나는 형태이다. '소는 누가 키우나?'라고 할 때, 그 말은 운영에 가깝다. 경영에 필요한 전략과 실행을 같은 레벨로 봐야 한다. 실행이 제대로 되려면 운영 지식이 따라가야 한다.

운영 지식은 돈이다

나는 리테일에서 층장, 점장, 지점장, 관리 본부장을 다 해봤다. 그 과정에서 많은 점주의 매장 운영 사례를 경험하였다. 매출이 잘 나오는 곳을 방문해서 매장주를 관찰해 보면, 그들만이 가지고 있는 무기들이 있다. 같은 듯 다른, 다른 듯 같은 운영의 지식이 있다. 확실히 운영의 수준에 따라 매출의 차이가 크게 난다.

그 많은 매장 중에서 2개의 매장이 지금도 생생하게 기억에 남는데 두 개 매장은 운영 방식이 완전히 다르면서도, 해당 점포의 업종

내에서 매출을 제일 많이 하는 매장이었다. 2개의 매장의 공통점은 의류 브랜드 매장이었고, 인지도가 높은 유명 브랜드는 아니었다.

필업 베스트 매장 사례

한 매장은 매장주가 물류에 집중하는 곳이었다. 이 매장주는 매장에 있는 상품과 창고에 있는 상품을 SKU까지 모두 알고 있었다. 그러니 잘 팔리는 상품, 안 팔리는 상품을 파악하고 있는 것은 당연한 것이었다. 이 매장주는 팔리는 상품을 매장에 버퍼를 두고 미리 셋업해 놓아야 한다는 것을 알고 있다. 아침에 상품이 들어오면 직접 물건을 받아 매장에 필요한 상품을 세팅하고 나머지는 창고로 이동해 일일이 물건을 실사하고 창고에 보관해 놓는다.

창고에 있는 상품도 본인이 직접 실사해 보관한다. 그러니 어디에 어떤 상품이 있는지를 안다. 영업이 시작해 세팅한 것 중 일부가 팔리면 바로 매장에 가서 남은 재고를 매장에 보충해 준다. 그러니 매장에서 일시적인 결품이라는 것은 발생하지 않는다. 통상 매장에 상품이 없으면, 매장주(판매사)가 물건을 찾기 위해 창고로 간 사이에 고객이 이탈할 수 있고, 물건을 찾는 시간에 판매에 집중하지 못하니 다른 고객의 응대 기회도 놓치게 된다. 일시적인 결품 없이 판매에만 집중할 수 있으니 매출이 좋은 것은 당연하였다.

판매 베스트 매장 사례

또 한 매장은 위 매장과는 좀 차이가 난다. 이 매장은 상품의 필업보다 고객의 상황에 맞추어 그때그때 매장에 상품을 진열한다. 예를 들면 신학기에 잘 팔리는 상품들을 미리 확보하여 매장에 디스플레이하고, 그 주위에 상품을 충분히 진열시켜 매출을 일으키는 방식이다. 고객의 행동은 날씨, 기온, 시즌, 절기, 행사 등등에 따라 수시로 원하는 것이 달라진다. 가령 비가 오는 날에는 고객들이 덜 입점을 하는데, 그때에도 거기에 맞춘 상품들을 준비하고 사전에 홍보해 고객들이 행동하게끔 머릿속에 인식시키고 있다. 이렇게 하려면 어떤 시즌에는 어떤 종류의 상품이 더 잘 팔리는지를 알아야 미리 상품을 확보할 수 있고 미리 셀링 포인트(Selling Point, 소구)를 하거나 프로모션을 할 수 있다. 이때 많이 팔지 못하면 그 상품들은 재고로 그대로 남게 되어 있다. 그러니 운영이 곧 돈이다. 먼저 예로 든 매장주가 '있는 상품의 판매 속도'에 초점을 맞추었다면, 이 매장주는 '마케팅 플랜과 고객의 변화'에 온 촉각을 곤두세운 것이다.

예로 든 두 매장주는 모두 매출을 많이 하기 위해 신경을 쓰지만, 운영 방식에 있어서는 차별점이 있다. 그러나 고객의 관점에서 운영한다는 데는 근본적인 공통점이 있다.

앞의 인재 경영 파트에서 다면 평가의 설명을 위해 '매장 컨디션이 비슷한 두 개의 매장이 운영의 차이로 같은 아이템에서 매출 총이익이 2배가 차이가 나는 사례'를 인용하였다. 이 사례야말로 운영의 대표적인 예이다.

통상 리테일 점포의 같은 층의 비슷한 업종 내에서 비슷한 면적의 매장 간에도 매출의 차이가 크게 나는데, 운영 지식이 있다면 이 갭을 많이 극복할 수 있다.

운영될 수 있는 컨디션을 만들어 놓고 시작하자

운영 지식은 조직 능력을 향상하게 시키고, 더 좋은 성과를 거두는 데 필요한 것이다. 조직 내에는 의외로 성과를 낼 수 있는 운영과 관련된 베스트 프랙티스들이 많이 있다.

외식 브랜드의 한 지점에서 아르바이트로 일하던 친구가 있었는데, 얼마나 일을 잘하는지 2명 몫을 감당할 정도로 실력이 뛰어났다. 그래서 이 직원은 아르바이트비를 많이 높여서 주었던 기억이 난다. 이 직원의 경우에는 이미 완벽한 수행 능력이 있어 매뉴얼이나 그런 것들이 그리 중요치가 않았다.

그런데 역량이 부족한 직원들에게는 매장에서 퍼포먼스가 가능하도록 바로 쉽게 이해하고 일할 수 있는 매뉴얼이 완벽하게 준비되어야 한다. 사람들이 가지고 있는 암묵지와 운영 지식을 모아서 매뉴얼화하고 사용할 수 있는 상태로 절차화하고 운영 지식이 계속 버전업할 수 있는 체계를 만들도록 관심을 가지고 관리하여야 한다. 즉 사람(역량)+도구(매뉴얼)+시스템이 갖추어져야 한다.

경영자는 직원들의 역량이나 도구나 매뉴얼 등의 표준화 수준, 그리고 시스템의 준비 정도에 따라 전체 운영 자원의 양과 질을 결정하여야 한다.

이러한 범위는 경영자의 의사결정에 의해 정해지는 것이 아니라 고객에게 주는 가치를 크게 하면서도 효율과 효과가 나도록 각 조건의 수위를 조절하여야 한다.

그런데 최근에는 오프라인에서 사람이 하던 서비스의 일들이 플랫폼 비즈니스로 옮겨가면서 고객들의 서비스 만족에 대한 요소도 바뀔 수밖에 없게 되었다. 사업의 형태들이 바뀌면서 민감하던 서비스들이 이제는 그리 중요하지 않게 되거나 다른 영역에서 더 중요하게 여기는 요소로 바뀌게 되었다.

어쨌든 사업에 따라 사람과 도구와 시스템의 수준을 어떻게 놓고 관리할 것인지를 결정하고, 거기에 맞게 각 요소의 수준과 범위를 정하고 개발을 하여야 할 것이다.

운영상의 문제가 발생할 경우는 근본적인 원인을 찾아야 한다

매장에서 고객에게 제공되는 서비스나 품질 등이 안 좋은 것은 모두 운영의 문제에서 발생한다. 그런데 관리자들이 실수하는 것이 운영의 문제를 해결하는 접근 방식이다.

아무리 개선 활동을 하더라도 결괏값이 좋아지지 않는 것에는 근본적인 원인이 있기 때문이다. 만약 그 원인을 제대로 밝힌다면 문제의 원인이 매장만이 아닌 사업의 구조나 조직 구조, 자원의 부족이나 직원들의 사기, 프로세스의 개선 등 근본적인 부분의 문제 해결이 필요하다는 것을 발견하게 될 것이다. 우선순위 제목이 달성했는지 또는 못했는지를 점검할 때도 잘못 점검하면 부분 최적화가 되어 조직원들의 실행에 오히려 무리가 가게 될 수 있다.

이 말을 다시 풀어서 설명한다면, 우선순위 제목이 조직이나 사업의 근본 문제를 다루고 있지 않은 상태에서 열매를 얻기 위한 행동에 집중한다면, 근본 문제는 해결이 안 된 채 직원들의 무리한 퍼포먼스로 인해 숫자도 얻지 못하고 직원들의 동기도 얻지 못하게 된다.

TIP

운영의 수준에 따라 생산성의 차이가 크게 난다.
경영자는 직원들의 역량이나 도구나 매뉴얼 등의 표준화 수준, 그리고 시스템의 준비 정도에 따라 전체 운영 자원의 양과 질을 결정하여야 한다.

9. 근육질 몸매를 만들어라

> 근육질 경영이란 이익을 낳지 않는 재고나 설비 등의 불필요한
> 자산을 가지지 않는 것이다.
> – 이나모리 가즈오

사람의 체지방이 과다하면 어떻게 되는가? 몸에 안 좋은 콜레스테롤, 고지혈증 등으로 건강에 이상이 온다. 몸의 이상을 막으려면 근육질 몸매를 만들어야 한다. 지방을 줄이기 위한 운동과 근육을 단련하기 위한 운동, 그리고 식습관이 중요하다.

기업도 마찬가지이다. 비만과 체질을 개선하려면 적정자산을 유지하고 생산성을 개선하여야 한다. 비용은 자기 스스로 발생하지는 않고 비용의 원천인 사람, 매장, 자산, 금융 부채 등을 통해 발생한다. 비용을 적정하고 생산성 있게 발생하는 것이 낭비를 막는 방법이다. 사람이 뚱뚱해지면 비만 상태로 인해 에너지를 더 필요로 하게 되어 더 많이 먹게 되고 결국 비만이 더 심해진다. 반면 날씬한 사람은 날씬함을 더 유지하기 위해 관리하므로 몸에 체지방이 줄게 되어 있다.

재고를 관리하라

비만을 잡고 체질을 개선해야만 체지방이 극도로 낮아진 건강한 몸매가 될 수 있다.

근육질 몸매를 만드는 데 가장 위험한 것이 재고이다. 재고가 늘면 비용도 따라 증가한다. 재고 보유 일수가 늘어난다는 것은 비만이 늘어났다는 것으로 조직의 생산성이 문제가 발생하고 있다는

것을 알려주는 바로미터이다. 재고가 늘게 되면 판매되지 않은 상품의 상품화, 이동, 보관 등에 따른 인건비, 물류비, 창고비가 발생한다. 또한, 과다한 재고로 인해 신상품의 판매 기회를 놓칠 수 있고, 후방 창고에서 상품을 찾는 데 시간이 걸려 필업의 속도가 늦어져 고객에게 제때 상품을 전달하지 못하는 경우가 많이 생긴다.

다시 시작하더라도 빨리 재고를 떨어야 한다. 재고는 자산에 들어가다 보니 재고 자산을 떨었을 때 재무지표가 나빠지는 것을 우려해 책임자들이 적극적으로 의사결정을 못 하고 있다.

물론 불확실성에 대비하여 안전 재고는 유지하여야 한다. 안전 재고는 재고 부족으로 판매 기회를 놓쳐 기업이 입는 손실인 재고 부족 원가를 줄여주기는 한다. 안전 재고 수준에서 재고를 유지하면 다행인데 그렇지 않으면 조직의 지방으로 쌓이게 된다.

재고는 조직 실력의 결과이다. 실력을 키우는 것이 재고를 부족하지도 남지도 않는 적정으로 유지할 수 있다. 프로세스가 잡히지 않으면 재고는 줄 수가 없다. 재고를 줄이는 것의 가장 큰 프로세스는 SCM이다. 수준이 높은 SCM은 적정 재고를 유지하는 데 있어서 필수 불가결한 가치사슬의 일하는 방식을 보여 준다. 가장 이상적인 것은 재고의 부족 없이 적정하게 생산하고 판매하는 것이지만, 이미 과다 재고가 발생했다면 재고를 없애기 위한 솔루션이 들어가야 한다. 고객 심리가에 의한 마크다운이나 재고 처분 계획들이 수립되어, 빨리 재고를 없애야 한다.

부실 사업부/부실 점포는 빨리 정리하라

한 사업부 내에서도 이익이 많이 나는 브랜드나 매장이 있는가 하면, 반대인 곳도 있다. 그러다 보니 정기적으로 사업장이나 브랜드의 포트폴리오와 관련된 회의를 하게 된다. 그 과정에 살아남는 브랜드들도 있지만, 결과는 빨리 접는 게 나은 결정이었던 것이 대부분이었다. 숫자가 내리막길을 걷기 시작하면 이미 그 사업장이나 브랜드는 가치가 유실되기 시작한 것이다. 이때 처방해 보았자 효과가 없다.

매장이나 점포의 매출이 떨어질 때 판관비 관리를 못 하면 이익이 급격히 떨어진다. 판관비를 줄이면서 간간이 이익을 맞출 수 있지만, 매출이 떨어지는 추이가 계속되면 결국 부실 매장이 될 수밖에 없다. 부실 매장은 빨리 정리해야 한다.

기존에 그 매장에 투입했던 자산과 노력이 아까워 부실이 발생하고 있는데도 빨리 정리하지 못하고 부실을 더 키워 피해를 크게 보고 나서야 정리하는 경우가 있다. 부실 매장이 정리되면 발생하는 운영비라든지 불필요한 재고 및 관리비가 줄게 되고 점포 자산과 관련된 임차료 등을 세이브할 수 있다. 부실 매장이 없어지더라도 계속 유지되는 고정비용도 있다. 그러므로 부실 점포 정리 이후의 자산 중에 활용될 수 있는 자산과 낭비되는 자산을 잘 판단해 자산을 재배치하여야 한다.

고정비의 발생으로 인해 어느 경우에는 적자가 나더라도 유지하는 것이 손실을 덜 발생하는 때도 있다. 그렇지만 손실 발생이 아주 크지 않다면 될 수 있는 대로 철수를 하는 것이 바람직하다. 그 이유는 이익이 많이 나는 매장에 더 집중해서 이익을 더 키울 수 있는데도 불구하고 자원의 활용이 분산되기 때문이다.

그런데 자산 구조조정은 정기적인 활동 이전에 부실 구조가 생기지 않도록, 자산의 투자 전에 부실이 될만한 것을 결정하지 않는 판별기가 필요하고, 결정 후 운용이 되는 과정에 부실이 되고 있는지를 알 수 있는 알람 시스템이 필요하다.

인당 생산성이 높은 조직을 만들라

비용의 원천인 사람에 대해 인당 인건비를 분석해 보니 필수 부대 비용이 연봉의 50% 이상 소요되는 계산이 나온 것을 본 적이 있었다. 사람이 비용을 쓰므로 비용 쓰는 것 이상의 생산성을 올려야 한다. 투입 자원이 많이 들더라도 생산성이 인건비 투입을 훨씬 상회하는 수준으로 올릴 수만 있다면 그 프로젝트는 아주 부가가치가 높고, 가치사슬들이 많이 투입되는 제목일 것이다. 그런데 많은 인원이 투입되더라도 부가가치를 창출하지 못하고 인건비만 소요되는 일이 많을 것이다.

인당 생산성이 높은 결과들은 지식 경영의 결과와 비교적 비슷하게 나타난다. 지식 경영의 증거에서도 설명하였지만, 지식 경영의 결과들은 한 가지 숫자가 아닌 몇 가지의 숫자들이 연결되어 좋게 나타나는 특징이 있다. 특히 투입되는 자원이 적게 들면서도 아웃풋을 키울 수 있다면, 판관비는 줄이면서 매출을 끌어올려 영업 이익의 크기를 키울 수 있을 것이다.

생산성의 결과들이 너무 높은 경우는 과거나 경쟁사 대비해서 비교 자체가 의미가 없을 정도로 숫자들이 나올 것이다.

그러나 생산성의 결과들에 대한 객관성을 확보하고, 생산성의 크기를 비교해 봄으로써 자만하지도 않고, 비교 기준과 연동하여 더 생산성을 더 끌어올리려는 노력을 유도할 수 있다.

TIP

근육질 몸매를 방해하는 대표적인 것은 재고와 부실 자산이다. 재고와 부실 재고는 어떠한 방법을 써서라도 빠르게 해결하여야 한다. 당신의 회사의 판관비를 근육과 지방으로 분류하고 지방을 제거하는 프로젝트를 하라.

10. 프로세스가 중요하다

올바른 프로세스가 올바른 결과를 낳는다.

(The right process will produce the right results)

– 도요타

프로세스란 한마디로 일하는 방식을 말한다. 다르게 표현하면 조직의 자원을 활용하여 고객이 원하는 제품과 서비스를 만들어 고객에게 가치를 제공하는 과정을 말한다. 회사에서 내놓는 우수한 상품과 서비스는 자세히 들여다보면 일하는 사람들의 양질의 프로세스의 결과물이다.

고객의 니즈나 시장을 읽고 상품을 기획하고 개발하는 것은, 전부 프로세스 내에서 이루어진다.

전략도 프로세스를 통해 나온다

만드는 상품뿐이랴. 전략도 프로세스를 통해 나오게 된다.

데이터나 정보도 없이 그냥 머릿속에서 나오는 것은 전략이 아니다. 그것은 단지 단순한 아이디어일 뿐이다. 전략은 데이터나 고객, 경쟁자를 조사한 결과를 분석하는 프로세스를 거쳐 나온다. 그러니 잘못된 프로세스는 잘못된 전략을 나오게 할 뿐이다. 결국 역량 있는 사람(기능)이란 프로세스별 필요한 도구들을 잘 사용할 뿐 아니라 프로세스를 통해 시장에 있는 많은 정보(지식)를 모아 구조화하는 능력이 있는 사람이라고 할 수 있다. 구조화란 데이터(정보)를 모아 분류하고 통합하여 업무에 활용할 수 있는 상태로 변환하는 것을 말한다.

프로세스가 효율적이고 효과적으로 운영되려면 올바른 프로세스가 정리되어 있어야 한다. 그러려면 모든 프로세스가 지켜야 할 규칙을 명확히 하는 것이 중요하다. 가령 가치사슬들이 최초 하기로 했던 계획대로 실행하는 원칙 등이 그것이다. 사전 합의해서 세운 계획을 함부로 바꾸면 프로세스가 어긋나버려 무엇이 잘못됐는지 피드백조차 어려워진다.

프로세스가 언제 문제가 되는가? 크게 5가지 정도를 생각해 볼 수 있다.

첫째, '내부 효율 > 고객 지향'일 경우다.

고객을 지향하지 않고 운영상의 효율에 빠져 있을 때 문제가 된다. 예를 들면 시스템의 완성도는 올라가고 있으나 그 시스템이 고객 관점의 가치를 제공하지 못하는 경우이다. 프로세스의 대상은 최종적으로 고객이다.

둘째, '규모의 경제성 > 고객의 판매 속도'일 경우다.

고객의 판매 속도를 맞추기 위한 것이 아니라 규모의 경제성을 위해 점포나 사업 부문을 확산하면서 자원의 급격한 분산이 일어나는 경우이다. 고객의 판매 속도를 맞출 수 있다는 것은 일하는 수준이 거의 최고의 수준에 다다른 것이다. 이렇게 되면 사업의 퍼포먼스를 최대한 올리면서 현금 흐름을 좋게 할 수 있다.

셋째, '혁신 - 운영 > 혁신 + 운영'일 경우다.

혁신적인 사고를 프로세스가 따라가지 못할 때 운영상의 버그들이 생기면서 낭비가 발생한다.

운영이 따라가지 못하면 혁신은 아이디어로만 남는다 운영 없는 혁신은 숫자를 바꾸지 못하게 되어 있다.

넷째, '기능별 우선순위 > 전체 최적화'일 경우다.

기능 간의 프로세스가 완벽히 단절되어 각자 일하지는 않겠지만, 자기 부서나 과업을 중심에 놓게 되면 고객과 관련된 가치 제공에 있어 시간과 비용의 낭비가 발생할 수밖에 없다. 그러므로 고객에게 가치를 제공할 수 있도록 기능들의 과업을 통합하고 정렬시켜야 할 것이다.

그렇게 되면 구매는 원가보다 적시에 양질의 원부자재를 생산에 차질 없이 공급하는 것이 우선이 될 것이다. 만약 원가를 낮추는 것을 더 우선시한다면 원부자재의 조달 차질이 생겨 상품이 늦게 나오고 판매가 안 돼 재고로 남게 될 수 있는데, 여기서 버려지는 낭비는 원가를 줄인 것에 비할 수 없는 손실을 끼치게 된다.

이것은 프로세스 전체를 모니터링하면서 버그를 잡는 시스템이 없을 때 문제가 된다.

새로운 프로세스를 그리는 관점은 다음과 같다.

첫째, 가치사슬이 함께 동시 공학적으로 To-Be 프로세스를 그려본다.

To-Be 프로세스를 그리려고 하더라도 생각처럼 잘 안 그려질 것이다. 그 이유는 여러 가치사슬의 일하는 방식의 복잡성 때문이다.

프로세스를 제대로 잡을 수 있는 효과적인 방법의 하나는 매장(상품을 파는 곳)에서 공장으로 가는, 공장에서 매장으로 오는 프로세스를 동시 공학적으로 벨류체인들이 같이 그려 보는 것이다.

둘째, 고객에게 가치를 주지 못하는 단계나 과업을 찾아내라.

각 가치사슬의 일하는 방식이 고객들에게 어떻게 영향을 미치는

지를 각각 공유하면서 프로세스를 정리하여야 한다. 고객에게 가치가 제대로 전달되기 위한 To-Be 프로세스를 그리다 보면 고객에게 제공되는 속도나 서비스에 있어 시간이 오래 걸리거나 문제가 되는 과업들이 발견될 것이다.

셋째, 문제가 되는 단계와 과업을 제거할 방법을 찾는다.

To-Be 프로세스의 단계를 줄이는 데는 도구가 쓰일 수 있고, IT가 동원될 수 있고, 단순한 공정 관리일 수 있다. 단계가 줄었더라도 기존 프로세스상의 제공되던 운영의 수준을 다 커버하고도 문제가 없어야 고객들에게 제공되는 가치가 제대로 실현될 것이다.

넷째, 프로세스와 관련된 자원의 질의 높여야 한다.

프로세스에는 자원이 결합하여 있다. 프로세스를 단축하더라도 최종적으로 나온 상품과 서비스를 운영할 자원(돈, 사람, 채널 등)의 지원 속도와 질을 높여야 하고, 시스템이 따라가야 한다.

아무리 콘텐츠가 좋아도 고객에게 제공되는 속도가 늦으면 가치를 창출할 수 없다. 반대로 콘텐츠도 좋고 채널 확산 속도가 빨라도 운영할 지식이 준비가 안 되어 있으면 오히려 빠른 속도가 독이 된다. 단계가 줄더라도 고객에게 제공되는 가치가 훼손되지 않도록 관련 인프라의 질을 같이 갖추어 나가야 할 것이다. 그런 점에서 SCM은 이 문제들을 해결하는 데 있어 필수적이다.

다섯째, To-Be 프로세스의 효과를 확인하여야 한다.

프로세스의 단계가 줄은 것은 숫자로 판정하겠지만 우선은 고객들에게 물어보면 정확히 효과를 파악할 수 있다. 원하는 상품을 이전보다 빨리 받을 수 있었다든지, 고객들이 원하는 상품이 매장(상품을 사는 곳)에 있다든지 하는 대답이 나오면 확실히 일하는 방식이 바뀌었다는 것을 확인할 수 있다.

내부적으로는 단계가 줄면 인당 생산성이 올라갔는지를 보면 안다.

여섯째, 고객 관점의 프로세스를 다시 잡는 문제는 경영자가 할 일이다.

프로세스가 잡히지 않아서 오는 조직 간의 갈등과 프로세스 과정의 트러블로 인해 고통받는 것은 고객이다. 아니 정확히 말하면 고객이 아닌 회사이다. 고객은 양질의 상품과 서비스를 제공하는 다른 경쟁자에게 발을 돌리면 그만이다. 그래서 경영자는 업무에 대한 확실한 이해를 바탕으로 프로세스가 바뀌더라도 큰 문제가 없도록 하는 것과 오히려 고객에게 가치를 줄 수 있는 전략을 가지고 있어야 한다. 프로세스를 단축하는 일을 경영자가 직접 해야 한다.

프로세스는 비즈니스의 실제 결과를 바꾸어 놓는다

프로세스 설계는 모든 개별 단위가 총체적인 목적을 이루기 위해 협력해야 하는 방법을 규정하여야 한다. 어떤 일을 어떤 순서로, 어디에서, 누가 해야 하는지를 규정해야 한다. 설계가 없으면 프로세스는 상황마다 각각 다르게 실행될 수 있다. 아직도 많은 회사가 프로세스의 통합되어 한 목적을 가지고 일하여야 하나, 여전히 갈등이 있고, 일하는 어려움을 겪는다. 통합이란 처음부터 끝까지 기능들이 정보를 공유하고, 필요한 과업을 그 시점에 맞게 제공하는 것을 말한다.

프로세스 자체를 개선하는 것이 목적이 아니다. 프로세스가 성립되려면 성과와 연동되어야 한다. 성과와 연동되는 프로세스가 되려면 초점을 고객에게 맞추어야 한다. 실제로 고객 조사를 하거나 고객 관련 활동하면서 나온 인사이트들이 프로세스에서 적용될 수 있도록 신경을 써야 하나, 오히려 인사이트의 강력한 실행을 프로세스와 별도로 진행함으로써 프로세스를 망치고 있는 경우가 있다. 프로세스를 바꾸었는데도 숫자가 안 바뀌면 프로세스를 폐기하고, 새롭게 설계하거나 비즈니스 모델 자체를 바꾸는 것을 생각해 봐야 할 것이다. 서두에서도 이야기하였지만, 프로세스를 통해 전략이 나오고 그 전략을 실행하는 것은 운용이라는 형태의 프로세스로만이 가능하다.

이것을 등한시할 때 비즈니스의 숫자를 바꾸어 놓을 수가 없다. 잘 설계된 프로세스가 훼손되지 않도록 관리자들은 이 규칙에 따라 프로세스가 실행되도록 하여야 한다. 정해진 프로세스 이외에 다른 프로세스들을 집어넣음으로써 일이 꼬이게 하면 안 된다. 결과가 나올 때까지 프로세스대로 실행하여야 한다. 프로세스가 잘 실행되었는데도 성과가 나오지 않는 것은 그다음 문제다. 그것은 프로세스를 포함한 평가와 피드백의 영역이다.

프로세스의 혁신이 어려운 이유

프로세스는 인풋을 어떻게 하느냐에 따라 고객에게 가치 있는 결과를 산출하게 되어 있다. 그런데 우리가 여기서 유의할 것이 있다. 사업의 규칙이 바뀌고 있다면 현재의 사업의 구조 내에서 프로세스를 아무리 바꾼다고 하더라도 고객에게 가치를 주는 데는 한계가 있다. 이럴 때는 사업 모델이나 사업 구조를 건드리고 거기에 맞추어 프로세스를 바꾸어야 한다. 가치가 유출되면서 고객이 떠나갈 때 현재의 프로세스를 건드려서 될 것인지, 사업 모델이나 사업 구조를 근본적으로 건드려서 될 것인지는 중요한 지표들의 추이를 들여다보거나 고객 조사를 통해 확인할 수 있다.

이때 현재 제공되는 서비스의 불만족을 중심으로 고객 조사를 해서는 정확한 문제를 찾지 못할 수 있다. 고객이 진정 원하는 것은 다른 데 있지만, 고객들은 현재의 수준에서의 문제만 이야기해 줄 가능성이 크기 때문이다.

한때 유행하던 마이클 해머 박사가 주창한 리엔지니어링은 프로세스 중심으로 해법을 제안했으나 어떻게 실행해야 하는지의 방법론을 제대로 보여 주지 못했다. 구조를 바꾸는 것보다 프로세스에 집중하였기에 변화하는 시장에서 제대로 된 베스트 프랙티스를 내기가 어려웠다.

그래서 프로세스가 제대로 잡히려면 2가지 관점으로 봐야 한다.

프로세스가 바르게 정착되도록 계속 개선하는 것과 프로세스가 잘못되었을 때 과감히 과감히 폐기하는 것이다. 현재 프로세스는 과거의 일하는 방식의 누적된 것이므로, 무조건 프로세스를 폐기하는 데는 어려움이 따를 것이다. 기존 멤버들의 머릿속에 있는 과거 일하는 프로그램을 바꾼다는 것은 쉽지 않기 때문이다.

프로세스의 단계가 줄어야 속도가 빨라진다. 만약 현재 하는 사업에서 숫자가 움직이지 않고 고객과 관련된 지표들이 하락하고 있다면 현존하는 모든 구조와 절차를 버리고 완전히 새로운 프로세스를 생각하여야 한다.

TIP

프로세스가 문제가 발생했을 때 해결 방법인 To-Be 프로세스를 가치사슬과 함께 그려 보고, 실행하면서 수정하는 피드백의 과정의 가치사슬들이 합의해야 하고, 이 과정에 경영자의 역할이 중요하다.

11. 비부가가치한 업무를 제거하라

> 단순함을 얻기란 복잡함을 얻기보다 어렵다.
> 무엇인가를 단순하게 만들기 위해서는
> 당신의 생각을 깔끔히 정리해야 한다.
> 이 과정은 어렵지만, 한번 이것을 거치면 무엇이든 할 수 있다.
> – 스티브 잡스

비부가가치(Non-Value-Added)가 없는 조직은 없다. 비부가가치란 고객에게 가치를 주지 못하는 업무로, 성과와 연동되지 않는 갑작스럽고 일상적인 일들을 말한다. 비부가가치 업무는 자원의 투자와 배치에 대하여 부정적인 영향을 미치게 되는데 직원들이 비부가가치 업무를 하면서도 그것이 비부가가치 업무라는 것을 인식하지 못하는 데 문제가 크다.

일전에 어떤 회사에서 한 부서의 비부가가치 업무를 조사한 적이 있었는데 전체 업무에서 약 60% 이상을 차지하는 것으로 나왔다. 그만큼 비부가가치가 많다. 비부가가치는 개인과 조직이 집중해야 할 우선순위에 대한 에너지를 분산시키고 개인의 과업 수행 중의 원칙과 기준들을 무너트린다. 결국 고객에게 제공할 가치를 방해하고야 만다. 그것이 우리가 비부가가치를 제거하여야 할 이유이기도 하다.

비부가가치는 왜 발생하는가?

비부가가치가 발생하는 이유는 다양하다. 크게 세 가지만 든다면,

첫째는 개인의 문제이다.

비부가가치가 발생하는 이유 중에 가장 큰 것은 개인의 일하는 방식과 지식의 부족 때문이다. 가치사슬은 서로 일이 연결되어 있다. 그런데 각자가 일하는 내용과 수준이 다르고, 일을 대하는 개인의 태도에 따라 비부가가치가 발생한다. 가령 일의 완성도를 높이려는 개인의 욕심이나 지나친 부지런함, 그리고 일을 바라보는 시각의 차이 등으로 비부가가치가 생긴다. 반대의 경우도 있는데 어떤 기능의 태만이나 잘못된 방향에 대해 이견이 없는 의견 일치로 인해 비부가가치가 발생한다.

납기를 맞추어야 하는 데 한 기능의 게으름으로 인해 결과물을 넘겨받지 못하면, 비부가가치는 발생할 수밖에 없다. 또는 올바른 의사결정이 아닌데도 무지로 인해 기능 간의 합의가 되어 일이 진행될 때, 일이 진행되면서 비부가가치가 발생할 것이다.

둘째는 현장이 아닌 사무실에서 근무하는 시간이 많을 때 비부가가치가 발생한다.

강력한 본부 조직과 많은 스태프들로 인해 프로세스의 단계가 많아 많은 사람이 배분되어야 하고, 그럼으로써 소통과 의사결정이 많아져 복잡해지기 때문이다.

현장에 있으면 자연스럽게 일하는 방식이 고객에게 향할 수밖에 없다. 사무실에 있으면 보고서가 늘어나고 회의가 늘어난다. 보고서와 회의는 비부가가치를 양산하는 주범이다.

셋째는 잘못 설계되거나 부재한 시스템으로 인해서 발생하는 비부가가치이다.

과업을 수행하는 절차들이 기준이나 매뉴얼로 정리가 안 되어 있어 사업이나 프로젝트를 할 때마다 새로운 사람이나 역량이 투입되어야 하는 경우도 해당할 수 있다.

요약하면 비부가가치는 복잡하고 단계가 많은 (본부) 조직과 그로 인해 파생되는 소통의 부재와 예기치 못한 일의 발생, 사무실 중심의 일하는 방식, 정보 공유의 부재, 지식의 부족, 개인의 업무 태도, 조직의 명분을 유지하기 위한 퍼포먼스의 결과라 할 수 있다.

이런 원인을 해결하기 위해 프로세스적으로 접근해 봤자 해결되는 것은 없고 비부가가치는 여전히 존재하는 것을 경험하였다.

영점에서 시작해야 한다

비부가가치를 제거하려면 고객 관점에서 바라봐야 한다.

고객에게 가치 없는 업무를 제거해야 비부가가치가 없어진다. 그러려면 먼저 고객 관점에서 가치를 줄 수 있는 과업을 명확하게 재정의하는 것이 최우선이다.

과업과 비부가가치

리테일에서 근무할 때 과업을 분류해 보니, 핵심 업무가 크게 상품, 고객, 마케팅의 3가지로 분류가 되었다. 그런데 이 세계의 업무 중에 과도하게 한쪽에 편중해서 시간을 사용하거나 중복이 되는 경우가 있었다. 원래는 이 세 가지의 영역이 고객을 중심으로 연결되어 있는데, 고객은 빠지고 판촉이나 마케팅 같은 업무들이 많은 시간을 차지하고 있었다. 그러니 상품이나 고객을 대상으로 하는 일의 문제들이 발생하면서 많은 비부가가치가 발생하게 되었다.

그런데 한 업무에 과도하게 편중해서 일하는 것과는 달리 과업이 정리되지 않거나 별도로 갑자기 치고 들어오는 비정형화된 업무로 인해서 비부가가치가 발생하기도 하였다. 가령 목적이 없이 무조건 매장에 나가 있는 것이라든지, 현장과 관련된 회의를 사무실에서 하는 것이라든지, 직책 간에 업무가 중복되어 있거나, 통제 불가능한 외부의 요구로 발생하는 비부가가치들이 있었다.

그래서 고객들이 많은 시간에 현장에 집중하고 보고와 순회를 매장에서 하는 방식을 통해 매장에서 근무하되 현장에서 상품과 고객에 집중하였다.

비부가가치를 영점에서 시작하려면 고객의 관점으로 제로 베이스에서 업무를 배치해야 한다.

엄밀히 정의하자면 '제거'가 아닌 '영점 재배치'의 개념을 적용하여야 한다. 업무를 개선(카이젠)하는 관점에서는 내부적인 비부가가치가 제거되는 수준에 그치겠지만 고객 관점에서 업무를 혁신하려면 일하는 방식 자체가 바뀌어야 한다. 그러므로 어설픈 프로세스의 개선은 오히려 고객에게 가치를 주는 것에서 점점 멀어질 수도 있다. 고객 관점의 혁신을 통한 비부가가치 제거의 효과는 상상을 초월한다. 직원들이 핵심 과업에 집중하게 되어 성과 몰입도가 향상되고, 퇴근 시간도 당길 수 있다. 또한, 직원들이 사무실 중력을 벗어나 MBWA(Management By Wandering Around, 현장 경영)에 집중하게 되어 사무실이 필요가 없어질 수도 있다.

고객 관점에서 가치를 주기 위해서는 어떻게 일해야 하는지를 정리해 보고, 일하는 방식을 그 프로세스에 맞추어 진행하면서, 비부가가치가 원인이 사라지는 지를 지켜봐야 할 것이다.

개인의 문제와 조직 간의 문제를 해결하여야 한다

개인의 문제는 개인 자신의 일하는 방식의 문제로 인해 발생하는 것들이다. 일의 우선순위를 정하지 못하고 여러 일들을 분산함으로 발생하는 비부가가치가 있다. 때로는 일을 처리하는 속도나 완성도를 높이는 데 있어 역량이 부족할 때 비부가가치가 발생할 수 있다. 이와 반대로 최적화 이상의 범위를 넘어서는 개인의 욕심으로 인해 다른 부서에 비부가가치를 일으킬 수 있다. 예를 들어 디자이너가 컨펌 수준을 너무 높여 납기를 못 맞추는 경우가 있다. 반대로 상대 가치사슬이 너무 수준이 떨어져 못 맞출 때 전체 속도가 문제가 될 수도 있다.

본부 스태프 과다의 문제

회사가 초기에는 인원도 적고 겸임하면서 업무를 하는 데 복잡성이 많지 않다가 회사가 커지면서 기능별로 인원들이 부족하게 되고 전문성이 점점 필요하게 되니, 직원도 더 뽑게 되고 부족한 전문성을 해결하기 위해 매트릭스 형태로 현장과 같은 기능의 책임자를 중앙에 세우면서 복잡성이 시작된다. 이럴 때 현장 직원들은 사업부의 리더와 본부 전문 스태프 책임자의 지시를 동시에 받으면서 과업 수행 과정에 갈등이 일어난다. 특히 전문성은 본부 스태프가 더 있으므로 현장 직원들의 업무 수행 관점에서 리더십을 어디에 줄 것인지의 고민이 있을 수 있다. 심지어 어떤 조직은 매트릭스의 장에게 같은 직무의 사업부 직원들의 평가권까지 일부 가지면서 사업부 리더들이 업무를 추진하는 데 어려움을 겪기도 한다. 매트릭스 조직에서는 같은 직무에 사업부와 본부 스태프가 중복됨으로 인원도 늘어나게 되어 있다. 또한, 본부 스태프는 자기 조직의 기능 강화를 위해 별도 인원을 뽑으면서 인원도 증가하고 복잡성도 점점 더 늘어나게 된다. 그러므로 자원의 분산으로 인한 지식의 부족을 스태프가 보완하는 형태로 지원하되, 역량이 올라가면 간섭을 최소화하고 독립된 형태로 일할 수 있도록 탄력적으로 운영할 수 있어야 한다.

조직 내에서도 같은 종류의 일을 하더라도 일의 난이도가 차이가 난다. 그러므로 일의 수준에 따라 역량 수준을 맞추어 주면, 고급 인력이 저난이도의 일을 하거나, 역량이 떨어지는 사람이 높은 수준의 일을 하여 벌어지는 낭비를 줄일 수 있다. 이와 별도로 업무가 과다할 때도 비부가가치가 발생할 수 있다. 어떤 기능의 비부가가치가 제거가 안 되는 경우는 연결 부서가 같이 해결해야 비부가가치가 없어진다. 최종 나오는 결과물에 대한 가치사슬 간의 합의가 이루어져야 하고 성과와 무관한 결과물에 대한 개인의 욕심을 제도적으로 멈추게 하는 시스템이 필요하다. 개별적으로 진행되는 일들을 되도록 묶어 통합 진행하여 인력 및 시간 낭비를 줄일 수 있다. 때에 따라서는 저부가가치 업무를 아웃소싱을 통해 개인들이 과업에 집중하게 할 수도 있다. 물론 아웃소싱의 경우 생산성이 올라가는 효과가 비용을 훨씬 상회해야 한다.

무엇보다도 비부가가치가 제거되려면 프로세스상의 일어나는 소통이나 의사결정 단계가 줄어들어야 한다. 프로세스 단계가 줄지 않은 상태에서 아무리 개인의 역량이 높더라도 비부가가치를 줄일 수 없다. 프로세스 단계가 줄어든다면 인원이 결원이 생기더라도 평상시의 인원의 결원 시 발생하는 비부가가치보다 리스크가 줄어들 수 있다.

필요 없는 업무는 앞 단계에서 일하는 방식을 바꾸어서 일 자체를 제거하여야 한다. 예를 들어 전문가들이 하는 일들을 표준화하고 매뉴얼을 전문가들이 현장에서 교육하여 나중에는 현장이 직접 할 수 있도록 하는 것이 그런 것들이다.

비부가가치를 양산하는 또 다른 문제는 본부의 스태프가 많을 때 그 스태프들에 의해서 내려지는 업무 지시로 인한 경우이다. 스태프도 자기들의 존재를 증명해야 하므로 누군가 서포트를 해주어야 하는데, 매장이나 사업부 현장에 필요한 작업을 지시하고 그 정보나 내용을 중심으로 리포트를 작성하는 과정에 현장의 비부가가치를 발생시키고 있다.

　표준화된 스케줄이나 과업의 정의가 불명확할 때도 의사소통이 불명확하거나 중복된 업무를 수행할 수 있다. 자주 바뀌는 기준에 의해 비부가가치가 발생하기도 한다.

시스템의 문제로 비부가가치가 발생할 수 있다

　정보 시스템은 사람들의 업무의 비부가가치를 최소화해 주면서도 전사적인 관점에서 자원의 효율적인 운영과 의사결정을 할 수 있도록 돕는다. 그러나 이것은 시스템이 통합되고 최적화 되어 있을 때만이 가능해진다.

　시스템의 문제로 인해 비부가가치가 발생하는 이유를 몇 가지를 들면,

① 시스템이 통합되지 않고 조직에 무수히 많은 시스템이 제각각 존재하고 운영될 경우

② 시스템 통합은 잘되었으나 운영상의 규칙이 지켜지지 않아 생기는 문제

③ 구축된 시스템이 진부화되기 전에 시스템을 버전업지 않은 경우

④ 시스템 자체의 수준이 많이 떨어질 때

⑤ 데이터나 정보의 입력 과정에 시스템이 최적화되지 않았을 때

⑥ 시스템을 이용하는 사람들이 이용하는 데 있어 어려움이 있을 때

⑦ 비용이나 원가를 고려하여 시스템과 관련된 집행의 규모를 줄일 때 등이다.

　반복되는 업무는 시스템으로 자동화할 수 있다. 가령 매장에서 상품이 결품이 되기 전에 필업을 할 수 있도록 경고를 내려 바로 공급할 수 있도록 하는 것들이 그런 것들이다.

비부가가치를 줄일 수 있는 가장 강력한 시스템은 ERP이다. 그러나 ERP도 만능이 아니다. ERP를 구축해 놓고 계속 업데이트를 안해 원하는 정보나 결과물을 도출해 내려면 별도의 추가 작업을 하는 경우가 많이 있다. 실제 데이터와 정보를 ERP에서 바로 쓸 수 있으려면 실시간으로 데이터를 입력해 정보의 정확성을 올려야 한다.

조직에서 많은 실수를 하는 것 중의 하나가 시스템을 구축해 조직의 비부가가치를 하나씩 하나씩 해결하려고 하는데, 오히려 필요 때문에 만들어지는 시스템이 비부가가치를 낳는 경우가 있다. 전체 프로세스상에서 최종적으로 얻고자 하는 결과물을 사전에 정리하고, 그 안에서 비부가가치 제목들을 하나씩 해결하여야 부문 최적화에 빠지지 않는다.

리더의 시간 사용이 중요하다

상사와 스태프 부서 때문에 직원들의 비부가가치가 발생한다. 리더의 시간 관리 습관은 직원들의 시간 관리에 영향을 줄 수밖에 없다. 먼저 리더의 시간 사용이 고객이나 현장 중심적으로 바뀌어야 한다.

대체로 시간 관리를 잘하는 리더는 퇴근 시간을 기준으로 시간 사용을 역기획하되 중요한 업무들을 아침 시간을 활용하여 집중도 있게 끝낸다.

리더의 스케줄이 공유되지 않아 컨펌을 받아야 하는 사안에 대해 기약 없이 기다리는 경우가 많다. 거기다 리더가 예정에 없던 회의를 소집하면, 팀원들의 모든 스케줄링과 업무 계획이 흔들리게 된다. 이러한 리더의 시간 관리 습관은 팀원들에게 그대로 대물림된다는 것이 충격적이다.

경영자는 물론이고 관리자들은 표준 스케줄을 정해 놓고 과업을 수행하는 것이 시간 관리의 비부가가치를 줄이는 데 도움을 줄 수 있고, 경영자가 중요하게 생각하는 것에 대해 직원들이 인식을 하게 되어, 표준 스케줄에 연결되어 과업에 집중하게끔 하는 효과가 있기도 하다.

예를 들어 경영자의 시간 관리에 현장을 순회하는 날을 고정적으로 요일을 정해서 사용하는 것들이라든지 말이다.

> 편의점의 필업 시스템을 배우기 위해 편의점 사업을 하는 회사의 영업 직원과 면담을 한 적이 있었는데, 시간 사용이 표준화되어 거의 사무실에 있는 시간은 없고, 현장에서 70% 이상을 보낸다는 말을 들은 적이 있었다.

무조건 현장에서 시간을 써야 한다고 말하는 것이 아니라 시간 사용의 표준을 정할 필요가 있고 우선순위에 따라 시간의 비중을 달리하여 고정화해서 사용해야 한다는 것을 말하고 싶은 것이다.

회사에서 나의 시간 사용을 분석해 본 적이 있는데 고부가가치의 업무에 집중하는 것은 전체 시간의 40%도 안 되었던 것으로 기억한다. 고부가가치 업무에 집중하기 위해서는 덩어리 시간을 확보할 수 있도록 표준 시간 스케줄을 짜야 한다.

표준 스케줄 사례

리테일 근무 초창기에는 점에서 어떤 일을 하여야 할지 과업 정리가 안 되었다.

표준 스케줄을 작성하려고 해도, 과업이 정리가 안 된 경우에는 이것이 쉽지 않았다. 이때는 높은 생산성과 고객에게 가치를 지속해서 주고 있는 회사의 관리자들과 직원들의 사용 시간을 분해해 보는 것이 좋은 방법이다. 당시에 자사와 업종이 비슷하면서 시장에서 경쟁력을 가지고 있는 점포 관리자들의 시간을 분해해 본 결과, 현장에서 고객과 상품과 마케팅에 관련된 시간에 70% 이상을 사용하는 것을 발견하고 이것을 표준 스케줄에 반영한 적이 있다.

관리자나 경영자가 표준 스케줄에 의해 움직이면, 직원들도 그 과업에 맞추어 시간을 배분할 수 있어 비부가가치는 대폭 없어지고, 업무에 집중할 수 있게 된다. 아울러 이 표준 스케줄에 맞게 매뉴얼이나 체크리스트를 활용하게 되면, 업무 수준의 미흡으로 오는 문제들이 해결되어 상당 부분 해결될 수 있다.

표준 스케줄을 정하여 시간을 사용한다고 하더라도, 과업을 수행할 때의 도구나 시스템이 최적화되어 있지 않으면 여전히 비부가가치가 발생할 수밖에 없다. 왓(What)과 하우(How)가 명확하고, 현장에서 적용할 수 있으며, 누구나 쉽게 이해하고 따라 할 수 있는 매뉴얼이 표준 스케줄에 맞물렸을 때 비부가가치 업무를 최소화할 수 있다.

프로세스가 작을수록 비부가가치가 적다. 복잡한 구조로 인해 직원들은 불편해하면서도 그 복잡성을 고치기 쉽지 않다. 왜냐하면 조직의 시스템, 프로세스, 원칙이나 기준 내에서 일할 수밖에 없고, 실행하는 과정에 비부가가치를 해결하기 위해 일을 멈출 수 없기 때문이다.

이 복잡성을 해결할 수 있는 사람은 리더이다. 리더는 직원들의 불만 소리 중에 업무를 방해하는 비부가가치의 문제가 많이 나오면 바로 이 문제를 해결하기 위한 프로젝트를 하도록 하여야 한다.

TIP

조직에서 발생하는 비부가가치를 해결하는 방법은 영점에서 다시 시작해야 한다. 본부 조직을 슬림화하고 고객 관점에서 과업을 정의하여야 한다.

12. 로열티 고객이 떠나는 진짜 이유

> "기업의 존재를 결정짓는 것은 고객이다."
> 고객이야말로 기업의 제품이나 서비스의 가치를 매기고 경제적 자원
> 을 부로, 자원을 제품으로 바꾸는 유일한 객체다. 고객이 사들이는
> 것은 제품과 서비스 자체가 아니라 그것들이 제공하는 효용이다.
> – 피터 드러커

"인간관계에서 수만 명의 사람과 관계를 맺는 것은 쉬운 일이다. 그러나 단 한 명의 사람과 관계를 맺는 것은 어려운 일이다."라는 조엔 바이즈의 말이 있다. 기업은 평균적으로 기존 고객 유지보다 신규 고객 확보에 훨씬 큰 비용을 사용한다. 하지만 기존 고객의 충성도가 갖는 가치를 정교하게 검토해 본다면 고객과 관련된 비용 사용의 방향이 완전히 달라질 것이다.

매출이나 이익이 줄 때 그 원인을 분석하는 데 있어서 로열티 고객의 이탈이나 방문 횟수가 감소가 되는 등, 로열티 고객의 구매 심리 변화로 인한 접근은 배제한 채 전략이나 시장 상황을 들여다보거나 전체 고객 수를 중심으로 분석하는 오류들을 범하곤 한다. 아주 심각한 경우는 이익 구조들 관점에서만 숫자가 저조한 이유를 분석하는 경우다.

프레데릭 라이할트는 "충성 고객의 확보가 곧 경쟁우위 전략이다."라고 하면서 일반 고객의 5%를 다시 찾아오는 고객으로 바꾸면, 고객당 평균 25%에서 100%의 이윤을 더 끌어낼 수 있고, 로열티 높은 고객의 편의에 더 중점을 두기 시작할 때 기업은 경쟁우위를 차지할 수 있다고 한다.

그렇다면 우리의 방향은 명확해졌다. 로열티 고객을 확보하고 잘

유지하면 될 것이다. 로열티 고객을 잘 유지하려면, 고객들이 떠나는 요인이 없도록 하면 된다. 고객들이 떠나는 요인에 대해 알아보자.

첫째로 회사가 제공하는 제품과 서비스의 가치가 떨어졌을 때이다.

고객이 떠나는 이유는 가치에 대한 고객의 자각과 관련이 있다. 가격 대비 가치가 높을 때 고객들은 해당 업장이나 해당 회사가 제공하는 서비스를 이용한다. 가격 대비 가치가 높은 서비스 체험의 경험이 계속 쌓이면 이용하는 업장에 대해 신뢰하고 로열티 고객이 된다. 그러나 그렇게 고객에게 사랑받았던 곳이라고 해도, 반대로 가치 훼손이 계속되게 되면 고객은 떠날 수밖에 없다. 가치 훼손이 되는 가장 큰 원인 중의 하나는 운영상의 문제이다. 고객들이 이용하던 곳이 운영상의 문제로 기대 가치가 떨어지게 되면 고객들은 떠날 수밖에 없다.

기대 가치란 고객들이 당연한 것으로 여기는 경험과 연관된 속성들이다. 그런데 아이러니하게도 회사들이 제공되는 제품과 서비스는 고객들이 기대하는 가치와 기대하지 않은 가치가 섞여 있다. 예를 들어 제품의 디자인은 우수한데 기본 품질이 문제가 되는 경우이다. 그래도 고객 중에는 기본 품질에 문제가 좀 있더라도 우수한 디자인을 더 선호하는 고객이 있을 수 있다. 그런데 제품을 이용하면서 계속 기본 품질에 문제가 생긴다면 아무리 디자인이 좋아도 그 제품을 포기하는 수밖에 없다.

한 회사가 제공되는 품질과 서비스를 모두 완벽하게 고객에게 맞출 수는 없다. 외식 매장에서 청결이나 서비스, 맛과 같은 것은 같은 브랜드 내에서도 지점별로 다르고, 한 회사에 만드는 자동차라도 고객들이 선호하는 차와 그렇지 않은 차가 다를 수밖에 없다. 한 회사의 어떤 제품에 불만족스러운데 다른 제품이 만족스러운 것이 있다면 그걸 선택할 수도 있다. 반대로 한번 실망한 제품으로 인해 그 회사의 제품을 사용하지 않을 수도 있다. 이처럼 고객들이 떠나는 심리는 아주 다양하면서도 복잡하기도 하고, 단순하기도 하다.

회사가 가장 성과가 좋았을 때 회사에서 제공되던 품질과 서비스를 현재의 수준과 비교해 보고 무엇이 빠져 있는지를 분석해 보는 것이 좋은 방법이다. 아무리 회사가 어려워도 지켜야 할 서비스의 수준은 포기해서는 안 된다. 그것이 미니멈 품질인데, 미니멈 품질이 계속 지키지않아 이탈한 고객들을 다시 돌아오게 하는 데는 너무 많은 시간이 걸린다.

만약 회사의 운영에 실망한 로열티 고객들이 이탈하고 있다면 경영의 위기를 맞고 있다는 것을 심각하게 받아들여야만 한다.

둘째로 강력한 경쟁자가 나타났을 때이다.

고객이 떠나는 이유 중에는 외부적인 요소도 있다. 위에서 예로 든 미니멈 품질 같은 것을 해결하는 문제는 아주 쉬운 것일 수도 있다. 강력한 경쟁자의 등장으로 고객이 제품과 서비스에 대한 이용행태가 완전히 바뀔 때 이것은 완전히 다른 문제이다. 가격 대비 가치가 떨어졌을 때 비슷한 업장과 비교를 해보고, 비교 대상보다 가치가 더 높을 때는 이용을 계속한다. 그런데 가치가 더 높은 대상이 생겼을 때는 과감하게 배를 옮겨 탄다.

기존에 상품에 고객들이 원하는 서비스를 추가하면, 고객들은 그곳으로 이동할 수밖에 없다. 고객의 니즈에 맞추어 어떻게 관계를 맺고 가치를 제공하느냐가 고객을 유지할 수 있는 핵심이다. 만약 경쟁자가 생겼는데 오히려 그 경쟁자보다 제공하는 가치가 더 크다면 고객들에게 확실한 가치를 구분할 수 있게 함으로서 고객들의 유입을 확장하는 기회가 될 수도 있다.

대형 리테일 점포의 혁신

최근에는 대형 유통 점포의 성장이 눈여겨볼 만하다.

고전을 하던 대형 리테일 매장 한 곳이 완전히 살아났다. 매장을 가보면 코로나 등의 상황에서도 전년보다 입점 고객 수가 확실히 늘어난 것으로 보여졌다. 아니나 다를까 올해 매출과 영업 이익이 대폭 좋아졌다. 그들이 하는 영업 방식을 보면 할 수 있는 것은 모두 다 시도하는 것으로 보였다. 그 과정에서 자원이 많이 투입되었을 것이고 그 결과 이익이 악화할 것이라 여겨졌다. 그런데 그 반대 상황이 벌어졌다. 어떤 방식이 되었든 간에 성공 여부는 고객의 반응으로 진위가 결정이 난다. 특히 이 회사는 그로서리(Glossary, 식료품) 부분의 혁신을 통해 고객들이 원하는 것을 해결하였고 온라인과 플랫폼의 새로운 사업에서 과감한 투자를 하였다. 고객들은 이점에 가치를 느낀 것이다. 이런 상황이 지속되면 점포와 고객과의 관계가 형성된다. 그로서리와 온라인이라는 서비스를 강화한 것은 제품과 서비스를 강화한 것에 나아가 고객과의 관계까지 개선되는 결과를 가져온 것이다. 고객들이 원하는 것을 해결해 주면 관계가 좋아지고 기존 고객에게서 확대되어 비고객까지 끌어들일 수 있다. (물론 새로운 사업-이커머스-의 투자에 대한 이익은 따로 봐야 한다.)

셋째로 신뢰가 떨어졌을 경우이다.

제품의 품질과 아울러 고객의 느낌(경험)을 다루는 데 있어서 신뢰와 연결해 잘 고려해야 한다. 신뢰와 관련된 사례를 들어보려고 한다.

신뢰가 떨어진 사례

신뢰와 관련되어 아들의 사례가 생각이 난다. 우리 아들은 호날두의 왕팬이다. 호날두가 나오는 축구 경기는 밤을 새워서라도 빠짐없이 볼 정도였다. 호날두를 현지에서 직접 보기 위해 비행기 비용을 차근차근 모으고 있었다. 호날두를 얼마나 좋아했는지 친구들도 호날두의 동생이라고 할 정도였다. 신문이나 잡지에 나오는 호날두 기사를 스크랩해 방에다 도배할 정도였다. 그런데 그렇게 소망하던 호날두를 만날 기회가 생겼다. 유벤투스의 일원으로 내한 경기를 하게 된 것이다. 군에 있던 아들은 그날 휴가를 나왔고 운에 좋게도 직관할 수 있는 표를 싸게 구할 수 있게 되었다. 그날은 아들이 휴가를 나왔기에 좀 비싼 곳에서 식사하였는데, 식사를 하는 둥 마는 둥 하고 그 경기를 보러 혼자 먼저 나갔다. 그런데 호날두를 완전히 머릿속에서 지우는 일이 생겼다. 그날 호날두는 개인 사정을 이유로 단 몇 분도 경기에 뛰지를 않은 것이다. 호날두의 기량은 변한 것이 없었다. 호날두의 팬을 향한 서비스에 문제가 있던 것이다. 서비스라고 할 때 품질의 유형은 경험에 대한 고객의 반응에 있다. 서비스는 경험에서 느낀 고객의 정신적이고 감정적인 상태에 달려있다. 서비스란 느낌에 관한 것이다.

내가 단골인 미용실이 있다. 그곳은 10번 가면 한 번 무료로 머리를 자를 수 있다. 사실 내가 이 미용실을 이용하는 것은 그 쿠폰 때문이 아니다. 머리를 잘 잘라 주기 때문이고 그 미용실에 익숙해져서이다. 다니던 회사가 사옥을 이전한 이후에도 일부러 시간을 내 거기서 머리를 자른다. 어느 주말에 머리를 자르고 쿠폰이 다 찬 것을 내밀었다. 그런데 그 주인이 주말에는 안 된다고 하는 것이었다. 나는 그 미용실을 15년 넘게 이용한 단골손님이었다. 완전 로열티 고객이었다. 그 상황으로 그 미용실의 이용은 끝이 났다. 그 주인의 역량이 떨어진 게 아니다. 단지 로열티 고객을 대우하는 주인의 태도가 마음에 안 든 것이다.

사업 모델과 사업 형태에 맞는 로열티 고객 지수를 개발하자

과거 오프라인 중심의 비즈니스에서는 로열티 고객을 관리하라는 말은 비즈니스를 하는 사람들에게는 거의 공식처럼 여겨졌었다. 이제 고객들은 오프라인뿐만 아니라 플랫폼을 통한 제품과 서비스의 선택 폭이 점점 넓어지고 있다.

그러다 보니 플랫폼을 통한 사업은 점점 필수적인 옵션이 되어 가고 있다. 오프라인에서의 고객의 충성도의 원리가 온라인에서도 그대로 적용이 된다. 플랫폼의 특성에 따라 고객들은 세분화하지만, 플랫폼 역시 차별화를 가진 제품과 서비스에 고객들은 더 집착하는 양면성을 띠고 있다.

경험이 없는 고객들은 고객들이 선호하는 곳을 이용하게 되고, 이용 후 만족하면 재방문하는 고리가 형성된다. 그렇다고 하더라도 디지털 채널 기반의 고객 충성도 관리는 디지털에 맞게 기술적으로 진화하여 적용하는 것이 필요하게 되었다.

기업들도 플랫폼 비즈니스가 확장되면서 플랫폼 자체의 편이성을 높이거나, 플랫폼을 통한 고객의 로열티를 강화하기 위한 관점들을 고민하고 있다. 로얄티 고객의 관리 면에서도 고객 충성도 제고를 지원하는 통합 플랫폼이 나오기 시작하였다.

사업 모델과 사업 형태의 변화에 따라 고객 만족과 관련된 지수들을 개발하여 관리하여야 한다. 특히 플랫폼을 포함하여 변화되는 비즈니스에 맞게 로열티의 고객의 유지와 원리를 적용한 지수들을 개발하여야 한다.

TIP

로열티 고객 관리의 개념을 버리지 말고, 고객과 사업의 변화에 맞게 로열티 고객을 정의하고 원리를 개발, 응용하여 적용하여야 한다.

13. 낭비 제거를 하려면 지식이 필요하다

> 비용은 경영하는 것이지, 절단하는 것이 아니다.
> – 피터 드러커

낭비 제거를 할 영역은 '독수리처럼 크게, 개미처럼 작게, 그리고 금붕어처럼 주변을 살피면서' 찾는다. 그리고 이렇게 찾은 영역에 대해 낭비를 제거할 원인을 찾으려면 세부적으로 쪼개거나, 핵심 원인을 찾거나 가설을 세워서 제거하는 방법을 찾는다.

낭비 제거를 해결할 아이디어는 입체적인 방법을 통해서 찾는다. 입체적인 방법이란 원인을 해결하는 데 여러 가지의 관점으로 접근하여 절감액을 증가시키도록 하는 것을 말한다.

낭비를 제거할 영역을 찾는 방법은?

낭비를 제거할 영역을 찾는 방법은 크게 보는 방법과 작게 보는 방법, 직관적 방법이 있다.

첫째는 크게 보는 방법이다.

크게 보는 방법은 판관비에서 가장 큰 덩어리 숫자를 들여다보는 것이다. 말 그대로 판관비의 여러 항목인 인건비, 수수료, 임차료, 수도 광열비, 감가상각비, 용역비, 광고선전비, 카드 수수료, 기타 중에 가장 큰 1, 2, 3이 무엇인지를 확인하는 것이다.

그런데 여기서 우리가 주의할 것이 있다. 만약 판관비 중에서 인건비가 아주 큰 비용이라고 한다면 크게 보는 방법에서는 그 비용을 우선 절감하여야 할 대상으로 정할 것이다. 그러나 잘 생각해 보면 해당 판관비 항목이 크다고 하는 것은 사업 모델이 그 항목의 비용을 많이 쓸 수밖에 없는 사업 구조로 되어 있다는 것이다. 그러므로 일하는 방식이나 시스템이 들어가지 않은 상태에서 사람을 줄이면 비즈니스 자체가 훼손된다. 특히 서비스업은 접점에서 고객에게 제공되는 퍼포먼스가 고객의 가치와 직결이 된다. 만약 지식이 없이 이익 구조틀에 의해 사람을 줄이면 고객 가치가 훼손되어 매출은 줄고 줄인 판관비 이상의 부담을 안게 될 것이다. 그러므로 크게 보되 일하는 방식이나 구조를 변경하여 근육이 손상되지 않도록 해야 한다.

두 번째는 작게 보는 방법이다.

미시적인 방법은 큰 숫자 밑의 작은 숫자를 보는 것이다. 큰 숫자는 작은 숫자의 합이다. 여기서 작게 보는 것의 가장 효과적인 방법은 일정 기간의 전표를 들여다보는 것이다.

전표 분석 사례

한 점포의 1년간의 전표를 들여다본 적이 있었다. 그런데 전표를 들여다보니 똑같은 물건인데도 사업장마다 다른 가격으로 들어가기도 하고, 어떤 품목은 사업장마다 제각각 다른 종류들을 사용하기도 하고 천차만별이었다. 특히 한 지점을 집중해서 1년간 전표를 들여다봤는데 분석해 보니 지점에서 절감할 수 있는 금액과 본부와 연결된 금액(본부에서 해결할 금액)으로 구분이 되었다. 지점에서 절감할 수 있는 금액은 지점이 책임지고 해결해야 한다. 그러나 본부와 연결된 금액은 본부의 책임자들이 이 부분을 해결해 주어야 한다. 지점에서 줄일 수 있는 금액은 전체 판관비에서 반 정도가 되는데, 파레토 법칙에 해당하는 항목은 3개로 압축이 되었다. 이런 식으로 전표를 들여다보면 줄여야 할 항목이 명쾌해진다.

한 사업부가 낭비 제거와 관련한 컨설팅을 외부로부터 받았는데,

이 회사도 우리가 하는 방식과 똑같이 하는 것을 보았다. 단 차이가 나는 것은 이것만 집중에서 본다는 것이고(직원들은 과업이 이것만 있지 않아 오랜 시간을 집중해서 보는 데 한계가 있음), 분석하는 프레임이 조금 더 정교한 것뿐이었다.

또 하나는 직관적인 방법이다.

내 주변에서 줄일 수 있는 항목을 찾는 것이다. 사람, 상품, 공간, 판매, 기타 항목에서 직관적으로 낭비가 일어나고 있는 영역을 확인하는 방법이다. 군이 데이터를 들여다보고 전표를 분석하지 않더라도 직관적으로 줄 일 수 있는 방법이 많다.

내가 자주 가는 식당에는 스윙 타임(Swing Time, 비 피크 타임)인데도 직원들이 너무 많아 고객의 연결된 금액은 상관없이 놀거나 잡담하는 것을 자주 보게 된다. 직관적으로 인건비가 낭비되고 있다고 판단할 수 있다. 또는 회사에서 운영되는 차량이 운행되지 않고, 항상 평균 이상으로 주차가 되어 있다면 차량이 필요 이상으로 많다는 것을 알 수 있다.

이처럼 직관적으로 판단할 수 있는 항목들이 많고, 이런 항목을 중심으로 낭비 제거 제목을 정해 해결을 할 수 있다.

낭비를 제거할 원인을 찾는 방법은?

낭비를 제거할 영역을 찾았다면 낭비를 제거할 원인을 찾는 것이 다음 단계이다.

첫 번째는 비용을 쪼개 보는 것이다.

수도광열비를 예로 들어보자. 수도광열비는 전기와 수도, 도시가스로 나뉜다. 전기는 다시 동력과 전등, 전열로 나뉜다. 동력은 다시 냉난방 시설, 공조 시설, 소방 시설, 급수 시설, 주차 시설, 배

수 시설, 승강기 등으로 나눌 수 있다. 배수 시설은 다시 집수정 펌프, 정화조 펌프, 기계실 펌프, 집수 펌프, 주차장 집수 펌프, 정수 펌프 등으로 나눌 수 있다. 이처럼 나눈 다음에 항목들에 대한 낭비가 새는 원천들을 찾아보는 것이다.

두 번째는 핵심 원인을 찾아보는 것이다.

핵심 원인을 찾는 방법 중에 대표적인 두 가지 방법을 추천해 본다. 앞에서 낭비를 제거할 영역을 찾는 방법 중 작게 보는 방법의 하나로 전표를 들여다보는 것을 설명하였다. 전체 비용 전표를 확인하여 돈의 사용 유형을 분석하는 것이다. 전표 분석은 핵심 원인을 찾는 가장 좋은 방법이다. 낭비 제거의 핵심 원인을 찾는 방법 중 또 다른 하나는 계약서를 분석하는 것이다. 확인하다 보면 시장에 새로운 업체들이 많이 나와 단가가 싸졌는데도 불구하고 관성에 의해 계속 거래를 하는 업체들도 나온다. 계약이 잘되었는지 안 되었는지를 확인하는 방법은 책상에서는 알 수가 없다. 다른 회사들의 단가도 비교해 보고 직접 현장에서 확인하여야 한다. 계약별 단가 등 조건이나 돈이 사용되는 키 팩터(Key Factor, 주요한 원인)를 확인하여야 한다.

세 번째는 가설을 세워 보는 것이다.

구조적인 관점이나 시스템적인 관점이나 스피릿 관점에서 문제의 원인을 찾아보는 것이다.

구조 자체가 잘못되었다는 것은 이익 구조, 계약 구조, 채널 구조, 인건비 구조, 일하는 방식들이 잘못되었는지 찾아보는 것이다. 예를 들어 계약 구조는 수수료 형태가 유리한지, 임대 형태가 유리한지, 두 가지를 병행하는 것이 유리한지를 살펴보는 것이다. 매출에 따라 지급하는 수수료 형태일 경우 매출이 증가하거나 감소함에 따라 지급되는 수수료가 달라지므로 그때그때 상황에 따라 계약 구조를 바꾸는 것이 유리할 수 있다.

시스템적인 관점에서 문제의 원인을 찾는 방법은 시스템이 없거나 노후화하였는지를 살펴보는 것이다. 앞에서 설명한 하이퍼의 평대를 빌드인으로 교체하면 어떻게 될까? 하는 가설을 새워봄으로써 예상되는 효과를 가름해 볼 수 있다.

스피릿 관점은 비용 의식이 부족해 생긴 문제인지를 생각해 보는 것이다. 사실 스피릿의 문제로 인해 발생하는 비용은 전체 비용에서 그렇게 많이 들지는 않는다. 그렇지만 스피릿이 무너지면 다른 비용에 영향을 미친다. 스피릿이 무너져 비용 의식이 없는 조직을 보면, 다른 영역의 비용 집행도 무너진 것을 종종 발견한다. 작은 형광등 하나를 끄는 것에 민감하지 않은 사람이 다른 비용을 보는 데 민감할 리는 없다. 스피릿 관점의 비용은 기준을 명확히 정해 직원들에게 알려주고 경영자들부터 본을 보여야 할 것이다.

낭비를 제거할 아이디어를 찾아라

낭비를 제거할 아이디어를 찾는 방법을 3가지 정도 정리해보았다.

첫 번째는 내부 베스트 프랙티스를 쓸 수 있도록 조직화한다.

CAO를 하면서 각 사업부 단위에 흩어져 있는 베스트 프랙티스들이 모이지 않고 공유가 되지 않는 것을 발견하였다. 이런 지식을 잘 모아 체계를 만들면 크게 두 가지의 유익이 있다. 하나는 공유 및 확산을 효과적으로 할 수 있다. 또 하나는 이것을 가져다 문제를 해결하는 데 사용할 수 있다.

체계를 잡는 방법은 3개의 축을 중심으로 풀어나간다.

한 축(X축)은 낭비 제거의 영역을 정리하는 것이다. 그것은 사람, 공간, 상품, 판매, 기타 등이다.

두 번째 축(Y축)은 해당 영역을 해결하는 방법을 정리하는 것이다. 제거, 감소, 통합, 개선이 그것이다.세 번째 축(Z축)은 실제 해결에 들어간 베스트 프랙티스의 유형을 찾는 것이다. 예를 들면 도구, 표준화, 계약, 과업이 그것이다.

이 세 개(X, Y, Z)의 축을 서로 연결하면, 완성도 높은 낭비 제거 해결의 도구가 될 수 있다.

> ### 낭비 제거 3개의 축 사용 예
> 예를 들면 피크 타임이 아닌 시간에 주방/홀에 잔여 인원이 많은데, 이 문제를 해결하기 위해 피크 타임 외 공통 과업을 표준화하여 운영하였다면 이것은 사람 + 개선 + 표준화와 연결된 것이다. 이러한 연결은 한 영역에서 여러 방법과 여러 베스트 프랙티스 유형이 함께 나올 수 있다. 추가로 예를 더 든다면, 전 매장의 주방에서 처리하던 채소를 중앙 주방에서 전처리한다면 주방에서 작업하던 공정이 줄어 인건비를 줄일 수 있다. 이것은 공간 + 통합 + 표준화와 관련된 것이다.

이처럼 조직 내의 모든 베스트 프랙티스들은 있는 그대로 노출하는 것이 아니라 모은 다음에 분류하고 조합하여 구조화하는 작업을 통해 아주 효율적이고 효과적으로 베스트 프랙티스를 공유/확산할 수 있다.

두 번째는 세계 최고의 회사에서 베스트 프랙티스를 찾아 적용하는 것이다.

이것은 앞에서 숫자와 관련된 장에서 잠깐 예를 들었다.

세 번째는 직접 찾기이다.

직접 해보면서 해결할 아이디어를 여러모로 찾아보는 것이다. 직접 해보면서 고객 가치를 주지 않는 매장, 프로세스, 과업을 과감히 없애고 관련 비용을 제거하는 것이다. 계약서를 다 들여다보면서 잘못된 계약, 비효율적인 계약을 찾아본다든지, 구매 물품의 종류를 단순화하고 구매 협상력을 높여 구매 단가를 낮추는 것 등이다. 외주를 주던 것을 내재화하여 내부 자원(사람/사물/공간)을 활용하여 대체하는 것은 직접 하기의 대표적인 예이다.

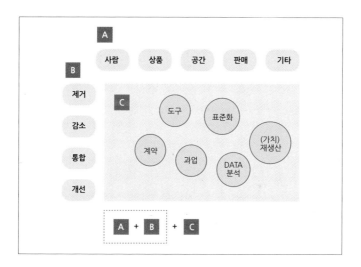

TIP

낭비를 해결하는 데는 3개의 축이 필요하다.
X축은 낭비 제거의 영역(사람, 공간, 상품, 판매, 기타)이다.
Y축은 제거, 감소, 통합, 개선 등의 영역을 해결하는 방법을 정리하는 것이다.
Z축은 도구, 표준화, 계약, 과업 등 실제 해결에 들어간 베스트 프랙티스의 유형을 찾는 것이다.
이 세 개(X, Y, Z)의 축을 서로 연결하면, 완성도 높은 낭비 제거 해결의 도구가 될 수 있다.

낭비 제거 요약

판관비와 원가를 줄이려면 몇 가지의 관점들이 필요하다.

먼저 낭비 제거와 관련한 숫자를 잘 파악하여야 한다.

고정비와 변동비, 그리고 단가이다. 고정비는 항상 고정적인 비용이고, 변동비는 항상 변동비라는 생각에서 벗어나, 고정비를 변동비화하고 변동비를 고정비화하는 방법을 통해 판관비를 줄일 수 있다.

단가를 알아야 하는 것은 기본이다.

두 번째 관점은 판관비를 줄이려면 구조를 건드려야 한다.

판관비를 줄이는 것을 포함해 돈을 버는 구조를 이 책에서 5가지로 설명하고 있다.

이 5개의 영역은 비즈니스 모델, 사업 구조, 이익 구조, 내실 경영 문화, 절감 활동이다.

전체 구조에서 가장 큰 효과를 내는 것은 사업 모델과 사업 구조이다. 이것만 제대로 되어 있으면 돈을 버는 것의 대부분은 여기서 결정이 난다.

그렇다고 해서 이 두 개의 구조만 집중해서는 안 된다. 그 이유는 5개의 구조는 서로 연결되어 있기 때문이다. 직원들의 작은 것을 아끼는 스피릿이 부족하면 큰돈을 쓰는 데도 문제가 발생할 수 있다.

구조가 좋아진다면 이익률(액)이 올라가고, 재고 회전율이 높아지며, 조직의 불필요한 지방이 제거될 것이다.

세 번째 관점은 낭비 제거를 할 영역을 찾는 방법으로 크게 보는 방법, 작게 보는 방법, 직관적 방법의 세 가지를 사용한다. 이 세 가지 방법을 같이 사용하여야 크게 판관비를 줄일 수 있다.

비즈니스에서 가장 큰 판관비를 차지하는 1, 2, 3을 찾고, 관련된 숫자들을 드릴다운 분석(Drill Down Analysis, 핵심 주제를 깊이 파 내려가 분해하는 방법, 문제를 여럿으로 세분화하면서 분석하는 기법)을 함으로써 어디서 줄일 수 있는지를 파악하여야 한다.

판관비 계정상에 항목이 많지만 가장 비용을 많이 차지하는 것을 5개 이내이다. 업종에 따라 차이가 있을 수 있지만 항목도 비슷하고 개수도 비슷하다. 이때 어떤 사업장의 일정 기간의 전표를 들여다보고 분석을 해볼 수도 있다.

낭비 제거를 하기 위해서는 3개의 축을 함께 섞어 해결한다.

사람, 공간, 상품, 판매, 기타 등에서 발생하는 낭비를 제거, 감소, 통합, 개선하기 위해 도구, 표준화, 계약, 과업, 데이터 분석 등의 베스트 프랙티스를 찾는 것이다.

조직에서의 일하는 방식과 비부가가치에서 오는 낭비를 제거하기 위해서는 이익을 중심으로 생각하는 관점을 여러 가지 방법들을 소개하였다.

그러나 무엇보다 중요한 것은 판관비와 원가를 스스로 줄이고 이익을 낼 수밖에 없는 제도나 시스템을 고민하여야 한다. 그것은 듀퐁사나 일본 교세라의 아메바 경영과 같이 조직 단위에서 스스로 이익을 책임지는 것과 같은 것이다. 이러한 원리를 비즈니스에 잘 적용한다면 최종 숫자를 얻는 데 많은 도움이 될 것이다.

낭비 제거 도표

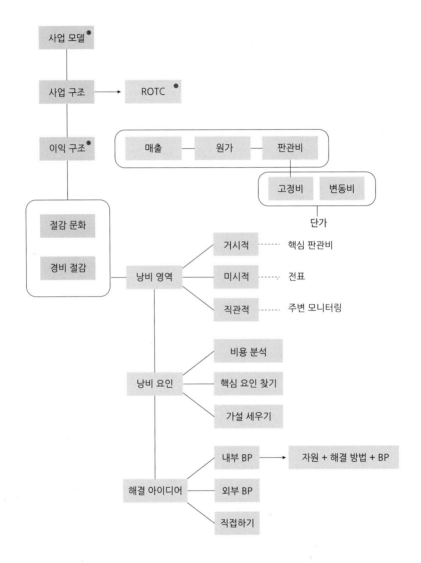

- **사업 모델:** 목표로 한 이익들이 나오지 않을 때를 대비하여 사업의 방향 정하기
- **ROTC:** Return on Total Capital (투하된 돈에 대해 얼마 벌었는지를 재는 척도)
- **이익 구조:** 이익 구조틀 내에서 매출 및 원가 구조, 판관비 구조 파악하기

글을 마치며

인재 경영은 회사를 먹여 살릴 한 사람을 잘 뽑는 데서 시작한다고 할 수 있다. 한 사람을 잘 뽑고 잘 배치하고 잘 양성하면, 조직은 그 한 사람에 의해 살아난다. 잘 뽑은 사람에 의해 인재 경영과 지식 경영이 이루어진다.

지식 경영의 핵심은 사업 모델이다. 경영의 모든 요소를 잘 갖추었다 하더라도 사업 모델이 안 되어 있으면 시장에서 생존할 수가 없다. 지식 경영이란 인재 경영에 의해 잘 뽑혀진 직원들이 잘 배치되어 사업 모델을 핵심으로 사업 구조와 이익 구조를 잡기 위해 집중하여 역량을 키우는 것이다. 미래의 그림과 연결된 사업 모델과 사업 구조, 그리고 이익 구조를 이루기 위해서는 단기와 장기 목표를 세워야 한다.

그 목표를 이루려면 잘 찾은 우선순위 제목이 있어야 한다. 우선순위는 한 가지 목표에 집중하는 것을 말한다. 많아도 3개를 넘어서는 안 된다. 조직의 역량이 3개 이상을 쳐낼 수 없다. 우선순위를 이루었을 때 얻게 되는 것은 KPI와 최종 숫자, 그리고 손에 쥐는 돈이다. 이것을 위해 전 프로세스의 각 기능들이 일하는 방식이 우선순위 제목과 KPI를 중심으로 정렬되어 있어야 하고, 각각 나누어 맡기가 되어야 한다. 목표를 세웠을 때는 최종적으로 얻게 되는 숫자가 KPI로 이루어지게 되는 근거를 설명할 수 있어야 하고, 그 근거를 이루는 곳에는 책임진 사람이 항상 있음을 잊어서는 안 된다.

계획을 세워 실행을 하면서 계획대로 되는지, 측정하고 모니터링하고 피드백해야 한다. 그리고 피드백을 통해 버그를 찾고 교훈을 얻어야 한다. 피드백 결과에 따라 사람을 바꿀 수 있고, 제목을 바꿀 수 있다. 처음에 세운 계획은 고객 조사를 하면서 버그들을 발견하고 해결하면서 KPI도 바뀔 수 있고 과업도 바뀔 수 있다.

고객 조사를 통해 사업 모델이나 사업 구조를 바꾸었다면, 거기에 따른 프로세스(일하는 방식)도 바뀌어야 한다. 프로세스를 바꾸었다면 거기에 따르는 조직 구조, 보상 체계, 관리 시스템, 소통 방식 등도 다 바꾸어야 한다.

조직에서 새롭게 진행하고 있는 경영 콘셉트나 전략 등이 있는가?

그런데도 과거의 인사 정책을 사용하고 있는가? 그렇다면 아직 갈 길이 멀다.

프로세스가 바뀌면 고객과 관련된 일처리 방식이 달라진다. 그렇지만 고객과 관련된 일처리 방식이 달라지고 단계가 없어진다고 사람이 다 없어지는 것은 아닐 것이다. 그 사람들은 더 부가가치가 있는 곳으로 옮겨갈 것이다. 사람이 대폭 주는 것은 구조조정이지 프로세스가 바뀌는 것은 아니다. 과업의 변화에 따라 직무가 없어지는 사람이 있을 수는 있다. 그러나 부가가치를 창출하기 위한 다른 부서나 과업이 생길수 밖에 없고 거기에 다수의 인력을 필요로 할 것이다. 그것이 기업가 정신이다.

일하는 방식이 바뀌었다는 것을 알 수 있는 직관지표는 조직의 복잡성이 해결된다는 것이다. 복잡성을 해결되면 모든 조직의 계층이 간소화되고 원팀에서 비즈니스의 성과가 날 수 있게 될 것이다. 고객과의 단계가 줄었다고 하는데 조직의 복잡성이 아직 남아 있다면 그것은 모양만 단계가 줄은 것이다. 이 경우에는 단계가 준 것이 더 위험할 수 있다. 이전에 제공되던 가치마저 고객들에게 제공이 안 될 수 있기 때문이다.

단계가 줄고 복잡성이 해결되면, 중앙이나 기능에서 벗어나 소통의 속도를 높일 수 있다. 이렇게 되면 회의와 지시가 줄고 과업 중심의 조직으로 변화하게 될 것이다. 일하는 방식의 변화의 또 다른 직관지표의 하나는 원팀이 명확한 우선순위에 의해 한 방향으로 갈 수 있는 한두 개의 제목과 잘 발견된 통일된 KPI가 있다는 것이다. 여기의 직원들의 역량과 몰입을 높이게 되면 속도는 더 빨라지게 된다. 경영자가 단계를 줄이고 바른 사람을 발탁하고 최적으로 배치하며, 직원들의 몰입 프로그램을 통해 하나에 집중토록 한다면 베스트 프랙티스를 계속 양산해 확산할 수있는 모델이 만들어지고 또 만들어질 것이다.

회사에서 경영하는데 많은 경영 도구를 사용한다.

경영 도구를 사용할 때 기준이 있는가?

경영과 관련된 여러 도구들이 사용되고, 그 도구들은 시간이 지나면서 폐기되거나 새로운 것으로 대체되거나 진화되어 왔다. 경영자들은 현재 사용되는 도구가 가장 이상적이고 이전보다 더 진화되었다고 생각하기 쉽지만, 그것은 이전보다 성과가 더 나고 있을 때만이 좋은 도구로 검증 받는다.

인재 경영과 지식 경영은 동전의 앞뒷면과 같다. 인재를 통해 지식이 쌓이고, 지식을 통해 인재가 길러지기 때문이다. 그리고 지식 경영의 한 부분이 낭비 제거이다.

비즈니스를 하면서 한 개의 숫자만 좋아져서는 최종 숫자를 움직일 수없다. 매출, 원가, 판관비의 모든 숫자가 좋아져야 한다.

마지막으로 경영자는 인재 경영, 지식 경영의 원리를 잘 이해하고 우선순위에 자원을 통합, 조정, 집중하는 안목이 필요하다. 또한 한 사람, 한 제목, 한 시스템에 주목하되 전체도 보는 균형된 시각이 필요하다. 어디서 어떤 형태로 기회와 리스크가 우리에게 다가올지는 모르기 때문이다.

또한 파레토의 법칙과 리비히의 법칙 사이에서 전략적 집중과 관리의 완벽성을 기하는 것은 경영자를 괴롭게 하는 것이면서도, 항상 그의 시험 무대가 된다.

지식이 있는 사람과 기업이 이 세상에 가치를 제공할 수 있다. 그것이 우리의 책임이고 의무이다. 이 책의 내용을 잘 씹어 먹었고 잘 소화했다면, 당신은 가치를 제공할 수 있는 자격을 갖춘 것이다.

참고 서적

인재 경영

인력관리, 로브커피 외, 현대경제연구원, 2000

피터의 원리, 로렌스 피터/레이몬드 헐, 나은영, 21세기북스, 2002

코아컨피던스 경영혁명 , 게리 하멜/C.K. 프라헬러드, 이경상, 신구미디어, 1995

서비스 품질관리, 칼알브레이트, 유동근, 세종서적, 1994

탁월한 관리, 앤드류 그로브, 성병현, 대경출판, 1998

이노베이터 CEO 에디슨, 마이클 J, 켈브/사라 밀러 탈디코트, 신선해, 한언, 2008

최고 인재 확보와 유지 전략, 로버트 워터맨, 이상욱, 21세기 북스, 2002

아주 작은 반복의 힘, 로버트 마우어, 장원철, 스몰빅라이프, 2016

자유주식회사, 브라이언 M.카니/아이작 게츠, 조성숙, 자음과 모음, 2017

조직설계 방법론, 제이 R. 갤브레이스, 김현주/정재상, 시그마 인사이트, 2005

성과관리 시스템의 패러다임을 바꿔라, 개롤드 마클, 갤럽앤컴퍼니, 교보문고, 2007

열정 컴퍼니, 존R. 카첸바흐, 이상욱, 세종서적, 2002

리더십@메니지먼트, 마커스 버킹엄/커트 코프만, 이진만, 시대의 창, 2000

디맨드, 에이드리언 슬라이워츠/칼웨버, 유정석, 다산북스, 2012

한국형 인재 경영, 차종석/박형곤/정현택, 넥서스BIZ, 2004

SQ 사회지능, 대니얼 골먼, 장석훈, 웅진 지식하우스, 2006

휴먼 이퀘이션, 제프리 페퍼, 윤세준/박상언, 지샘, 2001

MARKS & SPENCER, K.K.Tse, The Shui Group, 1985

9번째 지능, 이소은/이진주, 청림출판, 2015

멀티 플라이어, 리즈 와이즈먼/그렉 맥커운, 최정인, 한국경제신문, 2012

1% 인재에 집중하라, 램차란, 이원동, 비즈니스맵, 2008

인재 경영의 기술, 제이 W. 로쉬/토마스 J. 티어니, 서미영/서성교, 더난출판, 2003

성격의 탄생, 대니얼 네틀, 김상우, 와이즈북, 2009

페덱스 방식, 마단 비를라, 김원호, 고려닷컴, 2007

지식 경영

프로페셔널 CEO, 야나이 다다시, 권오열, 지식공간, 2010

자기 창조 조직, 이홍, 삼성경제연구소, 2008

성장과 혁신, 클레리튼 M. 크리스텐슨/마이클E. 레이너, 딜로이트 컨설팅, 세종서적, 2006

지속 가능 경영의 3대 축, 앤드류사비츠, 칼 위버, 거름, 2008

램차란의 위기 경영, 램차란, 김정수, 살림BIZ, 2009

단순함의 원리, 잭 트라우트/스티브 리브킨, 김유경, 21세기북스, 2000

서비스 품질관리, 칼알브레이트, 유동근, 세종서적, 1994

성과 중심의 리더십, 류량도, 웅진윙스, 2006

머니볼, 마이크 루이스, 비즈니스 맵, 2011

이노베이터 CEO, 마이클 J. 켈브/사라 밀러 탈디코트, 신선해, 한언, 2008

전략적 숫자 경영, 류철호/신종섭, 성안당, 2010

노하우로 승리하라, 램차란, 김상욱/전광호, 김영사, 2007

성공하는 기업들의 8가지 습관, 제임스콜린스/제리 포라스, 워튼 포럼, 김영사, 1996

식스 디서플린의 실행 혁명, 게리 하스트, 홍민경, 시그마북스, 2009

MAKING STRATEGY WORK, 로렌스 G. 히레비니, AT 커니 코리아, 럭스미디어, 2007

1등 기업의 법칙, 프레드 라이켈트, 정지택, 청림출판, 2006

핵심에 집중하라, 크리스 주크/제임스 앨런, 이근 교수 외, 청림출판, 2002

THE ONE THING(원씽), 게리 켈러/제이 파파산, 구세희, 비즈니스 북스, 2013

단순하게 경영하라, 디터 브란데스, 박규호, 모색, 2005

최고의 전략은 무엇인가, 크리스 주크/제임스 앨런, 이혁진, 청림출판, 2013

플랫폼 레볼루션, 마셜 밴 앨스타인/상지트 폴 초더리/제프리 파커, 이현경, 부키, 2017

당신은 전략가입니까, 신시아 A. 몽고메리, 이현주, 리더스북, 2013

전략을 재점검하라, 리처드 코치, 안진환/송택순, 비즈니스맵, 2007

세계 최고의 고객만족, Jonathan D.Barkey, 김경자, 송인숙, 제미경, Σ시그마프레스, 1999

레드오션 전략, 조너선 번즈, 이훈/구계원, 타임비즈, 2010

승리의 경영전략, A.G.래플리/로저마틴, 김주권/박광태/박상진, 진성북스, 2013

돌파경영 돌파전략, 빌 데이빗슨, Human & Books, 2004

강한 기업의 조건 SCM, 고창범, 예문, 2011

KPI 핵심성과 지표의 개발과 활용, 데이비드 파멘터, 류명재, InterwokrSoiutions, 2013

탁월한 아이디어는 어디서 오는가, 스티브 존슨, 서영조, 한국경제신문, 2012

비즈니스 내공 9단, 도로시 레너드, 웰터 스왑, 박정혁, 세종서적, 2006

코끼리를 춤추게 하라, 루이스 V.거스너 Jr, 이무열, 북@북스, 2003

생각의 속도로 실행하라, 제프리 페퍼/R.I 서튼, 안시열, 지식노마드, 2010

노나카의 지식경영, 노마카이쿠지로 외, 나상억, 21세기 북스, 1998

무엇이 성과를 이끄는가, 닐 도쉬/린지 맥그리거, 유준희/신솔잎, 생각지도, 2016

SUPPLY CHAIN 프로세스 혁신, 박성칠, SIGMA INSIGHT, 2007

체크 체크리스트, 아툴 가완디, 박산호, 21세기 북스, 2010

아젠다, 마이클 해머, 최준명/김이숙, 한국경제신문, 2002

불패 경영의 원칙, 이나모리 가즈오, 김혜성, 황금지식, 2015

실행에 집중하라, 래시 보시디/램차란, 김광수, 21세기 북스, 2004

짐콜린스의 경영전략, 짐콜린스/윌리엄 레지어, 임정재, 위즈덤하우스, 2002

실행지능, 저스틴 멘커스, 강유리, 더난출판, 2007

착한 소비자의 탄생, 제임스 챔피, 박슬라, 21세기북스, 2009

회사에서 바로 통하는 관리회계, 하야시 아츠무, 박종민, 한빛비즈, 2009

새는 돈 막아 주는 기적의 회계, 사카구치 다카노리, 박종민, 중앙북스, 2013

위대한 전략의 함정, 마이클 레이너, 청림출판, 2007

경영이란 무엇인가, 조안 마그레타, 권영설, 김홍열, 김영사, 2008

OKR, 크리스티나 워드케, 박수성, 한국경제신문사, 2018

낭비 제거

낭비학, 니시나리 가쓰히로, 이근호, 사이언스북스, 2014

경영에서 바라본 원가절감, 이명선, 삶과 지식, 2015

회계의 신, 하야시 아츠무, 한국경제신문, 2013,

토요타 제품개발의 비밀, 제임스모건/제프리 라이커, 박정규, KMAC, 2008

스마트 프라이싱, 자그모한 라주, Z. 존장, 차송일, 럭스미디어, 2011

세컨드 사이클, 라스 콜린드, 김정수, 럭스미디어, 2010

4+2, 윌리엄 조이스 외, 김언수, 더난출판, 2004

꿀벌과 게릴라, 게리 하멜, 이동현, 세종서적, 2001

도요타 최강 경영, 시바타 마사하루, 가네다 히데하루, 일송미디어, 2001

롱거버거, 데이비드 롱거버거, 최기철, 미래의 창, 2003

빅3 법칙, 잭디시 세스/라젠드라 시소디어, 신철호, 21세기북스, 2005

히든리스크, 존 마리오티, 김원호, 비즈니스 맵, 2009

위대한 전략의 함정, 마이클 레이너, 딜로이트 컨설팅, 청림출판, 2007

창업자 정신, 크리스 주크/제임스 앨런, 안진환, 한국경제신문, 2016

리엔지니어링 그 이후, 마이클 헤머/스티브 스탠턴, 임덕순/장승권, 경향신문사, 1997

리엔지니어링 기업 혁명, 마이클 해머/제임스 챔피, 안중호/박찬구, 김영사, 1993

일본전산의 독한 경영수업, 가와카쓰 노리아키, 김윤경, 더 퀘스트, 2018

생산성, 이가 야스오, 황혜숙, 샘앤파커스, 2017

로열티 경영의 원칙, 프레더릭 F. 라이히 헬드, 김광수, 모라비안 바젤, 2002

관계 우선의 법칙, 빌 비숍, 김승욱, 경영정신, 2001

돈 잘 버는 사장의 숫자 경영, 고야마 노보루, 정중용/심재용, 알키, 2014

낭비학, 니시나리 가쓰히로, 이근호, 사이언스 북스, 2014

정보화 시대의 코스트 전략, 노순규, 갑진미디어, 2007

이익 영역, 제럴드 I. 캔달, 함정근, 무한, 2007

복사용지의 뒷면을 쓰지 마라, 무라이 테츠유키, 정선우, 문학수첩, 2009

이나모리 가즈오의 회계 영영, 이나모리 가즈오, 김욱송, 다산북스, 2010

빨리, 싸게, 멋지게, 마이클 해머, 박나영 · 한상석, 타임비즈, 2010

회계학 콘서트, 하야시 아츠무, 오시연, 한국경제신문, 2018

비용절감테크닉 100, 나리타 모리히로, 김정환, 비즈니스맵, 2007

코스토베이션, 스티븐 웡커 · 제니퍼 루오 로, 이상원, 갈매나무, 2019

창의적인 비용절감, 데이비드 영, 박주민, 가람북, 2009

경영을 씹어먹다
UNKNOWN MANAGEMENT

1판 1쇄 발행   2022년 6월 22일
1판 2쇄 발행   2022년 10월 10일

지은이 | 장석면
펴낸이 | 박정태
편집이사 | 이명수   출판기획 | 정하경
편집부 | 김동서, 전상은, 김지희
마케팅 | 박명준   온라인마케팅 | 박용대
경영지원 | 최윤숙, 박두리

펴낸곳   BOOK★STAR
출판등록   2006. 9. 8. 제 313-2006-000198 호
주소   파주시 파주출판문화도시 광인사길 161 광문각 B/D 4F
전화   031)955-8787
팩스   031)955-3730
E-mail   kwangmk7@hanmail.net
홈페이지   www.kwangmoonkag.co.kr

ISBN   979-11-88768-54-7 03320
가격   21,000원

이 책은 무단전재 또는 복제행위는 저작권법 제97조 5항에 의거
5년 이하의 징역 또는 5,000만 원 이하의 벌금에 처하게 됩니다.

저자와 협의하여 인지를 생략합니다.
잘못 만들어진 책은 바꾸어 드립니다.